V. VATTIER D'AMBROYSE

LE LITTORAL DE LA FRANCE

CÔTES BRETONNES — DU MONT SAINT-MICHEL A LORIENT

PATRIA

PARIS
SANARD ET DERANGEON, ÉDITEURS
174, RUE SAINT-JACQUES, 174

LE
LITTORAL DE LA FRANCE

COTES BRETONNES

LE LITTORAL DE LA FRANCE

CÔTES NORMANDES
DE DUNKERQUE AU MONT SAINT-MICHEL

CÔTES BRETONNES
DU MONT SAINT-MICHEL A LORIENT

CÔTES VENDÉENNES
DE LORIENT A LA ROCHELLE

CÔTES GASCONNES
DE LA ROCHELLE A HENDAYE

CÔTES LANGUEDOCIENNES
DU CAP CERBÈRE A MARSEILLE

CÔTES PROVENÇALES
DE MARSEILLE A LA FRONTIÈRE D'ITALIE

Chaque volume orné de très nombreuses gravures dans le texte et hors texte.

LE
LITTORAL DE LA FRANCE

COTES BRETONNES

DU MONT SAINT-MICHEL A LORIENT

PAR

V. VATTIER D'AMBROYSE
OFFICIER DE L'INSTRUCTION PUBLIQUE

Ouvrage DEUX FOIS couronné par l'Académie française
(Prix Montyon et Marcelin Guérin)

DESSINS de Henri SCOTT, BRUN, TOUSSAINT
YAN'DARGENT, etc.

GRAVURES de SMEETON, BELLANGER, PUYPLAT, ROGNON
et GILLOT

PARIS
SANARD ET DERANGEON, ÉDITEURS
174, RUE SAINT-JACQUES, 174
—
1892
Tous droits réservés.

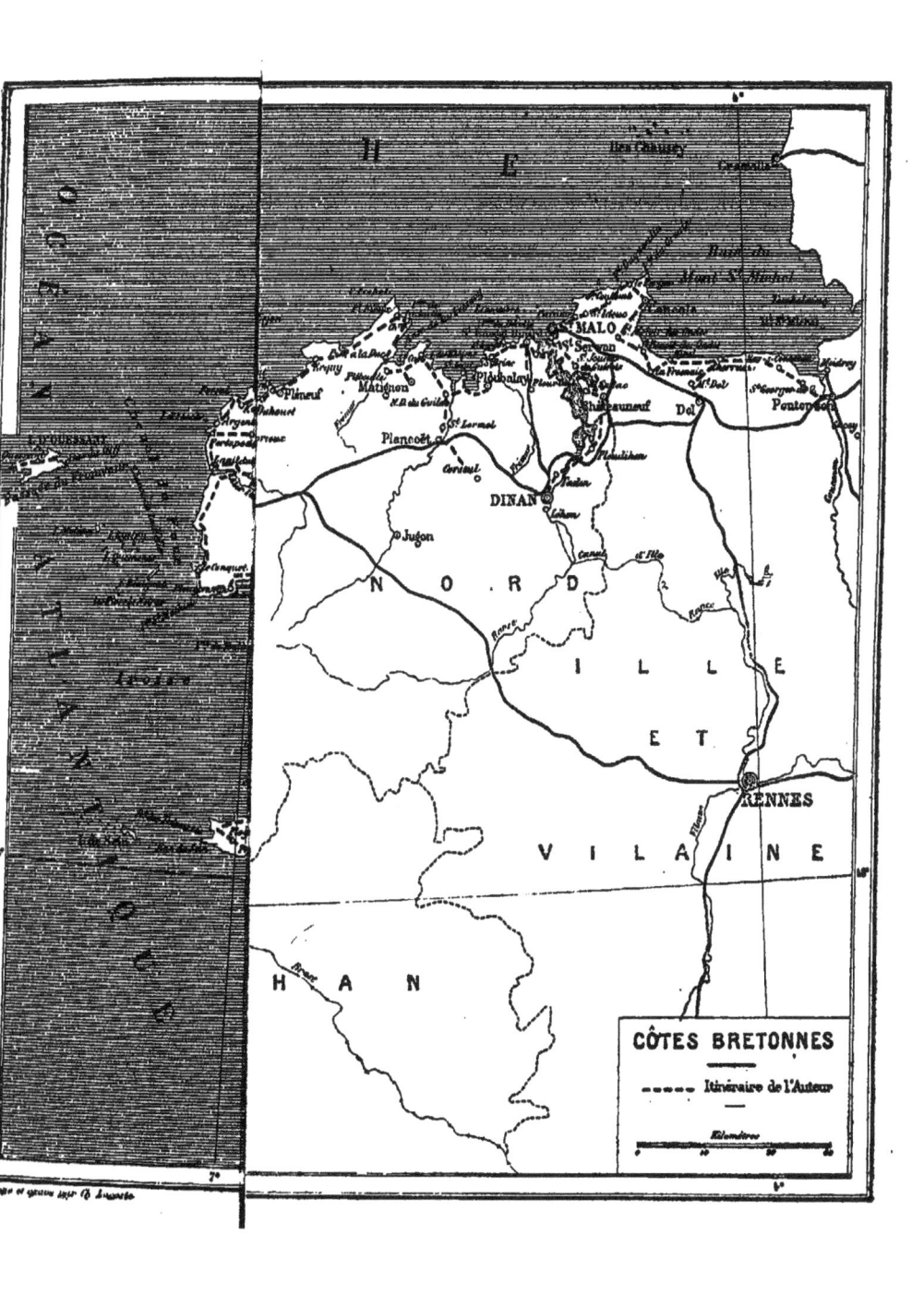

CÔTES BRETONNES

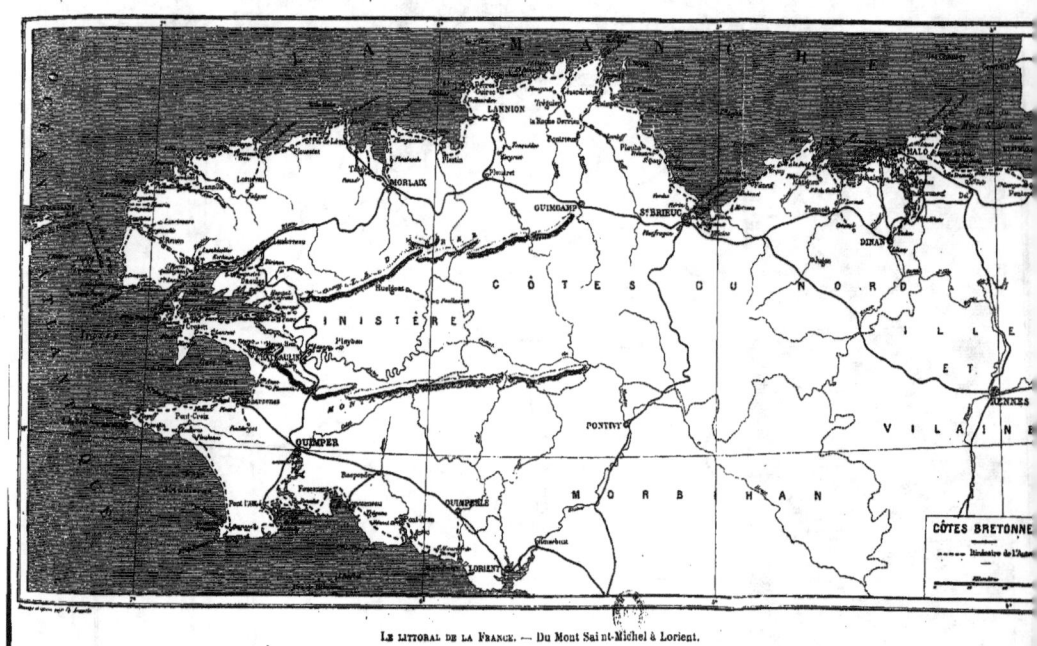

LE LITTORAL DE LA FRANCE. — Du Mont Saint-Michel à Lorient.

LE
LITTORAL DE LA FRANCE

COTES BRETONNES
DU MONT SAINT-MICHEL A LORIENT

CHAPITRE PREMIER

LA CÔTE DEPUIS LA RIVE GAUCHE DU COUESNON JUSQU'A SAINT-MALO
DOL. — CANCALE

Nous venons de franchir le Couesnon, limite disputée avec acharnement, pendant des siècles, par deux races aujourd'hui amies.

Bretons et Normands ont oublié leurs haines nationales, bien qu'un ressouvenir du passé soit encore visible dans des railleries familières, d'ailleurs inoffensives.

Ils ont mieux à faire qu'à se jalouser : leur prospérité commune dépendant d'un travail bien entendu. Car, en parcourant les plages riveraines de la Bretagne et de la Normandie, on comprend, une fois de plus, la cruelle inutilité des luttes humaines.

Nous sommes sur un rivage témoin de grandes catastrophes produites par des phénomènes naturels. Une immense étendue de terres, jadis habitées, forme le fond de la baie qui, depuis Granville, se prolonge jusqu'à la pointe du Grouin, au delà de Cancale.

Nous avons vu, sur les côtes déjà visitées, la marque indéniable des envahissements marins.

Partout, les vagues sont prêtes à continuer leur œuvre destructive. Ici, accumulant les sables, minant les falaises friables ; là, se ruant sur les roches que, tôt ou tard, elles détruisent.

Un effort de plus, et rien ne résistera à la terrible violence...

Cependant, l'homme regarde le danger en face. Il oppose à tous les obstacles sa patiente énergie et finit par reculer, pour des jours, pour des années, pour des siècles, le triomphe de l'ennemie jamais lassée.

Voilà le seul combat méritant d'être livré, le seul fécond en résultats heureux.

Ils le savent, les habitants du MARAIS DE DOL, contrée protégée par une digue sans cesse frappée, quelquefois forcée, mais aussitôt réparée.

La courbe de la côte est ponctuée de gracieux coteaux, sur lesquels s'étagent les bourgs contenant une population, mi-partie de cultivateurs, mi-partie de marins intrépides.

Les étangs, les mares, les biefs, les ruisseaux alternent avec les riches prairies, les vallées ombreuses.

Nous dépassons successivement SAINT-GEORGES-DE-GRÉHAIGNE, ROZ-SUR COUESNON, si souvent dévastée par le petit fleuve dont elle porte le nom.

Le temps n'est pas encore éloigné où ce cours d'eau capricieux changeait son lit presque d'une marée à l'autre. Hier, large nappe murmurante, glissant sur les sables ; aujourd'hui, torrent impétueux. Des levées protectrices ont régularisé sa marche errante, et les collines surgissant de la terre conquise achèvent de donner au pays une sécurité doublée par le soin vigilant, qui ne se ralentit jamais, à l'endroit de la barrière opposée aux flots.

Le nom de Roz et de Rozière, commun à plusieurs bourgs, est un souvenir de l'ancien état du pays. Saturé à la fois d'eau douce et d'eau marine, le sol, masse spongieuse, ne produisait guère que des roseaux. Une culture opiniâtre a fait, de ces tristes plaines, des champs, des vergers, des jardins extraordinairement fertiles.

Nous n'avons que l'embarras des richesses, au milieu des vastes et splendides panoramas offerts par les buttes de Gograine, de la Rose...

Mais, en faisant un léger détour, nous pouvons aller visiter le roi de tous ces coteaux, le fameux Mont Dol ; entrons donc simplement à Cherrueix et passons quelques instants au milieu de sa laborieuse population, à peu près entièrement adonnée à la pêche.

Les sables qui règnent en maîtres, depuis Granville, forment un fond très favorable à la qualité du poisson. Rien de délicat comme une sole de ces parages, rien de savoureux comme les légumes poussés dans ce terrain où la *tangue*[1] entre pour les trois quarts.

Longtemps, les antiquaires ont voulu retrouver ici une citadelle, bâtie par le terrible Robert le Diable, duc de Normandie. Une confusion de noms a produit l'erreur. On voit encore dans la commune de Sacey, canton de Pontorson et touchant le Couesnon, les ruines d'un fort appelé *Cherruel* ou *Cheruel*. Il pouvait, ainsi, défendre contre les incursions bretonnes cette partie du duché normand.

Suivons la plaine. Son aspect remet en mémoire les travaux exécutés par les Flamands. Ici, comme dans la partie de l'extrême nord de la France, les difficultés se montraient formidables et, néanmoins, ont été heureusement vaincues.

Alors que partout, en Ille-et-Vilaine, le cidre, boisson du pays, manquera, le Marais de Dol voit ses milliers de pommiers couverts de fruits. Alors que le froid, la chaleur, la sécheresse ou toute autre cause ruine les cultivateurs du reste de la contrée, le Marais de Dol continuera à exporter le produit de ses vergers, de ses champs.

Une première récompense de ce labeur a été l'assainissement du canton ; les fièvres, autrefois endémiques, ont complètement disparu ou, du moins, n'y sont plus redoutables.

Nous ne saurions trouver une meilleure, une plus exacte description du Marais, que celle donnée par un très intéressant travail, œuvre d'un historien, enfant du pays[2], qui, au mérite de l'écrivain, joint celui de l'observateur.

« En 811 et plus tard, la mer ayant forcé la limite continentale

---

[1]. Nous avons donné dans le premier volume, à l'article *Mont Saint-Michel*, la définition de la tangue.
[2]. M. Bertrand Robidou, auteur de l'*Histoire et Panorama d'un beau pays*, voyage à travers les arrondissements de Saint-Malo et de Dinan.

de Chausey, creusa la baie de Cancale et s'avança bien au delà des bornes actuelles. Pendant deux siècles, elle ne rencontra aucune opposition dans ce travail d'empiétement, lorsque enfin l'homme résolut d'apporter son grain de sable et de dire aussi : Tu n'iras pas plus loin !

« Dès 1024, les princes bretons, et, plus tard, les seigneurs de Combourg, de Dol, de Châteauneuf armèrent les habitants contre le fléau. Vers ce temps fut conduite, de Château-Richeux sous Pontorson, cette digue de trente-six mille mètres de développement, qui fait la part des flots et sur laquelle vinrent successivement s'asseoir les petits villages de Saint-Benoît-des-Ondes, de Vildé-la-Marine, Hirel, Cherrueix...

« Bien des fois, depuis, un caprice de la mer ouvrit, soudain, ce frêle enrochement. Le tocsin répondit aux coups de la marée d'équinoxe. Alors, tout ce que le pays pouvait fournir d'hommes, de chevaux et de chars était mis sur pied pour faire face au péril. Dans cette lutte inégale, dont l'horreur se devine plutôt qu'elle ne se décrit, il fallut toujours faire de nouvelles concessions à l'élément de dévastation, et reculer le premier retranchement pour ne pas tout perdre.

« Plusieurs localités naufragèrent dans le combat.

« Porz-Pican, petite ville qui, en s'abîmant, légua sa population à Cancale, est aujourd'hui une anse de sable sous laquelle gisent, dit-on, son temple, ses maisons, son port.

« Tommen, qui résista jusqu'au quatorzième siècle, est un rocher noirâtre... D'autres centres non moins vivaces ont été engloutis : Saint-Louis, Mauny, La Feillette, Bourgneuf, Sainte-Marie, Saint-Etienne-du-Palluel, Sainte-Anne... bourgades dont l'ouragan a, naguère encore, découvert les restes.

« Reconquis sur le territoire envahi, au moyen de la digue, le Marais de Dol est une verte plaine, monotone et riche, unie comme une glace, entourée d'une chaîne de hautes collines, d'où le regard en mesure l'étendue. Pas une pierre ne modifie cette couche marneuse, qui atteint, en certains endroits, une profondeur de trois à quatre mètres ; pas une aspérité n'accidente cette surface de quinze cents hectares. Vous marchez enseveli dans les rideaux de saules encadrant les plus beaux froments qui aient jamais réjoui la vue, et de superbes plantations de pommiers, sources principales de l'aisance des habitants, qui n'ont que peu de soins à donner à la terre pour recueillir beaucoup.

« De grandes et patientes opérations, jadis surveillées par le Parlement de Bretagne, de nombreux travaux d'asséchement, dirigés aujourd'hui avec autant d'intelligence que de bonheur par la *Commission des Digues*, ont amené cet état de prospérité agricole.

« Cette première division du Marais forme le littoral de cette partie de la Manche et perd de sa fécondité à mesure qu'elle s'éloigne de la mer. Elle se termine sous Roz-Landrieux et Châteauneuf, par une lisière de maigres prairies ou *rozières*, souvent changées en lac pendant l'hiver[1]. »

A mesure que nous approchons de Dol, une masse, de forme ovale, se profile de plus en plus grandiose sur la ligne monotone du Marais. Au milieu de cette vaste plaine, le Mont Dol, élevé de soixante mètres environ, ressemble à un géant des premiers âges.

Sa crête domine un océan de verdure comme son rival, le Mont Saint-Michel; domine la mer, impuissante, jusqu'à présent, à entamer sa base de granit. Le Mont Saint-Michel, il est vrai, a pour lui les aspects divers de sa plage sablonneuse et le mouvement toujours nouveau des marées.

Le Mont Dol, néanmoins, ne lui cède pas de beaucoup en beauté. Sa face méridionale, inclinée en pente, contraste avec les déchirures abruptes du côté septentrional. Formé de granit, il porte cependant plusieurs groupes d'arbres vigoureux et, sur son large plateau cultivé, de même que sur son versant occidental, le travail a tiré parti de quelques bandes de terre arable. Maisons, jardins, église d'un gros bourg, se pressent pittoresquement sur ce versant.

Ce n'est pas là, pourtant, l'attrait de la colline. Gravissons-en la cime. On a dit, avec vérité, que l'on a alors devant les yeux « un de ces sublimes tableaux que, seule, la main de Dieu a pu créer ».

---

[1] « Le Marais est réparti entre vingt-deux communes : Pleine-Fougères, Saint-Georges de Gréhaigne, Roz-sur-Couesnon, Saint-Marcan, Saint-Broladre, Baguer-Pican, Cherrueix, Dol et Carfantin, le Mont-Dol, Roz-Landrieux, Plerguer, Miniac-Morvan, Lillemer, Châteauneuf, Saint-Père-Marc-en-Poulet, la Gouesnière et Bonaban, Saint-Guinoux, Saint-Méloir-des-Ondes, Saint-Benoît-des-Ondes, Hirel et Vildé-la-Marine, la Fresnays, le Vivier. »

L'horizon a pris des proportions infinies. Les clochers de *soixante* paroisses semblent vouloir se grouper autour de la montagne, devenue chrétienne au douzième siècle, après avoir été, successivement, une enceinte druidique, puis un temple de Diane [1].

De sa base, elle protège les cultures du Marais, et Dol, éloigné de trois kilomètres, paraît la toucher.

Si le ciel est clair, Cancale, la baie, la digue longeant les côtes, le Mont Saint-Michel prennent un intense relief, où trouvent leur place les rivages normands, jusqu'au delà de Granville, vers Coutances.

Du côté opposé, les premiers plans des campagnes rennaises sont visibles et, en continuant à suivre du regard le cercle enchanté, les hauteurs riantes de Landal, de Hédé, de Bécherel, de Dinan s'enveloppent de la riche verdure dont elles sont prodigues.

Les bruits de la terre montent, empruntant à l'atmosphère, à la distance, une harmonieuse sonorité et se confondant, aux jours de tempête, avec le choc du ressac.

On admire et on veut admirer encore : l'impression reçue est ineffaçable.

Ainsi que beaucoup de collines, non seulement de la Bretagne, mais d'autres provinces, le Mont Dol a été d'abord consacré à saint Michel, l'archange vainqueur de Lucifer. Symbole évident, tradition inoubliable du triomphe du christianisme sur les croyances païennes. Aujourd'hui, une statue colossale de la Vierge couronne son sommet.

Les légendes se perpétuent vivaces. Arrivons au Mont Dol pour la foire annuelle du 29 septembre. Nombre de curieux défileront devant nous, cherchant, parmi les anfractuosités du versant Nord, la trace du pied de l'ange rebelle qui, poursuivi par saint Michel, fut précipité de ce point dans l'abîme ! ! !

Une seconde version attribue l'empreinte à saint Michel lui-même. Après avoir terrassé Lucifer, l'archange se serait élancé, d'un bond, du Mont Dol sur l'îlot appelé, depuis, de son nom !...

---

1. On a regardé comme douteuse la consécration druidique du Mont Dol, elle est, au moins, vraisemblable.

L'empreinte mystérieuse suffisamment admirée, comme il ne saurait y avoir (en Bretagne, du moins) un pèlerinage sans fontaine, chacun se hâte d'aller boire quelques gorgées d'eau à une source qui, paraît-il, ne tarit jamais.

Une autre tradition, lugubre celle-ci, veut que la plaine, au pied du Mont, ait été témoin de la défaite de Chramne, fils de Clotaire Ier. Tout près de là, dans une cabane de pêcheurs, le prince révolté aurait été brûlé avec sa famille !...

Le Mont doit les grands arbres qui l'ombragent à un prélat de Dol, Matthieu Thoreau, admirateur enthousiaste du paysage.

Cet évêque y fit, de plus, construire une jolie villa.

Nous venons d'écrire deux mots : « évêque de Dol » touchant au cœur même de la question ardemment soutenue, pendant des siècles, par les souverains bretons : l'autonomie du vieux duché.

Nous devrions, sans doute, fidèle à notre titre, reprendre la route du rivage. Mais est-il possible de passer sous silence le caractéristique événement de 848...

Dol n'a pas toujours été la petite ville que l'on parcourt, seulement pour ses maisons en bois, si curieusement sculptées, et sa belle cathédrale.

Son importance, au temps des rivalités bretonnes et normandes, l'exposa à d'affreuses vicissitudes, dont l'histoire reste visible dans les débris de ses murailles, dans ses vastes églises, dans les ruines de ses palais.

Mérimée, écrivant son *Voyage dans l'Ouest de la France*, se montrait frappé de cette impression de grandeur déchue.

« La Grande-Rue de Dol est bordée d'arcades en ogive ou en plein cintre, soutenues par des colonnes ou des piliers de toutes formes, à chapiteaux généralement assez bien travaillés, quoique exécutés en granit. On en trouve de toutes les époques, depuis le roman fleuri jusqu'aux derniers caprices du gothique. Il semble qu'ils proviennent, pour la plupart, d'édifices considérables, mais détruits... car les maisons, dont les façades s'appuient à ces piliers, sont d'apparence toute moderne. Il y en a une (la maison des Plaids) dont les fenêtres en plein cintre, entourées d'archivoltes sculptées, les corniches ornées de damiers et d'étoiles, indiquent une construction antérieure au treizième siècle. »

C'est à Dol, sentinelle avancée de la Bretagne, qu'un grand

patriote breton : Noménoe, voulut secouer définitivement tout joug étranger. Le prince avait pour lui le prestige de talents brillants et des victoires remportées sur les ennemis de la patrie. Il sut faire habilement vibrer cette dernière considération dans l'âme des prélats bretons, qui se montrèrent disposés à seconder ses projets et à repousser l'intrusion française, en ce qui regardait les affaires spirituelles, comme Noménoë la repoussait en ce qui regardait les affaires temporelles.

Jusqu'alors, les évêchés de Bretagne avaient eu pour métropolitain l'archevêque de Tours. Le duc, fort de l'assentiment reçu, créa les évêchés de Saint-Brieuc et de Tréguier, puis décida que l'église de Dol aurait, désormais, la suprématie sur toutes celles de la province.

Sauf une voix, celle d'Actard, évêque de Nantes, qui ne parut pas à l'assemblée, la réponse fut unanime. De plus, les prélats voulurent reconnaître le patriotisme de leur prince. Aux acclamations enthousiasmées des seigneurs et du peuple, Noménoë fut sacré roi dans la cathédrale qu'il venait d'investir d'un droit glorieux [1].

Malheureusement pour les successeurs du nouveau roi et pour le nouveau métropolitain, le roi de France s'allia à l'archevêque de Tours, afin de supplier le pape de condamner l'innovation qui atteignait directement leurs droits.

Le différend fut long à trancher. Plusieurs Souverains Pontifes donnèrent même, aux archevêques de Dol, des preuves de leur bon vouloir. Mais, enfin, le 1ᵉʳ juin 1199, Innocent III décida que l'archevêque de Tours conserverait tous ses privilèges. Cette sentence rigoureuse fut un peu adoucie par Boniface VIII, puis par Alexandre VI, qui accordèrent aux pasteurs de l'église vénérée de Saint-Samson diverses distinctions. Entre autres droits, ils pouvaient faire porter devant eux une croix archiépiscopale. Vingt-neuf des prélats qui occupèrent le siège de Dol ont eu le titre d'archevêque et en ont exercé les fonctions.

La Révolution de 1789 supprima l'évêché, dont le dernier

---

[1]. La mémoire de Noménoë fut gardée par les traditions populaires, si vénérées en Bretagne. Un chant que nous emprunterons bientôt au *Barzaz Breiz*, de M. de la Villemarqué, célèbre les exploits du chef indomptable. La troisième partie de ce chant débute ainsi : « *Noménoë a fait ce qu'aucun chef ne fit jamais !* »

CATHÉDRALE DE DOL

titulaire, Urbain-René de Hercé, après avoir fait partie de la malheureuse expédition de Quiberon, mourut à Vannes, sur la Garenne, fusillé le 3 juillet 1795.

C'en était fait de l'antique église bretonne, et, semblait-il, la question de suprématie spirituelle était pour toujours oubliée. Elle devait renaître, cependant. Mille dix ans après le couronne-

Jean de Montfort, compétiteur de Charles de Blois à la couronne de Bretagne.

ment de Noménoë, le juste orgueil breton recevait satisfaction.

Rennes, ville plus importante que Dol, et qui pouvait se glorifier d'avoir été choisie pour capitale de l'ancien duché, Rennes vit, en août 1858, son évêque sacré métropolitain.

Mais, ainsi qu'on l'a dit avec vérité, l'histoire se recommence toujours. C'est pour cela, peut-être, que le diocèse de Nantes relève encore de l'archevêché de Tours.

Car, chose étrange, Nantes, résidence habituelle des ducs, se regarde à peine comme ville bretonne. En compensation, par bonheur, elle se croit et est bien une ville française.

Du temps de sa prépondérance ecclésiastique, Dol a conservé un superbe monument, sa cathédrale, placée sous la protection de la commission chargée de veiller à la conservation de nos richesses artistiques.

Une chose frappe, d'abord, dans le vieil édifice : l'unité de sa construction.

Quoique bâtie à diverses reprises, il semble que le plan primitif ait été suivi avec soin. Toutefois, la partie Nord reste d'un aspect plus grave, plus antique, il garde comme un reflet des sombres fortifications qui l'enserraient et de la tristesse des marécages qu'il dominait.

La partie Sud, plus riche, plus variée, d'une ornementation plus élégante, offre, à l'extérieur, un certain contraste accentué par ses deux porches en saillie sur le corps de l'église.

Mais, à l'intérieur, les dissonances architecturales s'effacent. La nef, avec ses colonnes en faisceaux, légèrement avancées les unes sur les autres, de manière à produire une perspective admirable ; les chapiteaux ornés, soutenant de superbes arcades ; les ogives des fenêtres richement encadrées ; le tympan fouillé par un ciseau capricieux. Ce n'est pas tout. Au-dessus des arcades est taillée, en pleine épaisseur de muraille, une galerie ou *triforium* marquée, aux travées, par deux étroites ogives que relie une frêle colonnette.

Une seconde galerie, dépourvue de balustrade, et établie devant les grandes fenêtres supérieures, permet, si l'on ne craint pas le vertige, de mesurer la hauteur, la profondeur, les vastes dimensions du vaisseau entier.

Les piliers géants, destinés à porter le poids principal de l'ensemble, n'ont rien de lourd, de heurté. Ils disparaissent sous des ondulations, des ornements, dissimulant leur masse énorme.

La beauté du chœur surpasse ces magnificences. Une double colonnade le dessine, merveille de grâce et de charme, toute brodée de fleurs, de fruits épanouis en plein granit.

Il fallait à ce chœur une verrière digne de lui. Il la possède encore, immense, triomphante, avec sa rosace centrale représentant le jugement dernier ; avec ses vingt-deux médaillons, retraçant des scènes de l'Ancien Testament, ainsi que la légende et l'histoire de saint Samson, fondateur et patron vénéré de l'évêché de Dol.

La cathédrale n'eût-elle conservé que ce vitrail sans prix, on se trouverait largement récompensé du voyage.

Derrière le maître-autel, une crosse archiépiscopale en bois doré témoigne de l'ancienne dignité des pasteurs de la ville.

L'abside est occupée par la chapelle de saint Samson, le fervent apôtre qui, venu de la Grande-Bretagne vers le milieu du sixième siècle, allait prendre une part si active, non seulement à l'évangélisation du pays, mas à la conduite des affaires de l'Armorique.

Autrefois, le jour de la fête du saint, on amenait en pèlerinage, à sa chapelle, de malheureux aliénés que l'on plaçait sous sa protection.

La visite à la cathédrale ne serait pas complète si nous n'allions admirer le tombeau de l'évêque Thomas James, mort en 1503. Ce monument fut exécuté par un des élèves de Michel Colombe (l'illustre auteur du tombeau du duc François II, à Nantes) : Jean ou *Justus* ou *Florentinus*, signataire du mausolée de Dol, le même artiste dont le nom brille sur le splendide tombeau de Louis XII, à Saint-Denis.

Hélas ! des mutilations indignes ont profané cette seconde œuvre maîtresse, bien qu'elles n'aient pas absolument réussi à en détruire la beauté.

Après Nantes, Dol s'honore de posséder le plus beau monument, en ce genre, de la Bretagne entière.

Il y aurait injustice à ne pas mentionner l'ancienne église paroissiale, Notre-Dame-sous-Dol, jadis située hors de l'enceinte fortifiée. Elle ne méritait pas d'être ainsi abandonnée, car elle est d'une construction fort remarquable ; son plus grand défaut, c'est de se trouver dans le voisinage de la cathédrale.

Les humains ne sont pas seuls victimes de ces coups du sort !

C'était, autrefois, un vif plaisir pour les yeux de l'archéologue, ou du simple voyageur, que la vue des anciennes maisons de Dol. Les vastes porches, dont la plupart étaient précédées, offraient des sculptures variées de cent façons différentes où l'art, la fantaisie, la grâce se mêlaient tour à tour.

Quand venait le samedi, jour de marché, chacun des porches

se trouvait transformé en boutique et Dol prenait une animation merveilleuse. Ce marché avait, depuis des siècles, conquis une grande renommée, due, pour une bonne partie, au cadre où il se déployait. Ce cadre, toutefois, ne pouvait longtemps convenir aux *embellissements* modernes. Bon nombre de maisons démolies ont fait place à des bâtisses sans caractère. Puisse la Grand'Rue ne pas *s'embellir* complètement, la ville y perdrait trop.

Reprenant la route de la mer, nous foulons le terrain opiniâtrément reconquis sur la désastreuse inondation de 811.

On a généralement fixé la date de ce premier cataclysme en l'année 709; mais, fait remarquer avec raison M. Robidou : « La grande quantité de noisettes qu'on y rencontre (dans le Marais) ne permet guère d'attribuer l'invasion complète de ce lieu à la marée de 709, arrivée en mars, mais bien plutôt à celle d'octobre 811. Les dernières alluvions considérables appartiennent au douzième siècle (1163-1169). Toutes les inondations postérieures ont baigné la même région, placée beaucoup au-dessous du niveau des vives eaux. »

De ce terrain, dont plusieurs parties sont encore tremblantes, les habitants retirent des débris de forêts englouties : chênes, frênes, noisetiers s'y rencontrent par milliers et souvent à une faible profondeur. Séché, puis travaillé, ce bois, appelé *couëron*, sert à une foule d'usages.

La construction des maisons, le bornage des champs les emploient, sans parler d'objets achetés par les touristes, tels que cannes d'un noir d'ébène, couleur provenant du lit d'écorce et de feuillages décomposés, où, pendant des siècles, ces arbres ont été enfouis.

Les restes d'animaux n'y sont pas rares. Des bois de cerf, des os de bœuf sauvage, le fameux *urus*, que l'on ne rencontre plus que dans les régions septentrionales de l'Europe, se mêlent aux débris de végétaux.

Les premiers essais de préservation du Marais remontent, nous l'avons dit, au douzième siècle. Les ducs bretons s'intéressèrent beaucoup à l'œuvre. Jean le Roux, principalement (treizième siècle), s'en occupa avec activité. Il a laissé son nom à l'un des *biefs* ou *biez*, canaux creusés pour drainer le sol. Le *Bief-Jean* prend, vers son embouchure dans la mer, la dénomination de rivière de *Guyoul* ou *Guioute* et forme le petit port du *Vivier*, commune maritime assez fréquentée.

Nous revoyons la digue qui, bornant la grève sur une longueur de *trente-six kilomètres*, protège plus de quinze mille hectares de terres, que d'habiles travaux rendront, avant peu, pour la moitié au moins, à la culture.

La plaine marécageuse possède des communes très peuplées. Hirel, La Fresnays, qui a emprunté son nom à de verdoyants rideaux de frênes ; Saint-Benoît-des-Ondes. Un peu plus loin, Saint-Méloir-des-Ondes s'est emparé de collines dont les premières assises participent de la constitution granitique des rivages que nous atteignons.

Chose rare dans un pays limitrophe de la mer, le travail des champs est, ici, honoré plus que les autres.

Ils connaissent et apprécient leur bonheur, ces vaillants agriculteurs, car la terre répond généreusement aux soins qui lui sont donnés : Blé, colza, fourrages, tabac, livrent de magnifiques récoltes.

Le dimanche, principalement, on s'aperçoit que l'aisance est générale. Un costume pauvre constitue une véritable exception. Les belles fermières, à la taille bien prise, à la riche carnation, aiment les toilettes *cossues*. Le drap fin, garni de velours noir, pour les robes; les coiffes en dentelle ou en tulle brodé, les bonnes pelisses, chaudes en hiver; les châles en cachemire, quand vient l'été, composent un ensemble très bien porté et brillant dans toute sa splendeur, à la foire *Saint-Melaine*, de même qu'à l'*Assemblée des Portes*.

Le monticule de Chateau-Richeux, situé à l'Est du bourg, appartenait à de belliqueux seigneurs, toujours prêts, dès qu'il s'agissait de donner de bons coups d'épée. On retrouve leurs noms parmi ceux des chevaliers de la première croisade.

Château-Richeux commande un panorama qui retiendrait l'attention, si Cancale n'était trop voisin.

Fraîche, gracieuse, fertile, pittoresque se présente la presqu'île formée par le territoire de cette petite ville célèbre dans les fastes de la gastronomie.

Ausone chanta les huîtres de Cancale, aux applaudissements enthousiastes des conquérants de la Gaule.

Cette flatteuse renommée n'a pas périclité. Seulement, le nombre des gourmets augmentant chaque jour, une fâcheuse nouvelle se répandit : « Les huîtres cancalaises devenaient rares... elles n'existaient plus ! »

On exagérait le mal. Il n'en est pas moins vrai que des règlements sévères doivent préserver l'existence des *bancs* ou gisements du précieux mollusque. Sans ces mesures, depuis longtemps la pêche effrénée, aveugle, aurait tout ruiné.

L'homme est ainsi fait que, rarement, il mesure avec sagesse ses ressources et sache compter avec les lois naturelles. Une huître a besoin de plusieurs années pour atteindre son entier développement. La drague, incessamment promenée sur les fonds, arrache le mollusque adulte et le mollusque naissant. On a remédié au désastre, mais que d'opposition ne firent pas les pêcheurs à ce préservatif de leur gagne-pain, de leur aisance !

Cancale, orienté à l'Est de la presqu'île dont il est devenu le grand centre commercial, regarde le Mont Saint-Michel. La baie portant ce dernier nom se trouve, elle-même, contenue dans le vaste demi-cercle resserré par les promontoires de Granville et de la vieille ville bretonne, distants de quarante kilomètres environ l'un de l'autre.

Seul, au bord des basses étendues que limite la digue du Marais, Cancale plane sur le paysage, comme un colosse fier de sa puissance. Il protège le port de la Houle, tapi à sa base sur une étroite langue de terre où se sont agglomérées les maisons des pêcheurs.

Les archéologues retrouvent la ville actuelle dans le *Cancaven*, désigné au onzième siècle comme un des trois ports remarquables qui, en idiome breton, étaient appelés *Conk*. De nos jours, on les nomme *Le Conquet*, au pays de Léon ; *Concarneau*, en Cornouailles, et *Cancale*, sur la frontière française ou *galloise*.

Le plus grand attrait de la ville se rapporte à la pêche, quelle qu'elle soit : Pêche de la morue sur les bancs de Terre-Neuve ; simple pêche du poisson sur les côtes ou pêche des huîtres, cette dernière toujours si active et réclamant tant de bras. En effet, il ne suffit pas d'aller draguer les mollusques, il faut les ranger dans les parcs et veiller ensuite à leur bon entretien.

Le tableau est unique de ces barques nombreuses, partant en

PÊCHEURS D'HUÎTRES A CANCALE
D'après un tableau de H. Scott.

flottille, suivant un ordre déterminé ; se disséminant, peu après, sur les points des bancs où la pêche est permise ; puis, le labeur accompli, revenant vers la côte, pressées de profiter des dernières oscillations de la marée. Tout à coup, chacune des barques s'arrête pour un instant, et, guidé par des signes que personne, sinon le pêcheur, ne saurait reconnaître, le produit de la journée est jeté à la mer... où il va s'entasser sur les divers parcs. Peu après, à marée basse, des vieillards, des femmes, des enfants se répandront sur ces champs de nouvelle espèce, feront un choix, rangeront les coquillages, élimineront toutes les causes de destruction et ne se retireront que chargés d'une récolte le plus souvent abondante.

L'entretien des parcs exige avant tout beaucoup de soin. Les huîtres enlevées sur les fonds naturels sont rarement très bonnes. Elles renferment de la vase ou des détritus marins peu appétissants à voir. De plus, abandonnées à leur sort, obligées de subir les caprices de la mer, leurs valves pierreuses seront développées aux dépens de leur propre corps.

Mais, une fois placées dans un milieu calme où, régulièrement, le flot viendra les baigner, où elles ne seront pas entassées en véritables montagnes, où un nettoyage constant écartera la vase, les galets dont le poids empêche les coquilles de s'ouvrir à l'heure propice, et, surtout, les crustacés gourmands du pauvre mollusque ; alors l'huître engraissera avec rapidité, sa *chair* deviendra blanche et nacrée, les franges de son manteau ne recèleront plus de parasites visibles à l'œil nu, une eau limpide l'entourera. Bref, elle méritera l'éloge antique des Romains par qui l'*irritamentum gulæ* était si recherché.

L'ostréiculture, au sort de laquelle se mêle le nom, inoubliable pour nos pêcheurs, de M. Coste, est devenue une source de revenus dans un grand nombre de petites localités des rivages bretons. Tous les produits, à beaucoup près, ne sauraient lutter de délicatesse avec les produits des parcs cancalais ; néanmoins, ce sont toujours de véritables huîtres et non des mollusques de forme bizarre, maigres, sans saveur, comme les gryphées portugaises, qui abondent maintenant sur le marché parisien.

Cancale, en lui-même, n'a rien de remarquable. Dans l'église, aux proportions manquées, a été élevé un cénotaphe à la mémoire de William de Vaujoyeuse, né ici en 1749, mort à Philadelphie en 1816. Il avait donné les sommes nécessaires pour la fondation d'un hospice. Cet argent fut employé à la création d'une salle d'asile.

. Un souvenir des luttes contre les Anglais est encore visible au presbytère de Cancale. En 1779, le jour de l'Ascension, une pluie de projectiles fut lancée sur la pauvre petite cité. Un boulet vint s'enfoncer dans la muraille de l'une des chambres occupées par le curé. Une inscription latine garde la mémoire de l'événement.

La position de la ville lui assurait le triste honneur de figurer dans toutes les guerres dont cette partie du territoire breton fut le théâtre. Northmen et Anglais ravagèrent tour à tour le littoral et, par surcroît, la mer se montrait envahissante. Dans ce dernier combat, la ville de *Porz-Pican* finit même par être engloutie; aussi les habitants prirent-ils le parti de se réfugier sur les hauteurs, d'où ils pouvaient mieux se défendre. Telle fut l'origine de la petite cité, appelée aujourd'hui *le Bourg,* par les pêcheurs établis à un kilomètre plus loin, au port de la Houle. Mais ce nom familier et trop humble de *bourg* est repoussé par la municipalité, qui rappelle les actes divers de François I*er*, de Henri IV, de Louis XIII et de Louis XIV, donnant ou confirmant à Cancale, ancienne dépendance de l'abbaye du Mont Saint-Michel, le titre de *ville.*

Au temps des divisions seigneuriales, Cancale était chef-lieu de la juridiction du *Plessis-Bertrand,* dont, à Saint-Coulomb, nous retrouverons le souvenir.

Plusieurs îlots, *les Landes, les Rimains, Tommen,* marquant l'emplacement de terres disparues, se dressent dans la baie, dont la pointe Nord la plus extrême porte depuis des siècles le nom peu euphonique de *Grouin.* Elle y a bien quelque droit, cette longue arête de granit, hure gigantesque, creusée de cavernes où le flot des marées s'engouffre retentissant.

Quand le vent souffle avec force, les échos se multiplient sur les falaises déchirées qui se prolongent au delà du cap *Fréhel,* distant de quarante kilomètres environ.

. La mer semble vouloir rappeler ses violences et s'apprêter à renouveler les cataclysmes qui lui ont permis d'épandre ses vagues sur des terres riantes, aujourd'hui réduites à l'état de sables fertilisants.

Vue au lever et au coucher du soleil, la baie de Cancale laisse une impression de beauté souveraine. Du mont druidique et de la majestueuse cathédrale de Dol, l'œil passe à la sublime abbaye du Mont Saint-Michel, au roc désolé de Tombelaine, aux clochers d'Avranches, au promontoire de Granville, aux rivages du Cotentin... Chaque partie de l'immense tableau acquiert le plus vigoureux relief sous la brume dorée, tout imprégnée de l'haleine des vagues. Les îles se détachent, grises ou noires, sur la mer verte ou bleue, les voiles de barques se multiplient, s'entrecroisent pendant que, de la ville, montent les bruits d'une agitation exubérante, d'un incessant travail.

Les environs de Cancale, très accidentés, offrent, au milieu des plus charmantes promenades, beaucoup de souvenirs historiques, parmi lesquels brille le nom de Du Guesclin.

Saint-Coulomb, limitrophe de la ville, possède, entre les anses du *Verger* et de *la Guimorais,* une grève caillouteuse dominée par les ruines d'un château. Sur une partie de cet emplacement s'élève un fort bâti en 1757. On l'appelle Fort Du Guesclin, en l'honneur de la famille du Guarplic dont le grand connétable était issu.

Construite en 1161, la demeure féodale fut l'occasion de nombreux combats et affronta, pendant *six années entières,* le courroux de Philippe-Auguste, vainqueur de Jean sans Terre, à qui elle s'était donnée. Seul, un siège régulier put abattre son orgueil : ce fut le signal de sa décadence.

Vers la fin du treizième siècle, en 1260, son seigneur, Bertrand III, remarquait, tout près de Saint-Coulomb, un plateau boisé et y édifiait le Plessis-Bertrand. Ce nouveau château avait une grande importance : les ruines en témoignent; mais c'est une erreur que de lui donner pour maître le connétable lui-même. Il appartenait à Pierre III Du Guarplic, oncle paternel de Du Guesclin. Un titre authentique porte énumération de la rançon payée par Pierre, après la bataille d'Auray (1364), où il avait été fait prisonnier, et l'acte parle expressément « du châtel du Plessis, du parc et du domaine ».

Le connétable de France naquit de l'union du frère du seigneur de Plessis-Bertrand avec l'héritière de la maison de Broons.

La forteresse fut prise et reprise bien des fois pendant les guerres continuelles qui ruinaient la Bretagne ; on en parla surtout au temps de la Ligue. Devenue le séjour du fameux capitaine Launay Le Breton, tout le pays environnant fut la proie de ce chef sans scrupules. L'un des plus braves partisans de Henri IV, le capitaine La Tremblaye, perdit la vie dans une attaque dirigée contre ces puissantes murailles, que l'assaut des garnisons réunies de Saint-Malo et de Pontorson n'avait pu réduire.

Enfin, le maréchal de Brissac l'emporta de vive force, après la prise de Dinan. Le châtiment de cette révolte obstinée ne se fit pas attendre. En mai 1598, les États de Bretagne ordonnaient le démantèlement du Plessis-Bertrand.

De toute la gloire militaire d'autrefois, restent des ruines effritées et les épaves d'un sarcophage que possédait l'église de Saint-Coulomb : deux statues placées maintenant sous le clocher.

ANDRÉ DÉSILLES, *le héros de Nancy*, était né à la Fosse-Hingant, belle villa dépendant de Saint-Coulomb.

André Désilles se trouvait à Nancy, au mois d'août 1790, lorsque le général Bouillé y fut envoyé pour réduire la garnison soulevée. Tout ce que la persuasion peut employer de pathétique, ce jeune homme de vingt-deux ans l'avait essayé. Voyant les rebelles prêts à faire feu, il se précipite à la bouche d'un canon, et, de nouveau, adjure les soldats ; on le renverse : il persiste dans son œuvre, arrache à un canonnier la mèche enflammée, l'écrase sous ses pieds et vient s'asseoir sur la lumière même du canon. Dévouement inutile ! il est mortellement frappé et deux mois plus tard il expirait entre les bras de son père.

La France entière s'associa au deuil de la famille. Le buste d'André fut couronné en pleine Assemblée nationale. Louis XVI et Marie-Antoinette envoyèrent à ses parents un témoignage de leur admiration et, dans plusieurs villes, des cérémonies funèbres furent organisées en son honneur : c'était justice.

L'abbé DÉRIC, l'auteur érudit de l'*Histoire ecclésiastique de Bretagne*, était né, en 1726, à Saint-Coulomb. Il mourut en 1796, à Jersey, regrettant avec larmes de ne pouvoir terminer son œuvre.

Traversons Paramé, séjour favori des Malouins, qui y ont bâti les plus charmantes villas. Jadis, une multitude de petites voitures, constamment en route, transportaient, pour un *sou*, de Saint-Malo dans la jolie bourgade, le flot toujours renaissant des voyageurs.

Aujourd'hui, Paramé est devenu une véritable ville, très fréquentée et rivalisant d'élégance avec Dinard. Le prince de Galles y a fait bâtir un superbe chalet. Les courses, surtout les courses d'obstacles, attirent chaque année une grande affluence.

Saint-Ideuc (on devrait écrire Ildut), annexe de Paramé, qui l'a englobée, est sous l'invocation du célèbre prêtre dont les principaux disciples : Malo, Samson, Magloire, furent les apôtres du pays.

Paramé se déroule sur la pente d'une colline en face de la mer, prolongeant un horizon fait de contrastes où, dans l'antique majesté de ses murailles, Saint-Malo apparaît comme un fier témoin du passé, comme un protecteur du présent, comme un lutteur préparé pour l'avenir...

Parc aux huîtres à Cancale.

CHAPITRE II

SAINT-MALO

Vieil ermitage devenu cité épiscopale; ville renommée, pendant des siècles, pour son commerce; patrie d'indomptables, de redoutés marins, d'hommes placés au sommet de toutes les gloires, SAINT-MALO réunit les physionomies les plus extrêmes et mêle étroitement son nom illustre à l'histoire du duché breton, à l'histoire de la France qui connaît son héroïque patriotisme.

Dans cette enceinte comptant à peine deux mille mètres de tour, la pensée prend soudain une envolée prodigieuse, merveilleusement secondée par le cadre des remparts, rayure noire isolant la cité bourdonnante de l'attaque toujours nouvelle des flots.

Elle s'élève sur un roc, îlot jadis, la vieille ville reliée au continent par une digue de deux cents mètres appelée le *Sillon*. Elle se tapit, souriante en la force de ses murailles, sur une étroite masse de granit contre laquelle les marées d'équinoxe épuisent avec rage leur terrible pouvoir.

Les montagnes d'eau succèdent aux montagnes d'eau, la mer souffle, atteignant une hauteur de plus de quinze mètres !

Les écueils de la rade : *Césambre, le grand Bé*[1], *le petit Bé...*, toutes ces crêtes rongées disparaissent presque dans la tourmente et y laissent un lambeau; mais la ville émerge, calme, de son berceau de pierres, se parant à peine de la trace brillante de l'embrun des vagues.

A l'attaque emportée succède le repos absolu. Obéissant au rythme éternel qui limite sa puissance, le flot recule, recule encore... La baie entière est devenue une plage de sable étincelant, brodée par la pointe des récifs. L'horizon, si vaste, a perdu

---

1. *Bé*, en langue bretonne, signifie *tombe.*

SAINT-MALO, LES REMPARTS, PARTIE OCCIDENTALE

la molle ondulation qui lui fait prendre des proportions démesurées ; à peine une ligne glauque annonce-t-elle que bientôt la mer, sourdement grondante, reprendra son lit abandonné...

De ce spectacle familier, les Malouins gardent toujours une impression forte ; ils y acquièrent également une décision, une énergie admirables. Que peuvent-ils craindre ? Ils ont vu face à face le danger. Leurs pères l'ont bravé, ils le braveront à leur tour, et, qui sait ? avec un peu d'aide, le *Vieux-Rocher*[1] bien-aimé ne redeviendra-t-il pas la *cinquième partie du monde ?*

La marine devait être et a toujours été la grande attraction des habitants de Saint-Malo. Avec un succès constant, leurs capitaines se sont, tour à tour, livrés aux voyages de découvertes ou aux entreprises de pur négoce, et quand sonnait l'heure de combattre pour la patrie, nul équipage ne pouvait enlever aux Malouins la gloire d'une vaillance plus audacieuse, d'un dévouement plus généreux.

Une prospérité toujours croissante accompagna les entreprises de ces hardis marins. On les trouve sillonnant toutes les mers, afin d'établir de solides relations commerciales, et, s'agit-il de sauvegarder l'indépendance de la Bretagne, on les voit au premier rang.

De véritables dynasties d'armateurs se fondaient, perpétuant soigneusement les traditions des ancêtres. C'était à qui ferait triompher le nom de la ville bien-aimée. Efforts heureux. Bientôt ce nom est connu, bientôt il devient redoutable aux ennemis des Bretons ; plus tard, il sera, de même, maudit par les ennemis de la France.

Au milieu des douleurs et des désastres dont le duché est victime, Saint-Malo semble protégé par une destinée constamment heureuse.

Son port équipe des flottes servant toutes les grandes causes, bravant tous les périls.

Les habitants sont regardés comme possédant d'immenses richesses. Jean IV *le Conquérant* s'en souvient quand il lève les impôts nécessaires au paiement de ses dettes et au maintien de

---

[1]. Les Malouins appelaient orgueilleusement leur ville, le *Vieux Rocher*, la *cinquième partie* du monde. Beaucoup pensent encore ainsi

son autorité. Ses ordres portent que les Malouins sont les plus « riches de ses sujets ».

Des souverains visitent-ils, en amis, le *Vieux-Rocher ?* On leur offre des présents splendides. Les rois de France ont-ils besoin d'argent ? Louis XIV recevra une avance de *trente millions*, qui évitera au royaume une terrible crise financière, et Louis XV trouvera encore *vingt-deux millions en argent monnayé* dans les coffres des Malouins.

Entre temps, la ville des corsaires projette de punir Rio-Janeiro, la capitale du Brésil, pour sa conduite envers des marins français ; un Malouin exécutera brillamment l'expédition.

Faut-il châtier les pirates algériens ? Un Malouin leur infligera une rude leçon. Faut-il relever notre prestige dans les colonies asiatiques ? Un Malouin suffira, longtemps, seul à la tâche.

La guerre de Sept ans vit Saint-Malo punir l'Angleterre de son manque de foi, par des combats, qui rappelèrent ceux de 1692 à 1697, où ses marins enlevèrent *quatorze cents* navires à l'ennemie séculaire.

Et lorsque l'Amérique du Nord entreprend de se soustraire au joug anglais, Saint-Malo saisit l'occasion de faire sentir, une fois de plus, sa force à cette même ennemie.

Douze frégates et soixante-douze corsaires partirent de ses chantiers pour aller appuyer la cause de l'indépendance des Etats-Unis.

Une autre époque, celle de la Révolution, devait peser sur la ville et ruiner, on pouvait le craindre, sa marine. Mais un corsaire, digne des anciens jours, relevait bientôt le drapeau glorieux et rappelait les exploits presque fabuleux de ses prédécesseurs.

Peu d'annales sont chargées de plus de faits célèbres, sont plus étincelantes de noms illustres que celles de Saint-Malo.

Au moment où Colomb révélait un continent nouveau, les Malouins reconnaissaient l'île de *Terre-Neuve* et voyaient le parti à tirer des *bancs* de morue (1495). Dieppe revendique cet honneur pour le capitaine Denis, mais Saint-Malo maintient avec énergie ses droits et fournit à l'appui des pièces très probantes.

Plus tard, Jacques Cartier découvre la route du Canada (1534), fonde des villes et écrit l'excellente relation intitulée par lui :

Brief récit de la navigation faite ès îles de Canada, Hochelaga, Roguenay...

En décembre 1844, Saint-Malo recevait de Messieurs les membres de la Société historique de Québec les débris du

Robert Surcouf.

navire *la Petite Hermine*, abandonné, en 1536, par Cartier, dans la rivière Saint-Charles, au Canada.

Digne continuateur du grand homme, Pont-Gravé tente d'établir des colonies le long du fleuve Saint-Laurent (1600).

A l'autre extrémité de l'Amérique, Gouin de Bauchêne brave les redoutés périls du cap Horn et ouvre une route qui, longtemps, alimentera le négoce le plus fructueux.

Non loin du détroit de Magellan, on trouve un archipel d'îles et d'îlots appelé *Falkland* par les Anglais, qui font honneur à Strong, un de leurs compatriotes, de la découverte; mais Saint-Malo réclame pour son fils Porée la gloire d'avoir déterminé le gisement de ce même groupe, qu'il appelé : *îles Malouines*, en souvenir de la patrie.

A Champloret et à La Merveille, son compagnon, le mérite d'avoir doté la France du café Moka, après leur belle expédition sur les côtes de la mer Rouge (1706).

A Garnier du Fougeray, l'honneur de la prise de possession de l'*Ile de France* (1721).

Et quel émouvant roman celui de Du Fresne-Marion qui, heureux d'avoir été choisi pour une mission à remplir à Taïti, ne veut pas revenir en France sans ajouter une page au livre des conquêtes françaises. Il continue sa campagne, découvre plusieurs îles et va se ravitailler dans la Nouvelle-Zélande, où, trop confiant, il mourut dévoré, ainsi que ses infortunés compagnons, par les chefs Maoris. Un seul homme put échapper.

Chenard de la Giraudais fut un officier très estimé de Bougainville, qui loua hautement ses services pendant les voyages de découvertes dont il avait le commandement. La ville d'Albi vient de recevoir (1884) les épaves de l'expédition de la Pérouse, le brave et malheureux navigateur. Une partie de ces débris eût pu être attribuée à Saint-Malo, qui comptait dans la funeste expédition plusieurs de ses marins, entre autres un jeune officier du plus grand avenir, Le Gobien.

Voilà bien des noms et la liste des seules illustrations maritimes de Saint-Malo est à peine effleurée. Il y aurait presque de l'ingratitude à la continuer dans cette nomenclature aride; pourtant, il n'est pas beaucoup plus facile de passer sous silence l'héroïque action de Beaulieu, précurseur du grand Duquesne, venant brûler en plein jour (1609), sous les yeux du bey de Tunis terrifié, toute une flotte barbaresque et traçant ainsi leur devoir aux nations civilisées, beaucoup trop patientes envers les pirates méditerranéens.

C'était encore un Malouin, l'admirable Porcon de la Barbinais, victime de la parole donnée au dey d'Alger qui, incapable de comprendre une telle générosité, se venge sur le prisonnier volontaire (1665). — Un Malouin encore, le capitaine Cheville, assez audacieux pour arrêter, avec deux frégates, une flotte entière (1691). — Un Malouin, Mahé de la Bourdonnaye, dont les services sans prix, aux Indes, furent reconnus par la plus cruelle ingratitude (1697-1754). — Malouins, toujours Malouins, Magon, Lefer, Loquet, Vincent, Moreau, Du Port Du Tertre, l'amiral Thévenard...

Et si Dunkerque s'honore d'avoir vu naître Jean Bart, si Dieppe parle avec orgueil de Duquesne, Saint-Malo répond par

Broussais.

deux noms en possession d'une gloire rivale : Duguay-Trouin et Robert Surcouf...

Fils d'une vieille famille d'armateurs, Duguay-Trouin sut forcer la renommée à une époque où les grands hommes de mer furent très nombreux. Plusieurs de ses expéditions tiennent de l'extraordinaire et seraient regardées comme impossibles, si l'histoire ne les avait sévèrement contrôlées. Marin à seize ans, il débute par des coups de maître. A vingt-deux ans, il est fait prisonnier, après un combat acharné où une terrible blessure le renverse sans connaissance sur le pont de son bâtiment. Mais, l'année suivante, il répare l'échec en capturant le *Sans-Pareil*, le vaisseau même qui avait vaincu Jean Bart et Forbin, et qui conservait, trophée précieux, les brevets des deux illustres chefs d'escadre !

Après ce coup d'éclat, Duguay-Trouin entasse exploits sur exploits et couronne sa carrière par la merveilleuse campagne de Rio-Janeiro. Un capitaine nommé Du Clerc était venu attaquer la capitale du Brésil. Battu et fait prisonnier avec presque tous ses compagnons, les Brésiliens les avaient massacrés.

La France, épuisée par la guerre et par la famine, ne pouvait venger ces malheureux ; Duguay-Trouin obtient de sa famille, de ses amis, des armateurs de sa ville natale tous les secours qu'il demande. Il arme à la Rochelle neuf vaisseaux, cinq frégates, deux transports, y embarque deux mille cinq cents hommes et, parti le 9 juin 1711, il arrive le 11 septembre devant Rio-Janeiro. Rien ne lui résiste : dix jours après il avait triomphé !

L'enthousiasme, en France, fut sans bornes : l'heureux Malouin était regardé comme le plus grand homme de mer de la fin du règne de Louis XIV. Le grade de chef d'escadre lui fut conféré et le Régent lui donna le commandement maritime de Brest, ainsi que de toutes les côtes bretonnes.

Louis XV, devenu majeur, y ajouta la dignité de lieutenant général des armées navales. Hélas ! nos flottes n'existaient plus et Duguay-Trouin occupait ses loisirs forcés à écrire ses *Mémoires*, modèle de style narratif trop peu imité par les écrivains de récits maritimes.

Un seul éclair de joie vint rappeler à l'héroïque Malouin les jours passés.

Ce fut en 1733, lorsque la France songea un instant à entraver les projets de l'Angleterre sur nos colonies. Duguay-Trouin fut chargé de l'armement de seize vaisseaux et de quatre frégates... L'élan n'eut pas de durée, Louis XV retomba dans sa honteuse tranquillité et le lieutenant général des armées navales dut, avec désespoir, renoncer à l'espérance de raviver la marine française expirante. En 1736, il mourait, léguant un immortel renom à sa chère ville natale.

Robert Surcouf est plus près de nous (1773-1827). Il commença sa carrière à une époque où la France semblait devoir périr sous l'effort de l'Europe entière. Elle n'avait plus qu'une marine épuisée, alors que l'Angleterre, acharnée entre tous nos ennemis, couvrait les mers de ses flottes.

Surcouf ne mesura notre rivale que pour entamer intrépidement une lutte sans trêve. Parent, dit son historien, de Duguay-Trouin, il renouvela, aux Indes, les exploits du grand Malouin et, comme lui, mérita une des premières places dans le souvenir de la ville où il était né.

A côté des marins célèbres se placent des savants. MOREAU DE MAUPERTUIS, grand astronome, grand géomètre, en dépit des railleries de Voltaire, qui, tout d'abord, l'avait adulé.

OFFRAY DE LA METTRIE, homme d'esprit bizarre, chez qui une science réelle se mêlait à la folie et au cynisme.

BROUSSAIS, le fameux physiologiste, chef, en médecine, d'une école nouvelle....

« Un autre genre d'illustrations manque à Saint-Malo, » écrivait Ogée, vers le milieu du dernier siècle. « Le désir d'acquérir des richesses et de parvenir aux honneurs par le commerce et la navigation est plus fort que celui de courir après la gloire par des travaux pénibles et la plus longue étude. »

Le jugement était trop sévère, car on peut encore lire avec fruit les *Lettres Édifiantes et Curieuses* de LE GOBIEN (1652), les travaux du P. NEPVEU (1639) et, surtout, le *Voyage autour du Monde, avec une description de la Chine,* par LE GENTIL DE LA BARBINAIS, ouvrage très exact, très intéressant. Il y aurait également, croyons-nous, une véritable injustice à s'en tenir aux critiques railleuses, impitoyables, lancées par Voltaire contre l'aimable et infatigable abbé TRUBLET, qui, s'il ne fut pas un grand écrivain, ne manquait ni de sagacité ni de finesse.

Mais bientôt deux noms nouveaux allaient surgir, deux noms qui suffiraient à sauver pour toujours une ville de l'oubli : LA MENNAIS, CHATEAUBRIAND.

Du premier, on peut blâmer l'orgueil farouche, l'indomptable volonté, les doctrines... Qui voudrait méconnaître la puissance de son génie et soutenir qu'un livre comme l'*Essai à l'Indifférence* n'est pas un chef-d'œuvre ?

Du second, la gloire grandira encore : la France ne restera

pas toujours sous l'empire de conventions littéraires destructives du goût et du talent de l'écrivain. Chaque fois que l'on voudra mesurer à quelle hauteur, à quelle magnificence, à quelle sublime et pénétrante harmonie peut atteindre notre langue nationale, il faudra lire l'*Itinéraire de Paris à Jérusalem,* les *Martyrs,* le *Voyage en Amérique,* les *Natchez,* le *Génie du christianisme :* en un mot, l'Œuvre entier de Chateaubriand.

Nous n'avons pas à retracer ici la vie de Chateaubriand. Elle est bien connue, depuis son enfance dans le vieux château de Combourg jusqu'à sa retraite dans la Vallée-aux-Loups, en passant par son séjour en Amérique et le rôle qu'il joua en politique ; mais il nous est permis de dire que des livres comme ceux dont nous venons de rappeler les titres sont des monuments impérissables, de merveilleux trésors, honneur du pays tout entier.

Saint-Malo ne s'y trompa pas. Avec amour, avec un tressaillement de joie douloureuse, la cité se leva pour recevoir le cercueil légué par son fils bien-aimé.

A celui qui avait passé hors de pair, dans la vie, il fallait une tombe immortelle. Le roc du Grand-Bé s'ouvrit le 18 juillet 1848, et une dalle de granit, sans inscription, fut scellée sur l'écueil déchiré.

Maintenant, vienne l'enveloppement furieux de la tempête ou la plainte si douce de la mer calme ; vienne le vent d'équinoxe soulever le sable de la grève ou un soleil éclatant rendre blanche comme le marbre la lourde pierre granitique..... C'est bien, c'est juste.

Le mort qu'elle recouvre savait interpréter toutes les voix de l'espace, et, si son cœur pouvait battre encore, il s'unirait au rythme de la vague dont il aimait la mélancolie, pour saluer la ville maternelle, sous le regard de qui il a voulu dormir son dernier sommeil......

CHAPITRE III

SAINT-MALO. — REVUE RAPIDE A TRAVERS L'HISTOIRE

L'origine de la ville fut bien humble. Au commencement du sixième siècle, saint Aaron, solitaire vénéré, établissait son oratoire sur l'îlot situé en face de la vieille *Aleth,* aujourd'hui SAINT-SERVAN.

Un historien[1] rapporte que la résidence du cénobite s'élevait entre les deux bras de la *Rance* qui, alors, formait une sorte de delta, changé depuis en un golfe.

L'isolement du rocher serait l'œuvre de la grande tempête de mars 709.

Que l'oratoire fût sur un îlot ou sur une étroite presqu'île, *Mac Law* (c'est-à-dire : *fils de Law;* nom latinisé : *Maclovius,* puis francisé : Malo), persécuté par les Saxons, y vint chercher un refuge. Aaron l'accueillit paternellement. Après la mort de son maître, Malo éleva une église sur sa tombe et un monastère en naquit.

D'abord ce fut tout, puisque nous voyons le disciple établir sa résidence à Aleth, quand les habitants de la ville païenne eurent écouté sa prédication et s'obstinèrent à lui conférer la dignité épiscopale.

Malo méritait que l'on fît violence à son désir de solitude. La générosité, la bonté, la douceur formaient le fond de son caractère, qui perce au milieu de la multitude de miracles, attribués à son intercession par les légendaires.

Quelle ravissante page, celle où l'un de ses biographes rapporte sa tendre protection pour un petit passereau !

« Le bon Saint ne restait jamais oisif et, tout de suite, s'il ne

---

1. M. Robidou.

prêchait pas le Divin Évangile, il se hâtait d'aller aux champs avec ses frères. Un jour, voulant travailler plus commodément, il retira son manteau et le laissa sur l'herbe. Mais voilà que, vers la fin du jour, à l'instant où il se disposait à reprendre le vêtement, saint Malo vit qu'un de ces petits passereaux appelés roitelets, y avait fait son nid. Le bon Saint loua la Providence divine qui s'étend au plus humble des êtres créés et, toujours doux, toujours attentif à faire le bien, il abandonna son manteau dans le champ, jusqu'au jour où les oisillons purent prendre leur volée.

« Dieu sourit à l'action de son serviteur. Tout le temps que le roitelet couva ses œufs, l'eau du ciel n'atteignit pas le manteau, quoique, bien souvent, la pluie vînt inonder la terre autour de ce nid béni. »

On ne retrouve plus guère de ces récits gracieux dans les annales de la ville. Née, comme cité, au milieu des cruels désastres de l'invasion normande (811), elle dut à sa situation, en quelque sorte inaccessible, de devenir le refuge des habitants d'Aleth. Avec le temps, elle hérita également de la juridiction épiscopale, établie, depuis le milieu du sixième siècle, en faveur des Aléthiens.

Ce fut en 1144 que l'évêque Jean de CHATILLON transféra son siège à Saint-Malo. Le duc CONAN *le Gros* approuvait fort cette décision, et le prélat avait pour lui le sentiment unanime de son troupeau. Néanmoins, dix-huit longues années de pénibles démarches et de travaux passèrent avant que l'acte de Jean de Châtillon fût reconnu solennellement par l'Église.

Dom Lobineau fait un récit émouvant de ces luttes aboutissant, finalement, au triomphe de l'évêque, dont le souvenir resta si longtemps vénéré par les Malouins, « que le pape Léon X, rapporte Ogée, permit à Denis Briçonnet, évêque de Saint-Malo, ambassadeur du roi François Ier à Rome, de célébrer la fête du prélat, quoique, d'ailleurs, il ne fût pas canonisé ».

Jean de Châtillon est souvent appelé *de la Grille,* surnom venu de cette circonstance que son tombeau avait été entouré d'une forte grille en fer, afin de le préserver des dégradations opérées par des pèlerins trop zélés. Le fondateur de l'évêché malouin mourut le 1er février 1163.

L'un de ses derniers successeurs, nommé Antoine-Joseph des Laurents, mourut d'une manière saisissante.

« Revenant de l'Assemblée du clergé tenu à Paris en 1785, il mit pied à terre sur le Sillon, et s'agenouilla devant la croix qu'il y avait fait établir en 1774.

« Je te revois donc encore une fois, mon cher Saint-Malo ! dit-il, et, au moment où il se relevait, il fut frappé d'une apoplexie foudroyante. Il expira sur la place, âgé de soixante-sept ans [1]. »

Le dernier évêque nommé fut M. L'Archant de Grimouville ; mais ce prélat ne quitta pas Jersey, où il s'était réfugié pendant la Révolution, et y mourut en 1821. Depuis lors, l'évêché de Saint-Malo n'a pas été rétabli, bien que le Concordat en ait fait mention spéciale.

A peine fondée, la ville de Saint-Malo donna des preuves de sa vitalité. Devant elle s'ouvrait la route illimitée de la mer : ses yeux se détournèrent sans peine de la terre ferme pour contempler l'espace, et, tout de suite, une activité extraordinaire prépara la grandeur future de sa marine.

De ce but exclusif, naquit l'indépendance du caractère des habitants. Jamais citoyens plus fiers, plus jaloux de leurs libertés, de leurs privilèges ne gardèrent avec plus de vigilance ce que leur courage avait obtenu. Ils ne relevaient d'aucun seigneur particulier, reconnaissant seulement quelques droits à l'évêque et au Chapitre. Encore, ces droits se trouvaient-ils limités par l'autorité de la Communauté de la ville, autorité ombrageuse, réprimant avec soin tout empiétement possible. Jamais, jusqu'au milieu du dix-huitième siècle, Saint-Malo ne consentit de plein gré à recevoir garnison.

« Nous nous gardons fort bien ! » disaient les rudes marins.

Ils se gardaient admirablement, en effet. Plus d'une fois, même, ils entrèrent en campagne, soit pour délivrer des voisins, comme ils le firent, en 1423, pour le Mont Saint-Michel ; soit pour soutenir les ducs contre les entreprises de l'Angleterre ou de la France ; soit pour terminer par un coup d'éclat la guerre de la Ligue en Bretagne, comme ils le firent, en 1598, par la prise de Dinan.

---

[1]. A. Marteville.

« Ennemi vu, ennemi vaincu, » semblait être leur devise ; aussi, en vertu de cette maxime hardie, entretenaient-ils, pour déjouer toute surprise contre leurs murailles, une fort milice... de dogues !

Vingt-quatre chiens énormes, descendant, prétend une légende, des chiens célèbres qui combattaient, avec nos ancêtres gaulois, les envahisseurs romains, étaient chargés de veiller sur le port.

Enchaînés pendant le jour, on les rendait, le soir venu, à la liberté, et, le matin, on les rassemblait au son d'une corne bien connue.

Établie en 1155, cette milice, d'un genre si pittoresque, fut maintenue pendant plus de six cents ans. Ses exploits l'avaient rendue fameuse, et sa férocité entretenait autour d'elle une crainte salutaire. On en racontait cent exploits sinistres, mais un excès de zèle la perdit.

Le 4 mars 1770, un jeune officier de marine voulut passer sur la grève, après l'heure du couvre-feu. Vainement, pour se défendre de l'attaque des dogues, mit-il l'épée au vent ; vainement, en se jetant à la mer, crut-il pouvoir échapper à la terrible meute. Vaincu, épuisé de blessures, il dut subir l'épouvantable supplice d'être dévoré vivant.

L'événement ne pouvait passer inaperçu. Il fut le meilleur, sinon le principal argument, contre le maintien de la garde doguine, victime en quelque sorte de sa trop grande vigilance.

Elle avait eu l'honneur d'être pensionnée par le Chapitre et par la Ville, dont la Communauté, reconnaissante des services rendus, avait marqué son sceau d'une figure de dogue.

Jusqu'à la fin du dix-septième siècle, les armes municipales se lisaient ainsi : *d'argent au dogue de gueules*[1].

Ils avaient bien raison, les sages Malouins, de craindre les convoitises excitées par leur rapide fortune. Tout de suite riches, tout de suite puissants, ils ne pouvaient manquer de faire naître d'ardentes jalousies. Le développement de leur marine fut inouï, car on les voit aider aux Croisades avec de véritables flottes, sans que, d'ailleurs, leur négoce se trouvât le moindrement atteint.

---

1. C'est-à-dire un dogue peint en rouge sur fond blanc.

'Une des sources principales de cette prospérité venait des privilèges accordés à Saint-Malo par le duc Conan le Gros, au commencement du douzième siècle. Non seulement le prince breton avait rendu la cité nouvelle héritière de tous les privilèges d'Aleth, jadis sa suzeraine, mais encore il lui avait conféré le *droit d'asile*.

Or, en ce temps où les lois féodales pesaient bien lourdement sur les vassaux, le droit d'asile devait attirer beaucoup de gens

Anne de Bretagne.

que la certitude d'échapper aux punitions seigneuriales rendaient au courage, au travail.

Ainsi fut promptement peuplée l'étroite enceinte de la ville, dont le génie guerrier et commercial allait briller d'un vif éclat.

Au milieu des désastres de toute sorte et des compétitions qui, pendant près de mille ans, rendirent la Bretagne comme un champ de bataille où se mesuraient tour à tour Bretons contre Bretons, Anglais contre Bretons, Bretons contre Français, souvent même les trois nations armées l'une contre l'autre ; à ces époques néfastes où tant d'autres villes du vieux duché perdirent leur splendeur légendaire, Saint-Malo voit toujours accroître son influence. Un moment vint, pendant la Ligue, où, de fait, la cité insulaire régnait sur une grande partie de la Basse-Normandie et de la Haute-Bretagne !

Saint-Malo ne pouvait manquer de partager le sort des villes du littoral et d'appeler l'attention des Anglais ; mais sa forte position et son énergique attitude la préservèrent des catastrophes qui semblaient devoir l'anéantir.

Fièrement elle acceptait le combat et toujours la victoire lui restait fidèle.

Une question de droit féodal allait, pendant un quart de siècle, ensanglanter le duché. Jeanne de Penthièvre, femme de Charles de Blois, héritière directe du duc Jean III le Bon, voyait ses droits contestés par Jean de Montfort, frère consanguin de son père.

Montfort savait bien agir contre la coutume bretonne, qui reconnaissait l'aptitude des femmes à succéder à la couronne ; mais l'ambition le possédait, et soit par promesses, soit par libéralités, il entraîna un grand nombre d'adhérents.

La ville de Saint-Malo resta à peu près neutre dans cette fameuse querelle, jusqu'au jour où Jean IV, reconnu duc, grâce aux secours donnés par l'Angleterre, fit preuve, selon la patriotique parole d'un vieil historien, « de cœur anglais plus que breton ».

Les Malouins ne pouvaient voir avec indifférence ces étrangers en possession d'une véritable faveur, encore moins pouvaient-ils pardonner l'inavouable conduite du comte de Salisbury qui, abordant chez eux, brûlait sept vaisseaux espagnols ancrés dans le port.

Ils se réunirent à la majorité de la noblesse bretonne et Jean dut se réfugier en Angleterre. Mais, de son exil, « il regardait toujours vers la Bretaigne ». Le roi Richard II entreprit de le restaurer une fois encore. Pour cela, le duc de Lancastre vint camper auprès des murs de Saint-Malo (juin 1378). Plusieurs seigneurs bretons résolurent de défendre la cité, alors sous les ordres de Jean MORTE-FOUACE.

« Du haut de leurs remparts, les Malouins ne voyaient que flammes et massacres ; au pied, Lancastre montait, pour les foudroyer, quatre cents pièces de canon ; huit mille archers, quatre mille hommes d'armes devaient seconder cette batterie, qui paraîtra extraordinaire pour l'époque.

« Tout cela n'était pas capable d'affaiblir l'énergie indomptée des Malouins, dont l'héroïsme ravit d'admiration le général lui-même. Nuit et jour, les assauts se succédaient, les boulets de pierre se brisaient sur le rocher, sur les murs, sur les donjons, sans lasser les braves qui luttaient pour leur indépendance. »

Un épisode curieux de ce siège est encore admirablement dépeint par M. Robidou.

« Le connétable Du Guesclin (envoyé par Charles V, roi de France) se présenta pour faire lever le siège, et sa brillante armée, composée de dix mille hommes, se déploya dans le plus bel ordre sur la grève de Saint-Servan, toujours prête à franchir le bras de mer, guéable deux fois chaque jour par le reflux, qui n'y laissait qu'un ruisseau sans profondeur coulant sur un fond solide. L'ennemi couvrait l'isthme sablonneux que nous appelons aujourd'hui le Sillon. Dès qu'il faisait un mouvement, dès qu'il posait une échelle pour escalader les fortifications, Du Guesclin le prenait en flanc et le forçait à se mettre sur la défensive. Attendait-il, pour agir, le retour des flots qui séparaient les deux camps? Le temps et l'espace lui faisaient défaut et les assiégés, encouragés par la certitude du secours, redoublaient de vigilance et d'action.

« Les chefs anglais, vaincus sans combat, suivant le désir de Charles V, ne purent dissimuler leur rage et taxèrent de lâcheté la prudente conduite du connétable. Un jour, on vit le comte de Cambridge s'avancer jusqu'à la ceinture, l'épée à la main, dans la rivière, en criant à ses fidèles : « Qui m'aime me suit ; voilà que je vais combattre ! ».

« Du Guesclin lui fit une spacieuse place sur l'autre rive pour l'inviter à passer. Mais l'armée anglaise resta immobile et le comte se retira, laissant son enthousiasme dans cette immersion salutaire. »

Le vaillant capitaine Morte-Fouace ne se laissa pas, néanmoins, éblouir par ce succès. Il eut l'intuition qu'un ouvrage de mine pouvait ruiner Saint-Malo. Aidé de quelques braves, il longe, par une nuit profonde, les fortifications extérieures, découvre le point fouillé, tue les mineurs, détruit leur travail et rentre dans la ville. Cette fois, Lancastre, s'estimant vraiment vaincu, se retira.

Cependant, les Bretons ne tardèrent pas beaucoup à s'apercevoir que les secours donnés par Charles V avaient un but intéressé. Le prince, si fin politique pourtant, commit la faute de croire le pays entièrement rallié à lui. C'était aller trop vite en besogne. Un soulèvement général répondit à l'acte du 18 décembre 1378, qui déclarait le duché réuni à la couronne française, et Jean IV fut rappelé. Après sept ans d'exil, il ne comptait plus sur ce retour de fortune.

Le 3 août 1369, il arrivait à Saint-Malo, salué par une foule énorme de gentilshommes et de bourgeois. Du Guesclin ne fit rien pour empêcher la manifestation. Il était Breton de cœur, vraiment Breton, et s'il pouvait souhaiter une Bretagne alliée de la France, au service de laquelle il avait gagné tant de gloire, il ne voulait pas son pays humilié et serf.

Telles étaient les idées de l'époque, telles la Bretagne les conserva longtemps encore.

Saint-Malo renchérit sur cette fierté. Ses bourgeois imaginèrent bientôt de ne dépendre que d'eux-mêmes, sous prétexte qu'ils s'étaient donnés au Pape. Une guerre véritable fut la suite de cette équipée. Jean IV agit avec la plus grande rigueur contre la cité rebelle, bloqua son port, coupa le canal amenant l'eau douce dans ses murs ; puis, afin de mieux la réduire, l'impitoyable *Conquéreur* bâtit sur le territoire de Saint-Servan, à l'embouchure de la Rance, la tour de *Styridor* ou *Solidor*.

Force fut bien aux Malouins de céder, mais ils ne renoncèrent pas à saisir la première occasion de prendre une éclatante revanche. Maltraités, disaient-ils, par leur souverain, ils se prêtèrent à l'escalade des remparts que voulurent tenter Robert de GUITTÉ et Geoffroy FERRON. La nuit du 10 octobre 1387 vit le triomphe de ces capitaines.

Avec le temps, les choses s'arrangèrent, mais il fallut le règne de Jean V pour calmer toutes les susceptibilités.

Malheureusement, le nouveau duc ne put éviter à ses sujets le contre-coup des effroyables désastres subis par la France, sous le règne de Charles VI.

Les *Actes de Bretagne* présentent un cruel tableau de la misère pesant sur le pays et principalement sur les villes limitrophes des frontières françaises.

C'est à cette époque (1405) que se placent les deux expéditions des Malouins en Angleterre. Elles eurent lieu pour répondre aux ravages causés par une flotte anglaise le long du littoral breton. La première invasion, commandée par les sires de Chateaubriand, de la Jaille et du Châtel, ne réussit pas : le dernier de ces chefs y perdit la vie.

Tanguy-Duchâtel, son frère, « ne s'amusa pas à le pleurer, mais à le venger ». Il arma une flotte, enrôla sous sa bannière quatre cents gentilshommes de ses amis et quelques troupes, surprit la ville d'Yarmouth et, pendant deux mois, saccagea les côtes anglaises : « plus de soixante lieues de pays », disent les chroniques. Le butin fut considérable. Pour l'honneur de la mémoire de Tanguy, les historiens citent de lui des faits plus réellement glorieux.

Dix-huit années plus tard, les Malouins couraient à la délivrance du Mont Saint-Michel, assiégé par une forte armée anglaise. L'initiative de ce noble fait d'armes revient au cardinal-évêque de Saint-Malo, Guillaume de MONTFORT, et la ville en supporta tous les frais, qu'elle estima payés par un complet triomphe. Charles VII, il est vrai, se montra reconnaissan envers les Malouins et leur accorda plusieurs exemptions de droits.

Jean V, toutefois, n'osa louer la glorieuse expédition. Il craignait trop, pour son duché, le ressentiment de l'Angleterre. Cette crainte alla bien loin! On le voit, sur la fin de son règne, promettre de ne plus souffrir dans le port de Saint-Malo d'autres vaisseaux que les vaisseaux anglais !... Il promettait aussi d'empêcher les Bretons de renforcer ou de ravitailler la garnison du Mont Saint-Michel !...

Le fils de Jean V, François Ier (duc de 1442 à 1450), comprit autrement ses devoirs de souverain. Déchirant le pacte de son père, il aida ardemment Charles VII à reconquérir le royaume de France, tout en veillant avec énergie à la défense de ses propres droits.

Mais l'existence de la Bretagne, comme pays indépendant, touchait à son terme. Après les deux règnes très courts de Pierre II et d'Arthur III, celui de François II fut une longue suite de querelles où, peu à peu, s'émietta la résistance du malheureux duché. Saint-Malo se trouva englobé dans le désastre de Saint-Aubin-du-Cormier et dut recevoir un capitaine français. Presque aussitôt, François II mourut (1488), laissant pour héritière une enfant de douze ans, la fameuse Anne, dont le nom est resté aussi populaire, en Bretagne, que l'est, en Normandie, celui de Guillaume le Conquérant.

Jamais règne n'eut de commencements plus tristes que celui de la fille de François II. Anne se voyait à la fois abandonnée ou convoitée par ceux qui auraient dû se montrer les plus fermes soutiens de sa couronne. Il lui fallait également subir la recherche de l'un des ennemis héréditaires de la Bretagne. Après une lutte vaillante, la raison de la jeune princesse vainquit son orgueil et, le 6 décembre 1491, elle devenait reine de France, non sans avoir stipulé la reconnaissance formelle de tous ses droits de duchesse.

Ce n'était pas là une vaine cérémonie, un engagement sans valeur. Anne était jalouse de son autorité et ce qu'elle avait résolu devait s'accomplir sans appel. Les Malouins l'apprirent à leurs dépens, ou plutôt le Chapitre de Saint-Malo.

Déjà François II, préoccupé de fortifier encore la ville, avait commencé ou continué les constructions du château, autrement dit de la citadelle. La tour appelée *Générale* fut son ouvrage. En 1498, Anne, devenue veuve, s'établit momentanément à Saint-Malo et reprit les travaux de son père.

Sur son ordre, une seconde tour s'éleva. Aussitôt, l'évêque et le Chapitre protestèrent vivement. Mais la duchesse n'était pas douée d'une volonté moins opiniâtre que celle de ses adversaires. Elle repoussa dédaigneusement toutes les réclamations, toutes les menaces plus ou moins déguisées et, triomphante, orgueilleuse, elle fit graver en relief, sur les points principaux de la façade, cette piquante inscription :

Quic en groigne : ainsi sera : c'est mon plaisir.

C'était faire preuve d'une bien audacieuse crânerie, et les bourgeois de Saint-Malo auraient pu amener l'obstinée princesse à se repentir de sa bravade. Mais, tout compte fait, les bourgeois estimèrent très heureuses, pour leur ville, les constructions nouvelles et furent des premiers à sourire en lisant l'inscription.

Ici, l'histoire anecdotique, la meilleure, presque toujours, place l'entretien pittoresque d'Anne avec l'ingénieur chargé des travaux.

Château d'Anne de Bretagne à Saint-Malo.

« Quel plan dois-je suivre ? demandait souvent le pauvre homme, dérouté par les caprices soudains de sa royale maîtresse.

— Eh ! prenez modèle sur ma voiture ! » finit par répondre la princesse impatientée.

La courtisanerie est de tous les temps, de tous les pays; la réponse, railleuse peut-être, religieusement reçue, le plan suggéré fut exécuté. Sans peine, on le retrouve dans l'ensemble du

Grand et du Petit Donjon, flanqués des quatre grosses tours appelées la *Générale*, la *Quiquengrogne* (corruption de l'épigraphe ducale) des *Dames*, des *Moulins*.

Avant l'achèvement du château, Anne était remontée sur le trône de France et ce fut, de nouveau, en qualité de reine-duchesse qu'elle revint le visiter.

Une période de paix semble avoir rendu, du règne de Louis XII à celui de Henri III, Saint-Malo aux seuls soucis du négoce. Les historiens, pendant ce temps, ne signalent que deux voyages royaux : celui de François Ier, époux de Claude, fille d'Anne de Bretagne et héritière du vieux duché ; puis celui de Charles IX.

Ce dernier monarque fut reçu avec une magnificence extraordinaire. Les Malouins n'avaient pas équipé moins de vingt navires offrant la forme de galions.

Entre autres plaisirs, le spectacle d'un combat naval fut offert au roi et l'on poussa le scrupule d'imiter la réalité jusqu'à laisser couler le bâtiment vaincu.

Rien d'enthousiaste comme la description de ces fêtes et des présents offerts au roi : on peut la lire dans tous les chroniqueurs.

Deux ans plus tard, Charles IX faisait la Saint-Barthélemy. Ses ordres arrivèrent le 29 août à Saint-Malo. Les magistrats municipaux n'eurent pas le courage de les décliner en face ; mais, répugnant également à les exécuter, ils prirent le parti de se faire invisibles. Les Huguenots purent s'embarquer sains et saufs.

Une date importante dans les fastes de la ville est celle du 14 août 1589. Le gouverneur, Honorat du Bueil, comte de Fontaine, venait de recevoir les nouvelles et de l'assassinat du roi Henri III et de l'avènement au trône de Henri IV, roi de Navarre.

On sait quelle formidable coalition accueillit le nouveau souverain. Les Malouins ne furent pas les derniers à essayer de profiter de la situation

Déjà, nombre de démêlés avaient tendu leurs rapports avec le gouverneur. Celui-ci (prisonnier en quelque sorte dans le château), souscrivit, trahissant les devoirs de sa charge, aux injonctions des bourgeois. Il signa une sorte de traité portant que « les Malouins conserveraient leurs libertés et franchises, et qu'ils ne reconnaîtraient pas Henri de Navarre pour roi de France, moyennant quoi ils consentiraient à vivre sous l'autorité du gouverneur, jusqu'au moment où *Dieu donnerait à la France un roi catholique* ».

Pour prix de sa soumission, le comte de Fontaine recevrait une somme annuelle de quatre mille écus.

Ce traité fit grand bruit. Le Parlement de Bretagne voulut en vain ramener Saint-Malo à l'obéissance. Henri IV n'y réussit pas mieux. Chaque tentative nouvelle recevait cette même réponse. « Nous voulons vivre dans la religion catholique, apostolique et romaine. »

En réalité, les Malouins se rendaient très bien compte de l'état du royaume. Pourquoi n'en profiteraient-ils pas? Si l'on devait se soumettre, au moins fallait-il que ce fût le plus tard possible.

Une fanfaronnade du gouverneur hâta sa perte. Apprenant l'arrivée de Henri IV à Laval, il eut l'imprudence de dire qu'il mettrait le château à la disposition du roi. La Communauté de ville entra dans une violente colère, bientôt partagée par les principaux bourgeois, au nombre desquels on cite FROTET LA LANDELLE, LA GICQUELAIS, PÉPIN DE LA BLINAYE, Charles ANCELIN, FROTET DE LA BARDELIÈRE. Un complot s'organise, un pacte est juré. Pendant deux mois on entasse les moyens d'attaque, armes, cordages... enfin il est décidé que, pour emporter le château, on escaladera la tour dite : *Générale!*

Nous avons vu Bois-Rosé emporter ainsi la citadelle de Fécamp, et Montgommery s'efforcer de surprendre de la même façon la garnison du Mont Saint-Michel.

L'exploit des Malouins peut être placé près de ces faits d'armes célèbres. Ils n'étaient que *cinquante-cinq* pour réduire les soldats du gouverneur et ils se proposaient de franchir, à l'aide d'un simple cordage, une hauteur d'environ quarante mètres.

Pour des marins, habitués depuis l'enfance à la manœuvre d'un navire, l'entreprise, toutefois, ne semblait pas être follement téméraire. Elle fut menée avec un courage merveilleux.

Les conjurés avaient atteint environ à la moitié de la tour quand, soudain, une effroyable secousse est ressentie. Le cordage vient sans doute de glisser sur le bronze de la couleuvrine à laquelle il est noué. Tout autre qu'un marin eût cru à un irréparable malheur et, desserrant ses doigts crispés, se fût laissé tomber dans la mer !... Les Malouins firent mieux. Ils se rendirent instantanément compte de la cause de la secousse. La coulevrine avait basculé sur son affût, mais le mâchicoulis qui la retenait ne permettrait pas sa chute et le bourrelet terminant son canon avait la force nécessaire pour s'opposer à la détente complète du cordage... On pouvait poursuivre l'ascension ! Elle fut poursuivie, en effet, et réussit admirablement.

La garnison ne résiste pas à la panique causée par cette surprise. Les lieutenants du gouverneur sont ou intimidés ou impuissants à parer au désastre, et le malheureux comte de Fontaine reçoit la mort à l'instant où, du sommet du donjon, il s'efforce de découvrir la cause du tumulte.

Désormais, rien ne pouvait arrêter l'élan des Malouins. Ils triomphaient et, maîtres chez eux, entendaient garder leur liberté entière.

Le duc de Mercœur, le prétendant au trône du vieux duché de Bretagne, leur fit des avances. Le Parlement de Rennes, en même temps, flétrissait les auteurs de la prise de la citadelle :

Avances et flétrissures éprouvèrent le même sort. Le nouveau gouvernement de Saint-Malo se garda avec une active énergie contre le joug huguenot et contre le pouvoir des Ligueurs.

Pendant près de six ans, il rayonna, non seulement sur le pays voisin, mais sur une partie du littoral breton, s'alliant avec les villes de Saint-Brieuc, de Lannion, de Tréguier, de Roscoff, de Morlaix. Son commerce étendait de plus en plus ses relations, et si une forteresse voisine, jalousant sa prospérité, essayait d'y apporter entrave, la millice ou les flottes malouines se mettaient tout de suite en campagne. Le château de Guémadeuc, en Pléneuf l'apprit à ses dépens.

Mercœur dévorait sa rage et faisait bonne mine aux Malouins, qui devaient, cependant, porter le dernier coup à sa puissance.

Le capitaine Saint-Laurent gouvernait Dinan pour le duc. Il s'était fait exécrer des habitants et ses razzias à travers les campagnes avaient presque totalement ruiné la contrée ; les Dinannais résolurent de le chasser : ils implorèrent le secours des Malouins, qui vinrent au nombre de huit cents. Un habile stratagème avait éloigné Saint-Laurent et rempli de sécurité les troupes res tées dans la ville. L'attaque si soudaine, si imprévue, ne put être repoussée : Dinan redevenait ville royale.

De cette victoire joyeusement fêtée, nous avons voulu retenir l'épilogue : il peindra, mieux que tout ce que nous pourrions ajouter, le caractère à la fois énergique et pénétrant, quoique naïvement simple, des Malouins.

Ces rudes marins s'apercevaient bien des progrès de la puissance de Henri IV et sentaient qu'il leur serait impossible de toujours lutter contre elle. Mieux valait donc ne pas attirer sur leur cité la colère du roi.

D'autre part, ils ne pouvaient plus prendre texte de la croyance du prince pour colorer leur résistance. Ils préférèrent se donner à lui, et, ainsi, obtenir les conditions les plus avantageuses.

Dinan, demandant du secours, fournissait l'occasion de sceller l'alliance nouvelle. Les Malouins ne manquèrent pas d'en profiter.

Les soldats de Saint-Laurent avaient à peine mis bas les armes, que l'un des vainqueurs du château de Saint-Malo, Pépin de la Blinaye, saute à cheval et s'élance sur la route de Paris.

Cavalier ni monture ne faiblissent pendant le long trajet.

Couvert de sueur, les habits blancs de poussière, Pépin arrive, force les obstacles, le voilà devant le roi.

— Sire, j'avons prins Dinan ! dit-il rondement.

— Impossible ! s'écrie le maréchal de Biron, présent à l'entrevue.

Pépin, sans se déconcerter, toise le maréchal, et avec un sourire narquois :

— Vay ! riposte-t-il. Celui-là le sçara mieux que may qui y étas !

Émerveillé, persuadé, Henri IV s'apprêtait à demander comment l'événement avait pu s'accomplir.

Mais le Malouin ressentait, à cette heure, la fatigue du voyage et jugeait indispensable de faire un solide repas. Les magnificences dont il se voyait entouré ne l'intimidant en aucune façon, il se retourna vers le roi :

— Suis-je-t'y dans la maison du bon Dieu, qu'on ne boit ni ne mange ici ? demanda-t-il.

Henri était trop charmé des nouvelles reçues pour se choquer de la rusticité du messager ; il s'empressa de donner des ordres. Bien régalé, bien dispos, Pépin prit congé.

Le roi, alors, voulut le récompenser, économiquement toutefois, selon son habitude, et, croyant lui conférer un grand honneur :

— Veux-tu que je te fasse gentilhomme ? dit-il.

— Nenny, Sire, répliqua bonnement le Malouin. Je les chassons à coups de bâton de notre ville ; mais je demanderai un cheval : le mien a crevé, en arrivant, comme un pot !

Un beau coursier des écuries royales remplaça, paraît-il, le pauvre bidet breton.

Il se trouva, du reste, des gens moins *naïfs* que Pépin de la Blinaye, et très bien disposés à profiter des faveurs offertes par Henri.

Lorsque La Rochelle s'insurgea contre l'autorité de Louis XIII, une flotte malouine de trente vaisseaux, sous le commandement de Porée, aida à réduire la ville rebelle. A peu près vers le même temps, les infatigables marins arrachaient l'île de Fer aux Danois et brûlaient, sur les côtes du Groënland, trente-huit vaisseaux de cette nation.

Leur intrépidité devait bientôt trouver un champ plus vaste. La fameuse Ligue d'Augsbourg venait de se constituer, formée par la majorité des puissances européennes contre Louis XIV. La ville de Saint-Malo entra ardemment dans la lutte et s'acharna contre la plus redoutable des conjurées : l'Angleterre. Elle lui causa tant de mal, elle entrava si dangereusement son commerce que les ministres du roi Guillaume, à bout de patience et de ressources, résolurent de détruire de fond en comble la petite cité.

Ils oubliaient que les Anglais eux-mêmes avaient, de tout temps, donné l'exemple des plus odieuses cruautés, et que la trace de leur manière de comprendre un différend entre peuples civilisés était visible, sur tout le littoral français, de Dunkerque à l'extrémité du Finistère.

Le moyen choisi fut, au surplus, digne de ces anciens exploits. On imagina une *machine infernale*, composée d'un vaisseau de trente mètres de longueur, et qui, construit en forme de galiote, fut bourré de bombes, de boulets, de grenades, de chapelets de mitraille, de balles, de carcasses remplies de bitume, le tout enveloppé d'un lit de poudre. Un autre navire devait faire approcher, aussi près que possible, cet engin redoutable des remparts de Saint-Malo, et une pièce d'artifice y mettrait le feu.

La honteuse expédition eut lieu le 26 novembre 1693, et trois jours après, le 29, à la suite d'excès de toute sorte commis sur les différents îlots de la rade malouine, le navire infernal profita de la haute marée pour venir, voiles déployées, menacer la ville.

Saint-Malo, pourtant, devait échapper à l'effroyable péril. Une fausse manœuvre ou un ordre donné mal à propos fit échouer le navire sur un écueil, à cinquante pas des remparts.

L'inventeur du projet crut pouvoir accomplir, sans danger pour lui ni pour ses quarante hommes d'équipage, la funèbre mission. Il mit le feu à une pièce ; mais, soit qu'il eût mal calculé la durée de la combustion, soit, plutôt, trop de précipitation dans sa manière d'opérer, car les boulets envoyés par le Fort Royal le gênaient beaucoup, l'explosion fut prématurée et lui-même périt avec son équipage.

Tout se réduisit, pour Saint-Malo, à des dégâts matériels, considérables il est vrai. La seule victime fut un pauvre chat, frappé dans la gouttière où il se trouvait. C'était l'ironique réponse du sort au poète Addison qui, *certain* du succès, n'avait pas rougi de célébrer dans une pièce de vers la future destruction de la cité des corsaires !

L'expédition étant manquée, la flotte anglaise se retire ; mais Saint-Malo ne pouvait se flatter de ne pas la voir revenir. Moins de deux ans plus tard, en juillet 1695, elle revenait, en effet, sous les ordres de l'amiral Berkeley, aidé par les Hollandais. Elle revenait de nouveau, en juin 1758, sous les ordres de Marlborough, et, en septembre de la même année, sous les ordres de Bligh et de Howe, pour se faire battre à Saint-Cast... Mais, il est inutile de poursuivre une plus longue énumération. Toujours, partout, on retrouve Saint-Malo au premier rang des combattants, et presque constamment ses armes sont heureuses.

CHAPITRE IV

SAINT-MALO MODERNE

Tous les contrastes, tous les genres de pittoresque sont offerts par la baie de Saint-Malo. Le passé, dans sa pompe rigide, semble y recevoir l'hommage du présent, et la beauté naturelle des rivages s'accroît de l'animation dont ils sont enveloppés.

Les îlots de la baie, fortifiés comme la vieille cité, en défendent l'approche. Au Nord, c'est la *Conchée ;* Vauban en dirigea les travaux. A l'Est, l'île *Harbourg* marque l'ancien havre d'Aleth. Le *Fort Royal* ou *Islet* portait jadis les fourches patibulaires du Chapitre ; il protège maintenant la chaussée et, plusieurs fois, il l'a défendue avec succès. Puis, c'est le *Grand Bey*, le *Petit Bey*, l'île *Césambre* qui, pendant plus de deux siècles, conserva, grâce à son monastère, l'importance d'une petite ville.

La chaussée du *Sillon* date de 1733. Elle relie au continent Saint-Malo, enfermé dans son trapèze de remparts, faisant corps avec le rocher d'Aaron. Le *Château* commande l'entrée de la ville, une double muraille saillant en pointe : la *Galère* le renforce. Près de lui, se dresse le *Grand Donjon*, et la batterie de la *Hollande,* avec ses canons, paraît toujours prête à foudroyer l'ennemi.

Dix siècles de l'histoire du pays revivent à cet aspect, et l'on n'est plus tenté de soupçonner, comme entachées d'exagération, les chroniques locales.

Vis-à-vis de la cité guerrière, Saint-Servan, qui lui donna ses premiers habitants, se développe au milieu de la verdure de riches campagnes et se laisse nonchalamment dominer par la tour de Jean IV, la fameuse forteresse *Solidor*.

L'embouchure de la Rance se déploie, fière des riants coteaux qui la bordent et des charmants villages dont ils sont parsemés.

Quelques-uns de ces derniers deviennent de véritables villes et comptent leurs maisons par des palais où la fantaisie, l'art, le

Une rue de Saint-Malo.

luxe sont prodigués. Tel : Dinard, rendez-vous de la plus élégante population de baigneurs.

Au printemps, pendant l'été, tout est grâces et parfums sur ces rives privilégiées ; à l'automne, pendant l'hiver, lorsque les grandes marées, contenues par le vent du Nord-Ouest, font entendre leurs mugissements, une majesté, une force solennelle s'impriment au paysage tout entier. La mer, souveraine impérieuse, veut dominer seule et sa voix menaçante sonne aux quatre points de l'horizon.

Cependant, la rade malouine reste bonne et sûre, bien que

l'accès continue à en être difficile : mais les exigences de la navigation moderne, en accroissant les dimensions des bâtiments ; mais les conditions mêmes du progrès économique devaient peser sur le commerce de la ville. Le Havre, proche voisin de Paris, le grand distributeur, a forcément attiré vers lui les steamers, nombre de longs-courriers ambitieux de leur ressembler, et la majorité des navires étrangers en relations avec le Nord-Ouest de la France.

Saint-Malo ne se décourage pas, néanmoins, et sa vaillante population, de même que celle de son arrondissement, continue à fournir le premier des contingents à l'inscription maritime.

L'activité de ses chantiers ne se ralentit guère : leurs produits ayant acquis une légitime renommée. Son activité industrielle tend toujours, elle aussi, à s'accroître. D'ailleurs, les grandes pêches ne sont pas plus négligées que la pêche côtière. Les vaillants Malouins se souviennent qu'ils furent les premiers à reconnaître les bancs de morue de Terre-Neuve et continuent d'armer pour leur exploitation.

Nous avons accompagné les pêcheurs de morue islandaise : suivons un instant les *Terre-Neuviers*. La campagne n'est pas moins rude ni moins dangereuse. Il leur faut braver le froid, les mauvais temps, et, principalement, des brouillards d'une prodigieuse épaisseur. On compte les années où ces brumes n'ont pas causé la perte de navires, où la banquise, glissant du pôle, n'a pas écrasé, entre les montagnes de glaces désagrégées, plusieurs équipages.

Il n'importe, le prochain armement ne manquera pas d'hommes disposés à affronter ces périls, et quand, à l'automne, la flottille reviendra, on comptera les absents... mais, sans crainte, on les remplacera !

Des travaux importants ont rendu Saint-Malo mieux approprié au commerce maritime actuel. Les quais sont fort beaux et le bassin à flot a été terminé avant la fin de l'année (1884) ; cette question du bassin n'a pas peu contribué à réveiller la rivalité des deux villes-sœurs.

Prisonnière dans sa ceinture de granit, la vieille cité des corsaires regarde avec quelque envie Saint-Servan s'étendre et devenir en réalité une ville importante.

Saint-Malo ne peut oublier que, pendant longtemps, Saint-Servan fut soumis à sa juridiction, et Saint-Servan se rappelle

Maison de Duguay-Trouin à Saint-Malo.

qu'il fut autrefois *Aleth,* c'est-à-dire une véritable, une célèbre ville, alors que sa rivale n'existait pas encore.

Ces petits tiraillements s'effaceront avec le temps : un intérêt commun réclame des efforts mutuels.

Une promenade dans Saint-Malo n'a qu'un attrait fugitif. On se fatigue vite de ces rues, pour la plupart sombres, étroites, aux maisons de hauteur démesurée, car chacune a voulu que son étage supérieur, tout au moins, pût jouir pleinement de la lumière du jour, de l'éclat du soleil ou de la vue de la mer. Les beaux hôtels particuliers sont cependant assez nombreux ; mais, quand on a salué la maison natale de Chateaubriand et la statue de Duguay-Trouin, il ne reste plus à voir, en dehors des fortifications, que la cathédrale.

L'aspect du vénérable monument frappe à la fois par un reflet de grandeur et de vétusté. L'architecture de la nef confine au style ogival, et le regard est attiré par la diversité d'ornementation des chapiteaux.

Dragons ailés, poissons, sirènes, animaux fabuleux, cabrés dans toutes les positions, feuillages s'enroulant en volutes, tiges supportant des demi-fleurs de lis, visages humains... tout cela sculpté en plein granit, au hasard d'une abondante fantaisie, mais sans délicatesse, le travail étant, en somme, à peine ébauché.

L'église primitive offrait des différences de niveau considérables. On a voulu, vers la fin du dix-septième siècle, rendre le sol uniforme, mais on a obtenu cet effet aux dépens de la base des colonnes du chœur, qui se trouve avoir ainsi perdu une partie de sa belle élévation.

L'intérêt du monument nous semble résider surtout dans l'espace formé par les quatre piliers supportant la tour. Les proportions y sont très belles et l'ogive primitive s'y épanouit, tout en gardant le cachet spécial de la construction entière.

Une galerie avec colonnes en faisceaux et arcades soutient un triforium, ainsi qu'un autre étage à arcatures, divisées par de jolies colonnettes. Des rosaces, des fleurons délicats, variés, s'épanouissent çà et là.

Trois grandes ogives partagent le chevet, qui se profile en ligne droite ; elles viennent rayonner sur le chœur ainsi que sur l'extrémité des nefs latérales.

Le tombeau de Josselin de ROHAN, prélat célèbre par ses démêlés avec le duc Jean IV, occupe une place dans le chœur.

Un bel autel gothique, en bois sculpté, couronne un superbe tabernacle.

Les plus anciennes parties de l'édifice ne doivent pas remonter au delà du treizième siècle, mais Saint-Malo n'admet pas cette

SAINT-MALO, LE PORT.

opinion. Ses historiens veulent faire dater la cathédrale de l'époque où vivait Jean de Châtillon, fondateur de l'évêché; prétention inadmissible, contredite et par les documents venus jusqu'à nous et par le style de la construction.

Un seul objet rallie tous les suffrages, c'est le tableau de Santerre, représentant une *Descente de Croix*.

S'il n'y avait rien autre chose à admirer dans la ville, l'ennui s'emparerait bientôt du simple touriste. Il n'en est rien, toute-

La Grande Porte à Saint-Malo.

fois, Saint-Malo possédant la plus merveilleuse des promenades : la plate-forme de ses remparts.

Nous ne savons si, au point de vue des *progrès* de l'artillerie moderne, Saint-Malo serait encore imprenable; mais, en poursuivant notre chemin, nous nous rendons bien compte de ce qu'était autrefois, de ce que peut encore être cette vaste forteresse, et la belle parole de M. DE LA CHATRE, gouverneur de la cité, paraît presque simple.

Sommé par l'orgueilleux Marlborough : — « Notre réponse est dans un canon, » se borna-t-il à dire.

Le généralissime anglais comprit et se retira, après avoir ravagé plusieurs villages, ce qui, bien entendu, ne l'empêcha pas de faire grand bruit de ses *victoires!!!* de vanter très haut les résultats de son expédition. Aussi l'enthousiasme fut-il vif à Londres !...

Avant la construction du château, le *Grand Donjon*, énorme tour extrêmement élevée, défendait l'entrée de la ville. Elle figure un fer à cheval et domine tout l'ensemble des fortifications.

Le *Petit Donjon* regarde la pleine mer.

La célèbre tour Quiquengrogne regarde, elle aussi, le grand large et confine la porte Saint-Thomas, une de celles qui donnent accès dans la ville. Les trois autres sont : la porte *Notre-Dame* ou *Grande Porte*, la porte *Saint-Vincent*, la porte de *Dinan*, plus une poterne nommée de *Bon-Secours*. Les remparts actuels datent en partie du seizième siècle.

Il est impossible d'oublier que, dans le château, souvent regardé comme prison d'Etat, fut renfermé LA CHALOTAIS, procureur général au Parlement de Bretagne, dont le procès est bien connu, de même que l'histoire de son mémoire justificatif, écrit avec un cure-dent et une encre formée de suie, de sucre et d'eau, sur du papier ayant servi à envelopper du chocolat!

Les heures passent vite ici. Volontiers, on croirait qu'elles ont été abrégées.

A la pleine mer, il semble qu'un énorme vaisseau nous emporte sur les vagues puissantes. A marée basse, la cité paraît dominer un grand désert de sables séparant des oasis ombreuses.

De la ville, monte le bruit d'une activité souriante ; sur le port, tout est mouvement : les navires entrent ou sortent, embarquant ou déchargeant des marchandises ; les bateaux à vapeur correspondant, quotidiennement, avec l'archipel anglais, partent ou arrivent toujours encombrés de voyageurs. Sur la grève, si nous nous trouvons à Saint-Malo pendant la belle saison, un monde de baigneurs s'agite.

C'est la vie, vie calme, quoique occupée, s'épanouissant, luxuriante, sous la protection de la force...

Saint-Malo a hérité, avec Saint-Servan, de fêtes nautiques annuelles : les régates, fondées en 1845, à Cancale, par M. Merdrignac, riche propriétaire du pays. La baie cancalaise était admirablement disposée pour ces sortes de joutes ; mais les *villes-sœurs* offrant encore plus d'avantages, on les a favorisées de l'affluence toujours nombreuse provoquée par ce magnifique spectacle. Incontestablement, la rade malouine lui fournit un cadre merveilleux.

Et c'est surtout en ces occasions que l'on peut prévoir pour Saint-Malo des jours meilleurs.

Le *Vieux Rocher* n'est pas destiné à disparaître des premiers rangs de nos ports-commerciaux. Tout au contraire. Il a pour lui trop d'avantages : bon mouillage, vaste baie, position excellente, et il est entouré d'un pays qui lui fournit les produits nécessaires à une fructueuse exportation.

Il a, de plus, l'énergie, la patiente ténacité, le labeur continu de ses marins, de ses négociants. Avec de pareils éléments, la fortune ne peut le délaisser, car elle est aux audacieux et les Malouins sauront toujours la contraindre à répondre à leur vaillant appel.

Poupe du *Soleil-Royal*.

CHAPITRE V

SAINT-SERVAN

On ne saurait rêver une ville plus gracieuse, plus active, entourée d'une campagne plus attrayante. Elle a, et au delà, justifié la prétention qui la poussait à solliciter son érection en commune distincte, supplique toujours rejetée par les États de Bretagne et que l'Assemblée Constituante admit en 1792. Cette décision termina enfin la longue querelle si souvent portée devant l'Intendant de la province et le Conseil d'État : Saint-Malo s'opposant absolument à la séparation.

SAINT-SERVAN profite de sa position territoriale pour étendre ses faubourgs et, sage prévoyance, donne le meilleur de ses soins, de ses ressources, à l'amélioration de son port. Le nouveau bassin à flot est terminé ; les quais ont une longueur, une largeur très bien appropriées aux besoins du commerce. Le mouillage est fort bon, les communications avec le pays tout entier extrêmement faciles. Que faut-il de plus pour assurer l'avenir d'une ville ? Aussi, la prospérité de Saint-Servan suit-elle un mouvement ascensionnel très marqué, très mérité.

Son origine, nous le savons, remonte bien au delà de celle du port voisin.

Aleth, cité gallo-romaine, dominait, en fait, le pays des *Curiosolites ;* sa situation avantageuse lui avait conféré cette prépondérance qui dut aider à la ruine de la célèbre *Corseul*.

Mais cette situation l'exposait aux attaques de peuples pillards, tels que les Saxons, dignes prédécesseurs des Northmen. Les vainqueurs de la Gaule parèrent au danger, en entourant Aleth de murailles et en y établissant une préfecture de légion.

Voilà l'opinion des archéologues : elle est corroborée par les découvertes faites dans des ruines contiguës au fort dit de la

Cité. On y a recueilli des monnaies du quatrième et du cinquième siècle, à l'effigie des empereurs Valentinien Ier, Valentinien II, Gratien, Théodose, Maxime, Arcadius et Honorius, ainsi que de Constantin. Il y a plus, la Notice de l'Empire, dressée sous le règne d'Honorius, place le préfet de la légion de Mars comme résidant à Aleth.

En même temps que des monnaies romaines, on mettait au jour un très grand nombre de plaques rondes en plomb et de monnaies celtes identiques aux objets de ce genre trouvés à Corseul, la vieille ville des premiers habitants de la contrée. Il existait donc, ici, tout au moins un bourg gaulois. Les savants le dénomment : *Guic-Aleth* (dont on fit *Quidaleth*).

Tour Solidor.

Cependant, la domination romaine n'avait pas arraché les habitants au culte de leurs ancêtres. Ils restaient fort attachés au druidisme, et ce fut à l'apôtre saint Malo qu'ils durent de se convertir à l'Évangile. Reconnaissants, ils l'élevèrent à la dignité épiscopale.

L'ère de prospérité touchait à son terme. Périodiquement, les troupes franques vinrent ravager Aleth, et l'invasion normande compléta l'œuvre destructive.

Traqués de toutes parts, les infortunés habitants cherchaient des refuges. Beaucoup d'entre eux trouvèrent asile sur le rocher d'Aaron, prédestiné à une si glorieuse renommée.

C'en fut fait pour longtemps de la pauvre ville. Elle descendit au rang de simple bourgade et perdit jusqu'à son nom. Un hameau, placé sous l'invocation de SAINT SERVAIS ou SERVAN, fut le noyau de sa rénovation future. Plus d'une fois, l'humble faubourg de Saint-Malo paya chèrement pour les exploits de la cité des corsaires.

Industrieux et commerçant, il souffrit de maints ravages. L'armée française y établit son camp en 1378, et, pour ne citer que le plus célèbre des envahisseurs, le duc de Marlborough, en 1758, brûla ses navires, bouleversa ses chantiers, ravagea ses ports qu'il tenta d'obstruer...

Les maux d'autrefois sont oubliés : Saint-Servan a trouvé dans le travail le moyen de les réparer et de marcher d'un pas ferme vers un avenir prospère.

De la domination ducale, Saint-Servan garde un pur joyau, la tour *Solidor*. Elle s'élève, superbe dans son isolement, la forteresse que Jean IV, pour punir les Malouins révoltés contre lui, fit construire en 1382, sur le rocher alors appelé *Styridor*. Elle devait commander (et elle remplit bien sa mission) l'entrée de la Rance, bloquant Saint-Malo sur son rocher. Le duc ne se contenta pas de sa vengeance : il voulut en immortaliser le souvenir et, ainsi que plus tard devait le faire son arrière-petite-fille, Anne de Bretagne, pour une des tours du château malouin, il grava sur l'entrée du donjon cette inscription fulgurante :

𝔐𝔞𝔩𝔬 𝔩𝔲𝔦 𝔡𝔢𝔳𝔞𝔦𝔱 𝔬𝔟𝔢́𝔦𝔰𝔰𝔞𝔫𝔠𝔢 𝔠𝔬𝔪𝔪𝔢 𝔞̀ 𝔰𝔬𝔫 𝔡𝔲𝔠 𝔢𝔱 𝔰𝔬𝔲𝔳𝔢𝔯𝔞𝔦𝔫 𝔰𝔢𝔦𝔤𝔫𝔢𝔲𝔯

Il faut, pour comprendre la portée de cette phrase, se rappeler que Saint-Servan dépendait alors de Saint-Malo.

Excellemment construite, la forteresse n'a pas souffert des

morsures du temps. Elle figure un trèfle dont les branches sont composées de trois grosses tours, reliées par un carré central, et couronnées de mâchicoulis aux encorbellements très apparents.

Mercœur s'empara de Solidor, au grand déplaisir des Malouins, qui le prièrent de leur en remettre la garde. Le chef de la Ligue n'osa se brouiller avec eux, et, moitié de gré, moitié contraint, il se résigna. Sans doute la Communauté malouine trouvait que le vieux donjon était d'une défense facile, car nous lisons dans les chroniques ce fait curieux :

« Le capitaine commandant la tour Solidor reçoit trois cents « écus de gage. Il doit, pour cette somme, entretenir *trois sol-* « *dats, un serviteur, une servante* et... *trois dogues !* »

Ainsi, Saint-Servan, comme Saint-Malo, avait une garnison de quadrupèdes...

Forteresse d'abord, prison redoutée ensuite, Solidor défend, de nos jours, l'anse qui porte son nom et l'anse Saint-Père, à peu près exclusivement consacrée au commerce. Le véritable port s'appelle Talchet et il ouvre sur le bassin de Saint-Malo.

Deux autres vestiges du passé attirent l'attention : les ruines de la cathédrale *Saint-Pierre d'Aleth*, vieil édifice paraissant remonter à une assez haute antiquité, et le *puits des Sarrasins*, creusé en plein roc au-dessous du fort de la cité. Une tradition, dont nous ne nous chargerions pas de prouver l'authenticité, affirme que *Château-Doré* (Château-Malo, annexe de Saint-Servan), autrefois villa épiscopale, fut le quartier général de Charlemagne, guerroyant contre Aquin, souverain musulman des Sarrasins établis à Quidaleth. Cette population exotique aurait échappé à l'écrasement que Charles-Martel fit subir à l'armée d'Abderram, dans les plaines de Poitiers.

Vraie ou fictive, la tradition a pour elle un poème en langue romane, ne comptant pas moins de trois mille vers, trouvé, vers la fin du seizième siècle, dans le couvent de l'île Césambre. Les imaginations amies du merveilleux le tiennent pour un document méritant quelque attention. Il est plus rationnel de penser que l'unanimité des historiens ne pouvait ignorer un fait de si grande importance.

Le puits n'en est pas moins en possession de son nom retentissant, et la majorité des habitants de Saint-Servan, d'accord, sur la question, avec bon nombre d'habitants de Saint-Malo, admet pleinement la légitimité de l'appellation.

Du haut du Sémaphore, on domine une vue splendide ; à Saint-Servan, d'ailleurs, les buts d'excursions charmantes se multiplient. Voici la *Balue*, le *Gros-Chêne*, les *Guimerais*, la *Baronnie*, la *Vieuxville*, le *Vau-Garny*, *Kelmé*, *la Brillantais*, *Limoilou*, dont Jacques Cartier fut seigneur et où il mourut. *Riancourt* appartint à Surcouf, la *Haute-Flourie* à Duguay-Trouin.

Voici l'hôpital du *Rosais*, fondé, en 1712, dans un véritable parc, au bord de la Rance, par Jean Provost et Julienne Danycan.

Ils avaient mille fois raison, les riches marins, échappés aux dangers de leur profession, de chercher le repos dans ces plaines ou sur ces collines enchanteresses, baignées par un petit fleuve dont chaque méandre découvre une beauté nouvelle.

Souvent citée, elle ne perd rien de son actualité, cette phrase des *Mémoires d'Outre-Tombe :*

« Je suis allé bien loin admirer les scènes de la nature, j'aurais pu me contenter de celles que m'offrait mon pays natal, » a dit Chateaubriand, en décrivant avec émotion les sites qu'il aimait et en faisant de la population un portrait à la fois poétique et ressemblant. Nous pourrons en reconnaître l'exactitude, mais nous ne quitterons pas Saint-Servan sans avoir salué ses gloires.

La famille Magon est une des plus renommées. Sa fortune colossale dota un grand nombre d'institutions bienfaisantes, tant à Saint-Servan qu'à Saint-Malo. Deux lieutenants généraux des armées du roi portèrent ce nom, M. Magon de Toulouse, et Magon de la Gervaisais. Ils trouvèrent un noble imitateur dans le contre-amiral Magon, tué à Trafalgar.

Un autre marin illustre, fils d'un capitaine du plus grand courage, signalé par des faits admirables, le contre-amiral Bouvet, est né sur le territoire de Saint-Servan, au manoir de *la Basse-Flourie*. Lieutenant de l'*Atalante* en 1803, il passe sur l'*Entreprenant,* sur la *Minerve,* sur l'*Iphigénie,* sur l'*Aréthuse,* gagnant ses grades par des actions d'éclat et signalant chaque campagne par des prises importantes.

Les Anglais, qui venaient de ravager l'île Bourbon, trouvèrent en lui un redoutable justicier. Ils durent lui abandonner leur vaisseau commodore *le Ceylan,* capturé pendant le combat de *Grand-Port.* Le récit de l'engagement où le capitaine Bouvet bat, le 7 février 1813, l'*Amélia*, est digne des plus héroïques annales maritimes.

Cependant, dix-sept années s'écoulèrent avant que le grade de contre-amiral récompensât un aussi noble dévouement à la patrie.

Du Port du Tertre, collaborateur de Fréron et écrivain de mérite ; Louis-François Du Port du Tertre, son fils, ministre de la justice en 1790, étaient Servannais. Le dernier, condamné à mort pour sa fidélité à Louis XVI, prononça cette belle parole : « Les Révolutions tuent les hommes, la postérité les juge. »

Saint-Servan avait, alors, répudié son vieux nom et s'appelait *Port-Solidor.*

Aujourd'hui, la ville, de plus en plus fréquentée, s'ingénie pour rendre son séjour aussi agréable que possible aux étrangers.

Très certainement, cette préoccupation a dû être pour beaucoup dans l'établissement du *pont roulant*, ingénieuse invention qui a supprimé tout ennui de *voyage* entre Saint-Malo et Saint-Servan. L'œuvre de M. Leroyer, fort simple en elle-même, est devenue la grande curiosité des touristes.

Sur le fond du bras de mer, on a posé des rails qui supportent des montants de bois assez élevés pour atteindre le niveau des quais. Une plate-forme munie d'appuis est soutenue par ces montants. Elle figure assez bien la cage d'un ascenseur. La traction s'opère à l'aide d'une chaîne sans fin, que la vapeur met en mouvement.

Les voyageurs entrent, de plain-pied, du quai sur la plate-forme. On pousse la porte de celle-ci, et le conducteur de ce tramway d'un nouveau genre donne le signal : aussitôt l'appareil s'ébranle, faisant un service continuel de Saint-Servan à Saint-Malo, et vice versa.

Au moment de la pleine mer, le tableau est pittoresque. La plate-forme paraissant, nacelle étrange, glisser d'elle-même à la surface des eaux. Vient le reflux, tout le mécanisme est à nu et plus d'un passager ferme les yeux, en se voyant à une telle hauteur. Du reste, chacun apprécie les services du pont roulant. Nulle fatigue n'accompagne désormais la petite traversée, et on se trouve sur le pavé de Saint-Malo avec la même facilité que l'on a quitté celui de la ville voisine.

Avant de prendre congé, nous souhaitons que des efforts bien entendus préparent et accroissent la fortune des deux cités sœurs. Leur origine est commune, leur intérêt commande une commune action. Enfants nées du même sang, ne doivent-elles pas marcher vers l'avenir en se donnant la main ?...

Pont roulant.

CHAPITRE VI

ASPECT DES RIVAGES. — CHATEAUNEUF-EN-BRETAGNE OU DE LA NOE
LES BORDS DE LA RANCE

De constitution essentiellement granitique, la Bretagne, vaste péninsule, battue sur plus des trois quarts de ses contours par une mer trop souvent furieuse, oppose aux attaques de la vague obstinée ses promontoires multiples, sentinelles avancées de ses rivages abrupts.

Nous retrouverons bien quelques anses, quelques baies envahies par les sables ; mais, toujours, non loin d'elles, une ligne rocheuse se dessinera et toujours, aussi, un bois ou, à défaut d'un bois, un bouquet d'arbres comptera le chêne pour principale essence forestière.

L'arrondissement de Saint-Malo ne fait pas exception à cette loi, pour ainsi dire générale. La partie Est de ses côtes s'enfonce au-dessous des flots, abritée par une digue artificielle, mais les points culminants de la vaste étendue des marais sont des crêtes de l'ossature du sol primitif qui, bientôt, se relèvera et rejettera l'enveloppe bourbeuse pour se couronner de la forte verdure du chêne.

Cancale commence la série des caps bravant audacieusement les marées formidables. On sent que la lutte, lutte acharnée, constante, ne saurait souffrir une trève prolongée. Hors le granit, tout subira l'action destructive. Aussi, les courbes des grèves seront-elles innombrables ; aussi, les écueils, les îles, les îlots se presseront-ils, témoins muets, à faible distance de la terre, pour prouver que, jadis, les champs cultivés tenaient la place de hauts-fonds devenus dangereux.

Il suffit, si l'on ne veut pas interroger une carte, de questionner les marins. Bien caractéristique sera la réponse.

« Voyez en droite ligne, au nord de Saint-Malo, le plateaused

Minquiers. Il forme, avec les îles *Chausey*, l'entrée du passage de *la Déroute*, trop bien nommé, car les courants y sont redoutables. Après les *Minquiers*, toujours au nord, c'est *Jersey*, un morceau de terre française volé par la mer, qui n'a pas su le défendre contre l'ennemi ! Suivez la route : c'est un *grouillement* de rocs, d'îlots au milieu desquels, plus à l'ouest, nous trouvons *Serk* et *Guernesey*, notre ancien *bien* encore ; puis *Aurigny*, si rapprochée de la Normandie, que l'on se demande comment on a pu jamais la laisser passer aux mains étrangères ! Imagine-t-on *Bréhat, Batz, Ouessant, Sein, Groix, Belle-Ile,* par exemple, pour ne parler que de celles-là, arrachées à notre province ? Les Bretons n'ont pas toujours été heureux dans leurs guerres ; mais ils ont su mieux que les Normands garder ce qui leur appartenait... Passons à l'Ouest, maintenant. Partout le flot *moutonne* autour de groupes d'îles, et c'est ainsi le long des côtes bretonnes. La mer a beau frapper, elle trouve mille restes de ses vieilles colères et s'épuisera longtemps avant d'arriver à les détruire : notre granit est solide. La ville de Saint-Malo en a fait l'épreuve, elle qui est bâtie sur le roc vif et qui a vu tant de belles terres s'émietter autour de ses murailles.

« La ville de Saint-Servan le sait de même, car elle doit aux pointes de la baie de recevoir un peu affaibli le choc des vagues. »

Ce que nous venons d'observer au bord de la mer, nous le retrouverons en suivant les rives de la Rance, pour aller visiter Châteauneuf-en-Bretagne ou Châteauneuf-de-la-Noe.

Nous passons devant Saint-Jouan-des-Guérets, étagé sur une verdoyante colline, riche en nombreux châteaux. Tout près est Saint-Suliac, « hameau de pêcheurs, blotti entre deux montagnes » et possédant une superbe église du treizième siècle, encore pourvue d'une éblouissante verrière. On ne peut manquer de gravir le *Mont-Garrot*, si l'on veut ajouter le souvenir d'un beau paysage à tous ceux déjà visités. Vers l'ouest du village, une petite presqu'île supporte, à son extrémité, le beau château moderne qui a remplacé la vieille forteresse des sires de Rieux.

Une partie du monticule regarde la *Grande Bruyère*, plaine restée dévastée depuis les inondations marines, et fournissant en quantité le bois submergé, ou *couëron*.

Au milieu des arbres du nouveau parc, des tours en ruines marquent la place du logis seigneurial, appartenant, au seizième siècle, à une branche cadette de la puissante maison de Rieux. Deux cents ans auparavant, Du Guesclin avait défendu ses remparts et, peu après, au mois d'août 1363, Jean de Montfort y était reçu par son compétiteur Charles de Blois. Les deux princes venaient signer un traité destiné, si on l'avait exécuté, à épargner au duché breton une longue suite de désastres.

A Châteauneuf, s'élevait la fameuse forteresse appelée *château de Bure*, dont il est tant parlé dans les légendes locales, qui en font la résidence de héros fabuleux et la donnent pour successeur immédiat à la capitale des *Diablintes* : *Neodunum*, très probablement parce qu'on lui accolait le surnom de la *Nouë* (aujourd'hui Noë).

Une seule chose est positive : l'existence, en 1117, d'une forte station militaire. Le château de Bure fut restauré par Henri Ier, roi d'Angleterre, et sa garnison vainquit un parti d'hommes d'armes aux ordres du roi de France.

La Ligue vit tomber Châteauneuf, dont le seigneur, Guy de Rieux, essaya, en 1575, de surprendre Saint-Malo ; mais les bourgeois étaient sur leurs gardes. Ils prirent, en 1589, une complète revanche. Guy, partisan de Henri IV, fut, à cette époque, nommé gouverneur de Brest. Craignant la vengeance des Malouins, il s'adjoignit pour lieutenant un sire de Milly, gentilhomme normand, qui remplit sa mission en commettant les excès les plus répréhensibles. Mercœur enleva la place et y mit un commandant trop semblable au premier.

Les Malouins perdirent patience. Ne se contentant pas d'avoir confisqué bon nombre d'objets appartenant à Guy de Rieux, ils commencèrent la destruction du château et Henri IV l'acheva.

La forteresse féodale devenait, en 1740, une magnifique propriété particulière, toujours embellie depuis lors par ses possesseurs.

Tout près de Châteauneuf, quoique bâti sur la commune de Saint-Père, est un fort moderne, destiné à protéger cette partie de la région. Soigneusement casematé, ses glacis gazonnés sont plantés de beaux ormes et simulent une très agréable promenade. Sa construction remonte à 1777.

Mais, serait-il possible de terminer ici notre excursion sur la rive droite de la Rance ? Ne faut-il pas plutôt la prolonger jusqu'à Dinan, ville célèbre dans les fastes bretons et que la beauté du site où elle s'élève suffirait à immortaliser ?

D'ailleurs, ne fait-elle pas en quelque sorte partie du littoral, la mer remontant au delà de ses murailles et ayant creusé, élargi le lit du petit fleuve qui la baigne ?

Aucune route n'est plus attrayante, soit que l'on veuille suivre les sinuosités capricieuses des berges de la Rance, soit que l'on remonte son cours en bateau. On a souvent comparé les paysages traversés à une réduction des panoramas les plus riants, les plus vantés de la Suisse.

C'est, il nous semble, à la fois moins et mieux que cela. Les jolies collines se succédant les unes aux autres ne peuvent, même de loin, subir une comparaison avec les plus humbles des Alpes. Ce qu'elles ont en propre, ce qui les rend si douces à contempler, ce qui répand sur la campagne entière un attrait toujours nouveau, c'est la parfaite harmonie des couleurs, de la lumière, des contours ; c'est le mélange d'une richesse inouïe de végétation avec l'aridité des roches soulevant çà et là le sol ; c'est l'éclat des eaux, nuançant leur moire mobile au contact de la vague qui les refoule pour les laisser s'épandre ensuite, murmurantes, autour des îles, jardins verdoyants et fleuris dont leur lit est parsemé ; c'est le contraste de la ferme basse, comme écrasée sous les pommiers qui l'abritent, avec les villas superbes, de jour en jour plus nombreuses ; c'est la robuste et fraîche population travaillant aux champs ou passant en barques, en canots, d'une rive à l'autre, ou conduisant de vraies flottilles dirigées vers la côte... Mais toute description reste bien affaiblie, comparée au tableau, chef-d'œuvre de grâce puissante, de merveilleuse poésie.

CHAPITRE VII

DINAN

Nous avons suivi une route légèrement fantaisiste, puisque, tout à l'heure, nous mettrons le pied sur le sol du département des Côtes-du-Nord et que nous n'avons pas exploré en entier les grèves de l'Ille-et-Vilaine. Mais, comment résister au plaisir d'entrer à Dinan par le beau viaduc jeté sur la Rance? Il nous eût toujours fallu franchir le profond ravin pour voir la ville sous son aspect le plus séduisant. Le détour se trouve donc justifié.

Les descriptions abondent et sur la vieille cité et sur ses campagnes délicieuses. Ici, néanmoins, comme pour beaucoup de paysages bretons célèbres, il faut voir. Aussitôt, la réalité laisse loin les comparaisons les plus poétiques. La beauté, le charme sont si absolus, ils dépassent tellement tous les rêves de l'imagination, que le souvenir gardé, loin de s'effacer, gagnera avec le temps une harmonie nouvelle.

Rien ne manque à l'éclat des paysages dinannais. Les collines boisées y succèdent aux monticules gazonnés; les vallées, tour à tour encaissées ou largement ouvertes, s'enfoncent, bruissantes de l'écho des cascatelles, au hasard des caprices du terrain ondulé. Un luxuriant manteau de verdure s'agrafe çà et là sur la pente des rocs, sur la croupe des tertres, sur la ligne de partage des champs, des prairies, sur la berge des ruisseaux tapageurs et jusque sur les murailles de la ville bâtie à quatre-vingts mètres au-dessus de la mer.

Les jardins, les terrasses disputent aux tours, aux donjons l'espace nécessaire à faire éclore leurs buissons de lilas, de giroflées jaillissant d'une tunique de lierre.... Dinan tout entier monte vers la clarté de son atmosphère si pure, en même temps que la base de sa montagne reçoit l'étreinte du flot de la Rance, mêlé, deux fois chaque jour, au flot marin dont l'effort se brise peu de pas plus loin.

Le viaduc [1] a remplacé une côte longue et pénible, autrefois unique communication entre la ville et la route de Rennes.

Le granit seul, naturellement, a servi à sa construction. Jeté sur la vallée profonde des Vaux, il a deux cent cinquante mètres de longueur, coupés par dix arches de seize mètres d'ouverture chacune. Dominant de quarante mètres le chemin de halage, ses fondations pénètrent encore à dix mètres dans le sol.

Sa masse entière est d'aspect fort élégant. Frêle et gracieuse à la fois, la silhouette blanchâtre des arceaux ajoute une note harmonieuse aux tons sombres ou gais du tableau général.

Le bourg de LANVALLAY se trouva, par suite de l'érection de ce beau viaduc, devenu une sorte d'annexe de la ville, à laquelle il apporta ses antiques souvenirs et la célébrité de ses enfants :

ALAIN, seigneur de Lanvallay, compagnon de saint Dominique, et Hubert de la MASSUE ; ce dernier, avant d'être vénéré sous le titre de *bien-heureux*, s'était montré fidèle serviteur de la pauvre duchesse Constance de Bretagne (mère de l'infortuné Arthur, assassiné par Jean sans Terre, son oncle).

L'origine de Dinan est certainement fort ancienne, quoique, peut-être, il n'y ait pas lieu de la reculer jusqu'au delà du cinquième siècle de l'ère chrétienne. Des dissertations très savantes n'ont pu déterminer si elle était le *Nudionum* de la table de Peutinger et la capitale des Diablintes. La seule chose bien certaine, c'est qu'elle est située sur le territoire occupé jadis par la peuplade.

De tout temps, Dinan fut place forte. Sa situation, les murailles dont elle s'entoura, la rendirent une des principales villes du duché breton et la plus considérable de la circonscription épiscopale de Saint-Malo.

« On serait infini, dit Ogée, dans le détail des beautés qui environnent cette place, on dirait que ce sont les champs de l'Éden. De quelque côté qu'on la considère elle-même, elle présente le plus brillant aspect et mériterait une description particulière. »

---

1. Œuvre de M. l'ingénieur Fessard.

Pour le voyageur moderne, avide des souvenirs du passé, Dinan reste, à tous les titres, une ville extrêmement curieuse.

Sa réelle, sa pénétrante originalité vient du contraste qui existe entre ses vieux quartiers, aux pentes rudes, à maisons à pignons assombrissant des rues étroites cernées, contenues par les murailles et la masse du château, avec l'exubérante poésie des campagnes dont elle s'entoure.

Au sud et à l'est, la promenade Saint-Sauveur, dominée par

Du Guesclin.

son clocher et sertie par les fortifications, surplombe les sinuosités de la Rance, ainsi que le faubourg du Pont, vraie ville moderne, bâtie au pied de la ville antique, et le port de marée où l'on s'embarque pour Saint-Servan, Saint-Malo... voyage délicieux qu'il faudrait refaire cent fois avant de le trouver monotone.

Les splendides promenades des Grands et des Petits Fossés tournent le long des murailles, en regardant, au couchant, la vallée dite du Saint-Esprit, où est situé le magnifique établissement dit des *Basfoins*, destiné à recevoir des aliénés (hommes).

Au sud, en suivant la route, on arrive au faubourg de Léhon, après avoir contemplé les innombrables collines, capricieusement découpées par la rivière. Dans leur enthousiasme, les Dinannais ont donné à l'ensemble le nom typique de *Parnasse*.

La *Fontaine des Eaux* (pléonasme désignant une source minérale) coule à l'extrémité d'une avenue de tilleuls, plantée sur une étendue d'environ un kilomètre, dans un paysage que l'on pourrait à bon droit qualifier de romantique. La *Vallée-Douce*, celle de la *Conninais*, du *Val-Pinay*... il faudrait les nommer toutes sans espérer, après la plus minutieuse description, avoir donné le reflet fidèle de ces tableaux éblouissants de grâce, de charme imprévu, de souriante douceur.

Imprégné en quelque sorte de lumière et de couleur, on rentre dans la ville. Aussitôt le passé se dresse devant les yeux; passé sévère, comportant une originale beauté, une indéniable grandeur. Le souvenir de Du Guesclin semble planer sur Dinan, qui a élevé à l'illustre connétable une statue au lieu même où il réduisit à merci l'insolent Cantorbéry.

Malheureusement, le talent du sculpteur a trahi sa pensée. L'œuvre, sans valeur aucune, dépare une place admirable.

Un autre souvenir s'associe à celui de Du Guesclin. TIPHAINE RAGUENEL, sa première femme, « si bonne, si doulce, si charitable, si savante, si saige dame », habita rue de la Croix, où une maison est encore désignée sous son nom, bien que l'architecture témoigne d'une époque moins lointaine : la façade présente une tourelle, autrefois ornée des armes du Connétable.

Tiphaine voulut avoir son tombeau dans l'église des Jacobins, à Dinan, où elle était née. Sur ce dernier point, PLEUDIHEN, gros bourg de la banlieue dinannaise, élève une vive protestation, montrant, pour l'appuyer, le manoir natal de la gracieuse dame, ainsi que sa chambre, conservée avec orgueil dans toute l'intégrité du style de l'époque.

Peut-être est-il, chose rare! possible d'accorder cette double prétention de la ville et du bourg.

ROBERT RAGUENEL, comte de LA BELLIÈRE, un des compagnons de BEAUMANOIR à l'héroïque fait d'armes des TRENTE, avait épousé Jeanne, appartenant à une branche puînée de la famille vicomtale de Dinan. Tiphaine naquit de leur mariage, au château de la

Bellière, en Pleudihen, où elle résida souvent; mais elle vécut aussi à Dinan et y fut enterrée, laissant en deuil le pays tout entier, qui l'aimait pour ses rares vertus.

Lorsque Du Guesclin mourut, il voulut faire placer son cœur près de celle qui, si dignement, avait porté son nom et lui avait donné tant de preuves d'amour noble et dévoué. Charles V se rendit aux vœux du Connétable. Le corps de l'illustre guerrier fut déposé à Saint-Denis, mais son cœur, apporté de Châteauneuf-de-Randon [1], fut suspendu à la muraille du caveau funèbre de Tiphaine.

Après la maison de Tiphaine, on visite avec intérêt le vieil hôtel de la Garaye, situé dans la Grande-Rue. Il appartenait au comte et à la comtesse de LA GARAYE, fondateurs d'un grand nombre d'établissements de bienfaisance : entre autres, de l'*hospice des Incurables* et des *Dames de la Sagesse*. Une vénération reconnaissante entoure la mémoire de ces époux qui, après avoir perdu toute espérance de postérité, placèrent leur ambition dans la pratique d'une charité sans bornes. Ils avaient converti leur château patrimonial en hôpital et se faisaient gloire d'être les serviteurs des malheureux recueillis par eux. L'histoire du comte et de la comtesse de la Garaye a été écrite sous le titre de : *les Époux charitables*.

Leur sépulture est à TADEN, bourg de la banlieue dinannaise, qui possède également les ruines de leur château. Claude-Toussaint Marot de la Garaye descendait du sénéchal de Dinan, anobli par Henri IV, après l'heureux coup de main qui avait replacé la cité sous l'autorité royale.

L'hôtel des CHEVALIERS DE MALTE se voit place des Cordeliers; celui de BEAUMANOIR, à l'angle de la Haute-Voie et la rue de la Ferronnerie, a été le berceau de l'académicien DUCLOS-PINOT, historiographe de la cour de Louis XV, auteur des *Considérations sur les mœurs*. Si la manière de voir et l'esprit épigrammatique de Duclos ne sont pas à l'abri de tout reproche, on rendit toujours hommage à sa franchise, à son cœur noble et bon.

Très aimé des Dinannais, il dut accepter la mairie de sa ville

---

1. On se souvient que Du Guesclin mourut pendant le siège de Châteauneuf-de-Randon et que le gouverneur de la forteresse (fidèle à sa parole) vint en déposer les clefs sur le cercueil de l'ennemi justement admiré.

natale, qu'il embellit de charmantes promenades. Dinan a prouvé sa gratitude en érigeant le buste de l'écrivain-magistrat au milieu de ces mêmes promenades.

Duclos mourut le 26 mars 1772. Il était âgé de 68 ans.

A ces noms il faut joindre ceux de Louis GILLET (1680-1753), l'érudit traducteur de l'historien Josèphe. De JULIEN BUSSON (1717-1751) et de GOGUELIN (1745), deux très savants médecins ; de DOM JAMIN (1730), un religieux bénédictin dont tous les ouvrages furent plusieurs fois traduits en diverses langues ; de POTIER DE LA GERMONDAYE, conseiller à l'ancien Parlement de Bretagne, mort en 1797, et auteur d'une *Introduction au gouvernement des paroisses*.

Plusieurs biographes font aussi naître à Dinan le digne rival, dans l'Inde, de Dupleix, MAHÉ DE LA BOURDONNAYE, qui, pour toute vengeance des calomnies dont on l'accablait, disait en soupirant et en faisant allusion à ses noms : « *Sur moi la haine abonde !* » Mais Saint-Malo revendique avec énergie cet homme illustre.

Parmi les gloires locales plus modestes, mais indiscutables, nous trouvons CATHERINE D'OLLO, savante religieuse clarisse du seizième siècle, et, tout près de nous, quatre hommes ayant droit de ne pas être oubliés.

François Laurent LAMANDÉ (1735-1819) était inspecteur général des ponts et chaussées. Son énergique résolution et ses travaux préservèrent la ville des Sables-d'Olonne d'une inondation.

PIERRE LE HARDY (1758-1793) fut autant aimé qu'estimé de ses concitoyens. Vint le moment de députer à la Convention nationale. Son nom sortit unanimement acclamé par le département du Morbihan, « *comme celui du plus homme de bien* ». Il dut monter sur l'échafaud en même temps que les Girondins.

EGAULT DES NOES, ingénieur distingué, inventa le niveau à bulle d'air qui porte son nom. Il fut le constructeur du Château-d'Eau et du bassin du Palais-Royal, à Paris.

A ces noms, dont Dinan est fière, il faut joindre le souvenir de Chateaubriand, qui fut élève du collège de la ville [1].

Si l'on veut se rendre un compte exact de la physionomie

---

[1]. Notes compulsées d'après l'ouvrage de M. Robidou, à qui il faut toujours revenir quand on veut être bien renseigné sur cette partie de la Bretagne.

d'une ville au moyen âge, il faut parcourir les rues de l'*Apport*, de l'*Horloge*, de la *Larderie* et, surtout, la rue à pic, quoique sinueuse, du *Jerzwal* ou *Jersual*. Les maisons, pour la plupart, y possèdent un porche, tantôt en bois sculpté, tantôt en granit.

Les piliers formant ces sortes de passages empiètent, sans le moindre souci de la symétrie, jusqu'au tiers de la voie, dépassent une maison voisine ou se renfoncent dans un angle. Ici, l'habitation est élevée et son toit prend la forme d'auvent. Là, les charpentiers se sont arrêtés après avoir bâti un, deux étages au plus.

Ce n'est pas tout, les siècles accumulés sur ces constructions ont disjoint leurs veines, ont ouvert passage à mille causes variées de ruine. Les murs tombent ou se creusent ; les piliers semblent avoir perdu leur aplomb ; les fenêtres chevauchent sur la façade noircie ; mais la population n'en prend guère alarme. Elle a confiance, non sans raison, dans la solidité de ses vieux logis et se meut à l'aise au milieu de la sombre atmosphère qu'ils recèlent.

Après cette visite, on se trouve bien préparé pour une étude du château et des fortifications.

L'enceinte fut longtemps double et son appareil remonte, selon toutes probabilités, au quatorzième siècle. Elle enveloppait complètement Dinan et était défendue par quatorze tours, dites : des *Sillons*, de *Coëtquen*, *Longue*, de *Cocherel*, de l'*Alloué*, de *Bois-Hadouard*, du *Connétable*, de *Sainte-Catherine*, de *Saint-Julien*, de la *Rue-Neuve*, de *Lesquen*, du *Grand* et du *Petit-Rempart*, du *Bignon*.

Quatre portes principales, accostées chacune de deux tours, donnaient accès dans la ville. La plus intéressante est la porte du *Jerzual*, sévère et grandiose, terminant admirablement la rue du même nom.

C'est par la porte *Saint-Malo* que les conjurés dinannais firent entrer chez eux les Malouins accourus à leur appel.

La porte de *Brest* se distingue par ses deux énormes tours. Quant à la porte *Saint-Louis*, de date relativement récente, elle contribuait à rendre le château plus fort.

Des jardins, des kiosques fleuris surmontent, à présent, la plupart de ces tours et font à la ville, pendant six mois de l'année, une couronne embaumée.

Le château ou citadelle regarde la vallée et le village dits du Saint-Esprit. Le pourtour du donjon ne couvre pas moins de soixante-six mètres de terrain et son sommet est élevé de trente-trois mètres. La construction entière se compose de deux énormes tours jumelles, étroitement engagées l'une dans l'autre. Des fossés très profonds l'isolent et on n'y peut pénétrer que par deux ponts, le premier en bois, le second en pierre, planant à une grande hauteur, où ils ont remplacé le pont-levis primitif.

L'ingénieur chargé du travail a prévu le cas où les défenseurs du château devraient repousser, à la fois, l'ennemi arrivant du côté de la campagne et le danger menaçant du côté de la ville.

La plate-forme repose sur une ligne de mâchicoulis de l'ouverture desquels sont projetées, çà et là, les bouches de gargouilles gigantesques.

Une galerie de créneaux règne autour de cette plate-forme. Ils s'appuient sur des consoles exceptionnellement allongées, qui ajoutent à la solidité de l'ouvrage et facilitaient les manœuvres de la garnison.

En franchissant la porte d'entrée du château, on remarque l'*assommoir*, sinistre trouée commune à toutes les forteresses de l'époque, et on arrive dans une ancienne chapelle à la voûte finement sculptée. Quelques pas plus loin, une sorte de réduit sombre contient une pierre façonnée en siège et dénommée par la tradition : *Fauteuil de la duchesse ou de la reine Anne*. Orienté de façon à laisser voir l'autel, il recevait, dit toujours la légende, de riches coussins sur lesquels la princesse prenait place pour entendre l'office divin.

Un bel escalier en spirale conduit aux diverses parties de l'édifice dont plusieurs salles ont conservé des noms caractéristiques : salle du *Service*, du *Duc*, des *Gardes*, du *Connétable*; cette dernière était la chambre du gouverneur.

Longtemps controversée, la date de la fondation du château de Dinan doit, d'après M Mahéo, auteur d'une notice sur ce monument, être reportée à l'année 1382, sous le règne de Jean IV, qui voulait soustraire la ville au danger d'une surprise hostile de ce côté.

Le duc et la duchesse vinrent visiter la citadelle, en 1387, et, depuis, leurs successeurs y firent volontiers séjour.

VUE GÉNÉRALE DE DINAN

Les événements dont elle a été le théâtre sont assez nombreux. En 1419, les seigneurs bretons, fermement résolus à repousser la domination anglaise, y tinrent une sorte de conseil de guerre et de défense.

En 1446, François Ier y venait donner des fêtes brillantes, justifiant le cri populaire des grands jours : « Largesses du

Aspect de la porte du Jerzual.

riche duc ! » Mais, aux échos joyeux, se mêlaient les larmes, les protestations, les soupirs d'un prisonnier retenu dans le plus affreux des cachots du donjon. Gilles de Bretagne, arrêté par ordre de son frère, subissait les premiers jours de la captivité cruelle qui devait se terminer par une mort violente, au château de la Hardouinaye.

Bientôt, à l'embouchure de l'Arguenon, nous trouverons les ruines du Guildo, manoir d'apanage du prince infortuné.

Par une double ironie du sort, Gilles avait épousé la riche héritière de l'une des branches de la famille seigneuriale de Dinan, Françoise, fille de Jacques de Dinan, seigneur de Montafilant et époux de Catherine de Rohan.

Le mariage de Gilles avait accru la haine de ses ennemis, qui convoitaient l'immense fortune de Françoise. Hélas! cette fortune ne sauva pas le frère du duc.

D'autres fêtes plus réellement joyeuses signalèrent la présence, en 1469, au château de Dinan, du duc François II. Vinrent ensuite celles des divers séjours de la reine Anne et du passage du roi Charles IX. Mercœur y arriva en 1589, et en donna le gouvernement à Saint-Laurent, qui devait bientôt en être chassé.

Plus tard, la citadelle reprit souvent la triste destination de prison, jusqu'au jour où, en 1793, elle fut classée sous ce nom par ordre du gouvernement.

La belle tour ovale de Coëtquen fait en quelque sorte partie du château : une galerie en casemate reliant les deux édifices. Mercœur y avait installé la Cour des Monnaies.

Avec son superbe château, Dinan possède encore un monument splendide : l'église Saint-Sauveur, aussi pittoresque, aussi imposante d'aspect que curieuse à étudier.

La date de fondation de Saint-Sauveur n'est pas connue, mais les plus anciennes parties de l'édifice remontent évidemment au douzième siècle.

Le portail occidental présente un véritable luxe de statuettes, de rinceaux, de colonnes et colonnettes rondes, torses ou cannelées; de chapiteaux sculptés prouvant l'abondance de l'imagination des artistes, en même temps que la facilité des mœurs de l'époque.

Trois arcades composent le portail; deux d'entre elles, latérales, sont aveuglées, mais formaient, autrefois, d'admirables décorations sculpturales. Les figures des quatre évangélistes, placées sous des dais et portées par des lions, sont pétillantes de verve.

La muraille méridionale se divise en six travées à double arcature et doubles colonnes engagées; elle est couronnée par une corniche sur laquelle se détachent des modillons bizarres. Une jolie construction heptagonale du quinzième siècle s'appuie sur cette muraille.

La façade Nord offre une succession de pignons à ogives et de minces contreforts.

« Rien de comparable, comme coup d'œil, à l'effet produit par le chevet de l'église Saint-Sauveur. De l'aile des transepts au sommet du temple, c'est une forêt de tourelles ajourées par une multitude d'ogives gracieusement ouvertes entre les contreforts, qui s'élancent du socle commun, enveloppant le sanctuaire de leur radieuse couronne. Sur les contreforts jaillit, d'étage en étage, une nouvelle végétation de colonnettes fuselées, cannelées, fleuronnées. Sur leurs cimes, des pinacles épanouis en corolles, en vases, en corbeilles. Les ogives, brodées comme le tympan, sont assez souvent recouvertes d'un gros bouquet de feuillages. Sur ce charmant pourtour, entre les contreforts qui le dominent, circule une galerie de granit, tantôt découpée à jour, tantôt pleine, ou percée à l'emporte-pièce. Au-dessus, le chevet de la nef du chœur présente d'aplomb ses pans coupés, ses hautes ogives, et, comme dernier terme de cette gradation, l'obélisque d'ardoise, brillante *fantasia*, prend sa rapide volée dans l'air. Il faut remarquer, au côté Sud de ce chevet, le massif pilier qui ouvre les galeries, dont l'amortissement, luxuriant bouquet de granit, est la plus parfaite décoration extérieure du temple. »

L'édifice, c'est tout dire, reste digne de planer sur les campagnes enchanteresses étendues autour de lui.

Accord parfois trop rare, l'intérieur de l'église tient les promesses de l'extérieur. Les chapelles du chœur présentent d'admirables voûtes, et les chapelles de l'abside sont de gracieuses merveilles, avec leurs arceaux touffus, confondus entre eux comme les rameaux d'un bel arbre ; leurs niches en crédence, leurs aiguilles gothiques, leurs statuettes d'anges, leurs frises, leurs moulures, leurs feuillages, leurs clochetons, leurs fleurs épanouies !

Depuis 1810, Saint-Sauveur possède, on l'a vu, les cœurs de Du Guesclin et de Tiphaine, sa femme. Le cénotaphe qui les renferme est malheureusement d'un goût médiocre.

Il serait bien à désirer que le monument funéraire de l'illustre

Connétable devint l'objet d'une restauration à la fois savante et digne des cendres qu'il recouvre.

A l'entrée de la nef, on admire un bénitier fort original, soutenu par des cariatides drapées dans des costumes orientaux. L'intérieur de la conque est rayé de profondes cannelures, au milieu desquelles se jouent des poissons d'un assez bon relief.

Plusieurs inscriptions gravées sur les piliers de support de la tour donnent les dates de leur construction (1557-1558), et de celle du chœur (1507).

Saint-Sauveur est l'objet de soins éclairés tendant à préserver ce bel édifice de la ruine.

L'église Saint-Malo, fondée le 27 mai 1490, ainsi que le relate une inscription gravée à l'entrée, remplaçait une autre église démolie, en 1487, sur l'ordre du duc François II, par cette raison que, se trouvant en dehors du mur d'enceinte, les ennemis pouvaient considérer « *la grandeur et forteresse* » de la paroisse, s'en emparer et s'en « servir » comme d'une citadelle. Mais, libres étaient les bourgeois de la rebâtir à l'intérieur de la ville, ce qui fut fait.

Il paraît même que les Dinannais ne tinrent pas trop rancune au vicomte Jean de Rohan qui, devenu lieutenant du roi de France, Charles VIII, avait été chargé de recevoir leur capitulation ; car l'édifice nouveau fut construit sur un terrain donné par ce gentilhomme, sous la condition qu'il participerait aux messes célébrées dans l'église, qu'il aurait sa sépulture dans le chœur et que ses armes seraient peintes sur la grande verrière.

Peut-être, néanmoins, tout cela influa-t-il sur l'esprit des habitants ; en effet, commencée avec entrain, l'église Saint-Malo n'a été achevée que de nos jours.

L'intérieur, d'une belle ordonnance et en parfaite harmonie avec le type primitif, n'a cependant pas la grâce de l'extérieur, copie charmante, en dépit d'une légère excentricité, de l'architecture de Saint-Servan.

La Révolution a dépouillé cette église du tombeau de Raoul Marot des Alleux, le brave sénéchal de Dinan, et de Simone Le Fer, sa femme.

La pierre sépulcrale de Jean de Beaumanoir, fils du héros du

VUE DE LA RUE JERZUAL, A DINAN

combat des Trente et de Tiphaine du Guesclin, sa femme, est une des plus curieuses.

Le musée renferme aussi un très grand nombre d'objets découverts, soit à Corseul (le grand musée antique), soit dans les campagnes dinannaises : lampes, figurines, mosaïques, poteries, armes, amphores, coins celtiques, médailles...

On ne quitte pas Dinan avant d'être allé voir le beffroi de la vieille tour de l'Horloge qui, situé à peu près au centre de la ville, est surmontée d'une flèche haute d'une soixantaine de mètres. La base de la pyramide est ceinte d'une galerie planant sur un vaste panorama.

Séjournons-y pendant quelques moments. Bientôt nous entendrons résonner la belle cloche, don royal d'Anne de Bretagne, qui voulut la nommer, avec le vicomte de Rohan.

L'horloge de la tour est l'une des plus anciennes de la province bretonne.

Mais, nous nous sommes beaucoup attardés à Dinan, sans nous être enquis de son commerce. La voie ferrée de Lison à Lamballe lui a donné une activité nouvelle et seconde la navigation de la Rance qui, pendant si longtemps, est restée à peu près le seul moyen de communication entre la ville, resserrée sur sa colline escarpée, et le reste du pays.

Tanneries, corroieries, mégisseries, toiles à voiles, fours à chaux se partagent l'industrie des habitants. La coutellerie de Dinan et des tissus nommés *basins*, ont eu de la réputation. Vers 1840, une première fabrique de sucre de betterave fut installée dans la banlieue de la ville et y conquit un véritable succès.

Plusieurs foires attirent un grand concours de cultivateurs. La principale d'entre elles commence le second jeudi de carême et dure une quinzaine entière. Les huit premiers jours sont appelés foire du *Liège*; les huit derniers, foire du *Deliège*. Le blé, le beurre, le bétail, les chevaux, en un mot les produits agricoles et industriels de la contrée forment l'objet des transactions de cette foire fameuse.

Nous descendons au faubourg du Pont, c'est-à-dire au port de Dinan, dépendance antique du prieuré de la Madeleine. Les États de Bretagne s'occupèrent souvent du Port et veillèrent à ce qu'il offrît toutes les facilités réclamées par la navigation de l'époque.

De son côté, la Communauté de Ville témoignait sa sollicitude pour cet élément de prospérité. Elle avait deux fois raison, la Rance, en dehors des besoins du commerce, ayant toujours attiré un grand concours de voyageurs, charmés par la beauté de ses bords.

De plus, cette rivière a permis l'établissement d'un canal destiné à ouvrir une communication avantageuse entre la Manche et l'Océan et à relier entre eux les ports de Nantes, de Saint-Malo, de Brest.

Le réseau d'eau est fort bien compris, ses deux divisions sont le canal d'Ille-et-Rance et le canal de Nantes à Brest. Nous retrouverons ce dernier plusieurs fois ; aussi nous contenterons-nous, maintenant, de dire que c'est un peu au-dessus de Redon qu'il communique avec le fleuve le plus important de Bretagne : la Vilaine [1].

Le cours de la Vilaine conduit à Rennes où, en face de la belle promenade du Mail, vient s'amorcer le canal d'Ille-et-Rance et tomber la rivière d'Ille.

En suivant la direction du Nord, la route, par la voie canalisée, traverse le bassin de l'Ille jusqu'à Hédé. Elle entre ensuite dans le bassin de la Rance. Puis, au moyen de l'écluse du Châtellier, qui empêche l'assèchement du port de Dinan à l'heure du reflux, le voyage se termine, soit à Saint-Servan, soit à Saint-Malo.

L'importance de cette artère est donc grande ; elle pourrait devenir plus considérable encore, si un puissant mouvement local tirait parti des ressources naturelles ou industrielles de la région. Le mouvement se produira, il faut l'espérer, en dépit de prédictions pessimistes, montrant le canal davantage délaissé depuis l'établissement de la ligne ferrée. Notre ferme conviction est que la batellerie peut, partout, tenir fort bien le rôle d'auxiliaire des chemins de fer. Beaucoup de marchandises encombrantes ou de nature particulière : tels les engrais, offrent un sensible avantage pour ce mode de transport. Et la culture bretonne, en général, réclame l'emploi judicieux d'engrais.

---

1. Nous exceptons, bien entendu, la Loire qui n'est pas, à proprement parler, un fleuve breton.

Projeté vers 1783 par les États de Bretagne, le canal d'Ille-et-Rance fut commencé seulement en 1804. Il a été terminé environ quarante ans plus tard.

Une pensée stratégique était attachée à son achèvement, de même qu'à l'achèvement du canal de Nantes à Brest.

Mais, tout en respectant fort la stratégie, tout en souhaitant qu'elle aide efficacement à la défense, à la grandeur de la patrie, nous désirons aussi, avec non moins d'ardeur, qu'elle contribue, par ses travaux, à apprendre aux Français que la multiplicité des moyens de travail n'a jamais été un obstacle à la diffusion de la prospérité publique.

Duclos.

CHAPITRE VIII

LA TRAVERSÉE DE LA RANCE. — DINARD ET SAINT-ÉNOGAT
SAINT-LUNAIRE. — SAINT-BRIAC

On fait, aujourd'hui, la traversée de la Rance sur d'excellents bateaux à vapeur remplaçant les anciennes grandes barques, appelées, jadis, *bateaux de Dinan*. Rien de mieux sous le rapport du confortable et de la régularité du service ; par malheur, le voyage, au point de vue de l'observation des mœurs, a perdu un peu de sa pittoresque originalité.

Chaque patron tenant à prouver la supériorité de marche de son embarcation, une véritable joûte de vitesse en résultait, joûte animée par les lazzis, les rires, les chants, les défis des passagers du pays.

Nous disons « du pays », pour cette raison que les étrangers, surtout ceux qui prenaient, pour la première fois, place à bord des barques, se voyaient soumis à des récits, à des coutumes, évidentes réminiscences du légendaire « baptême de la Ligne », ou de traditions druidiques altérées au contact des siècles et de la fantaisie des mystificateurs.

Une autre cause d'attrait provenait de la présence de toute une population de marchands de poisson, de cultivateurs, d'ouvriers industriels ou des ports, qui, groupés selon leurs sympathies respectives, parlaient, discutaient avec animation. Les costumes locaux n'étaient pas, alors, autant délaissés qu'ils le sont de nos jours ; ils donnaient au tableau une nuance piquante, complétée par l'accent du terroir, accent un peu traînard, mais n'ayant rien de désagréable, principalement sur les lèvres fraîches des robustes filles de la côte.

Si, pour ces causes, la traversée a perdu une note aimable, le fleuve est resté, il restera toujours en possession des séduisants paysages que ses eaux vivifient.

Dès les premières minutes, l'imagination, comme les yeux, se trouve captivée. Le viaduc, jeté sur la vallée ombreuse, laisse admirer ses proportions monumentales. Sur sa montagne, Dinan semble s'élever vers les nuages, en déroulant les moindres replis de son beau manteau de pierre.

Chaque nouveau tour de roue du bateau offre un spectacle différent. Les rocs chauves semblent vouloir envahir la Rance; ils surplombent çà et là, alternant, avec les bois touffus, les croupes vertes des collines.

Le clocher de TADEN invite les archéologues à venir explorer les ruines dont la commune est si riche. La mémoire bénie du comte et de la comtesse de la Garaye se lie intimement au bourg où ils vécurent « en faisant le bien » et où ils voulurent être inhumés. Plusieurs beaux châteaux sont à visiter ; parmi eux, celui de la Conninais est remarquable.

L'écluse du Châtellier se borde de jardins, de terrasses charmantes. Après elle, on traverse un vaste bassin, la *Plaine de Mordreuc*, qui devrait, disent les antiquaires, être nommée *Mer des Druides*. A l'appui de cette définition étymologique, viennent une foule de légendes, intéressantes du reste.

Les eaux de la plaine de Mordreuc favorisent la prospérité de PLEUDIHEN, gros bourg fier de posséder le manoir natal de Tiphaine Raguenel.

Le bouquet ombreux du *Chêne-Vert* couronne un bastion qui domine la nappe d'eau ; il a été construit au moyen âge. L'anse du même nom est bordée de précipices, de grottes, de rocs déchirés, mêlés à la verdure des sapins. Les regards se perdent, enchantés, sur les falaises granitiques, sur les promenades, les avenues, les cimes variées, le port Saint-Hubert, dépendant de la commune PLOUER, et sur les ruines du vieux château de la Roche-aux-Anes.

On passe sous le beau pont de *Lessard*, construit pour les besoins de la voie ferrée qui relie Dinan aux réseaux normands et bretons.

La chaîne du *Garrot* empiète sur le lit du fleuve, mais on la contourne et on passe devant Saint-Suliac, orgueilleux de sa belle église à la rosace splendide.

Les contrastes se font nombreux. Des golfes, des caps découpent les berges couvertes de châteaux, de villas, de clochers, de vieux arbres, de champs, de prairies...

Dans l'atmosphère pure, l'îlot Notre-Dame se dessine. Qu'est devenu son ermite, attentif à donner, du sommet de l'écueil, un signal sauveur au batelier fuyant devant la tempête? Il dort depuis bien longtemps sous le sol témoin des cruels ravages causés par la mer; son souvenir, toutefois, est encore populaire.

Le beau détroit de *Jouvente* (ou Jouvence) voyait maintes cérémonies, ou gaies, ou gracieuses, ou bizarres. Quiconque le franchissait pouvait conjurer « les outrages » du temps !!!

Le fleuve, élargi, va se confondre avec la mer, et ses rives gagnent encore en splendeur.

Voilà Montmarin, un vrai palais; la Haute-Flourie et la Basse-Flourie, demeures immortalisées par le séjour de Duguay-Trouin et de l'amiral Bouvet. Enfin, Saint-Servan, la ville toute blanche, toute souriante.

Saint-Malo, inexpugnable sur son rocher, borne un côté de l'étendue marine. En face, Dinard, si pimpant, si aristocratique, qui a été réuni à Saint-Enogat et est devenu chef-lieu de canton. La mode toute-puissante a pris sous sa protection ce délicieux coin de terre bretonne, et la mode, chose rare, a eu absolument raison.

Dinard grossit le nombre de ces grèves, où l'exceptionnelle beauté du paysage n'est assombrie par aucun fâcheux contraste. Si connues que soient les paroles de Chateaubriand, peignant la population indigène, il faut les retracer encore : Nul langage n'étant mieux approprié, nul autre ne pouvant parvenir à cette intensité de coloris.

« Les tenanciers de la côte sont d'une belle race normande; les femmes, grandes, minces, agiles, portent des corsets de laine grise, des jupons courts de callemandre et de soie rayée, des bas bleus à coins de couleur. Leur front est ombragé d'une large coiffe de basin ou de batiste, dont les pattes se relèvent en forme de béret, ou flottent en manière de voile. Une chaîne d'argent à plusieurs branches pend à leur côté gauche. Tous les matins, au printemps, ces filles du Nord, descendant de leurs barques, comme si elles venaient encore envahir la contrée, apportent au marché des fruits dans des corbeilles, et des caillebottes dans des coquilles. Lorsqu'elles soutiennent d'une main, sur leur tête, des vases noirs remplis de lait ou de fleurs; que les barbes de leurs cornettes blanches accompagnent leurs yeux bleus, leurs visages roses, leurs cheveux blonds emperlés de rosée, les valkyries de l'Edda, dont la plus jeune est l'Avenir, ou les canéphores d'Athènes n'avaient rien d'aussi gracieux. »

Vrai, encore, ce que dit le merveilleux écrivain des habitations de matelots ou de vieux officiers de marine retraités, gardant le souvenir des voyages du propriétaire, souvenir visible dans le choix des plantes ornant le jardin.

Dinard est bâti sur une baie, entre les pointes appelées de la *Vicomté* et le promontoire nommé *Bec de la Vallée*. Ce dernier, assez élevé, offre un vaste coup d'œil sur l'entrée de la Rance, Saint-Malo, Saint-Servan et la rade. Les maisons de plaisance ont envahi la pente entière et le sommet de la falaise, luttant à qui d'entre elles sera plus luxueuse et dominera un plus bel horizon.

Le passage ici est parfois pénible ; jadis il était dangereux. Les annales locales ont gardé mémoire de drames poignants, ce qui n'empêchait pas et n'empêche pas encore une foule de petits canots ou barques d'accomplir la traversée, même sous les rafales de la bourrasque.

Voisines de Dinard sont les ruines d'un couvent du quatorzième siècle, ayant appartenu à des religieux voués au rachat des captifs. Olivier et Geoffroy de Montfort avaient fondé cette maison. Pensée pieuse en même temps que pratique. Les aventureux Malouins en apprécièrent souvent le mérite. Combien, courbés sous le joug des pirates barbaresques, durent reporter toute leur espérance vers le *Prieuré*, bâti au bord de la grève, regardant le rocher natal !

Parfois, hélas ! la rançon demandée était trop élevée ou les conditions fixées inexécutables. Témoin, Porcon de la Barbinais, l'héroïque prisonnier, donnant à son *maître* une leçon d'honneur que le misérable ne voulut pas comprendre.

Du monastère, il reste des pans de murailles couverts de

lierre et les dalles frustes et mutilées des tombeaux des fondateurs.

Il faut voir Dinard un jour de courses. Sur la plage où elles ont lieu, sur les pentes de la colline, aux fenêtres des villas se presse une foule élégante, attentive, à la fois, et à son spectacle favori et au merveilleux paysage qui l'environne. Les vainqueurs reçoivent les prix au bruit de la marée montante, brisant doucement sur le sable fin.

SAINT-ÉNOGAT porte le nom d'un des premiers évêques d'*Aleth* (Saint-Servan). Plusieurs jolis hameaux sont disséminés sur les

Saint-Énogat.

fraîches vallées de son territoire, abritées par les hautes falaises du souffle trop impétueux venant du large.

Le rivage se déchire, fouillé par la mer qui y creuse des grottes, des abîmes, ou y entasse des amas énormes de rocs à moitié broyés. La pointe granitique du DÉCOLÉ, surmontée d'un sémaphore, coupe d'une longue ligne noirâtre la perspective tourmentée des flots auxquels vient se mêler le petit ruisseau du ravin de SAINT-LUNAIRE.

Ainsi que beaucoup de ses voisins, le bourg s'est transformé. On y retrouve peu des vieilles chaumières d'autrefois ; heureusement ce goût du moderne, très légitime et des mieux compréhensibles, en ce qui touche les habitations, n'a pas déteint sur la seule œuvre artistique du pays. Il n'est venu à l'idée de personne de détruire le tombeau et la statue de saint Lunaire, spécimens de la sculpture au treizième siècle.

La légende du saint moine conserve un trait touchant. Fils du roi Hoël Ier et frère de Canao [1] dont les crimes épouvantèrent la Bretagne, Lunaire (ou Léonor ?) vint fonder, dans les bois de PONTUAL, un couvent où, risquant sa vie, il recueillit son neveu JUDUAL, persécuté par Canao, qui avait tué le père du jeune prince (son propre frère) et abreuvé la mère de toutes les douleurs. Grâce à lui, Judual fut sauvé. (Plus tard il régna sur la haute Bretagne et fut comte de Rennes.) Outré de rage, Canao terrassa de sa main le pauvre moine, qui se borna à louer Dieu de lui avoir permis d'empêcher un grand crime.

Chaque repli de la grève, où le pied foule un sable si fin, où les roches affectent tant de formes diverses, présente les panoramas les plus séduisants. Bientôt, les plages exclusivement sablonneuses vont reparaître ; mais, avant de dire adieu à la rade malouine, donnons-lui encore un long regard. Elle s'offre, lentement ondulée, aux derniers rayons du soleil couchant qui rougissent les vagues, découpent nettement les silhouettes des écueils, les saillies des vieux remparts, les tours des forteresses et font de l'atmosphère une éclatante brume pourprée !... Lentement, nous descendons le plateau élevé, poursuivant notre route qui garde, à chaque pas, la trace des convulsions du sol, des empiétements de la mer. Les ravins succèdent aux collines, les angles profonds aux dunes de sable, les îlots aux promontoires. Impossible de faire un kilomètre en ligne droite, il faut se *résigner* aux circuits les plus pittoresques.

D'ailleurs, peu de bourgs se présentent au milieu d'une variété de sites semblables à ceux que SAINT-BRIAC renferme dans son territoire. Les fraîches coulées y forment contraste avec les landes ; les cultures, les jardins fleuris sollicitent les yeux et, pour limite à ce frais tableau, une vaste baie où la Manche, capricieuse, se développe, tantôt ondoyant le long des grèves sablonneuses, tantôt frappant de ses flots impatients les îlots, les rocs, les falaises qu'ils sapent sans relâche.

Une ligne d'écueils, défendant l'entrée de la baie, raconte les efforts combinés du vent et des vagues. Au nord et à l'ouest, la mer s'est creusé deux longs enfoncements dans les vallées et sa grande voix plane au-dessus de tous les bruits.

Saint-Briac ne pouvait pas ne point avoir une population presque entièrement maritime. La pêche côtière y est très suivie, les autres le sont également. L'église, du reste, témoigne de l'activité des pêcheurs et de leur générosité. Comme elle avait besoin d'être reconstruite (1688), les frais furent supportés proportionnellement par toutes les barques. Or, cette année-là, les *bancs* de maquereau se trouvant abondants, le produit de la vente des lots affectés à l'œuvre pieuse donna une somme considérable. En mémoire de la nature de l'offrande, des maquereaux sculptés ornent intérieurement et extérieurement les murs de l'église, les bénitiers, le porche.

Le clocher est une assez curieuse fantaisie architecturale. Sur un massif triangulaire de maçonnerie, s'élève une lourde pyramide ceinte de deux galeries en granit. L'écusson seigneurial des Pontbriand décorait jadis le fronton de cette tour.

La commune doit son nom à un saint ermite irlandais devenu également le patron de Bourgbriac et de Minibriac. Sa cellule était appelée le *Penity* ou lieu de pénitence. Il y mourut vers la seconde moitié du sixième siècle.

Comme tous les villages du littoral Nord et Ouest, Saint-Briac souffrit plus d'une fois des incursions ennemies. La descente de Marlborough à Saint-Servan lui fut particulièrement désastreuse. Pour se venger de la résistance de Saint-Malo, la flotte anglaise brûla bon nombre d'inoffensives barques de pêche et des hameaux entiers. Elle dut, néanmoins, se retirer sans avoir acquis une *gloire* plus grande.

Si l'on peut disposer de quelques heures, il faut aller visiter Pleurtuit, un des plus beaux centres agricoles du département. Sur son territoire, s'élevait le château-forteresse des comtes de Pontbriand, nom souvent cité avec honneur dans l'histoire de Bretagne.

Partout, ici, règne l'aisance, et la population, réellement attrayante d'aspect autant que de tenue, porte avec grâce des

---

1. On appelle aussi ce dernier : Comorre et quelques historiens voient en lui le type de *Barbe-Bleue*.

costumes mi-ruraux, mi-citadins, d'une grande richesse, mais de bon goût.

Rien de charmant comme la coiffe en dentelle, souvenir du casque gaulois ou romain, ombrageant ces visages frais et roses, aux yeux profonds, au sourire spirituel. Chateaubriand n'avait pas trop louangé ses belles compatriotes : elles ressemblent toujours au séduisant portrait.

Le ruisseau de Saint-Briac, appelé aussi le *Frémur*[1], forme, de ce côté, la limite des départements de l'Ille-et-Vilaine et des Côtes-du-Nord.

[1]. Il ne faut pas le confondre avec une petite rivière du même nom, qui vient tomber dans la baie de la Fresnays.

La grotte des fées à Saint-Enogat.

CHAPITRE IX

LA COTE. — L'ARGUENON. — LES RUINES DU GUILDO

A grand'peine contenus par les pointes rocheuses des grèves que nous venons de quitter, les sables regagnent promptement du terrain. Sur les deux cent cinquante kilomètres de rivage appartenant aux Côtes-du-Nord, ils tendent à envahir beaucoup de grands espaces. L'une de ces baies, très vaste et d'une belle forme semi-circulaire, a pris le nom de *baie de Saint-Brieuc*, par la raison que son point central, profondément enfoncé, se trouve à l'est de l'embouchure du cours d'eau qui arrose Saint-Brieuc.

Néanmoins, l'importance de ces sables ne prévaut pas contre l'ossature même du sol. Partout, le granit apparaît et soutient les assauts répétés de la vague acharnée. Caps, barrières de bas-fonds ou de hauts-fonds se multiplient en avant des plages, pendant qu'en arrière de fortes collines semblent prêtes à accepter la lutte.

Elles n'ont pas toujours, pourtant, victorieusement bravé le danger. Ces milliers de crêtes escarpées, ces îles, ces plateaux presque innombrables prouvent avec trop de certitude les convulsions marines, dont la marche est, maintenant, indéniable.

Toute cette côte dentelée qui, de la pointe *Minard*, au nord-est de Paimpol, passe par les *Héaux* et *Perros-Guirec* pour aboutir vis-à-vis de *Lannion*, se laisse, chaque jour, arracher plus d'une épave.

Constamment minée, elle s'émiette au cri triomphant du flot turbulent et si souvent épouvantable dans ses violences.

Les ports de mer ou de rivière sont très nombreux. Presque tous, malgré les obstacles naturels, ont un commerce suivi, une pêche fructueuse. Peu de chose suffirait pour leur assurer un essor nouveau ou tout au moins un progrès réel. Quelques travaux indispensables, un encouragement aux vieilles industries du pays : toiles à voiles, toiles dites de Bretagne, fers, élève de chevaux et de bétail... Déjà, un changement heureux a signalé ces trente dernières années. L'agriculture, en particulier, sort de sa routine séculaire. De nombreuses plantations ont mis en valeur des terres réputées absolument stériles, et les engrais marins, fortune des localités bordant la côte, sont employés à de plus grandes distances, apportant avec eux la fertilité, des récoltes rémunératrices.

Tous les moyens d'aider à cette entière rénovation du pays ont donc des chances sérieuses d'être, à la fois, bien accueillis et de porter fruit.

La première grève du département des Côtes-du-Nord est sablonneuse. Elle continue les dunes déjà rencontrées.

Plusieurs baies profondes l'accidentent : *Beaucey*, l'embouchure de l'*Arguenon* (*rivière blanche*), la *Fresnays*... Il faut arriver au cap *Fréhel*, à la pointe d'*Erquy*, pour retrouver le granit pur.

Sur ces vastes étendues blanchâtres, des cours d'eau forment de petits ports fréquentés surtout par les pêcheurs.

Dépassant l'embouchure du ruisseau de Saint-Briac et la baie de Beaucey, nous entrons dans la presqu'île terminée par le bourg de Saint-Jacut-de-la-Mer et, en quelque sorte, prolongée par l'îlot des Ebihens, qu'une tourmente a dû séparer du continent.

Assis dans une coulée fertile, protégé des vents du large, le bourg, comme tant d'autres, doit son existence à une abbaye, contemporaine du premier monastère fondé en Bretagne.

De la vieille abbaye, il ne reste plus que des ruines, mais le bourg a une nombreuse et fort belle population, très active, très laborieuse.

Le petit port de Saint-Jacut est formé par le havre du *Châtelet*; une distance de six cents mètres le sépare du bourg auquel nul bon chemin ne permet d'accéder. Malgré cet inconvénient réel, le port rend de grands services aux pêcheurs et reçoit parfois de petits caboteurs.

Il n'y a pas encore bien longtemps, le sable, maître du rivage, menaçait d'envahir à peu près complètement le territoire de la commune. Il trouvait pourtant un obstacle dans la *mire*, graminée étendant au loin ses racines et amassant autour d'elles les dunes vagabondes. Oublieux ou insoucieux, les Jaguéens tenaient peu de compte des ordonnances prescrivant la propagation de la précieuse plante et l'arrachaient pour en faire des balais médiocres, au risque de stériliser à jamais la contrée. Ils comprennent mieux aujourd'hui leur intérêt et, le nombre des baigneurs augmentant chaque année, la prospérité de la presqu'île suit une marche ascendante. L'État y a contribué en établissant, sur la côte Ouest, une digue de 800 mètres de longueur, complément de la digue de l'Est, construction des Bénédictins.

A mille mètres environ de la pointe du rivage, l'îlot des *Ebihens* dresse sa belle tour, accostée d'une tourelle contenant un escalier qui mène à la plate-forme, d'où l'on peut dominer un horizon presque infini.

Construite en 1697, la tour remplace un vieux phare dont le feu protecteur éclairait la côte et l'entrée du port du Guildo et de Saint-Briac.

Une tradition très vraisemblable rapporte les frais de sa construction à un prélèvement fait sur le produit des bateaux de pêche.

Au sud-est de la passe des Ebihens, se trouve un bon échouage, très fréquenté et plus avantageux, comme point de relâche, que le port de Saint-Jacut.

C'est vers le milieu du printemps et à marée basse qu'il faut visiter l'îlot. On peut, alors, passer à pied sec le petit détroit et se donner le plaisir de suivre le relief des rivages. Une surprise charmante arrêtera pendant quelques moments le voyageur. La partie ouest se montrera revêtue d'une riche parure de géranium sauvage, de troène odoriférant et de roses pimprenelles poussant au milieu du sable brillant, accumulé par la violence du vent.

L'ascension de la tour terminera la promenade. Mais alors, sans doute, la mer aura repris possession du détroit, et un nouveau spectacle fera trouver bien court le temps qu'il exigera pour se déployer dans toute sa pompe.

Arrivant du large, hautes, majestueuses, colorées de la teinte du ciel, les vagues, doucement, l'une après l'autre, s'étendront sur les grèves, sur les écueils habitués à leur présence. Une monotone harmonie accompagne le lent affaissement des crêtes irisées par une légère écume.

La journée est splendide, nul souffle ne contrarie le phénomène éternel et pas un grain de sable ne sera emporté par le flot paisible. Les parfums des fleurs monteront, pénétrants, dans l'air diamanté, et les voiles des barques de pêche accidenteront le bleu clair de l'horizon.

Tout à coup, une tache d'un gris profond s'est élargie. Elle envahit presque aussitôt le ciel entier. Un souffle bas, chaud et humide à la fois, court à la surface de la mer, qui frémit comme impatiente. Puis, un instant d'arrêt se produit pour laisser bientôt l'espace libre aux rafales impétueuses. Ce n'est plus la vague lentement paresseuse qui leur répondra, c'est un tourbillon effrayant de lames roulées, tordues, enlaçantes, irrésistibles dans leur force souveraine.

Les roches frappées rendent un son horrible, les dunes reculent en se laissant enlever des nappes entières de flocons sablonneux. La presqu'île semble devoir être arrachée à la terre ferme et l'îlot prêt à disparaître sous l'assaut répété des masses qui s'écroulent contre ses flancs.

Les rivages voisins se perdent dans un brouillard noirâtre et la lumière des phares parvient à peine à percer les ténèbres...

Sous l'un ou l'autre de ces aspects, le panorama des Ebihens restera ineffaçable et nous poursuivrons notre route avec d'autant plus d'ardeur.

A travers la campagne fertile, bien ombragée et bien cultivée de PLOUBALAY, nous gagnons l'embouchure de l'ARGUENON (rivière où fleuve blanc), cours d'eau arrosant des lieux renommés en Bretagne. Peu après sa source, voisine de celle de la Rance, l'Arguenon baigne JUGON, la vieille place forte, située au milieu des montagnes et des étangs, si souvent disputée, si souvent victorieuse et que plusieurs ducs voulurent réserver dans leur domaine particulier, justifiant ainsi ou faisant naître l'adage pompeux :

> Qui a Bretagne sans Jugon
> A chape sans chaperon.

Plusieurs bourgs importants doivent leur animation à l'Arguenon, puis son lit s'élargit un peu en amont de Plancoët, la jolie petite ville dont Chateaubriand a dit :

« Si j'ai connu le bonheur, c'est certainement à Plancoët. »

L'immortel écrivain venait passer ses vacances d'écolier chez sa grand'mère qui habitait, rue de l'Abbaye, une maison dite du *Rocher* « dont les jardins descendaient en terrasses sur un vallon au fond duquel se trouvait une fontaine entourée de saules ».

Les hauteurs de La Jaunière, de Nazareth, de Brandfer dominent la ville. C'est de cette dernière colline que l'on peut admirer le remarquable ensemble formé par les maisons suivant les sinuosités de la vallée, le petit port, la ligne onduleuse des derniers contreforts de la chaîne du Menez, la mer et les îlots qui la parsèment.

Frais, bien feuillus, bien arrosés, présentant des sites sévères ou riants, des châteaux nombreux, des ruines intéressantes ; les environs de Plancoët sont faits pour charmer le voyageur, pour retenir l'attention de l'artiste.

Le port de la petite ville est un simple échouage, car la marée n'y monte pas avec une parfaite régularité.

De grands travaux ont déjà amélioré ce petit port ; mais les plus réels obstacles proviennent du peu de largeur laissée entre les quais, sans doute pour combattre l'envasement, et de courbes trop prononcées en avant du chenal. Il faut haler par l'arrière les bâtiments de plus de 18 mètres de longueur, et les évolutions ou croisements des autres navires se trouvent également fort gênés.

Néanmoins, l'emploi des engrais marins, en usage depuis un demi-siècle, a changé la physionomie des campagnes et donné un mouvement de plus en plus actif aux exportations, consistant en bois de chauffage et de construction, blé, cidre, pommes, légumes. L'anse du Guildo, à l'embouchure de l'Arguenon, est le grand centre fournissant les engrais qui, entreposés à Plancoët, contribuent à entretenir le travail des ouvriers du port.

Le nom de la ville est pour la première fois prononcé à l'occasion du mariage de Marguerite de Plancoet avec Jean Geoffroy de Goyon (1214). La maison seigneuriale tenant, déjà, sous sa dépendance Montafilant et Montbrand, il y a lieu de croire qu'elle était riche et puissante. Plus tard, elle dut être ravagée par une guerre impitoyable, puisque le testament de Geoffroy de Tournemine s'exprime ainsi :

« Je veux que de mes biens soient secourus les paroissiens de Plancoët, de leurs maisons qui *furent perdues* et autres choses *brûlées* en la guerre de leur ville. »

Et ainsi que le fait justement remarquer l'historien [1], « cette clause mystérieuse n'est point, comme on pourrait le croire, un acte de bienfaisance volontaire, mais une réparation imposée au moment de la mort à l'auteur même des dévastations et des forfaits rappelés dans cette pièce avec un artifice de dissimulation qui fait frémir ».

La suite des restitutions est longue et de tout genre ; elle prouve la férocité, l'absence complète de scrupules quelconques chez le testateur.

Une forteresse défendait Plancoët, mais Jean IV l'enleva à Olivier de Clisson et la rasa entièrement (1390). Deux cents ans plus tard, Saint-Laurent, le lieutenant de Mercœur, s'y battit contre deux capitaines du maréchal de Brissac.

Plancoët, dont on traduit souvent le nom en *paroisse du bois,* étymologie très probable, est voisin de Corseul, qui pendant si longtemps a exercé, et maintenant encore exerce la science des archéologues, des antiquaires et des historiens. Doit-on regarder ce bourg comme occupant l'emplacement de la vieille capitale des *Curiosolites,* le *Fanum Martis,* que la table de Peutinger représente comme situé à vingt-cinq milles de *Condate* (Rennes) et à quinze milles de *Rheginea* (Erquy, selon l'opinion commune) ?

Cela est au moins plausible, sinon d'une certitude absolue, et tant de convenances de lieu, de caractère se réunissent pour lui donner corps, que l'on ne peut courir, en l'adoptant, le risque d'être taxé de légèreté. Les fouilles ont donné, d'ailleurs, nombre de médailles, de vases, de statuettes, des fragments de mosaïques, des sceaux, en un mot, tous objets prouvant un centre important, d'occupation continue, facilitée par une voie romaine très reconnaissable.

---

1. *Histoire et panorama d'un beau pays.*

La colline de Nazareth, à l'extrémité orientale de Plancoët, dépendait autrefois de Corseul. Un couvent de Dominicains y avait été fondé, en 1647, par Pélagie de Rieux, « contre le gré des habitants ». Le Parlement, auquel le différend fut soumis, donna gain de cause à la fondatrice.

La chapelle actuelle est formée de deux ruines. Les pierres du château de Montafilant sont entrées dans l'édification du chœur, et le portail appartenait à l'ancienne abbaye de Saint-Jacut.

Le chemin de fer de Lison à Lamballe rattache aux grands réseaux de Normandie et de Bretagne, Plancoët, Corseul et plusieurs autres petits centres, qui ne s'attendaient pas à cet honneur, mais en retirent un très sérieux profit.

Peu après Plancoët, sur la rive gauche de l'Arguenon, entouré de trois côtés par d'admirables prairies et dominé par les hauteurs boisées de SAINT-LORMEL, on trouve le château de l'ARGENTAYE.

Il est, à coup sûr, plus vaste, plus luxueux que le castel antique dont les *Actes de Bretagne* signalent l'existence dès le treizième siècle.

« Roland d'Argentaye, précisent-ils, doit à l'ost ducal (armée) un *demi-chevalier* », c'est-à-dire la moitié du nombre des hommes d'armes que tout chevalier banneret était obligé de fournir à son suzerain.

Si le tribut n'était pas considérable, le patriotisme de la famille se montrait de bon aloi, car, en avril 1379, Pierre de l'Argentaye est signalé par les mêmes *Actes*, comme faisant partie de l'association de la noblesse, déterminée à s'opposer à l'invasion française.

Est-ce aux services reconnus de ce gentilhomme que fut concédé le droit bizarre pesant sur la navigation de l'Arguenon ?

Tous les bateliers devaient, en arrivant en vue des murailles du manoir, chanter à pleine voix :

Salut et joie
A monsieur de l'Argentae [1] !

Si, trop fiers ou trop timides ou, qui sait, trop *enrhumés*, par

---

1. Orthographe produisant par consonnance la prononciation des gens du pays.

conséquent sans voix, les bateliers ne pouvaient chanter, il leur fallait acquitter une amende d'environ trois francs. Et, comme la fraude aurait eu beau jeu dans la circonstance, une solide chaîne en fer, reliant une rive à l'autre, opposait son infranchissable obstacle aux récalcitrants.

Nous supposons, à vrai dire, que les sires de l'Argentaye recueillirent surtout les souhaits prescrits : la prodigalité et l'insouciance n'étant guère compatibles avec le caractère de pauvres gens obligés de peiner durement pour gagner leur chétive existence.

Ces scènes familières s'évanouissent à mesure que l'on approche de Créhen, dont le territoire garde les ruines du château du Guildo, où s'accomplit le prologue d'une affreuse tragédie.

L'origine de la forteresse est inconnue ; mais on sait qu'en 1400, Bertrand de Dinan, seigneur de Montafilant et de Montbrand, était qualifié *châtelain* et *baron* du Guildo. Bertrand eut pour héritière sa nièce, Françoise de Dinan, réputée la plus belle femme de son temps. Elle pouvait encore passer pour une des plus riches.

Son immense fortune fut la cause d'une lutte fratricide.

La lamentable histoire de Gilles de Bretagne a traversé quatre cent cinquante années, sans rien perdre de son horreur tragique, et elle se représente avec une extrême intensité de couleur, lorsque l'on franchit la vaste cour, maintenant déserte, que l'on contemple les formidables tours éventrées, penchant au-dessus de la grève ou croulant dans des souterrains, déjà à demi comblés. Au nord et à l'ouest, la mer frappe les murs du Guildo ; vers la route de terre, une large douve, très profonde, le séparait de collines qui eussent pu devenir un point avantageux pour des assaillants.

Dans cette demeure si sûre, Gilles de Bretagne, frère du duc François Ier, se retira avec sa femme, presque une petite enfant encore[1]. Mais il avait compté sans la haine d'Arthur de Montauban, favori du duc.

Déçu de l'espoir de devenir, par son alliance avec Françoise, un des plus influents gentilshommes de la cour, Arthur s'appliqua

---

1. Elle n'avait pas neuf ans.

à fortifier dans le cœur de son souverain des soupçons qu'il se chargea de tourner habilement en certitude.

La tâche était facile. François Ier, d'un caractère faible et cré-

Ruines du château du Guildo.

dule, devait tomber dans tous les pièges flattant ses défauts. Gilles, d'ailleurs, donnait prise contre lui, en déclarant ouvertement combien il était mécontent de sa part de l'héritage paternel, part consistant dans la seigneurie de Chantocé et en rentes sur le domaine ducal.

Son mariage avec Françoise de Dinan le mettait en possession de plusieurs places fortes et de trésors surpassant les ressources de son souverain. Mais, par comble d'étourderie, le jeune prince, ne cachait pas sa prédilection envers quelques seigneurs anglais, ses hôtes habituels, et il entretenait une correspondance active avec le roi d'Angleterre.

Il n'en fallait pas tant pour permettre à Montauban de le représenter comme cherchant à détrôner son frère. Vainement, le comte de Richemont[1], oncle des deux princes, voulut interposer sa médiation, Montauban fut assez adroit pour la rendre inutile et pour amener le duc à demander au roi de France, Charles VII, de s'unir à lui pour déjouer les projets de Gilles.

Charles, en cette circonstance, comme en bien d'autres, agit mal. Au lieu d'apaiser François, il servit ses projets et envoya des hommes d'armes pour arrêter son neveu[2].

Le chef de la troupe s'y prit habilement, annonçant qu'il était envoyé pour parler à Gilles.

Les avertissements n'avaient pas manqué au prince. Confiant en sa puissance apparente, peut-être, aussi, refusant de croire à la haine du duc et à la perfidie du roi de France, il reçut les hommes d'armes, surpris eux-mêmes de la facilité de l'accueil, mais qui ne perdirent pas un instant pour lui montrer l'ordre d'arrestation signé par Charles VII.

Gilles était perdu.....

Maîtresse de lui, la troupe se répandit par le manoir :

« Arrachant, disent les *Actes de Bretagne*, les tapisseries historiées ou brodées, les glaces et les images aux cadres vermeils; ouvrant et brisant les meubles sculptés, pillant les trésors de pierreries appartenant à Françoise de Dinan : tissus et chaînettes d'or, rubis enchâssés, joyaux aux perles pendantes ou en forme de fleurs, avec des oiseaux de perles couronnés de diamants, roses aux boutons de diamants, écharpes émaillées et frangées d'or..... »

La jeune princesse ne donna pas un coup d'œil à ces ravages. Elle voulait accompagner Gilles et, brutalement repoussée, elle

---

1. Frère de Jean V, père de François I*er*, de Pierre, plus tard duc, et de Gilles. Le comte de Richemont devait lui-même régner sous le nom d'Arthur III.

2. Jean V, père des deux princes, avait épousé Jeanne de France, fille de Charles VI, sœur, par conséquent, de Charles VII.

se réfugia dans la plus haute tour pour voir le plus longtemps possible celui qui ne devait pas revenir !!!

Beauté et richesse étaient donc les éléments de ses malheurs.

« Oh ! répétait-elle, que ne suis-je l'une de ces pauvres filles gardant les troupeaux dans mes vallées de Montafilant ! »

Gilles, emmené à Dinan, est jeté dans un des cachots du donjon ; il peut y entendre le bruit des fêtes données par son indigne frère, qui refuse de le laisser paraître en sa présence...

Le comte de Richemont s'interpose une seconde fois, il échoue encore. Le prisonnier est transféré à Châteaubriant, maison des aïeux de sa femme, et traduit devant les États et les commissaires royaux assemblés pour le juger. La sentence ayant écarté les principaux griefs et ayant, de plus, fait appel à l'humanité, à l'affection du duc, François renonce à dissimuler sa haine.

Gilles est envoyé à Moncontour, ensuite à Touffou et, de ce dernier château, à celui de LA HARDOUINAYE, près Broons. Partout, des traitements cruels lui sont infligés. On a peine à comprendre que la constitution du malheureux prince pût supporter de pareilles souffrances.

Enfin, comme le duc « *s'ennuyait* de promener ainsi son frère de forteresse en forteresse » et qu'il lui « tardait de le voir en paradis ! » les geôliers, stimulés par Montauban, n'hésitèrent pas davantage : ils essayèrent d'empoisonner Gilles. La dose vénéneuse se trouva trop faible pour causer sur-le-champ la mort, mais l'infortuné prince en fut atteint jusque dans son intelligence. Déçus, les bourreaux, résolurent de le laisser mourir de faim.

Bientôt, des cris lugubres, emplissant la forteresse, retentirent au delà de ses murailles :

« Du pain ! du pain ! au fils de Bretagne, pour l'amour de Dieu ! »

Les paysans passant dans la forêt de la Hardouinaye fuyaient, les larmes aux yeux, n'osant braver les gardes et les dogues destinés à repousser toute tentative en faveur du persécuté....

Seule, une femme eut ce courage. Pauvre mendiante, elle vint, plusieurs jours de suite, offrir à Gilles ce qu'elle glanait de pain et y ajoutait une écuellée d'eau.

Ce secours prolongea la vie du moribond ; mais il désira davantage et confia son dernier espoir à sa bienfaitrice.

Sans hésiter, elle obéit. Un religieux cordelier, « homme de foi vive », reçut la prière qu'elle lui transmettait et se laissa guider vers la douve située devant l'étroit grillage donnant sur le cachot du prince.... Il reçut la confession de l'infortuné... Tout à coup, il chancela... un ordre venait de lui être imposé... Cependant, recouvrant sa fermeté, le religieux promit de remplir la mission terrible !...

Calme, désormais, Gilles se rejeta sur le grabat qui lui servait de lit, attendant, résigné, l'apparition de ses bourreaux. L'attente fut courte. Le religieux sortait à peine de la douve que le cachot s'emplissait de la lueur des torches et que le prisonnier, jeté entre deux matelas, était foulé aux pieds de ses misérables tourmenteurs ! Puis, la mort se faisant trop lente, tellement la forte jeunesse de Gilles luttait encore, on ne délibéra pas davantage. Une serviette nouée autour de sa gorge termina un martyre épouvantable de cinq années !!!

Le lendemain, les meurtriers faisaient procéder aux obsèques, par Louis de Verger, abbé de Bosquen.

Un grand concours de paysans suivit la cérémonie et l'abbé fit poser sur le cercueil une dalle d'ardoise, soutenant la statue en bois de l'infortuné fils de Bretagne [1].

François Ier pouvait respirer. Son frère ne le gênerait plus.

Mais, voici que l'armée ducale, alors campée à Avranches, témoigne, en apprenant la nouvelle, une véritable indignation.

Mais, voici encore que le duc, agité déjà par une vision vengeresse, voulut venir au Mont Saint-Michel, où il se croyait plus en sûreté.

Traversant la grève, il hâtait le pas de son cheval... une ombre se jette au-devant lui.

« Je suis le confesseur de ton frère, Gilles de Bretagne, prononce d'une voix ferme le religieux cordelier. En son nom, je te cite à comparaître dans quarante jours, devant Dieu, qui jugera votre cause ! »

Ainsi s'exprime la tradition. L'appel eut-il lieu? N'est-ce pas plutôt la forme saisissante choisie pour résumer la fin du drame

---

1. Cette statue est de grandeur naturelle. Après la destruction de l'abbaye de Bosquen, elle fut placée dans l'église de la Chapelle-du-Parc, village dépendant de la commune du Gouvay. Elle est, maintenant au musée de Saint-Brieuc.

impie ?... A quoi servirait un examen minutieux, l'épilogue restant toujours le même.

Gilles avait été assassiné le 25 avril 1450 et, le 17 juillet suivant, quarante jours après l'appel du religieux, François Iᵉʳ, *le Fratricide*, mourait au château de Plaisance, près Vannes, où, dix ans auparavant, la célèbre comtesse de Montfort, sa bisaïeule, avait expiré. Il fut inhumé devant le grand autel de l'abbaye de Redon.

Qu'était devenue Françoise de Dinan ? Une version calomnieuse l'a montrée faisant cause commune avec les assassins de Gilles. Il suffit, pour la mémoire de la jeune princesse, de dire qu'elle atteignait sa treizième année quand on la rendit veuve et que, prisonnière elle-même, elle dut offrir au comte de Laval de l'épouser pour recouvrer sa liberté. Encore le duc l'obligea-t-il à consentir de grandes largesses envers son propre trésor.

Françoise souffrit cette dernière injustice, car il lui tardait de venger le martyr. L'avènement de Pierre II facilita son espoir. Poursuivis, *Olivier de Méel, Maletouche, Jean de la Chèze, Robert Roussel* et *Pierre Salomon*, les bourreaux, eurent la tête tranchée, et leurs corps, mis en quartiers, furent exposés sur les grands chemins.

Un seul des meurtriers, le plus criminel, puisqu'il était l'âme de l'abominable attentat, Montauban, échappa.

« Par un trait de la patience céleste, » a écrit éloquemment le grand historien breton, d'Argentré, il avait pu fuir et Louis XI, plus tard, le prit sous sa protection.

Vainement on voudrait, au Guildo, oublier la sanglante histoire : elle y renaît pour ainsi dire plus lugubre.

La grande plainte de la mer, passant au-dessus des tours ruinées, n'est-elle pas cette lamentation soupirée par Françoise de Dinan, en voyant s'éloigner le prisonnier... Et le dernier adieu de l'infortuné ne se mêle-t-il pas à sa faible voix pour la rendre plus énergique, plus solennelle, pour empêcher que le temps l'étouffe, mais, au contraire, porte par delà les âges l'horreur pour le meurtrier, la pitié pour la victime[1]...

---

[1]. Nous venons de lire sur ce sujet si pathétique un drame plein de force, de sentiment et d'une grande portée théâtrale. M. Robidou, son auteur, l'a appelé : *Françoise de Dinan.*

CHAPITRE X

UN POÈTE BRETON. — SAINT-CAST. — PLÉBOULLE
LE CHATEAU DE LA LATTE. — LE CAP FRÉHEL

Nous quitterions l'Arguenon sous une pénible impression, si des vers doux et forts à la fois ne se représentaient à notre pensée :

> Je dirai la famille, et, du toit domestique
> Le modeste bonheur, le calme, les travaux ;
> Rien ne doit mériter le dédain du cantique :
> Il doit aller partout, *formant des cœurs nouveaux.*
> Salut ! repos des jours, amour de la famille,
> Premier besoin de l'homme ! astre chaste et serein,
> Tu m'apparais ainsi que la lune qui brille
> Sur la maison natale aux yeux du pèlerin !

Hippolyte DE LA MORVONNAIS, un poète trop peu connu, chantait ainsi près des ruines du Guildo. Ces vers font partie de l'introduction de la *Thébaïde des Grèves*, œuvre pleine de cœur, inspirée et de puissance sympathique admirable. Un autre ouvrage, le *Vieux Paysan*, est non moins remarquable ; mais, chose rare, le poète sut et put allier ses conseils avec la réalité.

Indépendant par sa fortune, il voulut, en répandant le bien autour de lui, calmer la douleur de la perte d'une compagne aimée. Grâce à ses soins, à ses sacrifices, un nouveau centre rural fut fondé au Guildo même, jugé par lui, avec raison, comme étant trop dépourvu d'éléments de progrès. NOTRE-DAME-DE-L'ARGUENON ou NOTRE-DAME-DU-GUILDO, était créée le 26 février 1848.

Nous prendrions un vif plaisir à retracer l'existence du véritable homme de bien, de l'écrivain charmant qui s'appela Hippolyte de La Morvonnais. Nous préférons dire l'émotion dont nous avons été pénétré, en lisant, dans l'*Histoire et panorama d'un beau pays*, les pages où son nom est loué si éloquemment. Nous y renvoyons tous ceux qui croient au travail, à la bonté, au dévouement, à la poésie, en un mot aux seules choses capables d'ennoblir la vie.

Près de MATIGNON, la jolie petite ville habitée, ainsi que tout le canton, par une magnifique population, et dont l'héritière, Caroline de Matignon, s'allia aux Montmorency; à quatre kilomètres et sur le rivage, nous trouvons SAINT-CAST, gros bourg dont le nom est célèbre dans la Bretagne entière et qui, chez nos voisins les Anglais, rappelle une sanglante défaite. Aujourd'hui encore, une pensée d'orgueil patriotique fait battre le cœur des Bretons, quand on parle de la victoire du 11 septembre 1758, victoire vengeant tant de trahisons, tant d'expéditions abominables. Néanmoins, il faut se souvenir des circonstances qui précédèrent le combat pour bien comprendre l'émotion soulevée à son sujet.

La vieille inimitié des Anglais n'avait jamais manqué de se faire jour contre la France. Le littoral entier et principalement les côtes du Nord et de l'Ouest, devaient toujours être sur leurs gardes. Pas un port, pas une crique qui n'eussent été ravagés autant que possible, entravés de toute façon dans leur commerce, dans leur industrie.

Saint-Malo et Saint-Servan en savaient quelque chose. La première de ces villes exaspérait à tel point l'ennemi que l'on employa contre elle les moyens les plus odieux. Nous avons dit ce qu'aurait pu être l'expédition dirigée, le 26 novembre 1693, sous *pavillon français!!!* et terminée par l'échouage de la *machine infernale*, au pied même des murailles de Saint-Malo.

Ce n'était pas assez, puisque de nouvelles invasions furent tentées. MARLBOROUGH commanda celle de juin 1758 et la termina ridiculement.

Deux mois plus tard, un corps expéditionnaire commandé par le général BLIGH, qui venait de traiter Cherbourg avec une cruauté inouïe, apparaissait en vue de DAHOUET[1] sur des navires aux ordres de l'amiral HOWE. Il n'y avait pas moins de *cent treize* voiles.

---

1. Commune de Pléneuf, à l'ouest d'Erquy.

Vers six heures du soir, ces navires mouillaient à une lieue du château de La Latte, et le lendemain, 3 septembre 1758, débarquaient huit mille soldats, appuyés par deux cents cavaliers. Profitant de la surprise des habitants, ils entassèrent les ruines sur leur passage. Saint-Briac, Saint-Lunaire, Saint-Enogat furent pillés et presque entièrement brûlés. Mais les paysans ne tardent pas à se reconnaître, en même temps que les capitaineries de Dol et de Dinan prennent les mesures nécessaires pour couvrir l'intérieur du pays... Les envahisseurs sont rejetés sur Ploubalay et sur le Guildo.

Les populations de la rive gauche de l'Arguenon, d'abord consternées, se lèvent; Rioust de Villes-Audrains organise une patrouille destinée à barrer la rivière et à permettre d'attendre des secours qui sont en route.

Cent paysans se disposent à arrêter une armée!!... L'énergie, le courage étaient admirables. Ils préparèrent la victoire définitive, au milieu de périls dont la haine des envahisseurs augmentait l'intensité.

Un fait entre plusieurs autres prouvera l'indignité du commandant en chef anglais.

Parvenu à Matignon, il n'oublia pas son adversaire du Guildo.

« Où est ce beau Monsieur, que je le pende à sa poutre? » demande-t-il.

On lui montre la maison abandonnée de Rioust de Villes-Audrains. Bligh y installe son quartier général et fait chauffer ses soixante chaudières avec quinze cents gerbes de blé entassées dans la grange, *bien que le bois fût à portée!...*

Huit jours entiers s'écoulent, depuis le débarquement, en pillages et cruautés de toute sorte.

Heureusement, l'armée bretonne approche, commandée par le marquis de la Châtre, gouverneur de Saint-Malo, par MM. de Balleroy et d'Aubigny. Le duc d'Aiguillon, gouverneur de la province, accourt par Plancoët.

Les Anglais essayent de tenir tête. Vaincus, ils se décident à rembarquer; ce fut une véritable catastrophe, quoique leurs navires ne cessassent d'entretenir un feu formidable, répondant au feu des batteries établies sur les hauteurs (par le duc d'Aiguillon), au moulin d'Anne et au moulin du Chêne.

Mais notre intention n'est pas de nous appesantir sur les détails du combat. Nous avons dit que les Bretons se montrèrent vaillants, cela pourrait suffire ; cependant nous voulons plus : le témoignage de nos ennemis eux-mêmes.

S<small>MOLLETT</small> termine ainsi la relation de la bataille de Saint-Cast.

D'Argentré, sénéchal de Rennes, jurisconsulte et historien.
Né à Vitré, en 1519, mort en 1590.

« A peine le commodore eut-il hissé le signal de cesser le feu, que les Français, donnant *un noble exemple de modération et d'humanité*, accordèrent immédiatement quartier aux vaincus. Environ mille de nos meilleurs soldats périrent ou furent faits prisonniers dans cette affaire, mais cet avantage fut chèrement payé par les troupes françaises, que les boulets lancés par les frégates maltraitaient cruellement. La clémence des soldats français est d'autant plus remarquable que, durant leur expédition à terre, les *troupes anglaises s'étaient honteusement souillées par le maraudage, le pillage, l'incendie et cent autres excès...*

« Le succès de l'entreprise contre Cherbourg avait causé au peuple anglais une joie vraiment puérile, et le gouvernement se prêta à cette exaltation pétulante, en exposant vingt et une pièces de canons français dans Hyde-Park, d'où elles furent traînées triomphalement à la Tour de Londres, aux acclamations de la populace.

« La nouvelle de la déroute de Saint-Cast précipita les esprits du comble de l'orgueil et de l'infatuation dans un abîme d'humilité et d'abattement, en même temps qu'elle éleva, en sens contraire, les esprits français. »

Un historien breton ajoute :

« Cette bataille eut pour résultat immense de couper court aux descentes que les Anglais avaient entreprises sur nos côtes, pour faire diversion à la guerre d'Allemagne et forcer la France à protéger son littoral par des corps d'armée qui étaient ainsi enlevés au théâtre de la guerre. En France, on exalta cette victoire pour ranimer le moral de tous les habitants de la côte; en Bretagne, on la célébra comme, en effet, elle devait l'être, parce qu'elle donnait une nouvelle preuve du patriotisme de notre province ; en Angleterre, on comprit par cette déroute qu'il fallait renoncer à un système qui avait perdu toute sa force, en perdant tout son prestige. »

Au milieu de l'enthousiasme, une note discordante se fit jour : on accusait le duc d'Aiguillon de n'avoir pas pris part à la bataille. Un mot historique, sur ce sujet, a été conservé. Comme on disait devant le procureur général au Parlement, La Chalotais, que « l'armée française venait de se couvrir de gloire » :

« Oui, répondit-il, et le petit duc de farine! » Allusion aux moulins où le duc avait établi l'artillerie. Ce mot devait avoir de bien funestes conséquences, non seulement pour celui qui le prononçait, mais pour les affaires publiques bretonnes. Cependant les États de Bretagne, peu suspects d'adulation envers le duc, ayant voté une médaille commémorative, le nom du commandant en chef de l'armée y fut honorablement inscrit : c'est le meilleur des témoignages.

On vient à Pléboulle pour visiter la tour de Montbrand, construite sur une colline au bord du *Frémur*. Faisait-elle partie du château fort défendant autrefois cette partie du territoire ? La tradition est muette. Elevée d'environ treize mètres, ses pierres sont maintenues par un ample manteau de lierre uni à des ronces, et sa forme octogonale prouverait qu'elle est postérieure au treizième siècle. Du coteau qui la supporte, le paysage apparaît vaste et varié à souhait.

Non loin de là, se dresse un signal dû aux ingénieurs géographes, la pyramide Saint-Jean, haute de près de cent mètres.

La très vieille église de Pléboulle possède un assez beau bénitier, soutenu par des cariatides. Ce n'est pas le seul édifice religieux de la commune. Un hameau : Notre-Dame-du-Temple, en dépend, et la tradition attribue sa chapelle à un établissement de Templiers qui aurait eu une véritable importance. Aucun titre ne rend certaine cette origine, mais elle est très vraisemblable.

Si on le peut, il faut faire coïncider une visite à Pléboulle avec la foire du 14 septembre, fameuse depuis plusieurs siècles. Elle a lieu au village de Montbrand et ne dure pas moins de dix jours, attirant un nombreux concours de population, non seulement des environs, mais de Lamballe, de Dinan et jusque de Saint-Malo, de Saint-Brieuc ; on ne saurait voir rien de plus pittoresque... Les marchands alignent leurs tentes selon un usage très ancien, qui fait de la foire un diminutif de ville, ayant des rues, des places, portant des noms de cités : on se promène dans la rue de Paris ou dans la rue de Bordeaux, par exemple.

Les riches vergers, les grasses prairies, la rivière, la plage, la mer occupent tous les points de l'horizon, et la belle population de la côte, aux riches ajustements, croisent les citadins charmés par ce spectacle toujours attachant, toujours nouveau.

Le véritable Frémur se jette ici dans la mer, formant, au Port-a-la-Duc, le fond de la baie de la Fresnaye (ou Fresnays). Un nouveau petit port, établi à la pointe de *Muret*, prend un certain développement commercial. Port-Nieux, ainsi se nomme-t-il, est sous la protection du fort La Latte, il exporte les grains appelés *grains du Cap*, à cause du voisinage du cap Frehel.

Le château de LA LATTE occupe une des extrémités de cette même baie. Il a, pendant des siècles, porté le nom de son fondateur, GOYON, compagnon d'ALAIN BARBE-TORTE. Son histoire serait intéressante à esquisser, bien que remontant à l'une des époques les plus cruelles dont eut à souffrir la Bretagne.

Les invasions normandes faisaient table rase sur leur passage.

« Oh ! malheureuses, disaient les chroniqueurs du temps, les générations qui ont vu ce que nous voyons ! Malheureuse la contrée sur laquelle passe l'ouragan du Nord, car il emporte la maison de Dieu et celle du pauvre ; il déracine l'arbre qui versait l'ombre au laboureur, et la terre qu'il a fauchée devient le champ où les corbeaux se repaissent de chair humaine. »

Plus tard, d'Argentré qualifiera l'époque du nom d'*affliction de Bretagne*, et il dira :

« Si fust le pays de Bretagne affligé, gasté et ruiné à la mode normande la plus cruelle, et la plus inhumaine qui fust jamais au monde ; car ils n'arrivaient en lieu qu'ils ne tuassent hommes, femmes et enfants, qu'ils ne ruinassent églises, monastères, villes, maisons ; qu'ils ne ravageassent tout par où ils passaient, en sorte que nul tourbillon de tempestes n'eut sçeu faire ni laisser telles désolations. »

Peu de guerriers osaient combattre les pirates du Nord. GOYON, seigneur du pays de Plévenon et lieux voisins, résolut de mettre, au moins sur ce point du rivage, obstacle aux invasions.

Sur un rocher pointant dans la mer, entre deux crêtes à pic, suite des amoncellements du cap Fréhel, il bâtit une citadelle. Et lorsque les flottes normandes apparaissaient, convoquant ses vassaux, Goyon, vigilant gardien de l'embouchure des rivières, fondait sur les assaillants :

> Un chevalier illec étoit
> Qui le nom de Goyon portoit,
> Bel et gent en toute manière,
> Et qui était chef de bannière,

chanta un religieux de Saint-Aubin-des-Bois[1], justement ému

---

1. Abbaye située dans le diocèse de Saint-Brieuc, commune de Plédéliac. Elle avait été fondée par Geoffroy Botherel, comte de Lamballe, en 1137, et rebâtie, en 1240, par une dame de Matignon.

du récit des merveilles accomplies par cet indomptable courage.

L'exemple du généreux chevalier produisit des imitateurs. Il aviva l'ardeur d'ALAIN, fils de MATHUEDOI, comte de Cornouailles, et de Poher, petit-fils d'Alain le Grand, descendant de Noménoé,

Rochers du cap Fréhel.

réfugié en Angleterre. Ce jeune prince repasse la mer, revendique ses droits, s'unit à JUHEL BÉRANGER, comte de Rennes, et refuse le tribut à GUILLAUME LONGUE-ÉPÉE, fils de Rollon, le triomphateur de Saint-Clair-sur-Epte.

Flescan fut chargé par Guillaume de punir ceux qu'il regardait comme rebelles. Les deux armées se rencontrèrent à Trans, près du Couesnon.

Goyon, aux côtés d'Alain et de Juhel Béranger, devenait la terreur des Normands :

> Ce chevalier de çà, de là,
> Occisoit tout sans dire : holà !

continue le chantre du valeureux guerrier.

Par malheur, les vainqueurs voulurent pousser trop loin la victoire. Ils s'épuisèrent et Guillaume reprit l'avantage : mais la revanche ne tarda guère, revanche complète. Peu d'années après (937), Alain chassait définitivement, par la victoire de Dol, les dominateurs normands. Cette fois encore, Goyon avait rudement combattu aux côtés de son suzerain. Il fut le premier *banneret* de Bretagne, titre glorieux revendiqué, en 1057, par Jean de Goyon qui, aux États assemblés par Eudon[1], se plaignait de voir disputée la place occupée par *ses pères, en qualité de premiers bannerets de Bretagne.* En 1096, Étienne Goyon suivait en Palestine le duc Alain Fergent, autre vainqueur des Normands[2]. Vers la fin du douzième siècle, la famille de Goyon joignit à son nom celui de Matignon ; Étienne, son représentant, ayant épousé l'héritière de ce dernier fief.

La citadelle fondée par Goyon, en 937, est digne de ces beaux souvenirs. Elle compte au nombre des plus anciennes forteresses bretonnes et a toujours efficacement protégé le pays qu'elle domine. La première, pendant les guerres avec l'Angleterre, elle donnait l'alarme, dénonçant chaque tentative hostile. Souvent assiégée, elle brava toutes les attaques et ne succomba qu'avec les siècles. Mais Louis XIV, éclairé par Vauban sur la valeur de cette position, en fit une place d'État, par achat quelque peu imposé à son propriétaire (1689). Toutefois le seigneur de Matignon en garda le gouvernement. Depuis lors, la *Roche-Goyon* prit le nom de château de *La Latte,* fief voisin que les *Actes de Bretagne* confondent souvent avec la Roche.

La disposition actuelle de la forteresse date de Louis XIV. Deux précipices de plus de cent mètres de profondeur la séparent des rochers de la côte ; on les franchit sur des ponts appelés, le

---

1. Oncle du duc Conan II. Il lui disputait le titre de souverain de Bretagne.
2. Il avait battu Guillaume le Conquérant, dont, plus tard, il épousa la fille Constance.

premier : *de l'Avancé,* le second : *Grand-Pont;* celui-ci placé au seuil (sous l'ouverture dite : *Assommoir*) du redoutable donjon.

Entièrement construit en granit, de la base au faîte, le château de La Latte ressemble « à un rocher taillé, sculpté et posé par l'homme sur tant de crêtes brisées ».

La comparaison est vraie ; nulle autre ne rendrait mieux l'aspect de la citadelle solitaire, mais imposante, au bord des flots qui l'assaillent éternellement.

Les rocs ont eu raison des sables. Ils se pressent, innombrables, entourant la crique appelée : *Anse de Sévigné,* et prolongent par un cap élevé ce point du littoral.

Des soulèvements, des affaissements, des ruptures brusques de la croûte granitique ont produit des gouffres dangereux. Le *Toulan-Ifern,* nom celtique conservé au plus étrange de ces abîmes, semble vraiment une bouche ouvrant sur *l'enfer.* Ses parois, distantes l'une de l'autre de un mètre et demi, trouent le sol sur une longueur de *mille* mètres et descendent à plus de *trois cents* mètres de profondeur dans les entrailles de la terre. Les vagues se sont creusé cette route, et y rugissent, aux grandes marées, avec un déchaînement effroyable.

La pointe du cap Fréhel se présente, elle aussi, toute découpée à pic, toute sourcilleuse. Grottes, cavernes, aiguilles minées, pyramides colossales se succèdent, dentelées par la mer qui s'acharne contre elles, faisant bondir ses embruns jusque dans l'intérieur des terres, à une distance de plusieurs kilomètres.

La nécessité de signaler les écueils de ces parages fut de tout temps comprise, mais la première tour à feu date seulement de 1695. Les Malouins, si directement intéressés à sa conservation, restèrent seuls chargés de son entretien, jusqu'en 1717. A cette époque, le conseil de marine jugea qu'il était bon de faire participer aux dépenses tous les marins de la contrée. Par suite, une taxe de deux sous fut établie sur chaque bâtiment ponté, trafiquant avec les ports bretons ou normands, du cap Fréhel au cap de Régneville.

Le nouveau phare, très beau et pourvu d'un appareil dioptrique[1], s'élève à une hauteur de soixante-dix-neuf mètres. Son

---

1. Voir notre premier volume : *De Dunkerque au Mont Saint-Michel,* chapitre XVII : *Phares.*

feu tourne de trente en trente secondes, éclairant, à l'Est, l'entrée de Saint-Malo ; à l'Ouest, celle de Saint-Brieuc.

La côte, maintenant, s'infléchit par une pente rapide vers le vaste enfoncement de la baie de Saint-Brieuc, mais nous devrons nous arrêter plusieurs fois encore avant d'entrer au Légué : les stations intéressantes se multipliant sur notre route.

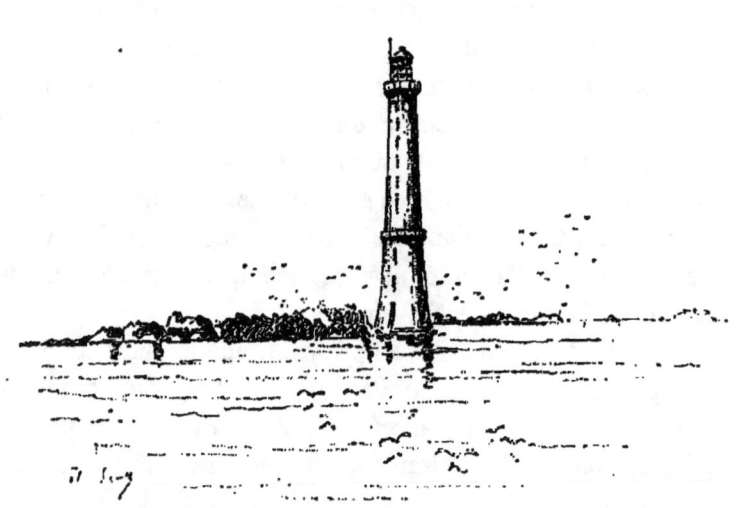

CHAPITRE XI

ERQUY. — DAHOUET. — L'ANSE DE MORIEUX. — L'ANSE D'YFFINIAC.
LA TOUR DE CESSON. — UN NOUVEAU PARMENTIER.

Les roches reculent un peu, ou plutôt les sables étendent de nouveau à leur pied une nappe souvent bouleversée par la brise marine. Beaucoup de petites criques en sont à demi encombrées. Une herbe courte alterne avec le jonc marin, fournissant à des bandes de moutons une pâture avidement recherchée. Le long des falaises, se jouant au milieu des pointes de granit, les poissons de rivage abondent et, parmi eux, celui qu'on appelle tantôt *vieille*, tantôt *perroquet de mer :* ses couleurs brillantes mêlant le bleu, le jaune, le vert, toute la livrée du *perroquet amazone*.

Un peu partout où cela est possible, les riverains s'occupent des engrais de mer ; goémons ou varechs, vases et sables saturés de principes fertilisants, sont employés avec empressement, soit dans les champs du littoral, soit dans les campagnes plus éloignées.

La douceur du climat apporte une aide puissante aux efforts du cultivateur. Quoique parfois très vif, l'air donne bien rarement des températures extrêmes. Le *Gulf-Stream,* le grand courant chaud arrivant du golfe du Mexique, longe toute la côte et, n'ayant pas encore perdu son action bienfaisante, maintient une température moyenne, extrêmement favorable aux productions du sol.

Des plantes délicates croissent, vivaces, près des rustiques cultures maraîchères. Le figuier blanc prospère à merveille, le myrte devient énorme, ainsi que le fuchsia ; l'hortensia prend des proportions gigantesques et il n'est pas rare de voir des camélias s'accommoder de la pleine terre, comme ailleurs ils se plient au régime moins sain de la serre chaude.

Nous avons vu chez un ami, habitant toute l'année une jolie villa au bord de la mer, près de Saint-Brieuc, deux camélias plantés de chaque côté de la porte principale. La seule précaution prise à leur égard était d'en couvrir le pied, au moment des froids, avec un lit de paille. Quand venait l'hiver, des fleurs splendides, s'épanouissant nombreuses sur les arbrisseaux verdoyants, permettaient à l'aimable propriétaire de distribuer de charmants cadeaux, toujours accueillis avec joie.

Cette richesse de la flore, qui se continue même dans la région des landes, région encore très étendue, par malheur, fait la prospérité des essaims d'abeilles que l'on entretient un peu partout. Le miel recueilli est d'excellente qualité. Il suffirait, pour le faire apprécier, de donner plus de soin à sa récolte et à son épuration. Mais cela viendra, nous l'espérons.

Tout en réfléchissant ainsi, nous sommes arrivés à ERQUY, petit port peuplé de vaillants pêcheurs. Placé dans une déchirure de la côte, entre des falaises atteignant de soixante-dix à quatre-vingt-dix mètres de hauteur, sa rade est sûre et pourrait devenir un point de refuge, même pour les grands navires de commerce.

Deux forts le protègent, mais ils n'ont pas l'importance nécessaire et peut-être, aujourd'hui, seraient-ils aussi impuissants que les vieilles constructions de 1796, qui virent brûler, par Sidney-Smith, un convoi de douze voiles, allant de Saint-Malo à Brest; ou encore, que celles qui, en 1806, ne purent sauver la flûte *la Salamandre*, cherchant vainement sous leurs batteries un abri contre la croisière anglaise.

Les marins d'Erquy fournissent un grand nombre de *Terre-Neuviers* et, au moment de l'apparition du maquereau, toutes leurs barques sortent. Nous ne reviendrons pas sur la pêche de la morue[1], mais nous nous occuperons un peu plus tard de la pêche des scombres[2]. Ici nous devons surtout notre attention aux souvenirs du passé, très nombreux et offrant un vif intérêt.

La découverte de divers objets d'origine romaine ou gallo-

---

1. Complètement décrite dans notre premier volume : chapitre II.
2. Le maquereau est de la famille des scombres.

romaine, celle de fortifications qui remontent, évidemment, à l'époque de la conquête et le calcul fait de distances énoncées dans la Table de Peutinger, coïncidant avec l'existence d'une voie bien déterminée passant par Corseul, ont conduit les archéologues à trouver à Erquy l'emplacement de la RHEGINEA, si souvent cherché, si souvent controversé ; comme, à Corseul, on a trouvé le *Fanum Martis*.

Après avoir beaucoup passionné, ces questions restent un peu délaissées par la difficulté, sans nul doute, d'obtenir un accord parfait, ou du moins généralement reconnu, des savants qui les étudient.

La tradition locale est cependant curieuse. A moins de deux cents mètres au nord d'Erquy, au village du *Pussoir* ou du PASsois, serait enterrée une ville appelée NASADO. Des mosaïques bien conservées, des briques à crochet, des médailles, des pierres taillées, les restes d'un aqueduc et beaucoup d'autres traces en attestent l'existence ; on va même jusqu'à voir, dans le bénitier paroissial du hameau, « une cuve à sacrifices dont les bords sont usés par le frottement des instruments qu'on y aiguisait ! ! ! » Encastrée dans un des murs de l'église, une pierre sculptée représenterait la louve allaitant les futurs fondateurs de Rome.

Nous n'y contredirons pas, quoique la scène soit un peu fruste pour être déchiffrée si facilement.

Au-dessus du village de THIEUROC, dans la lande de LA GARENNE, gisent les vestiges de fortifications, nommées, bien entendu, *Camp de César* par les antiquaires ; mais, plus prosaïquement, par les paysans : *Fossé de Gatuélan* ou *Fossé de Pleine-Garenne*.

En nous exprimant ainsi, nous n'avons pas l'intention de critiquer des opinions dont nous ne pourrions, avec autorité, contrôler la valeur. D'ailleurs, ces choses appartiennent à l'histoire du pays et nous ne sommes pas de l'école qui nie pour le seul plaisir de nier.

Seulement, nous avouons ressentir un plus vif intérêt pour tout ce qui confine à l'avenir ou le prépare.

Quoique très peuplé, Erquy paraît l'être moins qu'autrefois, car son territoire comptait *Treize* chapelles. Neuf ont disparu, ou tombent absolument en ruines : tel le *Saint-Sépulcre*, reste d'une léproserie établie pour les soldats croisés, rongés par l'horrible mal contracté en Orient.

Parmi les maisons nobles de la commune, le château de Bienassis eut l'honneur de voir naître deux hommes distingués. L'un fut amiral de Bretagne (1696) : Jean de Quellenec ; l'autre fut un prêtre missionnaire : Claude de Visdeloup.

« Vicaire apostolique en Chine, évêque de Claudiopolis (*in partibus*), il mourut en 1737 à Pondichéry. On a de lui une *Histoire du Japon*, la *Chronologie de la Chine*, une histoire de la *Grande Tartarie*. Cet homme si pieux et si érudit s'était tellement instruit dans l'étude du chinois que le fils de l'empereur Kam-Hi lui donna des lettres de *doctorat*, honneur qui n'a été accordé à aucun autre Européen. » (A. Marteville.)

Les produits de la mer forment la majeure partie du commerce d'Erquy. Sur ce fond de sable et de roche, le poisson, les crustacés, les mollusques acquièrent un degré de finesse très apprécié des gourmets. Les céréales et les pavés de grès y donnent lieu à un certain mouvement d'exportation.

Dahouet fait partie de la commune de Pléneuf. Longtemps, il a eu une grande importance, par suite du commerce de grains qui s'y faisait ; ses marins prennent part à toutes les pêches, grandes ou petites.

Il serait possible de rendre ce port excellent, comme refuge. La hauteur d'eau y est suffisante ; les falaises l'abritent très bien et la difficulté de son entrée, déjà fort amoindrie, ne résisterait pas à quelques charges de dynamite. Vauban et Napoléon Ier auraient, un moment, dit-on, songé à faire de Dahouët un port militaire. Sans prétendre aujourd'hui à cet honneur, il serait certainement fort apprécié des capitaines de navires de moyenne grandeur.

Trop fréquemment, par les terribles rafales du vent d'hiver, les marins courent, dans ces parages, des périls que l'amélioration de l'anse de Dahouët réduirait beaucoup, si elle ne les annihilait.

Le tumulus de la *Motte-Meurdel* ou *Tertre-Meurtray*, non loin de Dahouët, est voisin des ruines du château de Guémadeuc, dont les seigneurs, créés *bannerets*, en 1451, par le duc Pierre II, avaient en outre le titre de *grand-écuyer héréditaire de Bretagne*.

La Ligue causa la décadence de cette maison, qui devait s'allier à la famille du cardinal de Richelieu. Françoise de Guémadeuc épousa un neveu du grand Ministre, et l'un de ses fils fut Armand, duc de Richelieu, le célèbre vainqueur de Port-Mahon.

A moins d'un kilomètre de la terre ferme, l'îlot du *Verdelet* ou des *Verdelets* prouverait, si l'on n'en avait beaucoup d'autres exemples, la réelle douceur du climat et la fécondité de la terre. Une herbe verte couvre les rochers ; c'est peut-être même à cette circonstance que l'îlot doit son nom, et, comme aux Ebihens, le jonc marin, les œillets roses, les soucis, les pensées, les saxifrages y épanouissent leurs jolies fleurettes, broutées sans respect par les moutons, que l'on envoie là chercher une pâture destinée à rendre leur chair plus délicate, plus pénétrée d'un aromatique fumet.

Au milieu des rochers et un peu partout dans le sable, on trouve des coquillages exquis. Les oursins y deviennent énormes ; jadis, les huîtres dites pied-de-cheval y prospéraient à merveille.

Sur le Verdelet, affirment les gens de Dahouët, « des moines rouges » (les chevaliers de l'Ordre de Saint-Jean, plus tard de Malte), avaient un observatoire qui leur permettait de correspondre par signaux avec la côte de Pléboulle, en Matignon.

Du reste, sauf cette tradition, on n'a aucun autre renseignement sur les ruines de l'îlot.

La commune de Pléneuf, tout entière, jouit d'un sol fertile. Le figuier blanc et le mûrier y poussent vigoureux, autant que les arbres indigènes, les plantes potagères, les grains. Il en résulte que, sans chercher beaucoup, on trouverait plus d'un « pâtour portant montre » ; cela dénote la grande aisance des habitants.

Dahouët est très fréquenté par les Lamballais pendant la saison des bains de mer. Il est entouré de plages charmantes, comme celle de Saint-Symphorien, où le sable, ferme et fin, offre une promenade sans l'ombre de danger. Une autre petite grève est couverte des jolis coquillages appelés *porcelaines*; probablement un courant sous-marin les y apporte, car on ne les trouve que là. Les falaises creusées en grottes sont de granit pur, mais plusieurs présentent des veines de marbre brillant.

De charmantes vallées occupent les anfractuosités de la côte.

Le Val-André, délicieux petit Eden, reçoit, à juste titre, beaucoup de visiteurs.

Les sables de l'anse de Morieux sont baignés par les eaux de l'étang que forment les rivières du Gouessant et d'Évran. On s'y arrête volontiers pour visiter l'admirable chaussée des Ponts-Neufs, terminant, sur une longueur de quatre-vingts mètres, l'extrémité de l'étang. Le trop-plein de cette belle nappe limpide, bondissant sur des rochers qui occupent une pente de quinze mètres de hauteur, produit une cascade d'un effet très pittoresque.

Parfois, malheureusement, la crue des eaux remplissant l'étang peut la rendre menaçante.

Œuvre des Romains, affirment les traditions, la chaussée fut reconstruite par ordre du duc Jean Ier le Roux (1240). Emportée en 1584 par l'effrayante pression des eaux, elle fut encore presque détruite en 1785.

Une ancienne voie romaine traverse le *Petit Cotentin;* ainsi appelle-t-on, dans le pays, la commune de Morieux, dont l'assemblée[1] est très fréquentée, grâce au pèlerinage vénéré de la fontaine consacrée à sainte Eugénie.

Il nous souvient d'avoir vu des pèlerins, approchant pieusement de cette fontaine, le front comprimé par plusieurs tours d'un mince cordon de cire. On devait, ensuite, faire une dernière prière, boire un peu d'eau, puis allumer, sur la margelle, la cire qui brûlait avec plus ou moins de clarté, accompagnant de ses crépitements le choc léger produit par la chute, dans le bassin, des aiguilles dévotement détachées de la veste ou du corsage des fervents suppliants... Offrande naïve, que nous retrouverons à chaque source aujourd'hui placée sous une invocation sacrée ; vestige persistant des coutumes familières à nos pères : Celtes et Gaulois.

Hillion, où nous nous rendons, occupe une véritable petite presqu'île, à la pointe orientale de l'anse d'Yffiniac. Ce dernier nom est celui de la commune située au fond de l'anse, à l'embouchure de l'Urne[2]. Langueux ferme le côté occidental.

L'agriculture, l'élève des chevaux, les produits maraîchers

---

1. Synonyme du mot *fête* et, parfois, du mot *foire :* une foire accompagnant souvent la réunion.

2. Cette rivière est aussi appelée *Aire.*

constituent les sources de l'aisance des habitants. L'exploitation des marais ou, plutôt, des *sables* salants, y était autrefois assez prospère; mais l'élévation du prix du bois et diverses autres causes l'ont fait disparaître.

Les salines du pays de Guérande sont universellement connues; mais, ici, les procédés de fabrication différaient et le sel obtenu présentait une belle couleur blanche fort appétissante.

Une première originalité, c'était la culture, le mot n'est que juste, des sables, labourés en sillons vers le milieu du printemps, afin de soustraire aux flots une plus grande quantité de la substance recherchée. Après ce labour, on laissait le marais au repos pendant un grand mois; la surface en devenait bientôt toute miroitante. Quand on la supposait assez imprégnée, de grands râteaux enlevaient la croûte salée que l'on plaçait sur des tas de paille, destinés à laisser filtrer l'eau de mer dont elle était soigneusement arrosée. Bientôt, le sable se trouvait épuisé de toute particule alimentaire et l'eau recueillie était mise dans des récipients, à fond presque plat, posés sur un feu très vif.

L'évaporation se produisait au bout de quelques heures. Le sel n'avait plus, ensuite, d'autre manipulation à subir que la mise en panier, où il achevait de sécher et d'où on le versait dans les barils destinés à son transport.

La seigneurie de Saint-Brieuc levait jadis un droit minime en avoine sur chaque *usine* à sel. L'impôt moderne sembla être plus lourd, plus *tracassier*, soumis qu'il est à une foule de règlements. On ne pourrait guère, de nos jours, employer le sel comme engrais, ainsi que le faisaient les Bretons d'avant la Révolution. Par bonheur, les sables marins, la tangue, les goémons peuvent s'expédier à assez bas prix pour encourager les cultivateurs des terres froides et pauvres à en faire un usage fructueux.

YFFINIAC aurait été un port romain appelé *Fines*, d'où plusieurs variantes ayant formé le nom moderne, maintenant popularisé par la culture d'excellents légumes. Certaines parties de ces vastes grèves de sable sont dangereuses. Elles cèdent facilement sous le pied et, comme au Mont Saint-Michel, peuvent provoquer un véritable enlisement [1].

---

1. Voir notre premier volume, chapitre XLII.

Langueux se livre de même à la culture maraîchère, ne laissant pas improductif le moindre coin de son sol. Le bel établissement agricole de Saint-Ilan, fondé par M. le comte du Clésieux (1844), est situé dans la commune. On y reçoit des jeunes garçons envoyés aux frais de l'État, à titre pénitentiaire, ou directement par des parents soucieux de les arracher au vice et de leur voir acquérir le goût du travail. Le but de l'existence de cette colonie est donc le même que celui poursuivi par la maison de Mettray, avec une différence heureuse, toutefois. Les enfants placés n'ont pas, sans distinction, subi la comparution devant un tribunal. Nulle ombre fâcheuse ne les suivra dans la vie, et cela vaut mieux.

Nous savons que le jugement prononçant l'envoi à Mettray ne comporte rien de déshonorant; que plusieurs des jeunes colons de cet établissement se sont distingués, dans l'armée, par exemple, et ont reçu l'ordre de la Légion d'Honneur. Nous savons encore qu'un jugement est trop souvent, hélas! nécessaire pour protéger l'avenir des enfants. Nous n'en regrettons pas moins cette extrémité, ombre fâcheuse, nous le répétons, pouvant poursuivre des imaginations et des cœurs délicats.

Langueux dispute à PLOURIVO l'honneur d'avoir vu livrer sur sa grève le combat qui, bravement dirigé par ALAIN-BARBE-TORTE, deuxième duc de Bretagne (937), délivra le duché de la présence funeste des Northmen. La situation de Langueux milite en sa faveur; mais Plourivo fait remarquer que les *Hommes du Nord* remontaient les rivières navigables, qu'ils ne manquèrent pas de reconnaître les rives du Trieux et d'y porter la désolation, jusqu'au jour où Alain les vainquit. Vraie ou erronée, cette opinion, soutenue par plusieurs historiens, était corroborée par l'existence d'une croix de pierre qui, affirmait la tradition, s'élevait sur la lande témoin du combat.

CESSON, réuni aujourd'hui au chef-lieu, formait une paroisse relevant directement de la couronne de France. Lorsque la Bretagne avait encore des souverains nationaux, l'un d'eux, Jean IV, voulut couvrir au Nord-Est les abords de Saint-Brieuc. Il fit bâtir à Cesson un château, véritable place de guerre, qui, par sa situation, devint une des plus fortes du duché.

Mercœur, voulant s'en emparer, se vit obligé, avant de réussir, d'y épuiser toutes les ressources de son artillerie. Cinq ans après, le maréchal de Brissac, commandant l'armée royale, reprenait la place et, sur l'ordre de Henri IV, en faisait opérer le démantèlement (1598).

De la tour énorme, entièrement fendue sur le sens de la hauteur, par la poudre, il ne reste plus qu'une moitié, solide encore, mais paraissant menacer la riche villa moderne, bâtie à quelques pas, et dont le beau parc l'englobe. On se promène avec un véritable plaisir au milieu des arbres de toute essence, rassemblés à grands frais, des buissons fleuris, plantés comme par magie sur un terrain à base granitique, luxe témoignant de la bienfaisance du propriétaire qui fit exécuter à haut prix ces travaux par de pauvres gens, qu'une cause quelconque réduisait à la misère noire.

Le pays de Cesson faisait partie du comté de Goëllo, c'est-à-dire du territoire arrosé par les deux rivières, le *Gouët* et le *Gouëdic* (petit Gouët).

Une ancienne coutume étendait dans ce comté, au fils aîné des roturiers, un droit qui, dans le reste du duché, était réservé aux fils aînés des nobles. Encore ce droit prenait-il une valeur plus grande. A la mort des parents, un treizième de l'héritage entier revenait au nouveau chef de famille, tandis que, par la coutume seigneuriale suivie, cet avantage était seulement du vingtième. Plusieurs actes prouvent cette curieuse anomalie, qui devait provoquer bien des regrets chez les héritiers des riches *vilains* assez peu favorisés pour naître hors des limites du comté de Goëllo.

Une autre coutume établie sur les terres dépendantes de l'abbaye de *Relecq* (commune de *Plounéour-Menez*, Finistère) était encore plus remarquable. Le droit dit de : *quevaize* attribuait au *dernier-né* des frères ou sœurs de famille roturière la *totalité* de l'héritage paternel. Déchéance étrange du droit d'aînesse, parfois si draconien.

Cesson, domaine de la couronne, fut favorisé par Charles IX de sa réunion à la juridiction royale établie dans le comté. Le siège de ce tribunal avait été transporté de Lanvollon à Saint-Brieuc. Il en résulta un long procès entre les commissaires royaux et les évêques briochins, ces derniers soutenant avoir seuls, dans la ville, les droits de haute justice et de police : droits reconnus véritables. Mais les années ont passé ; ces juridictions diverses sont abolies à Saint-Brieuc comme ailleurs, et Cesson est tombé du rang de seigneurie indépendante à celui de simple faubourg de chef-lieu du département.

Nous avons trouvé dans les *Annales armoricaines*[1] une très curieuse note relative à l'introduction de la pomme de terre dans les Côtes-du-Nord.

Pendant que Parmentier s'efforçait de triompher des préjugés des Parisiens contre la pomme de terre, dont il avait pu apprécier les mérites pendant sa captivité en Hanovre[2], un simple douanier breton prêchait d'exemple à Cesson.

Il se nommait Tass. Sa femme était Anglaise et, très probablement, il lui dut de connaître la valeur du tubercule repoussé, au nom de la médecine, comme poison ! au nom de la routine, comme pouvant, tout au plus, servir de nourriture aux porcs !!!

Ce fut à peu de distance de la vieille tour brisée de Cesson que l'intelligent douanier commença l'expérience (1776). La récolte fut excellente et devait l'être dans ce terrain mêlé de sable de mer, si favorable à la culture de la plante. Tass ne tarda guère à trouver des imitateurs.

Peu de temps après, un habitant de Saint-Brieuc, frappé des avantages présentés par le légume nouveau, fit venir d'Angleterre de grandes quantités de tubercules, et s'ingénia à en propager l'usage dans le pays entier.

Rien de plus heureux ne pouvait se produire en Bretagne où, à différentes époques, des famines effroyables décimèrent la population et provoquèrent d'horribles crimes (1006-1030 à 1033-1161, particulièrement).

L'auteur des *Annales armoricaines* ajoutait qu'à l'époque où il écrivait (1846), des vieillards habitant Cesson se souvenaient encore du douanier Tass et de la première plantation de pommes de terre faite par ses soins dans la commune.

---

1. Ouvrage publié à Saint-Brieuc et signé Le Maout.
2. On n'a pas oublié que la pomme de terre avait été introduite en Europe dès le quinzième siècle. Beaucoup d'auteurs reportent cette date au seizième siècle, et regardent l'amiral Drake comme l'importateur du tubercule.

CHAPITRE XII

SAINT-BRIEUC. — LA VALLÉE DU GOUET. — LE LEGUÉ

Rêve-t-on d'habiter une ville paisible, ayant gardé, quoique industrieuse, beaucoup des habitudes du passé ? une ville située dans une belle contrée, bien ombragée, bien arrosée, aux sites pittoresques, voisine de la mer et favorisée d'un climat très doux?

Saint-Brieuc offrira tout cela. Ce n'est plus « l'ancien temps » qui y domine ; ce n'est pas davantage « la vie moderne » agitée, enfiévrée, toujours en quête de nouveau.

Les habitants ont conservé bon nombre de côtés des mœurs de leurs pères, sans pour cela se montrer hostiles aux exigences de coutumes qui tranchent si violemment sur celles du passé.

Il semble que la douceur du climat ait, ici, largement influé sur les gens. Les physionomies sont calmes, les allures tranquilles. Mais le travail y est honoré et nulle part on ne trouverait de jardins plus soignés, de champs plus productifs. La culture maraîchère domine un peu partout dans l'arrondissement. Saint-Brieuc-*les-Choux*, disent volontiers les arrondissements voisins, émerveillés de la grosseur, de la saveur de ce légume, poussant dru dans la terre salée et y acquérant des qualités exceptionnelles.

Assise sur un plateau élevé de quatre-vingts mètres au-dessus de la mer, la ville voit se dérouler autour d'elle une succession de collines, de vallons bien boisés, bien cultivés, traversés par de jolis cours d'eau. Cela ne lui a pas suffi. Dans sa propre enceinte, elle a voulu laisser place à de vastes jardins, à de charmantes promenades succédant aux rues tortueuses et leur donnant un air de grâce, de gaîté tout à fait seyant. Elle peut même, sans effort, élargir son horizon et contempler, au loin, une belle nappe bleue dont un des replis enserrera deux fois chaque jour le pied de ses premières maisons.

Une déclivité brusque du plateau qui la soutient lui a procuré cette échappée sur la mer et sur la baie qui porte son nom.

Après le travail des champs, la vie maritime est celle que préfèrent les Briochins. La pêche côtière, le cabotage, les grandes pêches en Islande et à Terre-Neuve font de ces matelots des marins solides, éprouvés.

Le petit fleuve nommé *Gouët*, qui arrose la ville, coule entre deux collines fort élevées, fort escarpées et resserrant extrêmement le lit des eaux. Cette configuration de la vallée n'a pas permis l'établissement d'un port à l'entrée même de Saint-Brieuc. Le *Légué*, sur la rive gauche du Gouët, à environ deux kilomètres, en est resté possesseur.

Une grande partie du commerce se fait avec l'Angleterre, qui vient chercher des œufs, du beurre, des fruits, des légumes...

L'élève du cheval est une des principales sources de la prospérité du département, classé le second, sous ce rapport, pour toute la France.

Aussi, la ville a-t-elle, depuis longtemps (1807), institué des courses, toujours brillantes et très suivies. L'hippodrome, admirablement choisi, est la belle grève située au pied de la vieille tour de Cesson. On ne saurait désirer un cadre plus favorable au gai tableau.

Citadins et campagnards discutent avec animation les mérites des chevaux engagés. On soutient ardemment la cause de l'élevage local, des races indigènes dont on rappelle la sobriété, le fond, le courage.

Quelques vieux costumes émergent toujours du milieu de la foule; mais la grande et gracieuse coiffe en dentelle, encadrant si bien le visage des femmes, tend à disparaître, remplacée par une petite coiffe en mousseline brodée, d'aspect presque monacal. L'illusion est complétée par la couleur noire des vêtements. Le type général, par bonheur, ne se trouve pas trop altéré par cette modification.

Les traits fins, un ovale pur, un teint généralement blanc, des yeux bleu foncé sont toujours bien accompagnés par une épaisse chevelure noire. A ce dernier détail, on peut mesurer la distance séparant le passé du présent.

Les Côtes-du-Nord et, en général, le centre de la Bretagne,

restent bien un des marchés actifs du commerce de cheveux. Cependant, les jeunes filles n'acceptent plus aussi volontiers de se priver de leur belle parure : avant peu, nous l'espérons, elles s'y refuseront absolument.

Alors, les curieux, attirés par l'antique *Foire-Fontaine*, institution de Marguerite de Clisson (xv° siècle), la laisseront tomber dans l'oubli, car on n'y vient guère que pour voir les jeunes

Olivier de Clisson.

paysannes livrer aux marchands, après un long débat, la chevelure souvent à grand'peine contenue par leur coiffe.

C'est au *placitre*, ou place de la Fontaine Notre-Dame, que se tient la foire. Elle a été pendant des siècles l'occasion de véritables fêtes, durant une semaine entière. Un étranger eût pu croire qu'on l'avait établie en l'honneur de la déesse Strenna : des cadeaux étant échangés entre parents et amis comme au renouvellement de l'année.

Une autre foire importante suit les courses. Elle donne lieu à de grandes transactions en chevaux.

Saint-Brieuc n'a jamais beaucoup marqué dans l'histoire bretonne. Son origine remonte à l'arrivée en Armorique d'un missionnaire de la Grande-Bretagne, nommé VRIOMACLE ou BRIOMAGLE, d'où par contraction : BRIEUC. La grande réputation de science et de piété de l'apôtre avait, depuis longtemps, attiré autour de lui de nombreux disciples : cent soixante d'entre eux voulurent l'accompagner. Les légendaires prétendent qu'il aborda dans le pays de Léon et s'avança, par terre, jusqu'au pays de Tréguier, où il fonda un premier monastère. Plus tard, il s'embarque avec quatre-vingt-quatre de ses moines et, « suivant toujours la côte, de l'occident en orient, il arrive à l'embouchure du Gouët, trouve l'air tempéré, doux et salubre, la situation agréable ; il voit ce terrain arrosé de plusieurs belles fontaines, entouré de deux gentilles rivières (le Gouët et le Gouëdic), un beau port (appelé jadis port de Cesson, aujourd'hui le Havre du Légué), les vallées d'alentour enrichies de belles prairies. Il juge ce lieu devoir être fertile et regrette que l'industrie de quelques habitants n'ait eu soin de le cultiver ».

Le saint religieux devait trouver un protecteur dans le comte Rigwal, seigneur du pays, qui avait bâti une maison au milieu de la forêt couvrant le plateau occupé depuis par la ville, afin de s'y livrer plus commodément au plaisir de la chasse.

D'abord hostile aux nouveaux venus, il leur offre bientôt « en pur don et à perpétuité, sa maison et sa terre du *champ du Rouvre*, sans en rien réserver ni excepter, et se retire autre part pour y faire sa demeure ».

La légende ajoute que Brieuc et Rigwal se reconnurent pour être cousins germains.

Le monastère fut fondé dans la *vallée double*, c'est-à-dire sur les terres arrosées par le Gouët et le Gouëdic. Des habitations ne tardèrent pas à s'élever aux alentours : la ville était née.

Lorsque Noménoé eut posé sur sa tête la couronne *royale* de Bretagne, une de ses premières préoccupations fut de soustraire le clergé à l'influence française[1].

L'ancien couvent de Saint-Brieuc, érigé en évêché, comprit tout le *Turnegouët*, autrement dit « le terrouër d'entre Urne et Gouët », comprenant la ville, Saint-Michel, Cesson, Langueux,

---

1. Nous l'avons expliqué à l'article *Dol*.

Trégueux, Ploufragan. Du reste, le nouvel évêque fut reconnu comme héritier direct des droits temporels conférés au fondateur de la cité.

Pendant cinq siècles, on ne parle guère de Saint-Brieuc que pour mentionner diverses missions diplomatiques confiées à ses évêques ; mais, en 1394, Olivier de Clisson, brouillé avec le duc de Bretagne, vint assiéger la ville. Les Briochins se réfugièrent dans la cathédrale et y soutinrent un siège de quinze jours, fort « dommageable » pour le monument.

Le duc essaya de prendre sa revanche. A la tête de son armée, il provoque Clisson et va l'attendre sur les grèves d'Hillion ; le connétable, qui se sait en sûreté, n'a garde de sortir. Le roi de France offre sa médiation et l'affaire se termine à l'amiable.

Dix ans après, ce furent les Briochins eux-mêmes qui se rebellèrent contre l'autorité ducale, probablement à cause d'impôts nouveaux. Le comte de Richemont, frère du duc Jean V, eut mission de les réduire. Pour la première fois, le futur connétable de France, l'organisateur des armées françaises, le vainqueur des Anglais et futur duc de Bretagne[1] prenait place dans une armée.

Les guerres de la Ligue, qui amenèrent la destruction de la tour de Cesson, furent une cause de deuil pour Saint-Brieuc. Espagnols et Lorrains pillèrent entièrement la ville. Elle était à peine remise de cette affliction lorsqu'une peste la décima (1601).

Pour remédier à l'éventualité d'un nouveau siège, on commença, en 1628, à entourer la ville de murailles. L'enceinte n'eut qu'une existence de peu de durée : il n'en reste guère que la porte de Gouët et des débris sans importance.

En 1692, les syndics gouvernant la communauté briochine firent place à un maire et à des officiers municipaux. Arrive la Révolution : le nom douze fois séculaire de la ville subit une modification, mais on se contente de changer le mot Saint, et Port-Brieuc devient le chef-lieu du département des Côtes-du-Nord.

Saint-Brieuc, fief épiscopal, confinait de tous côtés aux possessions du célèbre comté de Penthièvre, apanage de la première

---

[1]. Par suite de la mort de ses neveux, François Ier et Pierre II, décédés sans enfants.

maison de Bretagne, puisqu'il était celui des fils cadets des ducs. Le comté fut fondé par Alain III (fils du duc Geoffroy Ier), qui désirait mettre un terme aux réclamations de son frère Eudes, ou Eudon : ce dernier se montrant mécontent de sa part d'héritage paternel. Eudon était un impitoyable guerrier. Avec la même ardeur, il fondait sur les armées normandes et sur l'armée ducale. On le redoutait tellement en Normandie, que les moines de l'abbaye du Mont-Saint-Michel firent fondre une grosse cloche destinée à avertir les habitants de se tenir sur leurs gardes, lorsque les Bretons entraient en campagne.

Mieux valait traiter avec lui. Soit peur, soit générosité, Alain se montra de facile composition. Il donna à son frère (1034) un territoire formant presque le département actuel des Côtes-du-Nord. Guingamp, La Roche-Derrien, Lamballe, Moncontour, Jugon, Loudéac en faisaient partie. Plus tard, les alliances aidant, le comté embrassa presque le tiers de la Bretagne.

Réuni au duché en 1272, il en fut de nouveau distrait et donné, en 1317, à Guy, second fils d'Arthur II. Jeanne, fille de ce prince, l'apporta à Charles de Blois, son époux. A la mort du duc Jean III, son oncle, Jeanne devenait unique héritière de la couronne ; mais elle se la vit disputer, puis, finalement, enlever par Jean de Montfort, représentant d'une branche cadette, et cela au mépris de ses droits, seuls légitimes, cependant, selon la loi et les usages bretons.

Telle fut l'origine de la guerre impitoyable dite de *Succession* qui, pendant vingt-quatre ans, désola la province.

Il ne paraît pas que Saint-Brieuc, comme cité, ait pris part à la lutte, ni que le voisinage des puissants seigneurs de Penthièvre[1] lui ait jamais été funeste.

Plusieurs historiens la font dépendre du comté, sur la seule constatation de la sépulture d'Eudes, premier comte, et de son fils, dans la cathédrale.

Mais, d'autres preuves conduisent à penser que les droits des successeurs de Saint-Brieuc furent à peu près constamment reconnus.

---

1. Charles IX érigea le domaine en duché pour Sébastien de Luxembourg, dont les droits passèrent au célèbre duc de Mercœur, le prétendant au trône ducal, sous la Ligue. Louis XIV confirma le titre, en donnant les possessions de Penthièvre à son fils, le comte de Toulouse.

L'un de ces successeurs, Guillaume Pinchon, nommé en 1220, mérita le titre de saint. Le pape Innocent III, sollicité par la voix publique, prononça la béatification, *treize ans* seulement après la mort du regretté prélat.

Hugues de Montrelais, d'abord évêque de Tréguier, fut ensuite transféré à Saint-Brieuc. C'est une des plus nobles figures de son époque. Dévoué au comte de Blois, il fut l'un des plénipotentiaires de sa veuve, lors du traité de Guérande, qui mettait fin à la guerre de Succession. Jean le Conquérant le prit en grande estime et le créa chancelier de Bretagne.

Hugues de Montrelais était digne d'une telle confiance, par son zèle et sa capacité. Il le prouva bien quand le moment vint où Jean dut aller rendre hommage au roi de France, Charles V.

Les conseillers de ce dernier soutenaient que l'hommage avait toujours été *lige,* c'est-à-dire entraînant une obligation de complète vassalité. La discussion remontait à plusieurs siècles ; elle reposait sur la question de savoir si Erispoë, successeur de Nomènoë, avait fait lui-même, le premier, à Charles le Chauve, un hommage *simple* ou *lige*.

Hugues de Montrelais soutint et prouva qu'il ne pouvait être lige, parce que la Bretagne n'était pas un démembrement de la couronne de France et que les ducs n'étaient nullement obligés de conduire leurs troupes au secours des rois de France, si ces derniers étaient attaqués. L'hommage comportait donc une simple idée de paix, de fédération. Force fut de se rendre à ces raisons et de se décider à recevoir le duc Jean en telle qualité qu'il voudrait se présenter.

L'hommage fut *simple*. Hugues en recueillit une véritable gloire et revint dans son diocèse plus puissant que jamais. Bientôt pourtant, las de politique, affamé de paix, il se retira à Avignon, près du pape Grégoire IX. Le pontife, appréciant son mérite, le créa cardinal et lui donna l'évêché de Sabine. Connu désormais sous le nom de cardinal de Bretagne, Hugues mourut en 1390.

Par son origine et son gouvernement, on pourrait croire que la ville devrait être riche en splendides monuments religieux. Il n'en est rien.

La cathédrale possède quelques belles parties du quatorzième et du quinzième siècle : les colonnes du chœur, des chapiteaux appartenant au carré central de l'édifice ; le porche du Martray, richement orné ; la tour Brieuc, autrefois donjon de la métropole. Néanmoins, l'ensemble reste beaucoup au-dessous de ce qu'il pourrait être, et l'humidité lui cause un grand tort. En plus d'un endroit des fondations, l'eau a été trouvée à 35 centimètres du sol.

On examine avec plaisir un bel autel en bois sculpté, œuvre d'un artiste de Châtelaudren, nommé Corlay. Les tombeaux de quelques évêques, entre autres celui de saint Guillaume Pinchon, objet de la vénération toujours vive des fidèles et classé parmi les monuments historiques.

Le buffet d'orgues, datant de la première moitié du seizième siècle, est un ravissant morceau de sculpture sur bois, où le goût et la délicatesse des détails le disputent à une admirable exécution.

Après lui, on ne peut citer qu'un tableau de Jouvenet et deux tapisseries des Gobelins.

Notre-Dame de la Fontaine remplace un petit oratoire bâti par Saint-Brieuc, au-dessus de la Fontaine de Port-Aurèle. Marguerite de Clisson, comtesse de Penthièvre, le reconstruisit vers 1420, mais, de cet édifice, il ne reste que la fontaine placée autrefois à son chevet. Le plus pur style du quinzième siècle a concouru à son ornementation. Elle est sculptée en plein granit, fort dur ; cependant les mille détails de ses clochetons, de ses dais, de ses culs-de-lampe sont merveilleux d'exécution : animaux, fruits et feuillages se mêlent, s'enlacent avec un naturel, une finesse de ciseau incroyable. Les armes des deux maisons de Penthièvre et de Clisson, en façade sur le baldaquin, sont la signature de la donatrice.

Saint-Brieuc, quoique ayant perdu de sa physionomie antique, n'est pas sans garder encore quelques maisons curieuses. La rue Saint-Jacques en possède plusieurs et, parmi elles, la maison habitée par les Doublet, premiers imprimeurs établis dans la ville (1620). Une étrange figure fait pendant sur la façade à un joueur de biniou [1].

---

1. Cornemuse bretonne.

La maison voisine, ornée de statues de saints, a appartenu aux Eider de la Fontenelle, dont nous retrouverons le nom en beaucoup de villes bretonnes, accolé aux crimes les plus effroyables : Gui Eider, le sinistre ligueur, s'étant chargé de procurer à sa famille cette triste célébrité.

Une jolie habitation de la rue Fardel est connue sous l'appellation d'*Hôtel des ducs de Bretagne,* quoique son style et une inscription lui imposent la date de la fin du seizième siècle. .

Le superbe hôtel de Rohan présente, rue Saint-Gilles, son portail sculpté et son pignon à mâchicoulis.

Plusieurs habitations de la Grand'Rue (anciennement *Grand'-Rue-ès-Marchands*) portent des blasons qu'un maître de l'art héraldique se trouverait empêché d'attribuer à aucune famille qualifiée par l'armorial de Bretagne. Ces blasons étaient ceux de commerçants notables et fort riches, jaloux de donner une preuve de l'opulence conquise dans le haut négoce.

Parmi les redevances qu'ils devaient acquitter pour avoir le droit de construire et, très probablement, de faire sculpter des armes au-dessus du portail de leurs demeures, figurait, parfois, une rente annuelle en produits coloniaux : cannelle, gingembre, poivre...

A cette époque, les toiles de Bretagne, celles de Quintin, d'Uzel et de Moncontour, principalement, étaient célèbres. Le lin, cultivé un peu partout, prospérait ; rien ne remplacera ces solides, ces excellentes toiles, dites de *trois quarts* et de *petites laises,* de *fin* et de *superfin,* que l'on pouvait croire inusables, en les voyant passer successivement aux mains de plusieurs générations.

Le blé, le bois et les fers ajoutaient une très importante branche au commerce. La Grand'Rue témoigne, d'ailleurs, par le luxe de ses maisons, que la ville a toujours été un centre fort actif d'échanges.

Un coteau domine la rue du Gouët. Il était le lieu d'exécution des sentences criminelles et porte le nom de *côte au gibet.*

L'évêque, seigneur des trois quarts de la ville, avait droit de haute et basse justice, non seulement sur le territoire briochin, mais sur ceux de Cesson, Ploufragan, Langueux, Trégueux. Cette juridiction portait le nom de *Régaires* (nom désignant, en Bretagne, l'autorité temporelle des prélats), et relevait directement de la couronne ducale, d'abord, plus tard du Parlement. Des lettres patentes de 1580 et de 1633 l'attestèrent. Un sénéchal, un procureur fiscal, des notaires, des procureurs ou avoués, des sergents étaient chargés de l'exercer.

Cette puissance avait engendré des droits féodaux singuliers, mais en somme plutôt honorifiques.

Tel était le droit de *Quintaine*, imposé, le lundi de Pâques, aux poissonniers. Exercice militaire très en faveur pour former au maniement de la lance les jeunes écuyers, chevaliers futurs, la Quintaine, à Saint-Brieuc, devenait un pur amusement pour les spectateurs, sinon pour les acteurs qui, souvent, recevaient de rudes coups de bâton.

Un jacquemart, figure d'homme assis, tenant une gaule solide fixée en sa main, était posé sur un pivot, établi place du *Pilori*.

Chaque poissonnier, muni également d'un bâton, devait, tout en courant, frapper le jacquemart à la poitrine. Les adroits parvenaient à éviter non seulement une amende de trois livres quatre sous, mais encore le choc de l'arme de son *adversaire*; car si le coup était mal dirigé, la masse, tournant sur le pivot, jouait de sa gaule plus ou moins lourdement, selon le degré de force qui l'avait atteinte.

Un droit de *grenouillage* était attaché à deux maisons de la rue Traversière (jadis de l'allée Menault). Les propriétaires devaient un sol de rente, puis la veille de la fête de saint Jean-Baptiste, ils étaient obligés, à l'heure des vêpres, de frapper d'une baguette l'eau du ruisseau de l'Ingoguet joignant leurs maisons, en disant par trois fois : « *Renouesselles*[1], taisez-vous ! Monsieur dort, laissez dormir Monsieur ! »

Le receveur de l'évêque assistait à l'accomplissement de la servitude, puis les propriétaires se rendaient à l'évêché pour déclarer qu'ils avaient fait leur devoir, que les grenouilles ne diraient plus rien. Ce droit s'appelait : *le Lépri des grenouilles*[2].

---

1. Grenouilles.
2. Cette étrange servitude n'était pas, *comme on l'a dit, unique* en Bretagne. Les Rohan avaient ce privilège pour leur château des *Salles* (Morbihan), situé près de l'étang du même nom. Les habitants de Goarec, de Sainte-Brigotte et de Perret étaient tenus de battre fréquemment l'étang « afin d'empêcher les grenouilles de coasser et, par suite, de troubler le repos de la châtelaine ».

Évidemment, la bizarre cérémonie tirait son origine d'une plaisanterie puisqu'elle avait lieu dans l'après-midi, et que l'évêque, dont on était censé protéger le repos, recevait sommation d'y assister.

D'autres maisons avaient charge de fournir le palais épiscopal de balles de paume et de raquettes.

A ces droits s'ajoutaient ceux dont quelques seigneurs avaient le monopole, parfois onéreux.

Les seigneurs de Bois-Boëssel prétendaient habiter l'ancienne

Bains de mer aux environs de Saint-Brieuc.

demeure de Rigwal, bienfaiteur de Saint-Brieuc, et, en cette qualité, être vidames nés de l'évêque[1]. Le prélat contestait cette qualité, reconnaissant seulement celles d'*écuyer* et de *sergent féodé*; mais, sur un autre terrain, les Bois-Boëssel exerçaient leur autorité. Ainsi, fondateurs et paroissiens de l'église Saint-Michel, ils se faisaient gloire de jeter, le lendemain de Noël, au milieu de la nef, une « *tourte enfilassée* » que se disputaient vivement les fidèles.

Dernier vestige du pain des Eulogies, a-t-on dit. Avec autant de certitude, on y peut reconnaître l'obligation où se trouve un père de vêtir et de nourrir ses enfants. La tourte (le pain) et la

---

[1]. Les vidames conduisaient à l'armée les milices formées par l'évêque.

filasse, base de la toile, représentent à merveille ces deux nécessités de l'existence des vassaux, comme du seigneur tenu de les protéger.

Lorsqu'un nouvel évêque faisait sa *joyeuse entrée,* c'était encore le sire de Bois-Boëssel qui devait venir attendre le prélat aux portes de la ville, lui tenir l'étrier pour l'aider à monter sur sa *haquenée,* conduire ladite haquenée sur tout le trajet et maintenir de nouveau l'étrier au seuil du palais épiscopal. Ces services étaient reconnus par le don de la monture et du harnachement.

A cette même entrée, le Seigneur de l'Épine-Guen[1] présentait à laver et à boire au prélat, moyennant quoi serviette et coupe lui appartenaient. Une autre singularité consistait en ce que le noble échanson avait droit au principal plat du repas d'honneur. Après en avoir goûté, il le passait au *maréchal ferrant* du palais, lequel y goûtait aussi et portait le reste aux gens détenus dans les prisons de l'évêque, « afin qu'ils fissent bonne chère ».

On s'étonnera moins de voir figurer un maréchal ferrant à la fête, quand on saura qu'il venait, lui humble, réclamer un *droit* consistant en la somme d'un *sol parisis,* prix des fers de la haquenée.

Au milieu de ces étrangetés, une note plus joyeuse éclatait, *fournie,* c'est le cas de le dire, par le seigneur de l'Épine-Guen. Tous les ans, le jour du Mardi Gras, il devait placer sur une table, apportée en plein marché de la ville, un gros jambon et solder des joueurs de hautbois, de violons, de musettes, chargés d'égayer les danses populaires. Seulement, comme manger du jambon et danser peuvent provoquer grande soif, un ordre obligeait chaque cabaretier à offrir à la table commune, qui un pot de vin, qui un pot de cidre, qui un pot de piquette, en un mot fournir l'échantillon « bon et sain » des boissons par lui débitées.

On pense bien que si les Briochins saluèrent avec plaisir l'abolition des droits féodaux, ils n'éprouvèrent pas grand enthousiasme pour la suppression de la « fête du jambon ».

Ces souvenirs du passé entraîneraient loin ; il faut revenir au présent, dont l'étude apprend ce que sera ou du moins ce que peut être l'avenir.

---

1. On devrait écrire Spern-Gwen : épine blanche.

L'établissement de la ligne ferrée devient, ce n'est pas contestable, un stimulant de travail et de progrès. Nombre de petites localités sont déjà, grâce à elle, en voie de transformation, tout comme les centres plus importants. Il n'y a donc qu'à souhaiter de la voir de plus en plus appréciée.

On pénètre dans la gare de Saint-Brieuc (du côté de l'Est) par le viaduc jeté au-dessus de la vallée du Gouëdic, limite de la commune du Langueux.

C'est le premier ouvrage d'art important de la ligne de Rennes à Brest. Il a une longueur totale de cent trente-quatre mètres. Sept arches le soutiennent et sa hauteur, prise du centre, n'est pas moindre de trente-neuf mètres.

La vue de la jolie vallée du Gouëdic prépare aux aspects si divers de la vallée du Gouët, traversée, à une hauteur de cinquante-neuf mètres, et, sur une longueur de deux cent vingt-huit mètres, par le magnifique viaduc de LA MEAUGON.

Il coule entre deux collines méritant presque d'être appelées montagnes, le petit fleuve dont le nom breton : *goad*, a une signification sinistre : rivière *de sang* ou *du sang*. Le pays qu'il arrose prenait de lui le nom de *Goëllo : pays du sang*. Longtemps on a cru y retrouver la trace d'un drame historique, un grand massacre, soit des habitants, soit d'une armée d'envahisseurs ; mais on a pensé depuis, et cette opinion est tout aussi rationnelle, que l'étymologie cherchée pouvait venir de l'existence d'un temple sur les coteaux de la vallée. Le sang des victimes coulant dans le Gouët en rougissait parfois les eaux. Les Romains traduisaient le même mot par *sangui* et *sangua*.

Le lieu, en tout cas, eût été bien choisi pour l'édification d'un temple. Très escarpées, les montagnes ceignant la vallée portent leur sommet à près de cent mètres. Elles resserrent tellement le lit du Gouët, que le modeste filet d'eau douce semble, çà et là, s'étendre au fond d'un gouffre noir sans issue.

Il faut en suivre les rives pour se rendre compte de l'industrie déployée par les cultivateurs du pays.

Sur ces pentes à pic, des jardins, des potagers, des pépinières donnent leurs produits variés. Le moindre petit plateau devient l'assise d'une murette qui retiendra la terre végétale, souvent apportée dans des paniers.

On doit avoir le pied montagnard et un cerveau à l'abri du vertige pour circuler au milieu de ces nouvelles terrasses babyloniennes. Des arbres et des arbustes les égayent ; leur verdure, appelant les rayons du soleil, zèbre d'une lumière douce les bords de l'abîme, dans la pénombre duquel on chemine.

Avance-t-on vers la ville? Les bouquets d'arbres deviennent plus épais. Se dirige-t-on vers la mer ? Les cultures maraîchères couvriront tout l'espace de leurs sillons méthodiques.

A marée basse, le Gouët serpente sur une surface vaseuse qu'il ne peut parvenir à entamer très profondément. A marée haute, les navires doivent suivre avec grande attention la route sinueuse marquée par les balises, sur ce chenal étroit, autrement ils courraient risque de pénétrer dans la vase mouvante. Plus d'une catastrophe irrémédiable s'est produite ainsi. Le manque de largeur est encore un inconvénient pour les bâtiments de grandes dimensions. Il faillit causer, en 1867, la perte de l'aviso de l'État : *le Phoque*.

Chargé de relever les côtes Nord-Ouest bretonnes, le commandant du *Phoque* avait fait entrer son navire dans le Gouët. Tout alla bien jusqu'au moment où il s'agit de virer entre des berges à peine éloignées de trente mètres, et *le Phoque*, long de quarante-cinq mètres, labourait la vase avec ses deux roues. Une place favorable enfin trouvée, le mouvement commença. Par malheur, la mer baissait. Tout à coup, le navire s'arrête en travers de la rivière : il était échoué par les deux bouts, simulant un pont qui n'eût guère tardé à s'effondrer, car la coque, très légère, ne se trouvait pas de force à supporter le poids des chaudières et de la machine.

On s'aperçut à temps que le mal venait de la longueur du gouvernail, et une manœuvre vivement exécutée sauva la situation.

Les collines élevées suivant le Gouët jusqu'à son embouchure, il serait impossible d'élargir beaucoup le canal, mais des écluses de chasse et un bassin à flot atténuent l'obstacle présenté par les vases.

Le Légué, véritable port du chef-lieu, est situé sur la rive gauche du Gouët, partie en la commune du Plérin, partie en la commune briochine.

La pose de la première pierre de ses quais eut lieu, en 1758, par le duc d'Aiguillon, président la session des Etats de Bretagne à Saint-Brieuc.

Le nouveau port allait faire disparaître le cloaque fangeux formé par les eaux du petit fleuve et les marais du Rohannet; il devenait un puissant moyen d'étendre le commerce de la contrée.

Composé de cent cinquante maisons environ, la plupart pourvues de jolis jardins, le Légué se présente bien, tout surplombé qu'il soit par la masse des collines... Son activité ne se ralentit guère, grâce aux chantiers de construction, aux navires caboteurs venant chercher des denrées et des blocs de beau granit bleu, expédié un peu partout. Les pêcheurs sont nombreux. Dès 1687, le Légué expédiait des navires à Terre-Neuve, et les armements pour cette destination sont toujours importants, malgré la pêche islandaise.

Le chantier de Rohannet a vu lancer, en 1883, un beau trois-mâts de 800 tonneaux[1], *le Maréchal-de-Castries*, acheté par la Compagnie des Indes, dont le siège était à Lorient. Ce navire échoua près la Tour de Cesson; le capitaine fut accusé de trahison. Gagné, affirma-t-on, par les négociants du pays, il avait volontairement donné contre les bancs de sable vaseux obstruant le chenal de l'embouchure du Gouët. Plus ou moins véridique, ce fait prouverait toujours deux choses : l'ardente rivalité des villes entre elles et la difficulté d'accès ou de sortie du port.

Ces difficultés n'ont pas beaucoup diminué. L'entrée du petit fleuve reste étroite, les bancs de sable qui la bornent s'étendent à près d'une lieue en mer; le reflux n'y laissant que fort peu d'eau, le chenal est impraticable pendant la moitié des marées. Plus d'une fois, d'affreux malheurs, atteignant surtout les barques de pêche, ont été la suite de cette disposition des lieux.

La rive droite du cours d'eau, convertie en chemin de halage, aboutit sous la vieille tour de Cesson, qui abrite un joli hameau de pêcheurs.

Le quai de la rive gauche, ou du Légué, est prolongé, sur une longueur de neuf cents mètres, jusqu'à la pointe de l'Aigle, éclairée depuis 1857 par un feu de quatrième ordre. Lorsque nous visitâmes le phare, le gardien, voulant occuper ses loisirs, venait

---

1. Voir notre premier volume, chapitre xx.

de faire des essais de plantation de vigne qui semblaient devoir réussir, prouvant, une fois de plus, la bénignité du climat.

Les pampres verts couvraient le granit noirâtre, les vrilles délicates s'enroulaient autour des moindres aspérités... Certainement, le hardi viticulteur ne pouvait espérer récolter assez de raisin pour obtenir même un très petit tonneau de boisson passable ; mais, sans grande crainte, il lui était loisible de rêver au moment où les grappes dorées composeraient, sur sa maigre table, un dessert exquis.

Si le vent est violent, il faut gravir, à marée haute, la côte qui s'élève au-dessus du phare pour dominer un magnifique horizon. Alors, la baie de Saint-Brieuc se déploie dans sa forme gracieuse, avec ses grèves de sable fin et ses bateaux pêcheurs toujours nombreux. La vallée du Gouët ne roule plus un insignifiant filet d'eau, mais elle est devenue comme une entaille énorme, profonde, ouverte de vive force par les vagues qui s'y engouffrent.

La tour ruinée de Cesson se présente encore avec majesté sur la falaise rocheuse de la rive droite, et le parc dont elle est entourée la rend plus sombre, plus mélancolique d'aspect.

N'est-ce pas le passé à demi oublié reculant devant l'avenir plein de promesses !...

CHAPITRE XIII

LE CAMP DE PÉRAN. — PLOUFRAGAN. — LA FÊTE DE SAINT-ÉLOY A PLÉRIN

Saint-Brieuc touche au pays que l'on peut nommer la *vieille* Bretagne, celui dont le poète au cœur et aux accents vraiment bretons, Brizeux, a dit :

> Le sang pur de tes fils coule encore dans nos veines.

Les mœurs modernes commencent à l'envahir, la terre de granit. Néanmoins, l'assimilation est lente, l'idiome celtique se défend encore, les croyances « des pères » ne sont pas totalement délaissées par les fils et ce n'est pas chose très rare de trouver un Breton, une Bretonne, regrettant l'époque où la province formait un duché indépendant.

S'ils sont lettrés, ils diront avec orgueil que la Bretagne n'a jamais été conquise.

Orgueil légitime, après tout, et qui n'a jamais exclu un patriotisme éclairé : les plus foncièrement *Bretons*, sachant devenir, quand il en est besoin, de bons, de dévoués Français.

Nous allons franchir la limite où le celtique, modifié au contact de la langue française, est loin d'avoir gardé une forme acceptable pour la grammaire bretonne, mais prouve, déjà, que le voyageur pénètre dans un monde nouveau.

Pourtant, avant de reprendre la route exclusive du littoral, deux ou trois rapides excursions aux environs de Saint-Brieuc sont indiquées.

La première, la plus éloignée, conduit au *camp de Péran*, monument dont l'étrange construction a coûté bien des recherches aux antiquaires.

Il est adossé à un plateau élevé, dominant la rivière l'*Urne* et forme une enceinte elliptique, de figure assez régulière ; le grand axe n'a pas moins de cent trente-quatre mètres.

Deux enceintes rayonnent autour du centre ; elles ont, chacune, un parapet et un fossé. La moitié de cet ouvrage est suffisamment complète pour que l'on s'en rende un compte exact ; l'autre moitié s'écroule, et a dû livrer passage à une route. Dans le pays, on l'appelle les *Terres* ou les *Pierres brûlées*, noms des mieux appropriés, le feu ayant servi à consolider toutes les parties de l'enceinte.

Lorsque ces vieux remparts furent fouillés, une grande surprise émut le monde archéologique. On venait de découvrir que le mur en pierre, noyau même du rempart, avait subi l'action d'une combustion des plus violentes, des plus prolongées. Sur une épaisseur de *quatre mètres* et une hauteur de *trois mètres*, les pierres les plus réfractaires au feu ont abandonné leurs parties quartzeuses qui, vitrifiées, ont coulé à l'état de lave, remplissant tous les interstices et couvrant la muraille d'un revêtement solide à l'extrême.

Le secret de cette cuirasse merveilleuse fut dévoilé, quand on trouva des couches de cendre, de charbon et de scories, véritables bases du rempart, couches coïncidant avec des fourneaux voûtés, destinés à recevoir les éléments du feu.

Les paysans qui assistèrent à la découverte ne parurent pas être fort étonnés, car une tradition, couramment racontée, révélait que le feu ayant servi à vitrifier les murailles de Péran dura pendant plusieurs années. « Sept, » précisèrent des vieillards.

Ce dernier point peut être ou non contesté ; une chose est certaine : il a fallu une chaleur extraordinaire et continue pour amener la masse pierreuse à cet état particulier de solidification qui la mettait si bien à l'abri de toutes les intempéries.

On ne manqua pas, sur la foi de briques, de tuiles et d'une médaille de Germanicus, trouvées à Péran, de reconnaître dans le camp un ouvrage militaire des Romains. Une étude plus approfondie renversa cette hypothèse facile.

Les anciens peuples de la Gaule étaient dans l'usage d'élever des places de sûreté, où, en cas de dangers graves, ils renfermaient ce qu'ils possédaient de précieux.

Ensuite, on rappela que des murailles du même genre ont été trouvées, non seulement en deux endroits de la France, mais dans les Highlands d'Ecosse, où les légions romaines ne purent pas pousser leur conquête.

César et ses successeurs s'emparèrent du camp de Péran, qui leur offrait une bonne position, mais ce fut tout ; ils se bornèrent à l'approprier à leurs vues. Au nord de l'enceinte, passe la voie qui unissait Carhaix à Erquy. Elle porte le nom d'*Ohé* ou encore de *chemin des Romains*.

Quelques moments, passés ici, transportent l'imagination à l'époque où la contrée, toute couverte de forêts, voyait se hâter vers Péran les Celtes aux longs cheveux, décidés à lutter à outrance, après avoir renfermé dans l'enceinte, imprenable, croyaient-ils, leurs enfants et leurs trésors.

Mais, que pouvait le courage contre la discipline inflexible, et la tactique des phalanges romaines !

Mieux vaut fuir ces images ensanglantées, et reprendre la route de la mer.

Par un territoire accidenté, où les menhirs, les cromlechs et les dolmens sont nombreux, on arrive devant la chapelle de Créac'h, ou Créhac, débris d'une commanderie de Malte, qui renferme des tombeaux fort curieux. Les emblèmes dont ils sont ornés peuvent donner lieu à de longues et savantes dissertations.

Il faut traverser la commune de Saint-Julien, si bien arrosée par l'Urne et le Gouët, tous deux profondément encaissés au milieu de collines pittoresques.

Le château de la Coste, en Saint-Julien, devint place de guerre pendant la Ligue. Les seigneurs de ce fief possédaient plusieurs droits bizarres, entre autres celui de la redevance annuelle d'une « livre de poivre, mis en un sac de cuir cousu de fil blanc », offerte par le propriétaire du domaine de Quénechquéno.

Il pouvait, moyennant quinze sous, racheter cette servitude.

Le jour même où le fameux sac était reçu[1], il y avait aussi un repas en l'honneur des seigneurs du fief, repas composé de « bouilli, rôti, vin blanc, vin rouge, *feu sans fumée* ».

Très probablement, ces derniers mots se rapportent à un feu

---

1. Pendant la foire des *Ladres* ou de Saint-Lazare.

brillant de bois de hêtre, le bois par excellence des souverains, chauffant fort bien sans donner aucune fumée, chose précieuse dans les anciennes constructions où les cheminées, mal disposées, brûlaient beaucoup de combustible, non sans *enfumer* à miracle les habitants.

Ploufragan était bien connu autrefois des rouliers, des conducteurs de diligence et de tous ceux qui devaient, en voiture, suivre la route de Paris à Brest. Les constructeurs du chemin n'avaient pas su ou n'avaient pu éviter une terrible côte qui, dans sa partie déclive, près des moulins de Saint-Barthélemy, devenait un véritable précipice. Elle était réputée la plus dangereuse des côtes des routes bretonnes, si riche, pourtant, sous ce rapport.

Pour ne pas allonger inutilement la route, nous traversons de nouveau Saint-Brieuc et le Légué, puis nous gravissons la pente rapide conduisant à Plérin[1], une des localités les plus industrieuses des Côtes-du-Nord. La majeure partie des habitants s'occupe des choses de la mer, principalement de la pêche côtière et de la pêche à Terre-Neuve.

Longtemps le pèlerinage de Saint-Eloi, qui avait lieu en cette paroisse, fut célèbre. On y accourait de loin, amenant des chevaux et des juments, car les paysans avaient institué le bon saint patron de ces animaux. Ils tenaient beaucoup à les présenter à la fête, ornés de fleurs et de rubans ; ils ne manquaient pas, non plus, de leur faire boire un peu d'eau de la fontaine consacrée, parce que, si l'on y avait manqué, mille maladies eussent accablé les pauvres quadrupèdes !

A Plérin, ainsi qu'en beaucoup d'autres paroisses bretonnes, les mariages étaient accompagnés de cérémonies bizarres, rappelant les coutumes antiques.

Le moment était-il venu, pour une jeune mariée, de quitter la maison paternelle, elle ne le pouvait sans passer entre deux rangées de parents et d'amis qui cherchaient à la retenir, poussant le simulacre du désespoir au point de déchirer les vêtements de la pauvrette.... Ces coutumes sont oubliées. On se marie avec autant de décorum à Plérin que partout ailleurs. Il n'est pas

---

1. Nous avons déjà dit que le Légué dépend de Plérin, pour sa plus grande partie.

VIADUC DE LA MÉAUGON (ENVIRON DE SAINT-BRIEUC)

même certain qu'on s'y souvienne encore d'un fait guerrier accompli dans une des criques du rivage, dite l'Anse des Rosaires.

La France était en guerre avec la Hollande (1675) ; une frégate de ce pays, poursuivant un navire français dans la baie de Saint-Brieuc, vint s'échouer aux Rosaires. La milice de Plérin, unie à celle de Saint-Brieuc, captura la frégate, avant qu'elle eût pu profiter de la marée montante pour se remettre à flot.

Deux hommes énergiques : Gendrot et Rufflet, conduisaient la petite troupe. Afin de la mettre à l'abri du canon hollandais, ils faisaient pousser devant eux des charrettes pleines d'ajoncs, rempart mobile qui permit d'arriver sur la grève, de combattre à armes égales et de s'emparer du navire ennemi.

Plérin a vu fonder la congrégation des Filles du Saint-Esprit, instituée pour l'éducation des petites filles pauvres et le soulagement des indigents malades des campagnes.

Ce souvenir vaut bien le précédent. Les sentiments éveillés par les mots de charité, de dévouement ne sont-ils pas plus réconfortants que ceux dont le mot *guerre* est le prélude cruel....

CHAPITRE XIV

LA COTE DE SAINT-BRIEUC A PAIMPOL
LE MONUMENT SUBMERGÉ DE BINIC. — LE DÉPART
DES TERRES-NEUVIERS. — LE PORTRIEUX. — RUINES DE L'ABBAYE
DE BEAUPORT

Lorsque, longeant le rivage, on étudie la nature du sol et sa configuration ; lorsque, remontant vers le nord-ouest, on rencontre tant d'îles et d'îlots, tant de brisants défendant un rivage abrupt, on ne peut s'empêcher de donner raison aux historiens qui accusent l'épouvantable marée de 709 d'avoir bouleversé toute cette partie des côtes de la Manche.

Il a même été avancé que la baie de Saint-Brieuc fut creusée, ou tout au moins agrandie, à l'époque où la baie du Mont Saint-Michel, la baie de Cancale et l'estuaire de la Rance se trouvèrent formés.

Les découvertes archéologiques viennent apporter un nouvel appui à cette hypothèse.

Dans la commune de Plérin, par exemple, on avait reconnu une voie romaine qui, partant de la petite anse de Saint-Laurent, venait aboutir au-dessous du bourg de Porthorel. Elle se terminait brusquement sur un rocher élevé d'une vingtaine de pieds. Sa direction, d'après un calcul très élémentaire, eût conduit à Corseul... mais la baie de Saint-Brieuc l'interrompait.

Le nom du village était une autre indication : Porthorel, ou Port-Aurel n'a point d'analogie bretonne. En même temps, on faisait remarquer en ce lieu un amas de carapaces d'oursins, ou hérissons de mer, zoophytes très appréciés des peuples du littoral méditerranéen.

Un centre avait donc existé là, centre important, puisque le travail pénible d'une chaussée avait été jugé nécessaire. Mais, évidemment, cette chaussée ne pouvait finir en un endroit où aucune raison ne nécessitait un brusque arrêt. Les Romains, si grands et si infatigables constructeurs qu'ils se soient montrés, ne se livraient point à semblables fantaisies. Tout, par eux, était admirablement calculé.

Il y a, enfin, cette circonstance que les sables de la baie de Saint-Brieuc ne sont pas de simples graviers, plus ou moins menus, plus ou moins mêlés de sel et de débris coquilliers. Leur analogie avec la *tangue*[1] de la baie du Mont Saint-Michel est manifeste; qu'ils soient appelés *marles* ou *marnes,* le nom ne change rien aux qualités éminemment fertilisantes dont ils sont pourvus. Comme la tangue, le toucher les trouve doux, onctueux, et si l'argile y entre pour une part, les épaves de terres labourables et de nombreux végétaux contribuent à leur richesse. Plus l'agriculture progresse, et plus on apprécie ces engrais, seuls capables de donner aux landes la fécondité qui rendra à la vie de vastes espaces abandonnés.

Sur ces côtes incessamment battues par la vague, les baies et les ports ne sauraient manquer d'être nombreux. Ils sont même si rapprochés les uns des autres que les nommer tous serait superflu, sinon inutile : l'importance de beaucoup d'entre eux résidant surtout dans la pêche côtière.

Or, bientôt, nous allons vivre au milieu des pêcheurs, étudier leurs moyens d'action. Passons donc rapidement devant tout ce qui n'offre pas un intérêt réel.

Pordic et Binic, à l'embouchure de l'Ic, envoient beaucoup de marins à Terre-Neuve et en Islande. Le dernier de ces ports reçoit, au moment du départ pour les îles (d'avril à mai), la presque totalité des navires en provenance de Saint-Brieuc, du Légué et de quelques autres communes.

L'espace, ici, ne leur manque pas. Ils peuvent se réunir en flottille et c'est un spectacle des plus pittoresques, ces apprêts, l'activité débordante qui en résulte, la gaîté épanouie sur tous les visages. L'heure du départ, il est vrai, provoquera les adieux graves, mêlés de larmes, de promesses... sincères alors, presque toujours tenues d'ailleurs.

---

[1]. Voir notre premier volume, chapitre XLII.

Mais, vient la marée favorable, accompagnée d'un ciel clair, de signaux avidement observés... Allons ! la campagne sera bonne, les pleurs ne sont plus de saison... Que deviendrait l'énergie des braves matelots ! Parions plutôt pour le succès de ce fier navire, aux flancs évidés, quoique résistants, parions pour cet équipage éprouvé : les *bancs* n'ont plus de secrets pour lui... On reviendra avec un chargement superbe et ce sera la joie, l'aisance entrant dans toutes les chaumières, faisant oublier tous les plus durs travaux... toutes les douleurs... Bonne traversée et heureux retour à ces braves gens !...

On a voulu voir dans Binic le *Portus Icius* de César. Il faut avouer que César eût pris une route bien directe ! et que cette supposition s'accorde admirablement avec les *Commentaires !* Cela, toutefois, n'empêche pas le joli petit port d'avoir été une station importante. La mer s'est chargée elle-même de le démontrer. Le reflux d'une grande marée (celle de 1808) mit à découvert un très vaste édifice dont les murs conservaient un grand nombre de médailles romaines. Il s'en trouva également, paraît-il, à l'effigie de Charles-Quint. Ces dernières ramèneraient l'ensevelissement de la construction à une époque presque rapprochée de nous.

L'étrange apparition de l'édifice ignoré se renouvela une seconde fois, en 1824. Le fantôme reparaîtra-t-il ?...

Saint-Quay touche à la partie extrême Ouest de la baie de Saint-Brieuc. Le rivage commence à se modifier. Les roches régneront bientôt, surgissant du milieu des sables qui cherchent en vain à s'étaler librement.

Portrieux est le port de Saint-Quay. Il fut l'un des premiers points où commença l'envoi régulier des navires à Terre-Neuve et, pendant longtemps, tous les vieux titres lui donnèrent la qualité de *ville*. Le premier aspect ne dément pas cette qualification pompeuse. Enrichi par les bains de mer, Portrieux a construit des maisons blanches à plusieurs étages, ornés de volets verts, qui écrasent, par leur aspect semi-monumental, les pauvres petites chaumières reculant de plus en plus vers l'intérieur du bourg. Elles ne contribuent pas peu à accroître l'importance des habitants, très fiers de ce que leur « pays » ne ressemble point aux villages de la côte entière.

Portrieux est situé sur une belle grève. Protégée par une chaîne de rochers avançant de plus de deux lieues dans la mer, elle forme une suite d'îlots indifféremment appelés *roches* ou *îles de Saint-Quay* ou *de Portrieux*.

La mer brise presque toujours avec force sur le môle, et elle monte dans le port à une hauteur de plus de onze mètres au-dessus des basses marées, sérieux avantage qui laisse toujours, même à l'époque des plus grands reflux, un tirant d'eau convenable.

Moulin à marée au fond du port de Paimpol.

Le commerce de cabotage sait tirer profit de cette situation. Les exportations pour l'Angleterre y sont très suivies, en bétail principalement.

A Tréveneuc, commune limitrophe, le breton devient presque seul en usage et, désormais, il suffira de faire quelques pas pour entendre de tous côtés la vieille langue celtique. Très lentement, le français gagne du terrain ou, plutôt, beaucoup de gens le comprennent, le parlent, sans se soucier de l'employer.

Partout, les campagnards sont ombrageux; mais, en Bretagne, ils ont double raison pour se montrer défiants. Ils craignent de mal traduire une langue peu familière, et, comme les usages ont parmi eux force de loi; que, de plus, ils tiennent à ne pas trop oublier les « ancêtres », le breton, idiome paternel, revient avec plaisir sur leurs lèvres, il semble être une barrière contre l'envahissement définitif. C'en est assez pour qu'on l'aime !

Les philologues, dignes de ce nom, louent la ténacité de nos paysans. Le breton n'est pas, ainsi que beaucoup de personnes le croient (par préjugé ou par ignorance), un patois qu'il serait bon de faire disparaître au plus tôt.

C'est une langue possédant ses règles, sa grammaire bien définie, et ayant laissé des monuments considérables, quoique la tradition orale ait surtout contribué à nous les léguer. Elle tient au sol, elle tient aux cœurs et semble être leur image fidèle. Apre, rude, elle a, néanmoins, des délicatesses infinies, des douceurs exquises, un charme mélancolique, sévère et pénétrant, dont il devient impossible de méconnaître l'intensité.

C'est bien le reflet du pays breton qui, aux amoncellements granitiques, aux vagues furieuses, oppose la vallée idéale de poésie, les champs féconds, les horizons souriants...

Plouha, riche bourg, au territoire bien arrosé, bien cultivé, présente sur un des points de sa côte, découpée à l'infini, le sommet le plus élevé de cette partie des rivages bretons. Il est appelé Haut-Grou ou le Palus et sert d'amer[1] pour l'entrée en Manche ou la sortie des navires.

Sur la limite des communes de *Plouézec* et de *Kérity*, au fond d'une crique regardant l'île de *Saint-Riou*, et les roches fantastiques dites : *Metz* ou *Mâts de Goëllo*, les ruines de l'abbaye de *Beauport* se présentent, vastes encore, belles et dignes de leur antique célébrité.

Un acte de 1197, relaté par Dom Morice, prouve que l'abbaye fut fondée, à cette époque, par un comte de Penthièvre, de Tréguier et de Goëllo : Alain, mort en 1212.

Il avait, tout d'abord, établi des religieux de Saint-Victor sur la petite île de Saint-Riou (que l'on devrait plutôt appeler Riok). Puis après, pour une cause inconnue, ces moines furent remplacés par des religieux Prémontrés, que le comte installa dans son château de Beauport. Les revenus de ce monastère étaient considérables, mais bien près de la moitié devait servir à l'entre-

---

1. Voir notre premier volume, chapitre xi.

tien de quinze églises paroissiales qui en dépendaient. Une partie des dîmes était établie sur des cures anglaises ; Henri VIII les abolit.

En 1679, l'abbé s'appelait Henri-Achille de la Rochefoucauld. Un des petits-fils du grand ministre Colbert gouverna également l'abbaye, mais il l'abandonna pour la carrière des armes. Le dernier supérieur fut M. de Pontevès, nommé en 1785, et qui devint, successivement, aumônier de Louis XVI, de Louis XVIII, de Charles X.

La rage destructive qui s'attache trop souvent aux témoignages du passé, n'a pas épargné Beauport. Cependant, on peut encore estimer que le mal a été moins grand qu'il ne l'est presque partout ailleurs, en Bretagne.

Plusieurs salles subsistent, montrant, sans modifications essentielles, leur structure du treizième siècle.

La salle du chapitre et la sacristie étaient affectées, lors de notre visite, au service de l'école communale. On voit encore la *Salle au Duc,* celles des *Hôtes...*

La voûte de l'église est tombée, et il ne reste qu'une partie du monument. Trois des arcades du cloître, fort belles, sont debout.

Cinq dalles funéraires ont échappé à une ruine complète. Il est possible que l'une d'elles soit, comme on le croit, la pierre du tombeau du fondateur. Une autre tombe porte l'effigie d'un abbé, accostée d'un ange soutenant une crosse et une mitre. Elle est désignée comme gardant la mémoire de Pierre Huet, qui obtint, en 1456, le droit de revêtir les ornements pontificaux.

En parcourant l'abbaye de Beauport, on peut se rendre un compte exact du plan de sa construction et s'initier à l'existence des religieux qui l'habitaient.

Ce devait être un admirable séjour. La plaine où elle fut construite est protégée contre les vents du nord ; une colline boisée la borne d'un côté, et la perspective ouverte, à droite sur la mer, à gauche sur une campagne ondulée que coupe une superbe pièce d'eau, s'embellit encore de la luxuriante végétation des jardins plantés par les moines.

Les arbres exotiques y poussent avec une vigueur rare. Figuiers énormes, mûriers gigantesques, myrtes arborescents emmêlent leurs branches et viennent, en plus d'un endroit, former voûte au-dessus de la mer.

CHAPITRE XV

DE PAIMPOL A PORTRIEUX. — L'ÎLE DE BRÉHAT. — LÉZARDRIEUX
LANLEFF

Paimpol (en breton Pen-Poul, *tête d'étang*) est formé de deux ports creusés par le bras de mer qui s'étend de la pointe, située en face l'île Saint-Riou, au cap regardant l'île de Bréhat. Fort avantageuse, la situation de Paimpol lui a toujours assuré un bon mouvement commercial et maritime. La ville n'est pas très vaste ; mais beaucoup de ses habitations prouvent, par leur aspect élégant, qu'elles furent bâties par des propriétaires fort aisés.

C'est surtout aux époques du départ et de l'arrivée des pêcheurs de morue que le bassin devient animé.

Il n'y a guère moins de deux mille Paimpolais occupés, tant à Terre-Neuve qu'en Islande. Cette dernière île et les Féroë commencent à être les plus fréquentées [1].

Les statistiques donnent fréquemment à Paimpol, sous le rapport de la pêche morutière, la prépondérance sur Saint-Brieuc.

Par sa position, la ville est un point de relâche avantageux ; elle pourrait devenir importante et le fit bien voir pendant le blocus continental, où elle reçut un si grand nombre de prises.

De son histoire, Paimpol se souvient, avec une rancune bien justifiée, qu'elle avait été remise comme place de sûreté aux mains des Anglais (1591), appelés par Henri IV pour contre-balancer l'influence espagnole.

Toujours clairvoyants quand il s'agit de leur intérêt, et toujours disposés à étendre leur prépondérance, ces dignes alliés songèrent à se faire, de la petite cité bretonne, un point d'appui sur le

---

1. Voir notre premier volume, chapitre II.

continent. Dans le même but, ils désiraient aussi qu'on leur remît Brest.

Mais, après quatre années de pillages de tout genre, ils s'imaginèrent rendre un mauvais service au roi en lui retirant leur *protection* et ils retournèrent chez eux.

Paimpol avait été une des premières villes délivrées. Elle ne respira pas longtemps. Sous prétexte d'attachement à la Ligue, Guy Eder de La Fontenelle parcourut la province, se livrant à des crimes odieux. Il s'empara du petit port et le mit à feu et à sang.

Après ces deux calamités, Paimpol avait besoin de respirer, de se remettre. Le travail lui rendit ce qui venait de lui être enlevé, et la fortune suivit sa constante persévérance.

Au nord de Paimpol, à environ dix kilomètres, gît l'île de BRÉHAT, dont une des pointes regarde l'embouchure du *Trieux*.

Partout, désormais, la côte, dentelée de roches, va s'effriter en îles, en îlots et plateaux, resserrant les passages, constituant des *sillons* granitiques dangereux, qui ont nécessité l'établissement de phares multiples.

Bréhat, la plus importante des îles des Côtes-du-Nord, est séparée de la terre ferme par un chenal de moins de deux mille mètres de largeur, appelé de *Ploubaznalec,* nom du bourg continental dont il baigne le territoire. Ce passage est dangereux, mais il reste le meilleur que les habitants puissent choisir.

Plusieurs îles dépendent de Bréhat. Les principales sont *Raguinès-Meur, Logodec, Séhérès, Mezarrun, Kergaro.*

Au nord, on trouve les *Héaux*, redoutable petit archipel ; au sud, à la pointe *Misard* ou *Minard,* un second groupe d'îlots : *Roch-ar-Melec,* les *Trépieds,* les *Grands Piliers ;* à l'est, un troisième groupe : *Pistisic, Armor-Bic, Lescorden...*

En réalité, commence ici la côte que les marins appellent à trop juste titre *redoutable*, et dont les dangers vont aller en augmentant, sauf de rares interruptions, jusque vis-à-vis Quimper.

Familiarisée avec ces dangers, une nombreuse population de pêcheurs brave l'existence la plus pénible, la plus ingrate, et s'élance des moindres criques pour demander à la mer tout ce qu'elle peut donner.

Les Bréhatins ne font pas exception à cette loi. La marine

militaire leur doit un certain nombre d'officiers très distingués. Parmi eux, on cite Thomas, le pilote de la flotte française dans l'Escaut, qui eut l'honneur d'être consulté, lors de la création du port d'Anvers; ses services lui valurent le grade de lieutenant de vaisseau, avec une retraite spéciale.

Bréhat n'a pas de relief très accentué. Les éminences du Sud sont les plus importantes et des fortifications les défendent. Bien que très battu par la mer et par le vent, son sol est fertile; aussi les propriétés y atteignent-elles un prix relativement fort élevé.

L'abbaye de Beauport avait des droits sur l'île, qui dépendait du duché de Penthièvre. Comme le reste du littoral nord et ouest français, Bréhat souffrit beaucoup des incursions des Anglais. En 1409, un comte de Kent s'en empara, fit raser le château et incendier *toutes* les maisons. Les infortunés habitants s'enfuirent. Pendant quelques années, l'île resta déserte. Peu à peu on y revint, mais chaque crise politique dont souffrit la Bretagne eut sur elle un triste retentissement.

Mercœur entreprit de la fortifier en 1590, et les Bréhatins espérèrent pouvoir respirer. Malheureusement, un an plus tard, les Anglais, campés à Paimpol, résolurent de s'emparer de cette position. Ne pouvant vaincre par la force, ils essayèrent de la famine, et, pour prix de leur courage, les assiégés subirent d'effroyables traitements. Seize d'entre eux furent pendus aux ailes des moulins à vent, voisins de Bréhat!!...

Indignés, les Malouins accoururent et firent payer cher aux vainqueurs les crimes dont ils venaient de se souiller.

En 1753, pour laisser aux habitants la possibilité de se remettre et des calamités des guerres et de désastres locaux, des lettres-patentes les exemptèrent du *droit de fouage* pendant quinze années.

Ce droit était un des plus lourds qui pesassent sur les propriétés roturières. On fait remonter son origine à l'année 1277, mais d'Argentré démontre qu'il faut le reporter vers la fin du quatorzième siècle, tout au moins pour sa perception régulière. C'était en 1366, Jean IV, tenu d'aller rendre hommage au roi de France, demanda de l'argent aux États. Il lui fut accordé un « écu d'or soleil » *par feu*.

A l'origne, la répartition atteignait toute terre ayant pour centre une habitation. Dans la suite, il n'était levé que par paroisse. Les domaines nobles en étaient exempts.

Bréhat possède plusieurs havres ; celui de la *Corderie*, accessible même aux frégates et bien abrité, partage l'île en deux. A mer haute, on peut le traverser de bout en bout.

Les pointes du *Paon* et du *Rosédo* ont reçu chacune un feu rouge fixe à réverbère (4° ordre). Les roches du Rosédo, en très beau granit rouge, poli par la mer, sont tellement battues que le goémon ne peut s'y attacher.

Le petit port de la *Chambre* est au sud. Très profond, quand

Pont suspendu à Lézardrieux.

le flux s'y engage, mais d'une entrée fort étroite, il a été le refuge d'intrépides corsaires qu'il abritait de tout coup de main et dont les navires pouvaient, à volonté, choisir ensuite trois routes, celles des chenaux du Ferlas, de Bréhat ou des Bancs de sable.

Le *Port-clos* mérite bien son nom ; très exigu, abrité et assez profond, il reçoit les bateaux faisant le service de la grande terre. Une autre petite station est établie à l'*Arcouëst*. Parmi les rochers dont les rivages de l'île sont semés, on va voir la *Roche Branlante*, énorme bloc, reposant transversalement sur deux pointes granitiques et simulant d'autant mieux un pont que la mer bat en dessous avec fureur.

Les écueils dits : Héaux de Bréhat, commandent la pointe nord-est du département. Extrêmement dangereux, il a fallu y établir un phare protecteur.

Quand on a visité des phares, situés en terre ferme, dans des endroits, il est vrai, souvent très écartés, mais permettant toutes facilités de communications et d'approvisionnement, la première idée qui vient à l'esprit, c'est d'admirer le dévouement des gardiens, tout en les plaignant de leur isolement, admiration très légitime, car du service des phares dépend la sûreté de la marine. Cependant, pour apprécier jusqu'où peut aller l'énergie de ces humbles serviteurs, leur héroïque stoïcisme, il faut venir voir un phare semblable à celui des Héaux, prison établie sur des roches saillant à peine au-dessus de la mer et enveloppée par des courants semblables à des torrents furieux.

Pendant peu d'instants, et seulement si le vent est favorable, l'écueil reste découvert. Pour y accéder aussi fréquemment que possible, un rude sentier à pic, véritable rigole, a été creusée dans le granit et des crampons en fer, scellés dans la maçonnerie, constituent l'unique voie permettant de franchir la porte du vestibule !...

Quatre gardiens font le service du phare. Chacun d'eux va, à tour de rôle, passer une semaine chez lui. La tour reste, par conséquent, toujours pourvue de trois gardiens, sur lesquels, chaque nuit, est pris le veilleur de la lanterne.

Tout le long du jour, une seule distraction est possible, à condition, encore, que la mer le permette : la recherche des coquillages au milieu des pointes découvertes.

Vienne l'été, le soleil, dardant à pic sur les blocs rocheux, y entretient, ainsi que dans la tour, une chaleur accablante.

Vienne l'automne et ses brouillards, vienne l'hiver et ses tempêtes prolongeant les nuits interminables, les communications se trouvent interrompues. Il devient nécessaire d'avoir recours, comme sur un navire, aux barils de lard, de biscuit, aux boîtes de conserves, aux caisses de fer contenant de l'eau potable !...

Et malgré tout : fatigue, froid, brumes, flots écumants frappant le phare, le veilleur, au sommet de la tour, entretient la lueur protectrice, pendant que ses compagnons étudient le règlement du service, soucieux de ne rien négliger. N'ont-ils pas charge de vie ? De leur vigilance le salut de tant d'hommes peut dépendre !

Au moins un salaire et une retraite convenables sont-ils la

récompense d'un aussi dur travail?... Passons vite sur ce point. Les gardiens de phares rentrant dans la grande catégorie des serviteurs utiles, trop oubliés, sinon méconnus !

La tour des Héaux, pourvue d'un appareil dioptrique [1], est classée de premier ordre. Sa construction a fait époque, pour les procédés qui y ont été employés : assises du massif, jointure des pierres, aménagement intérieur, procédés adoptés partout depuis lors.

M. Raynaud, l'ingénieur dirigeant ce beau travail, y acquit une réputation légitime. Plus tard, il fut chargé de tout le service des phares et balises [2].

La tour se compose de deux parties. Une base absolument massive et des chambres superposées, communiquant par un escalier en spirale. Le feu est fixe.

A l'époque où le phare a été construit, il n'y avait pas encore de remorqueurs à vapeur. La roche qui devait servir de base découvrant seulement aux basses mers, et étant constamment battue par un courant, les ouvriers se voyaient très souvent exposés à des sorties inutiles ou mêmes dangereuses. Il fallait remporter les matériaux à un chantier éloigné et attendre des journées plus favorables.

Plus tard, en avançant sur le littoral breton, nous verrons d'autres feux dont l'établissement a été, peut-être, plus difficile encore; mais, nous le répétons, l'expérience acquise aux Héaux de Bréhat a rendu d'inappréciables services. C'est ainsi qu'elle a permis d'élever le phare des Roches-Douvres, plateau d'écueils étendu au large du nord du Bréhat et commandant les récifs de Barnouic, situés entre les derniers rochers et l'île même.

Cette tour, construite en fer et tôle, fut montée au Champ de Mars, lors de l'exposition de 1867. Transportée à Bréhat dans les premiers mois de 1868, elle fut remontée sur le soubassement en maçonnerie dont un des points des Roches-Douvres avait été couvert. L'entreprise était terminée le 6 août 1869.

Le feu est visible à près de quarante-huit kilomètres. Son foyer s'élève à cinquante-cinq mètres au-dessus des plus hautes mers.

---

1. Voir notre premier volume, chapitre xvii.
2. Voir notre premier volume, chapitre xvii.

Une cloche, installée sur la galerie supérieure de la tour, sonne de trois secondes en trois secondes pendant les temps de brume.

Les logements et les magasins sont établis dans la partie inférieure, sensiblement renflée. Peinte en blanc, les couvre-joints se détachent en gris ; l'une des principales occupations des gardiens consiste à visiter toutes les parties de l'édifice, afin d'arrêter immédiatement la plus faible trace d'oxydation. Sans présenter, comme monument, la valeur du phare des Héaux, celui des Roches-Douvres possède néanmoins une grande, quoique gracieuse apparence, et les Côtes-du-Nord peuvent à bon droit avancer qu'elles possèdent les deux plus beaux types de ces sortes d'édifices.

Signalons encore le feu de la Croix, voisin, lui aussi, de Bréhat et correspondant avec le feu de Bodic. Ce dernier est installé sur une fenêtre percée au milieu d'un mur immense qui, pendant le jour, est visible de très loin. Tous deux indiquent l'entrée du chenal du Trieux.

Le phare de la Croix couronne une très grosse roche. Le granit gris a servi à sa construction. Comme on disposait de plus de place qu'aux Héaux, on lui a donné l'apparence d'un donjon féodal, grâce à l'adjonction d'une tourelle, engagée dans le corps principal, pour contenir l'escalier. Les chambres des gardiens y gagnent un peu en largeur.

Nous reprenons pied sur la terre ferme, non loin de l'embouchure du Trieux, pour visiter un gros bourg et une ville qui ont emprunté leurs noms, ainsi que leur importance, à ce petit fleuve.

En général, les agglomérations rurales du département des Côtes-du-Nord ne sont pas considérables. La population se disperse en une quantité de villages, de hameaux, pour vivre chacun sur sa propriété. Les bourgs se ressemblent à peu près tous : Une place allongée contient l'église, quelques boutiques, une auberge et une grande bâtisse portant sur la façade le mot « Gendarmerie ». Parfois, deux ou trois ruelles complètent le tableau. Du reste, les monuments artistiques sont rares. Le voyageur ne se douterait pas qu'à une petite distance le pays de Léon renferme des merveilles.

Les chapelles sont très nombreuses sur la côte et dans les

LÉZARDRIEUX

champs. Elles n'ont aucun caractère architectural, à peine quelques moulures originales ornent-elles la porte d'un bâtiment carré, surmonté d'un petit clocheton. L'intérieur, simple comme la façade, conserve généralement des statues coloriées, contemporaines de la construction de l'édifice et curieuses dans leur bizarrerie. Chaque saint est entouré des attributs de la corporation qui l'a pris pour patron ou des instruments, *au naturel,* de son martyre ! Saint Joseph, en chaperon, avec une ceinture de cuir, travaille une poutre à l'herminette. Saint Éloi est muni d'un énorme marteau. Sainte Cécile, coiffée d'un hennin, vêtue d'une robe à queue, du quinzième siècle, est assise à un orgue. Saint Martin porte parfois des souliers à la poulaine, une épée au côté et, par-dessus le chapeau légendaire de Louis XI, repose son auréole, placée en équilibre. Saint Georges, armé de toutes pièces, comme un gendarme des Compagnies d'ordonnance, transperce un dragon vert qui exécute les plus invraisemblables contorsions. Saint Laurent s'appuie sur son gril. Sainte Marguerite sur sa roue... Chaque année, au jour de la fête du saint dont le vocable est donné à l'église, une messe attire les fidèles. C'est l'occasion d'un petit *pardon.*

Les croix, très nombreuses, l'étaient davantage encore autrefois. Les plus nouvellement construites sont de bon goût. Les anciennes, finement travaillées, occupent presque toutes de jolis carrefours ; mais beaucoup chancellent sur leur piédestal de deux ou trois marches.

Aux environs de Paimpol, existent des croix en bois assez singulières. Les instruments de la Passion y sont adaptés. Rien n'est oublié.., pas même un pot à eau et une cuvette chargés de représenter, selon toute vraisemblance, l'aiguière dont Ponce-Pilate se servit pour décliner la responsabilité de « la mort du Juste » !...

Bien que les hauteurs du rivage soient arides, de charmantes vallées y débouchent. Une succession de prairies, étagées les unes au-dessus des autres et enfouies sous la verdure, les forment pour la plupart. Une digue est souvent construite à l'entrée ; elle supporte des moulins mus par la marée. Ce genre de minoterie est assez répandu sur la côte entière où l'on rencontre nombre d'enfoncements profonds, se prêtant fort bien à la création de vastes étangs, au moyen de barrages peu considérables, peu dispendieux.

Le Sillon de Talbert, langue de galets due aux courants qui brisent sans relâche les pointes les plus dures, s'étend entre des rochers, sur une longueur de trois mille mètres et une largeur de cent cinquante.

La côte offre plusieurs sillons semblables, mais celui-ci l'emporte en dimensions, bien que la forme reste la même. Elle simule le parapet d'une place forte.

Quand la mer est basse, des lieues carrées entières de rochers sont découvertes; on y récolte d'immenses quantités de goémon. Une partie de cette moisson est convertie en soude ; mais, sous ce rapport, les environs de Brest l'emportent. Les quatre cinquièmes du goémon du Talbert servent aux engrais. La marche est très pénible sur ce sillon, trop bas pour procurer une vue étendue et composé de galets trop mouvants pour des pieds de citadins. Un point blanc, s'élevant au loin, marque le feu des Héaux.

Le petit fleuve nommé *Trieux* a, plusieurs fois, appelé l'attention des marins compétents, qui souhaitent vivement y voir établir, dans une situation sûre, un port de refuge pour notre flotte de la Manche.

Admirablement défendu par les Héaux, l'île de Bréhat, et, surtout, par les différents points dangereux qui l'entourent, Lézardrieux pourrait devenir très important. Vauban avait songé à le doter d'un arsenal militaire et, bien souvent depuis, on a fait valoir les avantages qui en résulteraient.

Les bords du Trieux sont élevés et escarpés, mais son lit, assez large, très profond, permettrait à une trentaine de *vaisseaux* de venir mouiller à la file, en prenant seulement quelques précautions pour l'évitage.

Soigneusement marquées, peintes ou balisées, les roches du passage n'offriraient, par un temps clair, aucune difficulté, et, par temps sombre, un pilote viendrait toujours à bord.

En arrivant du large, ces roches rougeâtres, ces tourelles, ces brisants ont un air assez terrible ; puis, quand on a longé tout cela, la route tourne brusquement et l'on entre dans une passe qu'un œil de marin peut seul démêler.

On parvient ainsi jusqu'au pont suspendu, rival du pont de la Roche-Bernard et, comme ce dernier, laissant passer, toutes voiles déployées, les bricks de taille ordinaire ; ceux de fort tonnage, seuls, seraient obligés d'abaisser leurs mâts de perroquets[1]. Les culées du pont s'appuient sur des rochers qui, en cet endroit, simulent un défilé.

Il y a près d'un demi-siècle que cette belle construction a remplacé le bac incommode, sinon dangereux, alors établi à la même place.

Immédiatement en remontant encore, on trouve un beau bassin, presque circulaire, aux bords en pente douce, fertiles et tout couverts d'exploitations rurales. Le fond, vaseux, serait des plus faciles à approprier, avec les moyens actuels.

C'est dans ce bassin que différents projets placent les arsenaux et les grands établissements divers d'un refuge pour la marine militaire. On ne saurait désirer un point plus sûr, mieux situé, plus à portée de rendre de grands services, en cas de guerre.

Lézardrieux signifie littéralement : *cour du Trieux*. Probablement le mot cour est-il pris, ici, comme on l'a fait remarquer, pour l'équivalent de : juridiction ; cela est vraisemblable, puisque la *justice* de Kermadre était établie dans cette commune qui, de plus, possédait la *maison noble* de Kermarker-Coatrevin, appartenant à OLIVIER ARREL, l'un des héroïques tenants du *Combat des Trente*.

En remontant vers sa source, le lit du fleuve se fait moins large ; mais est navigable jusqu'à PONTRIEUX, par conséquent sur une distance de vingt kilomètres environ, depuis Bréhat.

C'est une artère qui vivifie tout le pays, en favorisant les transports d'engrais marins et de céréales.

Pontrieux, partagé en deux par le cours d'eau, était autrefois situé un peu au sud-ouest de sa position actuelle, au pied de la forteresse de Châteaulin (possession de Penthièvre, démantelée par Jean V, en 1402).

Les pêcheries et le commerce de cette petite ville l'ont faite depuis longtemps très aisée ; elle était le débouché de tout le pays de Guingamp.

---

1. Voir notre premier volume, chapitre XVIII.

Sa vallée profonde et resserrée l'a souvent exposée aux inondations ; les plus désastreuses eurent lieu en 1773 et 1778. Dans l'intervalle, le feu la ravageait, renouvelant les exploits des Anglais qui, à diverses reprises, la brûlèrent. Ces malheurs ont changé la physionomie de Pontrieux, à présent bien bâti, propre comme il convient à un centre important de marchés et de foires fréquentes.

Le LEFF se jette dans le Trieux. Au confluent de ces cours d'eau, se voient les ruines d'un château fort appelé *Finaudour*, *Fniaudour* ou *Frinandour* (nez dans l'eau), nom pittoresque bien appliqué à la situation entre les deux rivières. Cette place fut assiégée, en 1393, par Olivier de Clisson, révolté contre le duc ; elle devint propriété de la famille de Coëtrieux, *seigneur* d'une partie du pays.

Un peu plus haut, sur le rive gauche du Trieux, on rencontre une seconde forteresse, bien conservée malgré son antiquité. C'est la ROCHE-JAGU. Clisson la prit en même temps que Frinandour. Elle fut rebâtie au quinzième siècle, et, par suite d'alliances ou d'acquisitions, devint propriété du duc de Richelieu, qui la vendit, en 1773, à la famille Le Gonidec de Traissan.

Une visite à la Roche-Jagu fait reculer le temps. On se retrouve avec les chevaliers bardés de fer, qui circulaient à l'aise dans ces vastes salles élevées et sombres, dans ces immenses corridors, derrière ces parapets à mâchicoulis. La façade est située du côté opposé à l'entrée ; elle domine la rivière et l'épaisseur de ses murailles est telle qu'on y a ménagé la chapelle.

Irrégulier dans son ensemble, le château, avec ses nombreuses cheminées ornementées, dépassant de beaucoup les combles, avec sa vieille toiture d'un gris noir, les eaux qui le baignent et le bois qui l'entoure, mérite de ne pas être oublié. On y conserve des meubles et des tapisseries de haute lice d'une réelle valeur.

LANLEFF a eu l'honneur d'occuper pendant longtemps les archéologues bretons, qui cherchaient l'origine et la date de construction de son *Temple*.

Les suppositions allaient grand train, mais, les chroniques locales restaient muettes, ne s'accordant que sur un point : c'est que *des moines rouges* ont bâti cet édifice.

Une étude sérieuse donne raison aux chroniques. Au douzième siècle, les Templiers avaient obtenu du duc Conan IV de grands biens dans cette partie de l'évêché de Tréguier. Après la chute des Templiers, les chevaliers de Saint-Jean de Jérusalem (plus tard de Malte) furent héritiers de presque toutes leurs possessions. Ces nouveaux moines portaient un habit militaire rouge, avec une grande croix blanche. Les paysans furent frappés de ce costume et oublièrent les moines « blancs » ou Templiers, fon-

Ruines du temple de Lanlett.

dateurs, cependant, de la plupart des édifices remarquables de la contrée[1].

Le temple de Lanleff est un monument circulaire, à double enceinte concentrique. La première, extérieure, et possédant trois absides en hémicycle, est distante de trois mètres de la seconde ; celle-ci est percée de douze arcades en plein cintre, soutenues par des pilastres carrés. Douze fenêtres ornées de colonnes étroites correspondent à chacune des arcades et sont séparées par des colonnes qui, unies aux colonnes des pilastres, forment la galerie voûtée régnant entre les enceintes. Le dôme central est écroulé. Les chapiteaux sont couverts de figures

[1]. Nous reproduisons, ici, l'opinion du savant et consciencieux M. de Blois.

géométriques, de symboles hiéroglyphiques, de personnages difformes, de têtes de bélier.

Si l'on se reporte à l'époque révélée par l'architecture du monument et que l'on pense aux moines, rouges ou blancs (chevaliers du Temple et de Malte), seigneurs d'une grande partie du pays, il n'y a plus aucune objection à voir, dans le vieil édifice, une imitation de l'église du Saint-Sépulcre. La belle église Sainte-Croix, à Quimperlé, avait été construite sur ce modèle vénéré.

Et même, en admettant que les moines n'y contribuèrent pas, rien n'empêche de lui donner pour fondateur l'un des chevaliers bretons, compagnons du duc Alain Fergent, lors de la première croisade. La famille a pu s'éteindre et l'église, pieux souvenir, tomber dans l'abandon.

La partie centrale du Temple avait été convertie en un cimetière, surélevé de plus de dix mètres. Un if immense le couvrait presque en entier. Si l'on se souvient avec quelle lenteur la croissance de l'if se développe, on pouvait assigner une date extrêmement reculée à l'arbre ami des morts, et le faire, tout au moins, contemporain de l'édifice. Peut-être fut-il planté quand, le toit s'étant écroulé, on songea à faire un cimetière de la seconde enceinte.

L'if, ainsi que la fontaine voisine de l'église, figurent dans une sombre légende, racontée volontiers par les vieillards.

« Mouillez la margelle, disent-ils, voyez ces sept taches rouges apparaissant plus nettes? Dans des temps anciens, si éloignés que l'if n'était pas même encore une pauvre petite branche, des hommes cruels parcouraient le pays, achetant des enfants. Un père infâme leur vendit les siens. Le marché fut conclu près de la fontaine et, pendant que l'on couvrait de liens les malheureux petits êtres, l'or du marché maudit gisait sur la margelle. Mais, voilà qu'au moment où le père comptait la somme, chaque pièce laissa une empreinte sanglante !... Depuis, nul lavage n'a eu le pouvoir de faire disparaître les taches vengeresses. »

La fontaine et les marques rougeâtres existent toujours ; mais l'arbre a été coupé. On le regrette, bien que probablement il eût gêné la restauration du vieux *Temple*.

Lanleff, situé dans un paysage sévère, au milieu de bois de chênes, a grand besoin d'améliorer ses routes. En plus d'un endroit, on se croirait revenu au temps des druides, tellement les chemins sont défoncés et enfouis sous les voûtes formées par les branches d'arbres. Le pays gagnerait beaucoup à être, sous ce rapport, promptement transformé.

Chasse-marée et son embarcation.

CHAPITRE XVI

PÊCHEURS COTIERS ET BATEAUX DE PÊCHE

Ce n'est pas une exagération, croyons-nous, que de représenter le plus grand nombre des ports bretons comme employant chacun, pour leurs bateaux, une voilure spéciale, un mode de construction particulier. A première vue, un pêcheur dira : telle barque est de *Lannion*, tel canot de *Ploumanac'h*, tel bateau de *l'Abervrac'h*.

Les différences, sauf la grandeur, ne sembleraient pas être capitales pour les *terriens*. Cependant, elles ont toujours une importance réelle sur le maniement à la mer, et sont basées, soit sur les difficultés offertes par la côte, soit sur le genre de travail auquel se livre l'équipage.

Un peu partout, on tend à augmenter les proportions des bateaux ; mais, dès qu'il s'agit de les envoyer parmi les roches ; dès que, souvent, un seul homme, deux au plus, montent ces embarcations, la nécessité s'impose de ne pas les construire trop pesantes ou réclamant trop de force pour obtenir la précision des évolutions.

Tout à l'heure, nous parcourrons le Finistère et les fructueuses pêches du maquereau et de la sardine attireront notre attention. Ici, nous voulons particulièrement nous occuper de la pêche côtière et de l'industrie des engrais marins.

Sans chercher beaucoup, on trouverait encore, dans les environs de Saint-Brieuc, de grosses chaloupes non pontées, à arrière carré, très profondes, lourdes et pouvant porter une dizaine de tonneaux[1]. Elles sont mâtées en *flambart*, c'est-à-dire qu'elles marchent avec deux voiles.

---

1. Voir notre premier volume, chapitre xx.

D'autres flambarts, pontés, sont de vrais navires, jaugeant vingt tonneaux, très fortement mâtés. Le bâton de *foc* est surtout immense.

On appelle *foc* la voile triangulaire ou latine qui se développe sur un cordage ou sur un étai, entre les mâts de beaupré et de misaine ; un grand bâtiment en porte plusieurs [1]. La position de ces voiles les rend très utiles pour la manœuvre ; en effet, placées sur une sorte de levier, on s'en sert pour faire *arriver* le navire ou pour contre-balancer la force de la voilure de l'arrière.

Les bateaux qui font le service entre la grande terre et l'île de Bréhat ont de particulier que leur voile de misaine est plus forte que la grande voile. Les passagers sont ainsi moins gênés... et, probablement, moins gênants pour la manœuvre.

Loquivi, à l'entrée du Trieux, est une petite anse sablonneuse, dominée par des collines, et défendue par des roches. Ses pêcheurs sont extrêmement industrieux : on les rencontre à plus de dix lieues à la ronde. Leurs bateaux, excellents pour la grosse mer, ont une longueur de cinq mètres, sur une largeur de deux mètres vingt, avec des mâts plus longs que l'embarcation ; ils se présentent donc comme très courts et très larges. Leur avant est taillé en coin, leur mâture est celle des flambarts : très forte, avec un foc.

On construit, à Loquivi, des bateaux d'assez fortes dimensions, ce qui n'empêche nullement d'établir les chantiers à une respectable distance de la mer.

Une petite anecdote caractéristique nous édifiera à ce sujet.

On voulait lancer un beau bateau ponté (jaugeant une trentaine de tonneaux), construit dans la cour du charpentier du bourg, à *quatre cents mètres* du rivage.

Bravement, il fut monté sur deux chantiers à roulettes, et tout le bourg s'y attela : les plus anciens pêcheurs présidaient à l'opération !... Le chemin était loin d'offrir une surface unie. A chaque instant, l'une des roues tombait dans une ornière, et il fallait agir avec des mâts, disposés en leviers, pour l'en retirer. Peut-être le transport du poids d'une trentaine de tonneaux, par

---

1. Voir notre premier volume, chapitre xviii.

cette route défoncée, eût-il embarrassé plus d'un ingénieur ordinaire ; mais les rudes pêcheurs, habitués aux pénibles manœuvres, ne se montrèrent nullement déconcertés et le bateau fut heureusement lancé ! ! !

Vis-à-vis le bourg se trouvent l'Ile-a-Bois et l'Anse de Pomelin. Le sable de cette région est réputé le meilleur de tous pour l'amendement des terres, aussi des bateaux y viennent-ils par centaines en draguer.

Ce sont des *cotres* ou embarcations à un mât, jaugeant environ vingt tonneaux. L'équipage tire le sable, sur des fonds d'une dizaine de mètres, au moyen de dragues fixées au bout d'une longue perche actionnée par un treuil. Pendant l'opération, quatre ancres mouillent[1] solidement le bateau.

Quatre hommes et un mousse composent l'équipage. Ils vont porter le sable jusqu'à Pontrieux. En profitant de la marée, ils font un voyage par jour ; mais, trop souvent, il devient nécessaire de manier les avirons toute une nuit, cela pour un chargement valant de vingt à trente francs ! Nul métier n'est plus pénible, ne vieillit plus rapidement ceux qui l'exercent.

Les pêcheurs de goémon, ou varech, emploient de grosses chaloupes, du port d'une dizaine de tonneaux, voilées d'une misaine immense. Elles marchent bien et virent avec facilité, qualité précieuse, puisqu'il leur faut s'engager dans les défilés rocheux où, à tout instant, un choc funeste est à craindre.

Les bateaux *goémonniers* portent leur récolte, soit aux usines qui s'occupent de transformer en soude ces plantes marines, soit simplement à quai, dans différents ports, d'où on les expédie ensuite dans l'intérieur du pays. Les environs de Brest possèdent une ou deux usines ; mais, dans les Côtes-du-Nord, on vend surtout le goémon comme engrais.

Les anciens bateaux de Lannion sont assez grossièrement construits, longs et se rapprochant par leur forme des canots des navires de guerre, aussi remontent-ils facilement les rivières à l'aviron. La voile de misaine est plus développée que la grande voile. Ils peuvent jauger dix tonneaux et parcourent incessamment les fonds voisins, bien fournis en poisson.

---

1. Equivalent de maintenir.

Les bateaux dits *homardiers*, parce qu'ils se livrent à peu près exclusivement à la pêche des homards, sont de beaux cotres de cinquante à soixante tonneaux, fort bien taillés, très bien voilés et d'un gréement solide. L'équipage ne comporte pas moins de six hommes, robustes, alertes, connaissant le moindre *bout* de roche. Généralement, ils sont de Portz-Hevenn, près Paimpol. Les écueils sont leur élément, puisque les homards, les langoustes et les crabes dits *tourteaux, dormeurs, point-clos* prospèrent seulement sur les fonds pierreux, où ils trouvent des retraites et une nourriture assurées.

Par la nature même des chenaux qu'ils sillonnent, les bateaux homardiers doivent être bien pourvus d'ancres, de cordages de toute sorte. Très bien tenus, on n'y lésine jamais sur quelques bouts de grelin, car la vitesse est chose capitale pour eux. En effet, un *vivier* occupe à peu près le *quart* du volume de la cale. Il est compris entre de fortes cloisons étanches[1] ; le bord faisant face à la mer est, dans son intérieur, criblé de trous, en sorte que l'eau peut s'y renouveler sans cesse.

Un puits, ouvrant sur le pont par un panneau, sert à introduire et à retirer les homards.

Un bateau ordinaire peut en prendre dix-huit cents par voyage. Sur ce nombre, il en perd de quatre-vingts à cent. Presque constamment, la mortalité sévit sur les prisonniers, à partir du douzième au quinzième jour. La vitesse, répétons-nous, est donc une condition de succès.

Les homardiers sont tous d'excellents marcheurs. Beaucoup, attachés au port de Paimpol, se rendent jusqu'à l'île de Sein, en touchant à tous les endroits où des correspondants se chargent de rassembler le produit des pêches. Comme, en général, un prix est fait pour l'année entière, il n'y a jamais de temps perdu.

Les homardiers ne pêchent pas eux-mêmes ; ils se contentent de venir prendre les crustacés dans des lieux où, sans leur concours, nul ne les rechercherait, à moins de subir de grands frais de transport. C'est à la fois un avantage et un inconvénient ; un avantage, parce que de pauvres familles trouvent, de la sorte, une rémunération assurée du labeur de ses travailleurs ; un

---

1. C'est-à-dire qui ne laissent pas pénétrer l'eau.

inconvénient, parce que, peu à peu, on épuise les meilleurs fonds. Déjà, des stations autrefois renommées ne produisent rien ou presque rien.

Tout va se concentrer à Paris. Mais, du reste, si aux lieux de production on ne peut maintenant qu'avec de grandes difficultés se procurer un homard ou une langouste, le consommateur parisien ne s'aperçoit guère plus de cette pénurie qu'il ne profite d'un abaissement de prix...

L'équipage d'un cotre homardier ne se compose que d'hommes rompus à tous les dangers de la navigation, pouvant fournir les meilleurs des pilotes; car, pour aller de Paimpol à l'île de Sein, à la voile, et revenir en *quinze jours*, il ne faut pas craindre d'entrer et de sortir des ports par tous les temps, par la nuit ou par la brume, et, en coupant au plus court, par des passages extrêmement dangereux.

Auprès de ces beaux bâtiments, il convient de placer les bateaux qui les approvisionnent, tels ceux de PLOUMANAC'H.

Ils comportent deux voiles, sont un peu allongés et possèdent quatre avirons terminés en pointe, qui procurent une marche rapide. Excellentes embarcations, elles pêchent le homard aux SEPT-ILES et au plateau des TRIAGOZ.

Les marins, très beaux hommes, forts, énergiques, vêtus d'un gros tricot et de l'inévitable *suroit*[1], livrent leur pêche aux cotres homardiers, qui payent 1 fr. 50 chaque pièce. Plusieurs patrons de barque ont des conventions passées avec des marchands. Dans ce cas, douze francs par semaine sont alloués à chaque homme, plus vingt-cinq centimes par pièce. Quelques pêcheurs entreprenants préfèrent expédier leur marchandise eux-mêmes. En général, cela est considéré comme une spéculation désavantageuse; quant aux hommes liés par une convention, ils semblent satisfaits des prix obtenus.

Le dessin représentant des casiers à homards fait suffisamment comprendre l'ingéniosité de ce moyen. L'appât est placé au casier. L'animal, attiré, entre sans difficultés; mais ses pattes, ses antennes, les nageoires de sa queue s'embarrassent aussitôt

---

[1]. Sorte de paletot en gros drap, usité parmi les pêcheurs, qui le revêtent par-dessus leurs vêtements déjà très lourds.

dans les rayons d'osier : il ne peut plus bouger et, avec un peu de précaution, on s'en empare. Tous les pêcheurs sont munis de petites chevilles qu'ils introduisent, avec dextérité, au défaut de l'articulation des grosses pinces; cela fait, les captifs n'ont plus que la ressource de frapper de violents coups de queue, inoffensifs pour leurs rudes vainqueurs.

Les pluies fréquentes, des tempêtes soudaines, une lutte constante au milieu des courants et des écueils, cause de milliers de naufrages, et, joint à cela un salaire des plus humbles ; voilà l'existence des hommes parmi lesquels se recrute la majorité de notre marine militaire... Duguay-Trouin avait-il tort de dire :

« Le matelot breton n'a pas d'égal. »

Château-Renaud, l'illustre maréchal de France, vice-amiral du Levant, sous Louis XIV, écrivait :

« Les longues, les rudes croisières de l'Océan, en hiver, ne sont faciles qu'avec les matelots bretons. Ils s'animent, à mesure que le danger s'accroît, et se montrent toujours plus grands, plus résolus, plus opiniâtres que l'ennemi qu'ils ont à combattre. »

Nous ne nous lasserons pas de répéter ce que nous avons dit dans notre premier volume :

Protégeons nos pêcheurs; tout ce que nous ferons pour eux sera fait pour notre marine, cette force vive de la France.

CHAPITRE XVII

TRÉGUIER ET SA RIVIÈRE. — LA ROCHE-DERRIEN. — LE PORT-BLANC
LES SEPT-ILES. — LES TRIAGOZ

La rivière du JAUDY et celle du GUINDY se rencontrent un peu en avant de la presqu'île autrefois nommée TRÉCOR, et, désormais unies, coulent dans un lit élargi, creusé par la marée. Des travaux relativement peu importants feraient de ce point un très bon mouillage, accessible aux plus grands bâtiments qui, déjà, y pourraient accéder à mer haute, en prenant quelques précautions, et trouveraient, en maints endroits, le fond nécessaire à un flottage constant.

Trécor est devenu TRÉGUIER, en français. Les Bretons l'appellent *Landréguer* ou *Lantréguier* (*ville prise sur le sable ?* ou *ville des trois rivières*), cette dernière étymologie est la plus probable. Le Jaudy, le Guindy et la rivière de Pouldouran, appelée aussi de *Saint-Nicolas*, s'y réunissent.

Bâtie sur une colline en pente douce, dominée par son immense cathédrale et cachant à demi ses maisons parmi les arbres, la ville, vue de sa rivière, paraît extrêmement jolie et beaucoup plus grande qu'elle ne l'est en réalité.

Après l'aspect déchiré des côtes, ce paysage souriant charme et repose.

Tréguier est bien entretenu, mais peu animé. Les constructions, en granit, prennent, avec le temps, une couleur noire, presque triste. Les jardins, très nombreux, sont vastes et beaux, particulièrement celui de l'ancien évêché, maintenant le séminaire.

Beaucoup de communautés possèdent de véritables parcs. Ces couvents, aux portes et aux fenêtres grillées ornées de statues et d'inscriptions, donnent, à certains quartiers, la physionomie d'une ville espagnole.

L'aisance est générale, entretenue par beaucoup d'anciennes familles. On vit ici tout doucement, sans s'inquiéter beaucoup du reste de l'univers. La chasse, la pêche pour les hommes ; quelques promenades et un cercle déterminé de visites pour les dames : c'est tout. Néanmoins, le calme, ou plutôt l'apathie, ne va pas jusqu'à partager le temps entre la table des repas et celle du jeu de dominos, avec entr'acte admiratif devant le « drap mortuaire » de la paroisse, comme l'a raconté Louis Veuillot.

Du reste, le célèbre écrivain, en rééditant une anecdote qui avait souvent servi pour plusieurs autres petites villes bretonnes, rendait hommage à Tréguier, en l'appelant « aimable pays ».

Le commerce, assez faible, consiste surtout en blés. Les environs, riches et bien cultivés, produisent beaucoup de céréales. Le pays est coupé en une multitude de champs séparés par des fossés aux talus couverts d'ajoncs. Les grandes fermes sont rares ; les petites, extrêmement nombreuses. Les chemins, courant entre deux talus et laissant les arbres se rejoindre, y gagnent une certaine humidité.

Les campagnes emploient les engrais marins sur une large échelle, et la plupart des bateaux de Tréguier sont occupés à ce transport.

Très intelligents, les cultivateurs compensent par une sorte d'association les inconvénients de la petite exploitation. Ils s'aident entre eux et se prêtent leurs chevaux, leurs instruments. Les machines à battre ont rendu de grands services à la contrée, car on n'a pas l'habitude de ranger le blé en meules. La machine va de ferme en ferme, les voisins aident à la besogne, et tout marche à merveille.

Le sous-quartier maritime de Tréguier s'étend depuis Lézardrieux jusqu'à la rivière de Morlaix. C'est un des plus populeux qui existent. Il compte près de sept mille inscrits, pêcheurs pour la majeure partie.

L'histoire de Tréguier n'est pas bien chargée. Le premier fait certain constate que son origine est due au monastère fondé par saint Tugdual[1], fils de Hoël le Grand, roi de Bretagne (sixième siècle). La légende nous représente ce prince dégoûté du monde

---

1. Le même, vénéré, en Cornouailles, sous le nom de *saint Pabu*.

et faisant le voyage de Rome dans des conditions miraculeuses. A son retour, il bâtit la chapelle Saint-Michel, à un kilomètre de Tréguier.

Une autre légende voudrait que la tour construite entre la cathédrale et le palais épiscopal fût l'œuvre d'Hasting, *roi de mer*, qui aurait pillé la ville. Or, si le pillage n'est guère douteux, vu les incursions des Northmen sur nos rivages, la tour est postérieure au neuvième siècle.

La véritable existence de Tréguier, comme ville, date de l'élévation de son pasteur à la dignité épiscopale.

Noménoé créa cet évêché par respect pour la mémoire de saint Tugdual et, aussi, parce que le monastère de Trécor était le célèbre refuge d'un grand nombre d'évêques, venus d'Angleterre pendant les incursions des Scots.

Leothérius, Léothéricus ou Haëlvit, fut le premier prélat dont le pouvoir épiscopal est certain. Noménoé approuva, en 849, son élévation par le concile de Redon. Le dernier fut Mgr Le Mintier, mort à Londres en 1801.

Avec lui, s'éteignit la dignité dont il était revêtu, le Concordat ayant autorisé la suppression de l'évêché.

Comme l'évêque de Saint-Brieuc, l'évêque de Tréguier, héritier légitime des pouvoirs de saint Tugdual, ne reconnaissait d'autre seigneur que le duc de Bretagne, bien que Tréguier fît partie d'une enclave du comté de Guingamp, appartenant au comté de Penthièvre.

En 1346, les Anglais, tenant pour Jean de Montfort, ravagèrent et pillèrent Tréguier. Quarante ans plus tard, Olivier de Clisson faisait construire dans la ville un « château de bois de trois mille pas de diamètre, et qui se démontait ». La machine devait servir à camper en pays ennemi. Le connétable la fit charger sur des barques et partit, accompagné de plusieurs grands seigneurs, pour opérer une descente en Angleterre. Mais une tempête causa le naufrage de la flotte, sur la côte de Zélande.

La Ligue troubla la ville. Guy de Rieux, lieutenant du roi, fut assiégé par les paysans des paroisses voisines ; tout se termina pour le mieux, à la gloire des paysans. Les gens de guerre partirent « l'épée au côté et montés, chacun, sur un courtault (cheval) ». Malheureusement, trois ans plus tard, le 17 septembre 1592, une flotte espagnole brûlait la ville.

Tréguier était l'une des quarante-deux cités bretonnes députant aux États, qui s'y assemblèrent en 1607.

Riche et florissante avant la Ligue, la ville s'était vu enlever son tribunal royal par Henri IV, sous prétexte qu'elle n'offrait pas assez de sécurité. Le coup fut rude ; néanmoins, elle s'en releva

Charles de Blois.

et, lors de la Révolution, elle était, de nouveau, riche et florissante. Mais la suppression de son évêché devait l'abattre profondément.

Elle resta isolée, ne pouvant compter que sur ses propres ressources ; car Lannion, qui déjà avait hérité du tribunal, est en possession d'une sous-préfecture, et absorbe ainsi tout le mouvement administratif de cette partie de la contrée.

Il ne reste rien de la vieille cathédrale, pas même la célèbre tour de Hasting, évidemment bâtie au douzième siècle. Un ancien titre apprend que l'église tombait en ruines, au moment où saint Yves entreprit de la réparer. Réparation inutile. En 1339, la première pierre d'un monument nouveau était posée et l'on remplaçait le vocable primitif de Saint-André par celui de Saint-Tugdual.

Classée avec justice sous la protection de la Commission des monuments historiques, la cathédrale a la forme d'une croix latine, de soixante-quinze mètres de longueur sur dix-huit de largeur ; elle a été restaurée avec soin.

Trois tours la dominent : celle dite de *Hasting*, située à l'extrémité du transept Nord ; celle appelée du *Sanctus*, au point d'intersection de la nef et du chœur ; enfin, la tour qui termine le transept Sud. Cette dernière a reçu une flèche en pierre, plus haute que sa base même, laquelle est très délicatement sculptée et percée d'un portail surmonté d'une grande fenêtre à meneaux flamboyants. Des contreforts ornés de consoles et de dais accostent l'immense ouverture ; l'élévation totale du clocher est de soixante-cinq mètres.

L'extérieur de l'édifice se présente majestueusement ; l'intérieur est assez nu, sauf la frise de la galerie sculptée courant au-dessus des arcades et deux ou trois vitraux ; mais le chœur a conservé de fort belles stalles en chêne, œuvre admirablement fouillée, de Girard Dru et de Tugdual Kergus, « menuisiers (!) en la cité de Lantréguier » (1512). Les sujets qu'elles représentent sont empruntés à la vie de saint Tugdual et de saint Yves.

La grande « chapelle du duc » occupe la longueur des trois travées entières de la nef (côté Nord) ; Jean V la fit construire pour se délier d'un vœu.

Le duc, traîtreusement attiré dans un piège, à Chantoceaux, par Marguerite de Clisson, comtesse de Penthièvre, s'était vu en danger de mort. Il promit d'offrir à saint Yves « son pesant d'argent », tout de suite après sa délivrance. La promesse fut tenue. *Trois cent quatre-vingts marcs et sept onces*[1], d'argent, délivrés par ses trésoriers, servirent à élever, en l'honneur du bon saint, la belle chapelle où le duc, par testament, ordonnait qu'on l'enterrât. Cette dernière clause faillit ne pas être exécutée. On inhuma le duc à Nantes, aux côtés de son père. L'évêque de Tréguier réclama ; un long procès s'ensuivit ; enfin, au bout de

---

1. 94 kilogrammes et demi.

neuf années, les restes de Jean V purent être transférés près du tombeau du saint qu'il avait tout particulièrement révéré.

Saint Yves, dont le nom revient si fréquemment sous la plume ou sur les lèvres, quand on feuillette l'histoire de la petite ville bretonne, saint Yves est la plus touchante, la plus populaire des figures dont Tréguier ait gardé souvenir.

Le château de Kermartin, dans la paroisse du Minihy[1], proche Tréguier, fut le lieu de naissance de celui qui devait porter le glorieux surnom de *saint Yves-de-Vérité!* Ses parents se nommaient Hélouri ou Hélory, seigneur de Kermartin, et dame Azo de Kerenguis, de la maison du Plessis, dans la paroisse de Pommerit-Jaudy.

Né le 17 octobre 1253, Yves mourut au château paternel, le 19 mai 1303. On l'inhuma dans la cathédrale de Tréguier, et le pape Benoît XIII le canonisait en 1347.

Sa vie abonde en traits merveilleusement touchants de charité et de désintéressement.

Brillant élève des écoles de droit de Paris, ayant approfondi tout le cercle des connaissances de l'époque, il embrasse la vie ecclésiastique et met sa science au service des pauvres. Aucun travail, aucune dépense ne l'arrêtent quand il s'agit de faire triompher le bon droit. On connaît son plaidoyer pour la veuve de Tours. (Ne serait-ce pas de là qu'est venu le beau titre, jadis donné sérieusement aux avocats : Défenseur de la veuve et de l'orphelin ?)

Nommé *official* de Tréguier, c'est-à-dire juge ecclésiastique, et chargé de rendre, au nom de l'évêque, les sentences contentieuses, tous les opprimés, tous les malheureux eurent en lui un protecteur ardent. Sa charité le poussait à se dépouiller pour vêtir les pauvres, préférant de mauvais habits à la douleur de voir ses semblables souffrir de froid.

Son renom de loyauté fut si universel, si pleinement approuvé, qu'il a traversé les âges. Un plaideur bas-breton, convaincu de son droit, ne manque jamais d'invoquer saint Yves-de-Vérité, qui peut faire triompher la bonne cause.

Honneur du barreau, saint Yves est devenu le patron des avocats et des procureurs.

---

1. Nous avons expliqué ce mot à l'article Saint-Malo.

L'église du Minihy possède une copie du testament de saint Yves, placée sur un tableau, et une partie de son bréviaire, superbe manuscrit sur vélin. La cathédrale s'honore de posséder ses reliques et celles de saint Tugdual.

Le château de Kermartin passa, par mariage, dans la famille de Lafayette. Le général le vendit à Mgr de Quélen, archevêque de Paris, qui fit placer au-dessus du portail une table de marbre, rappelant les noms et la date de naissance de saint Yves. La construction ancienne a fait place à un manoir moderne, mais on prétend toujours y conserver le propre lit en chêne du saint, et, de génération en génération, le doyen de la famille a, seul, le droit d'en user.

Le culte de saint Yves n'est pas prêt de s'éteindre au cœur des Trégorrois; mais, à la louange de ces dignes gens, il faut reléguer dans le domaine des fables tout ce que l'on a dit d'une dévotion à *Notre-Dame de la Haine!!* Jamais ils n'ont eu l'abominable idée d'associer le doux nom de Notre-Dame à des calculs de meurtre et de vengeance. Ils prient saint Yves de faire triompher le bon droit; souvent, ils ont assigné devant son tombeau des témoins ou des débiteurs parjures, persuadés qu'ils étaient que le mensonge ne pourrait être soutenu devant le « patron de toute vérité »; mais, là, se bornent leurs invocations.

Tréguier a eu le bonheur de conserver son *cloître,* attenant à la tour d'Hasting. Il date du quatorzième siècle et l'élégance de son quadrilatère est très remarquable. Les minces colonnettes supportant les arcades sont disposées par paire. De beaux contreforts pyramidaux, s'élevant symétriquement dans le préau, se relient par un petit arc-boutant à l'arcature principale. Une restauration soigneuse a préservé de la ruine ce gracieux monument.

Tout bon Breton qui visite Tréguier ne peut se dispenser de remonter le Jaudy, sur une longueur de six kilomètres, pour aller passer une heure au moins à la ROCHE-DERRIEN, petite ville jadis célèbre et théâtre d'événements ayant exercé une si grande influence sur la Bretagne.

Nous nous bornerons, cependant, à mentionner : la date de la fondation de son château : 1070; le nom de son fondateur : Errien ou Derrien, fils d'Eudon ou d'Henri, premier comte de

Penthièvre, et le siège soutenu contre Charles de Blois qui, mal inspiré, ne voulut pas écouter les propositions des habitants, réduits au désespoir. Une armée vint au secours de la Roche ; Charles, battu et fait prisonnier, fut envoyé en Angleterre où il passa une année.

Bertrand Du Guesclin fut fait seigneur de la Roche-Derrien, après la levée du siège de Rennes.

Il n'y a pas encore longtemps, existait à La Roche (il existe

Phare de Triagoz.

peut-être toujours) une coutume née, sans nul doute, d'un vieil usage féodal.

« Le lundi de la Pentecôte, dit Ogée, quatre hommes, précédés d'un bouffon et d'un cortège armé, portent, tambour battant, un veau tout écorché au village de la Villeneuve, situé à environ cinq cents mètres de la Roche. Le bouffon prononce un discours de sa façon, puis on dépèce l'animal, et on le répartit entre plusieurs familles des environs, appelées à cette distribution.

« Le samedi après la Fête-Dieu, veille d'une des fêtes de la Roche, les mêmes hommes qui ont porté le veau à la Villeneuve dressent sur la place de leur ville une table qu'ils chargent de dessert et de vins ; puis ils prennent les armes et vont à la rencontre des jeunes filles du village qui apportent un énorme pot de lait surmonté d'une couronne de fleurs. Le cortège les conduit à la table ; elles partagent le lait entre les jeunes gens et ceux-ci, après leur avoir fait les honneurs de la collation, les reconduisent triomphalement à la Villeneuve. »

La Roche-Derrien garde l'aspect d'une ville ; mais, comme cité, elle ne semble pas prête à recouvrer quelque importance. Le Jaudy la met en communication avec la mer et de grosses barques la visitent ainsi ; néanmoins, le commerce y est à peu près nul.

L'église, du douzième siècle, conserve un très beau retable de l'époque de la Renaissance et sa jolie flèche s'aperçoit de loin.

Nous traversons de nouveau Tréguier, pour goûter les excellentes petites huîtres fournies par le *banc* de sa rivière. Nous nous promenons quelques instants devant ce beau havre profond, si bien abrité et capable de contenir une flotte ; puis, nous allons prendre la passerelle Saint-François, joli petit pont suspendu, jeté sur le Guindy, et remplaçant un bac des plus incommodes. Nous nous trouvons sur le territoire de Plouguiel, riche et fertile commune dont les eaux alimentent Tréguier. L'aqueduc qui les porte fut construit en 1623 ; il a deux kilomètres de longueur et passe sous le golfe baignant la ville. Les États de Bretagne accordèrent des subsides (1762) pour le réparer.

La rive du cours d'eau opposée à Tréguier est un peu plus escarpée et moins cultivée que l'autre. Dans les échancrures, on a établi des moulins mus par la marée. Quelques-uns sont vastes et leur étang est divisé en plusieurs bassins disposés de façon à permettre un constant jeu des meules. Un peu au-dessus de Tréguier, un second pont suspendu, assez long, réuni Plouguiel à la presqu'île de Lézarrieux, supprimant ainsi le vieux bac de la Roche-Jaune.

L'église est un assez joli édifice, où le style gothique se marie au style roman. Le portail, la porte intérieure du vestibule et l'autel du Rosaire sont remarquables.

Un tombeau en pierre, surmonté d'une statue de chevalier assez bien conservée, se voit du côté de l'évangile. Un clocher pyramidal termine admirablement l'édifice, que l'on voit de loin, par suite de sa position sur une hauteur.

De tous côtés, dans ce pays, arrosé par une foule de petits

TRÉGUIER

cours d'eau et offrant des rivages si découpés, les presqu'îles se multiplient.

Le côté de l'embouchure du Tréguier en est une preuve nouvelle. PLOUGRESCANT occupe cette pointe fertile. On vient de loin saluer, à un kilomètre environ du bourg, dans une charmante petite chapelle toute couverte de peintures murales, les reliques de *saint Gonnery*, mort au sixième siècle.

Le jour du *pardon*, une cérémonie très ancienne rappelle le fameux *pardon des coqs*, de Coadout, près Guingamp. Le clocher de la chapelle, élevé d'environ 25 mètres, est garni de crampons qui permettent d'accéder jusqu'au coq terminant la flèche. C'est, parmi les jeunes gens, une lutte amicale pour obtenir la *gloire* d'aller attacher une touffe de rubans à la queue du coq. Une tasse de vin récompense le vainqueur.

A Coadout, la victoire est plus difficile à remporter. Il *faut poser un coq vivant* sur le coq de fer, et, bien entendu, cela ne peut s'obtenir sans *protestations* du pauvre volatile en chair et en os, qui ne tarde guère à retomber pesamment sur le sol, où il est disputé avec ardeur par tous les assistants.

Plusieurs îles : Evinec, Loaven, Er, bordent la côte. Au nord-ouest, un peu au large, se trouvent les *Sept Iles* et le plateau des Triagoz, — dépendant de Perros-Guirec. Mais une promenade en mer ne peut, par un beau temps, qu'être agréable : rendons-nous y donc dès maintenant.

C'est en 1720 que l'on a songé à fortifier les *Sept Iles,* terme arbitraire, car ce plateau, de quatre kilomètres de long, en contient davantage, simples écueils, il est vrai. On ne leur a pas assigné de noms à toutes. Les principales s'appellent l'*Ile Plate, du Cerf, Rouzic, Melban, Bonneau,* la *Pierre-à-l'Oiseau* et l'*Ile-aux-Moines*. Cette dernière, la plus grande, parut propre à recevoir un fort ; en outre, on y établit des batteries ; l'une d'elles, *Guélern* ou *Quélern*, défend l'unique place, très peu sûre, où des navires d'un assez fort tonnage pourraient, cependant, mouiller.

L'île, montueuse, porte, à son sommet, la tour carrée d'un phare de troisième ordre, fixe et à éclats. Son feu complète la ligne lumineuse existant entre l'île de Batz et les Héaux. Une petite garnison, tirée de Saint-Brieuc, occupe les fortifications, sous les ordres d'un sergent. On la relève tous les mois.

Les soldats trompent leur ennui en cultivant des légumes et en chassant les lapins qui pullulent sur les îlots inhabités. Heureux quand il ne s'élève pas quelque contestation entre eux et les gardiens du phare.

Les *Sept Iles* ne sont fréquentées que par des pêcheurs qui viennent déposer leurs casiers au milieu des brisants et y séjournent le moins qu'ils peuvent.

L'absence de port, ou même de mouillage passable, diminue beaucoup l'importance de ce plateau. C'est peut-être heureux, car, autrement, il faudrait y exécuter beaucoup de travaux, afin de l'empêcher de devenir, entre des mains ennemies, un obstacle au cabotage entre Brest et Saint-Malo.

Parfois, des bateaux pêcheurs sont forcés d'y chercher un refuge. Aussitôt, les soldats et les gardiens du phare réunissent leurs efforts pour les tirer à sec sur une petite grève de galets ; sans cela, ils ne tarderaient pas à être mis en pièces.

Le phare des *Triagoz* est placé entre les *Sept Iles* et l'île de Batz (cette dernière située en face Roscoff), sur la roche principale d'un grand plateau d'écueils très dangereux. Sa construction date d'une vingtaine d'années. La roche qui lui sert de base reste toujours beaucoup au-dessus des hautes mers. Très escarpé, il est plat au sommet. De loin, on croirait voir un donjon féodal, planant sur la crête des flots. Sa tour carrée, peu élevée, contient un appareil dioptrique avec feu fixe à éclats, alternativement rouges et blancs. Ces éclats, pendant la nuit noire, ont quelque chose de féerique. La configuration du plateau a permis d'établir une terrasse ou promenoir pour les gardiens, qui n'en sont pas réduits, comme ceux des Héaux, à une gymnastique difficile pour gagner leur refuge, bien que, cependant, l'atterrissage à mer basse soit très peu commode.

Il faut avoir la vocation de la solitude pour briguer une place dans des phares situés ainsi. Mais à quoi ne peut conduire la fascination indéniable, exercée par la mer sur des hommes familiarisés avec elle depuis leur plus petite enfance…

CHAPITRE XVIII

LE PORT-BLANC. — PERROS-GUIREC. — PLOUMANAC'H. — LANNION
BRÉLÉVENEZ. — TONQUÉDEC. — LA LIEUE DE GRÈVE

Afin de continuer l'exploration du littoral, nous abordons au PORT-BLANC (commune de Penvenan). C'est un enfoncement d'un millier de mètres de profondeur sur trois cents de large, qui s'ouvre près de l'île SAINT-GILDAS, dont l'abri procure un bon échouage. Le reste du port est exposé aux vents du nord et du nord-ouest. Une corvette pourrait y mouiller constamment à flot; mais, pendant l'hiver, il faudrait aller gagner l'échouage pour être en sûreté. A l'entrée du port se trouve le plateau du *Four*. Pour le doubler, on suit l'alignement du *Moulin de la comtesse*. Une grande tourelle blanche est bâtie tout exprès sur le bord de la mer.

Le Port-Blanc est devenu assez fréquenté, principalement pour le commerce de grains, de poissons et d'engrais marins. La commune, bien cultivée, possède beaucoup de chevaux; il en résulte que ces animaux sont de toutes les fêtes. Ainsi, le lundi de la Pentecôte, jour du grand pardon, on les amène sur la place, caparaçonnés et couverts de clochettes.

Le beau pardon de Saint-Gildas a lieu également le dimanche et le lundi de la Pentecôte. Quatre kilomètres, environ, séparent l'île du continent; mais la mer offre peu de profondeur sur ce passage, qui assèche à peu près pendant le reflux. Aussitôt la marée basse, et parfois avant que le fond soit découvert, les hardis paysans lancent leurs montures au galop vers la chapelle bâtie sur la côte de l'île. Des hurrahs formidables acclament le premier arrivé, et cette épreuve d'un nouveau genre, infiniment plus sérieuse que celles de maints champs de course, a d'excellents résultats pour l'avenir, car, naturellement, une grande renommée est désormais acquise au cavalier et au cheval.

Chaque animal recevait ensuite (il reçoit sans doute encore), un pain qui a touché les pieds de la statue du bon saint Gildas.

Les courses terminées, on va, derrière la chapelle, visiter le *lit* du saint ermite. C'est une empreinte ayant exactement l'apparence de la moulure d'un corps humain. Il va sans dire que les légendes du vieux temps ne sont pas oubliées, et qu'alors on les rappelle avec complaisance. Mais, nous n'avons pu savoir si le saint vénéré dans l'île est le même que celui dont la mémoire est toujours bénie dans la presqu'île de Rhuys[1].

Ces côtes, dentelées à l'extrême, hérissées partout de pics et de plateaux, possèdent, heureusement, plusieurs excellents petits havres où, en cas de danger, des navires de fort tonnage peuvent se réfugier.

Perros-Guirec est de ce nombre. Son port découvre à mi-marée; formé par une langue de galets, prolongée par une jetée, il offre un quai et un petit môle. Pendant l'été, il est peu animé : les armements pour la morue ont enlevé la majeure partie des pêcheurs; mais, lorsque l'hiver arrive, une foule de caboteurs y cherchent un abri dès que le temps menace. Le commerce des engrais marins tient un grand centre d'importation et d'exportation à Perros, dont la rade reçut souvent nos convois, lors des guerres avec l'Angleterre.

Le bourg, important, se présente fort bien sur la côte. Propre, avec ses maisons blanches entourées d'arbres, il annonce l'aisance, et cette apparition n'est pas trompeuse.

Le pays entier, très fertile, est admirablement cultivé. Au moment de la moisson, on n'entend partout que le bruit des fléaux ou des machines à battre le grain.

L'église remonte au douzième, peut-être au onzième siècle. Le porche principal est plus récent; sculpté avec assez de finesse,

---

1. L'île de Saint-Gildas, de forme à peu près ronde, se développe sur environ dix-huit cents mètres de tour. Elle est assez basse. Vers son milieu, se trouve un étang qui communique avec la mer et donne à l'ensemble l'aspect d'une de ces îles océaniennes créées par le développement des bancs de coraux : l'archipel des Pomotous, par exemple.

Eglise de Perros-Guirec.

il est orné de nombre de figures curieuses bien conservées, mais s'accordant mal avec la destination de l'édifice, défaut fréquent à l'époque où il fut bâti.

La construction entière est en granit rouge, une coupole surmontée d'une petite flèche la recouvre : disposition singulière, qui se retrouve à Lampaul-Ploudalmezeau et à Louannec.

Entre Perros et Ploumanac'h, se trouve le petit village de *la Clarté*. Son église indique qu'il a dû être beaucoup plus important ; mais les ports lui ont enlevé une partie de sa population.

La construction de l'église est fort irrégulière. Le clocher, posé de travers, est supporté par l'un des angles, et sa flèche ne se trouve pas au milieu de la tour.

La vue, de ce lieu, est superbe. On domine les deux baies voisines qui semblent être un véritable champ de rochers. Par une tempête, le tableau devient effrayant et l'on se demande quelle force d'âme, quelle énergie doivent posséder les pêcheurs, obligés chaque jour de braver de pareils périls !

L'entrée du port de PLOUMANAC'H (*peuple de moines*) est étroite et dissimulée parmi des rochers rouges. Le petit feu de *Men-Ru* la signale, ainsi qu'une roche remarquable nommée *Pierre-Pendue*, sorte d'immense champignon en équilibre sur un petit piédestal pointant au milieu d'un entassement de granit.

Le bassin intérieur, très sûr et d'un échouage excellent, permet de flotter au moins huit heures sur douze. Les nombreux barrages d'écueils de la côte lui procurent cette hauteur d'eau. Le chenal, d'ailleurs, serait facilement traversé par un petit aviso ou une grosse canonnière[1] qui, une fois entrés, y seraient aussi tranquilles que dans le port de Brest.

L'aspect du pays est étonnamment sauvage, déchiré, bouleversé. De tous côtés, on ne voit qu'amoncellements de gros blocs de granit rouge, jetés au hasard par les flots ou tombés de la falaise. Ils affectent les formes et les positions les plus bizarres. Beaucoup sont en équilibre les uns sur les autres, laissant au-dessous d'eux des cavernes profondes. L'imagination peut y trouver de quoi s'exercer : baleines, crocodiles, mastodontes sont là devant les yeux, comme attendant le moment de se livrer à quelques monstrueux ébats.

Partout où la falaise n'est pas battue par la mer, la surface de la pierre est grise et d'un grain des plus grossiers. En outre, elle est d'une excessive friabilité : de très gros cailloux éclatent, s'ils

---

1. Voir notre premier volume, chapitre xxxv.

LANNION

sont lancés avec un peu de force. Le vent et la pluie rongeant ces roches finissent par en faire des *pierres pendues*.

Ce singulier phénomène n'occupe pas beaucoup plus d'une demi-lieue carrée. Mais, dans cet espace, on trouve une quarantaine de *pierres-champignons* ou roches amphiboliques. Des hauteurs voisines, on croirait voir une énorme quantité de gros graviers jetés dans une mare d'eau.

Une toute petite baie voisine, en face du phare de *Men-Ru* (Pierre Rouge), est, elle aussi, un vrai chaos rocheux. Sur l'un de ses écueils, complètement isolé et presque submergé à mer haute, s'élève une statue de la Vierge, protégée par une niche en granit : elle regarde la passe. Sentiment touchant, symbole d'espérance... les rudes pêcheurs de Ploumanac'h ne pouvaient pas mieux choisir que ce lieu désolé pour placer l'image de leur patronne, celle qu'ils invoquent sous le nom si doux d'*Etoile de la mer*. La petite figure planant au-dessus des lames leur rend le courage et ils la remercient, une fois entrés au port.

Le gardien du phare a essayé de créer un modeste jardin sur son rocher rouge, battu par la mer et le vent; il a pris soin d'y apporter de la terre végétale et s'est ingénié à protéger ses plantations; mais, les coups affreux des tempêtes hivernales couvrent tout de lames emportées : terre, plantes, arbustes deviennent la proie de la tourmente.

On ne saurait se faire une idée de l'horreur et de la soudaineté de ces tempêtes. TRÉBEURDEN, bourg de pêcheurs, près de Lannion, garde le souvenir d'une journée qui eût enlevé sa population maritime *tout entière*, sans le dévouement de son *recteur* (curé).

A 4 kilomètres de la côte et à 5 kilomètres de l'*île Grande*, est un grand îlot nommé *Molène*, formé de sables et de roches où l'on va récolter le goémon. Le 14 février 1838, *deux cents pêcheurs*, du bourg et de hameaux voisins, y étaient occupés, quand un terrible coup de vent et de neige jette les embarcations sur les écueils. Les marins se trouvent, manquant de vivres, à peine vêtus, obligés de se réfugier dans les quelques anfractuosités offertes par les rochers et d'y passer la nuit. Vingt-quatre heures s'écoulent; les malheureux vont périr de froid, de faim !...

Pendant ce temps, le recteur de Trébeurden, M. LE LUYER,

avait fait porter sur le rivage du pain, du vin, des vêtements, des couvertures ; il entassait tout lui-même dans un mauvais bateau hors d'usage, qui semblait devoir couler au premier choc et il allait partir *seul*, quand deux hommes, honteux de montrer moins de courage, se jetèrent à côté du digne prêtre « faisant comme lui, disaient-ils hautement, le sacrifice de leur vie » !

Ils se trompaient !

L'entreprise, pour ainsi dire désespérée, réussit. Les malheureux naufragés purent être soulagés d'abord, sauvés ensuite, quand, après trois jours de violences inouïes, la tempête s'apaisa.

Le 21 août 1838, la croix de la Légion d'honneur récompensait le bon recteur, coutumier de dévouement : il l'avait fait bien voir, en 1832, lors de l'apparition du choléra.

Sans ambition, il ne voulut jamais quitter le bourg et y mourut, pleuré de tous, en 1864, après y avoir passé trente-cinq ans.

Lannion est situé sur le petit cours d'eau appelé *Lech*, *Leg*, puis enfin *Léguer*, qui se jette dans une baie sablonneuse formant deux enfoncements : celui dit de Lannion, et celui nommé grève ou baie de *Saint-Michel*, au sud-ouest.

Le mouillage est *forain*, c'est-à-dire ouvert en grande partie et n'offrant pas d'abri sûr. Le vent du *nord-ouest* le bat en plein ; il est d'ailleurs parsemé de roches et de *basses*, ou plateaux, ne découvrant jamais, mais où, quelquefois, la mer brise assez fortement.

Le Léguer, d'un cours très lent, a son embouchure obstruée par une barre de sable affleurant le niveau des plus basses marées ; elle est jointe à la terre par des bancs rocheux que signalent deux tours. Au pied de ces constructions se trouve la plus grande profondeur d'eau.

Du large, on ne pourrait reconnaître l'entrée de la rivière, tellement elle est étroite. Sur la droite, le village de *Guiodel* se présente dans une jolie position. Des collines, en pente prononcée, suivent les deux rives et les coudes, souvent brusques, formés par les eaux. Des landes attristent d'abord le regard, puis des maisons de campagne apparaissent et, à une lieue de l'embouchure, les hauteurs s'écartent pour faire place à des quais, à des prairies, des promenades plantées d'arbres. La rive gauche est ainsi favorisée, mais la rive droite n'a pu conquérir qu'un étroit sentier de halage, courant au pied des collines.

Les navires viennent amarrer devant une grande place égayée d'arbres, non loin d'un petit pont où les grands et forts bateaux à sable viennent décharger leur cargaison, enlevée à la baie extérieure.

Lannion se présente d'une manière charmante, étageant ses maisons sur les collines. Beaucoup d'entre elles sont bâties dans le goût moderne, c'est-à-dire n'ont aucun style. Heureusement, pour le voyageur et pour l'artiste, les vieilles habitations n'ont pas toutes disparu. Il en reste plusieurs, principalement sur la grande place, dont la construction date au moins du seizième siècle. Leurs angles sont flanqués de tourelles, les étages surplombent les uns au-dessus des autres. Toutes les parties visibles de la charpente sont sculptées et peintes en rouge, le reste est recouvert d'ardoises.

Si le panorama offert par la ville est gracieux, l'intérieur n'a que peu d'animation et reste sombre, mais propre. Les habitants ont un air d'aisance qui fait plaisir à voir; les femmes sont presque toutes jolies. Elles passent par les rues en robe noire, en petite coiffe blanche bien simple, mais le teint est blanc, les cheveux noirs, les yeux d'un beau bleu foncé, les dents brillantes. De loin, on les prendrait pour des religieuses; de près, elles sourient doucement, et répondent avec grâce aux questions des étrangers.

Les cotres et les chasse-marées sont les bâtiments fréquentant le plus souvent le port de Lannion. Nous avons déjà décrit le cotre. Le chasse-marée est spécial aux côtes bretonnes. Solidement construit, presque toujours ponté, il est parfaitement approprié à la navigation de ces parages. Très convenable pour la pêche et pour le petit cabotage, il porte deux mâts inclinés sur l'arrière et gréés avec beaucoup de simplicité. Quelques-uns ont un troisième mât, des huniers et des focs [1].

Les chasse-marées peuvent jauger cent tonneaux. Ceux de petites dimensions ont parfois le milieu du pont ouvert. En général, le mât de misaine est moins incliné que le grand mât [1] et il

---

1. Voir notre premier volume, chapitre xviii.

porte une voile de peu de surface, tandis que la grande voile est très ample ; mais, comme cette dernière pourrait devenir embarrassante, sinon nuisible, pendant un trop mauvais temps, on la remplace par un *taille-vent*, sorte de voile tenant, par l'envergure, le milieu entre la grande voile et la misaine. Ce système de voilure est généralement employé par toutes les embarcations des ports de l'Océan. Il a été, de même, adopté par beaucoup de bâtiments naviguant ailleurs, surtout dans la Manche.

Ainsi que la plupart des rivières bretonnes tombant directement dans la mer, le Léguer reçoit la visite annuelle des saumons ; mais son cours n'étant obstrué par aucune écluse, ces poissons y remontent en foule ; sans doute, aussi, le fond leur est-il exceptionnellement favorable. Néanmoins, cette ressource tend à diminuer beaucoup. A force de détruire ces bandes animées, on détruit, en même temps, les saumonneaux futurs. Il est loin le temps où, en certains lieux de Bretagne, comme en plusieurs localités écossaises, les serviteurs stipulaient expressément, dans leur contrat de louage, qu'ils ne seraient pas tenus à manger de saumon « plus de trois fois par semaine » !

Ces pêches miraculeuses se produisent rarement et, fussent-elles plus fréquentes, le gouffre affamé parisien empêcherait que la satiété rebutât le palais délicat des Lisettes et des Frontins bretons.

Lannion ne possède pas de monuments remarquables. L'ancien *Auditoire* s'élève sur la place du Marché. Son campanile contient le beffroi et il porte les armes de la ville : *un agneau tenant une croix*, avec la devise *Laus Deo*.

Le pont en dos d'âne et à éperons qui ouvre la route de Plouaret, près d'un moulin, est peut-être ce que la cité offre de plus pittoresque.

Fondée au douzième siècle et, selon toutes probabilités, autour du prieuré de *Kermaria*, dépendant de l'abbaye de Saint-Jacut, elle garde de ce monastère une porte en plein cintre, située sur la rive gauche du Léguer.

L'église paroissiale *Saint-Jean de Baly* (ou de la *promenade*, parce qu'elle longeait autrefois une muraille servant de promenoir aux habitants), est un édifice sans caractère.

Construite, nous venons de le dire, autour du prieuré de Kermaria, la ville, d'abord domaine de la maison de Penthièvre, en fut distraite en 1199.

Elle avait, en 1282, un seigneur, Guyomar, de la famille d'Avaugour, qui céda au duc Jean le Roux un droit de *havage* de cinquante livres. Cette circonstance prouverait que, dès le treizième siècle, le port de Lannion était très fréquenté. Ses sei-

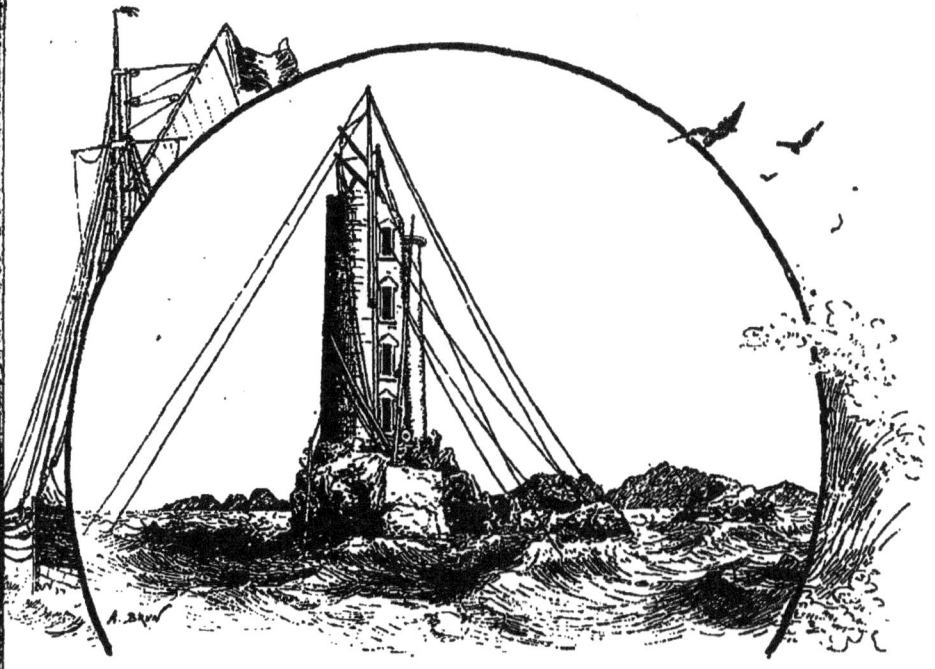

Construction d'un phare.

gneurs ou, ainsi qu'il a été dit, la première des familles qui l'habitaient, avaient le titre de *comtes* et tenaient rang parmi la meilleure noblesse de Bretagne. Briand II, de Lannion, fut le compagnon de Du Guesclin.

Un château protégeait la place, dont la réputation de force était si grande, que le général anglais Northampton n'osa pas en tenter le siège (1345). Un autre chef insulaire, Richard Toussaint, obtint par la ruse ce qu'il n'avait pu enlever par les armes. En 1346, deux soldats de la garnison, séduits par une grosse somme, ouvrirent la porte confiée à leur garde. Les Anglais entrèrent dans la ville un dimanche, au point du jour, la pillèrent et passèrent presque tous les habitants au fil de l'épée.

Geoffroy de Pont-Blanc, un vaillant chevalier, était encore au lit. Surpris d'entendre des cris de désespoir et des hurlements de triomphe, il se lève, saisit une lance, une épée et descend dans la rue, où il commence à frapper d'estoc, de taille...

Malheureusement, un trait l'atteignit au genou, il tomba. Les Anglais, se ruant aussitôt sur lui, lui arrachèrent les dents et les yeux ! !

Plusieurs autres chevaliers illustres périrent avec lui. Toussaint, cependant, eut honte de cette action si féroce, si lâche. Il fit rendre les honneurs funèbres au noble mort et, quoique blessé, se mit à la tête du convoi funèbre.

Mais c'était beaucoup de courtoisie ! Les ennemis se rattrapèrent en obligeant des prisonniers, tels que le sénéchal de Bretagne, Rolland Phélippes, des femmes et des enfants à marcher *pieds nus*, chargés des dépouilles de leurs malheureux compatriotes ! Ils durent aller ainsi jusqu'à la Roche-Derrien !...

Une seule prisonnière, la mère de Geoffroy de Pont-Blanc, échappa à cet indigne traitement. Le souvenir de son glorieux fils la préserva.

Une croix, scellée dans la façade de l'une des maisons de la rue de Tréguier, atteste la reconnaissance de Lannion pour son infortuné défenseur. Elle fut élevée lors du retour dans la ville des rares habitants échappés au massacre.

Un comte de Lannion, Pierre, maréchal de camp, lieutenant général des armées françaises, se rendit célèbre par sa fermeté à éteindre le culte idolâtre rendu à la fameuse statue, dite *Vénus armoricaine*, qui s'élevait dans la lande de Castennec, sur la rive droite du Blavet, à peu de distance de Pontivy. Il la fit transporter dans son château de Quinipily, près Baud, et en orna le piédestal d'inscriptions latines qui exercèrent longtemps la science des archéologues.

La première pierre des quais de Lannion fut posée, en 1762, par le duc d'Aiguillon, peut-être en reconnaissance du bien que lui avait fait l'eau d'une fontaine minérale, située sur le bord de la rivière. Duguay-Trouin avait, lui aussi, paraît-il, éprouvé l'efficacité de cette source.

La plus suivie des foires de la ville est celle de Saint-Michel, qui dure trois jours. Nous souhaitons qu'on y représente encore les vieilles tragédies bretonnes, tant aimées de nos pères : *Les quatre fils Aymon, Sainte Tryphine*, l'épouse infortunée du farouche Comorre ; *Saint Efflam*, l'époux d'Enora, et bien d'autres compositions naïves, dont le souvenir nous accompagne pendant notre excursion à BRÉLEVENEZ (*Tertre de Joie*).

On y arrive par un large escalier en granit, construit le long du flanc d'une colline escarpée, au fond d'une fraîche vallée, faubourg de Lannion.

De pauvres chaumières occupent les deux côtés des rampes de l'escalier, mais la verdure des arbres cache ces misères.

L'église, sous le vocable de Notre-Dame des Neiges, est attribuée aux Templiers, sans que, d'ailleurs, rien confirme cette origine Le style byzantin s'allie, dans la construction, au style roman, et une crypte a été ménagée au milieu de ses fondations. Certains détails, particulièrement les dalles funéraires, sont intéressants. Toutefois, ce que l'on vient chercher de préférence, à Brélevenez, c'est la vue ravissante qui se déroule autour de la colline.

La vallée de Lannion, formant un demi-cercle, laisse suivre le cours du Léguer : d'un côté, au milieu des hauteurs boisées qui l'encaissent ; de l'autre, vers la baie, vers la mer où il s'engloutira.

Lorsque nous gravîmes le *Tertre de Joie*, une soirée délicieuse succédait à une journée légèrement embrumée. Le soleil couchant rougissait les derniers lambeaux du voile flottant de l'atmosphère redevenue sereine.

Lannion, étageant ses maisons frappées par les reflets enflammés, semblait illuminée comme pour une fête.

Des navires remplissaient le port et les eaux étincelantes fuyaient doucement autour de leur carène noirâtre.

Tout était gracieux, paisible, harmonieux... En redescendant le rapide escalier, nous nous demandions si ce spectacle n'avait pas valu au tertre verdoyant le nom charmant qu'il a conservé.

Les environs de Lannion sont très riches en vieux châteaux, presque tous remarquables.

COETFREC domine, de sa tour à quatre étages, une colline boisée d'arbres de futaie. Cette seigneurie avait été érigée en bannière (1451), pour Guillaume de Penhoët. Les ruines de la forteresse témoignent qu'elle était très importante. Le bandit sinistre, Eder de la Fontenelle, s'y était retranché sous la Ligue, pillant, ravageant tout autour de lui. Les habitants de Tréguier le forcèrent enfin à déguerpir.

La chapelle de Kerfons est une jolie construction du seizième siècle, possédant un jubé, œuvre intéressante de la Renaissance. Kergris n'a pas subi le sort de son voisin, il est très bien restauré. La chapelle de Runfao est le dernier débris du château du même nom. Elle a conservé une verrière et des peintures méritant quelque attention.

On oublie tout cela, cependant, quand, à travers les bois et les vallées, se présente enfin Tonquédec, si justement surnommé « le Pierrefonds de la Bretagne ».

Bâtie sur la pente d'un coteau, la noble demeure a gardé ses énormes tours, ses fortes murailles crénelées commandant, à gauche, le Léguer, encore ruisseau et coulant au fond d'une étroite vallée ; à droite, un cours d'eau, trop-plein d'un étang utilisé par plusieurs moulins, autrefois dépendances du château.

Sept tours et deux des vieilles cours intérieures sont bien conservées.

Les murs extérieurs, formant défense, n'ont pas moins de *quatre* mètres d'épaisseur ; plusieurs d'entre eux contenaient des logements, mais ils ont presque disparu. En tous sens, se rencontrent des galeries, des cabinets, des corridors, des escaliers à peu près intacts. Les meurtrières abondent, mais nulle part on ne voit d'embrasure à canon. Les tours, d'une prodigieuse épaisseur, sont d'une forme octogonale ; les escaliers en colimaçon serpentent au centre de la maçonnerie ; des mâchicoulis les couronnent ; quant aux galeries et aux planchers, leur ruine est complète. Des souterrains, des cachots voûtés règnent au-dessous de ces constructions.

Tonquédec est de très ancienne origine. La première forteresse de ce nom fut rasée par ordre de Jean IV, qui se vengeait de Rolland, vicomte de Coëtmen, assez imprudent pour avoir suivi Clisson dans sa révolte.

A la mort du duc, Rolland rebâtit son château (1399). Par mariages et achats, cette magnifique demeure, ruinée pendant la Ligue, passa aux Acigné, aux Chartet, enfin aux Du Quengo. L'unique descendante de cette dernière famille l'avait, avec sa fortune, légué au comte de Chambord, à condition, dit-on, qu'une restauration complète fût entreprise. Or, la restauration eût absorbé toute la fortune. Le legs fut décliné.

Les vicomtes de Tonquédec disputèrent aux Goyon de Matignon le titre de *premier banneret* de la province; leur juridiction s'étendait sur *soixante et une* paroisses.

Assise sur l'étroit promontoire baigné par les eaux des deux rivières, dans une vallée sauvage, aux aspects imprévus, la vieille forteresse, avec ses murailles, ses tours envahies par le lierre, les plantes grimpantes, les arbustes, est bien l'image du passé à jamais rentré dans la nuit des souvenirs et que rien ne viendra arracher à la ruine absolue !...

L'église du bourg de Tonquédec date du quinzième siècle; mais elle ne possède qu'une verrière, fort belle, il est vrai, et digne d'arrêter un moment l'attention.

En revenant vers Lannion, et au sud de cette ville, on traverse une lande montueuse, ondulée par une ligne de « pierres levées » courant vers la mer. Ces pierres furent-elles primitivement des monuments druidiques, comme le pays en renferme beaucoup? On l'ignore, car elles ont subi un véritable travail d'appropriation. Placées symétriquement sur des coteaux correspondant bien à la ligne tracée, elles figurent des piliers en granit d'une hauteur de quatre à cinq mètres. Leurs arêtes sont aplaties et les quatre faces travaillées au marteau. Chacun des sommets porte une excavation d'un décimètre d'orifice, sur une profondeur de moitié environ.

L'une des explications données attribue ces monolithes aux Romains. Les légions en auraient fait une ligne de signaux destinés à transmettre des nouvelles ou des ordres. La plus remarquable de ces pierres est près de la route de Lannion à Morlaix.

La ville de Lannion a-t-elle véritablement remplacé la fabuleuse Lexobie bretonne, longtemps cherchée, longtemps placée en maints endroits divers? Cela n'importe que fort peu. Il est plus intéressant de constater l'action de la mer sur ces côtes si complètement ravagées.

Les annales gardent mémoire de l'épouvantable irruption de 709. Cette année-là, l'océan, franchissant ses limites, inonda plusieurs parties de la Bretagne et submergea surtout la côte orientale de Saint-Pol-de-Léon et la côte ouest du diocèse de Tréguier.

Sous l'effort irrésistible des vagues, la forêt, autrefois étendue entre Saint-Pol et les Sept-Iles, disparut. On l'appelait, dit la tradition, *Lexobie*. Les flots, en se retirant, laissèrent sur la terre une grande quantité de limon et d'animaux marins.

Leur décomposition occasionna une *peste* violente.

Les sables de la baie, comme ceux de la baie de Saint-Brieuc, des baies de Saint-Malo, de Cancale et du Mont Saint-Michel, y acquirent leurs propriétés fertilisantes : c'était les payer bien cher !

Partout où s'étendait la forêt, une grève a remplacé les taillis verts, les arbres de haute futaie. Si les événements rapportés par les chroniques ne sont pas toujours hors de contestation, l'existence d'un sol boisé est bien démontrée. A plusieurs reprises, le sable a laissé apparaître des branches et d'autres débris végétaux.

La petite baie de Saint-Michel prolonge la baie de Lannion : *Al-Lew-Drez*, disent les habitants : *la lieue de grève*. Certainement, elle a au moins cette étendue. Sa surface ne semble présenter aucun danger ; mais cette apparence est trompeuse. On s'y peut *enliser* en beaucoup de points, et la mer, comme dans la grande baie du Mont Saint-Michel, y monte avec une rapidité foudroyante. Qui ne connaît pas la grève ne doit pas s'y aventurer ; souvent les plus habiles y ont péri, et les paysans occupés à extraire le sable ont vu trop fréquemment disparaître leurs attelages, avec leurs charrettes, parvenant à grand'peine à se sauver eux-mêmes.

Cette vaste plage, d'au moins six cents hectares d'étendue, a constamment occupé l'imagination des poètes bretons. Aux légendes saintes, ils ont mêlé des récits où les fées et Satan jouent le rôle principal.

Généralement, c'est le Roc'Hellas qui se trouve choisi pour théâtre de ces exploits fabuleux.

Veut-on contempler des trésors immenses, veut-on acquérir des richesses sans bornes ? Il faut, pendant la nuit de Noël, venir se placer devant la masse noire et attendre que le clocher de Saint-Michel ait tinté le premier coup de minuit.

Aussitôt, les blocs de granit s'entr'ouvrent, un passage mène à des salles où sont entassés diamants, or, argent, perles, pierres précieuses et, merveille sans seconde, une baguette de coudrier qui peut rendre son possesseur égal en puissance, en fortune *tous* les rois de l'univers !

Mais, le passage ne reste libre que pendant le court intervalle où la cloche sonne minuit ! Et il est gardé par des fées, par des génies chargés de multiplier les visions décevantes autour de l'imprudent assez audacieux pour vouloir conquérir la baguette magique... Combien de fous ont succombé dans l'aventure !

« Ils sont innombrables !! » disent les vieillards.

Nous le croyons sans peine si, par ce conte poétique, on a voulu désigner tous ceux qui, emportés au delà des bornes de la raison, écoutent le désir de posséder la fortune, sans appeler à leur aide la probité et le travail.

La belle tour du château de *Lesmais* (ou *Lezmaës*) s'élève à l'entrée de Plestin. L'église de ce bourg important a été fondée par le duc de Bretagne, Geoffroi Ier (984). Aussitôt achevée, elle reçut, par les mains de l'évêque de Tréguier, le corps de saint Efflamm (992) ; un superbe tombeau, entouré d'une riche grille en fer, fut élevé : cette grille a disparu. Le style de l'église est d'un gothique assez pur.

A l'extrémité occidentale de la commune, l'embouchure du Douron forme un petit port : Toul-an-Héry.

Une ferme royale pour les vins, eaux-de-vie et sels y était autrefois établie. Maintenant, on y exporte principalement des grains et du sable calcaire.

CHAPITRE XIX

LE FINISTÈRE

Des cinq départements taillés dans la superficie du duché breton, le Finistère est celui qui, tout à la fois, offre les plus grandes oppositions de mœurs, la plus obstinée fidélité aux traditions, associées à l'intuition la plus vraie des besoins du présent, des aspirations de l'avenir.

Dans le même arrondissement, ou plutôt très souvent dans le même canton, ces contrastes se heurtent sans que, du choc, résulte une victoire décisive, sans que, de part et d'autre, les grandes lignes perdent rien de leur réelle beauté.

« Nous sommes à trois cents lieues et à trois cents ans de Saint-Pol-de-Léon, » disent les Morlaisiens.

« Nous sommes à mille ans et à mille lieues de Kerlouan ou de Guisseny! » pourraient dire les Brestois.

Si cela est absolument vrai, les oppositions tirées de la nature du sol ne sont pas moins tranchées.

Sur nombre de points de la côte, les oasis délicieuses promettent une halte séduisante.

Mais, aux plages verdoyantes, succèdent les falaises granitiques mordues, déchirées, s'écroulant, s'émiettant sous le poids des masses d'eau furieuses lancées par la mer. Les bancs d'écueils se prolongent au loin dans l'écume des vagues, comme pour faire du rivage une terre mystérieuse, inabordable à tout effort humain.

Les berges des cours d'eau sont presque toutes boisées, gracieuses, pittoresques ou riches en pâturages, en champs bien cultivés. Mais, sur les plateaux et les contreforts, dernières ramifications des montagnes d'Arrhez et des montagnes Noires, les landes, les bruyères, les ajoncs, mêlés aux monuments druidiques, rejettent la pensée à plusieurs siècles au delà du temps présent.

Nulle vie, nul mouvement... Pas un arbre ne découpera sa silhouette sur l'horizon, pas un murmure ne troublera l'air silencieux... Un Celte, armé de sa hache de pierre, vêtu de peaux d'animaux sauvages ; une druidesse, couronnée de verveine et tenant en main la faucille sacrée, pourraient apparaître... Rien n'est changé : ils se retrouveraient à l'aise au milieu de ce morne tableau.

Suivons, cependant, le flanc des collines : l'agitation, c'est-à-dire le travail fécond, redevient visible. Les fermes se cachent sous des bouquets d'arbres ou se groupent fraternellement en hameau. Des talus en pierres sèches séparent les possessions rustiques et chaque cultivateur demande à la terre tout ce qu'elle peut donner.

L'aridité enveloppant les mines de Poullaouen complète le souvenir laissé par les aspects désolés de la Pointe du Raz ; tandis que la richesse, la fertilité des campagnes morlaisiennes dépassent encore celle des paysages arcadiens du canton de Quimperlé. La *Côte dorée*, vantée par César, existe toujours.

Ainsi, d'un point à l'autre du département ; ainsi, encore, dans les manifestations du génie de l'homme et dans les faces diverses des caractères principaux de ses mœurs.

Les édifices superbes sont nombreux. Le Léonnais s'enorgueillit de la cathédrale de Saint-Pol, du clocher du Kreisker, de la chapelle du Folgoët. Le Cornouaillais cite la cathédrale de Quimper, Saint-Michel et Sainte-Croix de Quimperlé.

Un peu de tous côtés, disséminés jusque dans les villages les moins visités, les plus oubliés, des calvaires, des ossuaires, des fontaines témoignent, par la richesse, la bizarrerie ou l'originalité de leur ornementation, du goût des architectes qui les créèrent et de la générosité des fondateurs.

Les costumes des ancêtres n'ont pas complètement disparu. Ils luttent toujours, même dans les villes, contre l'envahissement du laid.

Plougastel-Daoulas, les environs de Châteaulin et de Quimper, la presqu'île du Cap, Pont-l'Abbé, Le Fouesnant, Pont-Aven... nombre d'autres communes n'ont encore admis que peu de changements, surtout en ce qui concerne le costume des femmes. Faut-il voir là une simple coquetterie ? Elle serait, certes, très légitime, disons mieux, louable, car il est bien naturel de ne pas chercher à défigurer l'œuvre sortie belle ou gracieuse des mains du Créateur, en la jetant dans le moule odieusement banal des *confections* à la mode.

Pas une carte statistique ne représentera le Finistère autrement que teinté d'une ombre épaisse, signe de profonde ignorance. Erreur ou injustice (volontaire?), on n'a pas tenu compte de l'attachement du paysan à sa langue maternelle, et la lecture et l'écriture *en breton* équivalent à un brevet d'ignorance. Le but poursuivi : unifier le langage, est excellent ; l'instruction vient plus facile, ensuite. Mais y a-t-il nécessité de proscrire impitoyablement un idiome qui devrait, tout au moins, bénéficier du respect dont on entoure, à présent, les monuments précieux pour l'histoire du pays ?

Ne faudrait-il pas, au contraire, faire marcher de front l'étude des deux langues ? Repousser le breton, c'est, seulement, prouver que l'on ignore tout de lui, et avancer que les chefs-d'œuvre qu'il a produits ne valent pas l'attention donnée à un château croulant, à une église en ruines, à un camp romain enseveli sous l'herbe !

Rien de ce qui a contribué à faire la France grande et forte ne devrait être proscrit. Le génie du pays n'est-il donc plus formé du génie particulier à chacune de ses provinces ?

Donc, une partie de la Bretagne se *francise* lentement. Cela ne veut pas dire qu'elle soit rebelle au progrès des idées et aux progrès matériels. L'agriculture et le commerce ont conquis à eux le paysan défiant.

A l'extrémité Sud-Ouest du département, on voit les routes sillonnées de charretées de goémon ou de sable, traînées par les petits bœufs de la contrée, tout comme on a rencontré ces mêmes engrais marins sur les divers marchés des Côtes-du-Nord.

A l'extrémité Nord-Ouest florissent deux autres industries. Les varechs, brûlés, fournissent de la soude et plusieurs produits recherchés, pendant que le granit des côtes escarpées et des écueils, mis en taille réglée, approvisionne les chantiers de construction bretons, *français* et anglais.

MORLAIX. LE VIADUC

L'élève du bétail, des chevaux, poursuit un mouvement ascensionnel, et là même, comme à Penmarc'h, où la terre semblerait vouloir se refuser à toute culture, des récoltes de blé excellent payent le travail persévérant du laboureur.

Sans chercher beaucoup, néanmoins, on trouverait bon nombre de gens ayant conservé en leur cœur les « dires », des aïeux, et, quand vient la nuit, plus d'un sceptique, riant très haut des « légendes absurdes », se sent pénétré d'un malaise à grand'peine réprimé. Les *Teuz*, nains familiers, sensibles aux bons procédés des hommes ; les *Groac'h*, fées malfaisantes ; les *Korigans*, gardiens des trésors ensevelis sous les pierres druidiques ; les *Poulpikets* et les *Kornikanets*, génies malicieux, toujours prêts à harceler les pauvres humains, ne sont peut-être pas absolument fantastiques ! Enfin, la grande idée de la mort, mêlée à tous les actes des *vrais* Bretons, n'a pas perdu sa puissance !

Les *Lavandières de nuit* n'ont peut-être pas encore abandonné leur tâche lugubre [1] et l'*An ankou* [2], le char funèbre, roule sans doute encore, la nuit, par les chemins!!!...

Avant de rire impitoyablement de « ces folies », il faut comprendre ce qui les a fait naître, ce qui les rend si tenaces.

L'esprit le mieux trempé ne sera pas sans éprouver une forte impression à la vue de certains paysages.

Dans la lande semée de dolmens ou de menhirs, au bord d'une baie sans cesse retentissante du bruit des vagues affolées, un sentiment d'impuissance étreint le cœur de l'homme et le jette rebelle, mais frémissant, en face du problème dont, en vain, il cherche le mot, dont, quoi qu'il fasse, le secret restera impénétrable.

Que les tristesses d'une existence précaire s'ajoutent à ces menaces de la nature marâtre... Comment l'imagination éperdue ne se réfugierait-elle pas dans le monde idéal où, près de la cause à craindre, se retrouve le bien protecteur !...

Mais les ombres dernières des légendes mystiques s'effacent. Partout, si l'on prend plaisir à répéter les strophes héroïques des récits de guerre, la rime douce, alanguie, des chants de fian-

---

1. Fantômes lavant des linceuls au bord des ruisseaux et des mares, et invitant es passants imprudents à tordre leur propre suaire !
2. Le *Char de la Mort*, qu'on entend près de la maison des agonisants.

çailles, les vers naïfs des cantiques séculaires; partout, on obéit au sentiment de respect qui entoure la mémoire des générations disparues :

« Elles ont composé ces pièces vénérables; elles y puisaient, selon les circonstances, la force, l'énergie ou la joie. Imitons, pour les honorer, ceux qui ont préparé, avec quelle constance ! notre bien-être actuel; puis, avec une ardeur vaillante, nous continuerons notre tâche nouvelle. »

Et, en effet, on agit. Les campagnes deviennent plus fertiles; la mer reçoit, des rocs battus par elle sans relâche, la lumière qui avertit du danger, qui montre la route libre; les villes s'étendent, les ports s'améliorent, le réseau ferré se continue au delà des zones fréquentées, portant avec lui un ébranlement salutaire.

Avant des années nombreuses, la Bretagne aura probablement perdu les dernières lignes de sa physionomie originale. Puisse-t-elle, au moins, continuer à ne pas renier toute solidarité avec le passé, qui l'a faite bonne, patiente, courageuse.

CHAPITRE XX.

MORLAIX

Il faut entrer à Morlaix par le viaduc jeté sur la vallée étroite où la ville se presse autour d'un joli port de marée.

Au sud de la merveilleuse voie de pierre, les collines s'écartent légèrement, une petite place se développe ; mais, tout aussitôt, un réseau de rues l'enveloppe. Gênées par le manque d'espace, les maisons, bravement, ont assiégé le flanc des monticules granitiques. Elles les enlacent, de plus en plus obstinées à la lutte, et beaucoup parviennent à en couronner le sommet.

Beaucoup, aussi, ont voulu se donner le luxe d'un jardin[1]. Les terrasses plantées succèdent aux toits recouverts d'ardoises, aux cheminées noires de la fumée de plusieurs siècles.

Semblables à une ligne d'azur, les eaux réunies des deux rivières coulent bruyantes, bordées, tout au loin, de peupliers élancés ; plus près, de laveuses toujours affairées.

Écrasé par la masse monumentale du viaduc qui l'avoisine, le clocher de l'église principale prend un aspect insignifiant, et les habitants, circulant sur la place, paraissent appartenir au royaume de Lilliput.

Vers le Nord, la verdure des collines domine, en maîtresse absolue, les quais toujours animés par le chargement ou l'arrivée des navires.

Une seule ombre au pittoresque tableau : les sinuosités de la gracieuse rivière. Sept kilomètres la séparent encore de la mer et, sur son parcours, elle se replie avec complaisance autour de ses bords si verts, si frais, si accidentés. La promenade y est

---

[1]. On appelle ces jardins : *Combots*.

délicieuse ; mais quel dommage de ne pouvoir, d'un regard, embrasser la rade défendue par le vieux château fort du Taureau !

Le tableau, alors, serait peut-être sans rival.

Tel que se présente Morlaix, on se trouve assez favorablement impressionné pour désirer ne rien négliger de son originalité, oùle « vieux temps » a marqué une si profonde empreinte.

La date de la fondation de la ville a donné lieu à des digressions très savantes, mais incertaines. Faut-il voir dans son nom une traduction des mots latins : *Mons Relaxus,* mont élevé ; ou le sens des mots celtiques : *Mortreleq,* mer resserrée ; étymologie probable, la mer remontant jusqu'à Morlaix entre deux lignes continues de collines, et la ville, avec son port, occupant l'un des points les plus étroits du parcours.

Montroulès, disent les Bretons ; plusieurs soutiennent que ce nom signifie : *lieu où s'arrête la mer*. Un archevêque de Cantorbéry, Conrad, voulait imposer à la ville le nom de *Julia* et reportait l'honneur de son évangélisation à Drennalus, disciple de Joseph d'Arimathie !

Toutes ces *preuves* ne signifient plus grand'chose. Conquérants de l'Armorique, comme du reste de la Gaule, les Romains occupèrent Morlaix, cela est incontestable. Les médailles trouvées dans les substructions du château sont le meilleur des témoignages. Mais une longue période d'obscurité suivit, et c'est vers le milieu du sixième siècle que le nom de Morlaix apparaît, à l'occasion du mariage d'Eléonore, petite-fille de Hoël le Grand, *roi* de la Petite-Bretagne [1]. La jeune princesse apporta au vicomte de Léon, son mari, « le château et la ville de Morlaix, avec droit de bris [2] en ses terres et celui de donner les brefs de sortie à ses vassaux ».

L'importance de la cité fut lente à se développer, puisqu'au onzième siècle une seule paroisse, celle de Saint-Matthieu, la formait, et, qu'après des démêlés sans fin avec les seigneurs de Léon, la couronne ducale, en la personne de Jean Ier, le Roux, finit par l'acquérir au prix de quatre-vingts livres de rente (1277) !

---

1. L'Armorique, par opposition à la Grande-Bretagne (l'Angleterre), d'où avaient émigré les Bretons.

2. C'est-à-dire que toutes les épaves rejetées par la mer devenaient sa propriété.

L'argent, alors, avait une tout autre valeur que de nos jours ; mais, quatre-vingts livres, même du temps, ne représentent pas une somme très considérable. Il faut donc admettre que le duc s'entendait merveilleusement à conclure un marché et que la prodigalité du vicomte de Léon égalait, si elle ne la surpassait, son insouciance.

Morlaix, fidèle à la cause de Jeanne de Penthièvre, comtesse de Blois, eut beaucoup à souffrir pendant la cruelle guerre de Succession. Une petite période de calme suivit la conclusion de la paix. Aussitôt, les habitants, abandonnant la politique, s'occupèrent à établir un commerce suivi entre leur ville et le midi de l'Europe, principalement. Ils y gagnèrent de grandes richesses et un renom universel.

En 1500, la reine Anne fit construire, au bas du port morlaisien, un navire de guerre, qu'elle nomma *la Cordelière*, pour perpétuer le souvenir de l'Ordre institué par sa mère, Marguerite de Foix, duchesse de Bretagne.

Elle en donna le commandement à Hervé ou André de Portzmoguer[1], qui périt avec son vaisseau dans la baie de Brest, au moment où il venait d'incendier le bâtiment la *Régente*, de la flotte anglaise, contre laquelle il combattait (1512 ou 1513).

De 1500 à 1522, les seuls événements dont la ville fut le théâtre se rapportent aux « joyeuses entrées » de la reine Anne (1505), et du roi François Ier (1518).

La reine-duchesse eut le plaisir de se voir reçue dans sa « riche ville », avec un éclat et des attentions extraordinaires. Alain Bouchard parle, tout émerveillé, de ces magnificences. « S'ils avoient bien faitz en aultres lieux, ceulx de ladicte ville de Morlaix, s'efforcèrent de faire encore mieulx : car ils ne sont point de foible couraige. Si vous eussiez veu les joyes, esbattements et danses que ung chacun faisoit pour l'honneur de ladicte dame, c'estoit merveilles et sembloit estre ung petit paradis. »

Deux choses, surtout, ravirent la reine. La première fut un arbre de Jessé, élevé dans le cimetière du couvent des Jacobins. Tous les rois, ducs et comtes de Bretagne, depuis Conan Mériadec, y étaient représentés, et une belle jeune fille, montée au som-

---

[1]. De ce nom, la prononciation française a fait *Primauguet*, illustre dans notre marine.

met de l'arbre, figurant la souveraine elle-même, prononça une harangue louangeuse, au moment où Anne arrivait.

Le second présent fut une hermine apprivoisée, portant un collier de pierreries. Anne, charmée de la grâce du petit animal, le reçut dans ses bras ; mais bientôt elle jeta un cri de frayeur. L'hermine venait de sauter sur sa poitrine. Le comte de Rohan, qui se tenait près de la princesse, la rassura :

« Que craignez-vous, madame, ce sont vos armes ! » dit-il.

Cette délicate allusion au blason du duché fut des plus agréables à la jeune reine.

Les munificences de la communauté de ville ne s'arrêtèrent pas là. Elle avait aussi fait fabriquer un petit navire en or, enrichi de pierreries, emblème de la cité, dont la fortune était attachée au commerce maritime.

Les fêtes se renouvelèrent pour le roi François I*er*, et Morlaix se remit ensuite avec ardeur au travail. Mais les Anglais ne voyaient pas sans peine croître la prospérité d'une cité, rivale heureuse de leurs ports. Ne pouvant espérer l'enlever par la force, ils eurent recours à la trahison. Un misérable, lieutenant du château, écouta leurs propositions.

Dûment avertis, ils arrivèrent un jour où la noblesse était allée à une *montre* (revue), tenue à Guingamp, et où les principaux notables s'étaient rendus à la foire importante de Noyal-Pontivy, qui durait toute une semaine.

Les ennemis avaient pris soin de se déguiser, les uns en marchands, les autres en paysans.

Ils comptaient pouvoir faire remonter leurs bâtiments jusqu'à l'entrée de la ville ; mais des cultivateurs, qui venaient de les reconnaître, se hâtèrent de jeter dans la rivière un certain nombre d'arbres, pourvus de leurs branches. Ce projet manqué, les gardiens des navires se hâtèrent de sauter sur le rivage pour aller retrouver leurs camarades, déjà dispersés dans les faubourgs et dans le château de la ville. Le plus grand nombre, toutefois, attendait dans le bois de Stivel le moment favorable. Ce fut vers minuit qu'ils se répandirent en masse par les rues, enfonçant les portes des habitations, mettant tout au pillage. Éperdus, les citadins, sans défense, fuyaient. Deux personnes, néanmoins, gardèrent leur sang-froid : le chapelain de Notre-Dame des Murs, qui leva les ponts de la porte Notre-Dame, et une *chambrière* de la Grande-Rue.

Le brave chapelain monta dans la tour de la porte, puis fit le

La Grand'Rue.

« coup d'arquebuse, versant *en poudre* les plus eschauffez ». Mais, étant seul, il succomba.

La servante, elle, se souvint que les caves de la maison de ses maîtres communiquaient par une vanne avec la rivière. Promptement, elle fit glisser cette vanne, souleva la trappe située dans l'allée sombre, et laissa entrebâillée la porte d'entrée.

Les Anglais, accourus, tombèrent les uns après les autres, au nombre de quatre-vingts, dans ce précipice de nouveau genre et s'y noyèrent. Mais la pauvre courageuse fille, poursuivie à son tour, fut frappée et jetée de « la fenêtre du grenier sur le pavé ».

Le pillage achevé avec la nuit, la moitié des ennemis se retira, emportant une partie du butin, ainsi que les provisions, et gagna prudemment ses navires.

L'autre moitié (sept cents environ) resta dans les caves des maisons du quai de Tréguier, fort occupée à boire. Aussi, la plupart de ces hommes purent-ils à peine gagner le bois de Stivel, où, l'ivresse devenant la plus forte, tous s'endormirent. Ils ne devaient pas quitter la place.

Le seigneur de Laval, averti par quelques fuyards, accourait en toute diligence de Guingamp... Il tombe avec ses soldats sur les pillards « espris de vin », les assomme et reprend tout ce qu'ils se disposaient à emporter. Une fontaine voisine eut, dit Albert de Morlaix, « ses eaux rougies de leur sang ce jour ».

Elle a gardé depuis le nom de *fontaine des Anglais* (*Feunteun ar Saozon*).

En mémoire de l'événement et de la victoire finale, la communauté de ville compléta ses armoiries. Jusqu'alors, elle avait eu pour blason symbolique « d'azur, au navire équipé d'or, aux voiles éployées d'hermine [1] »; elle y ajouta pour « support » un lion, emblème de force et de courage, et un léopard à deux têtes, figurant l'Angleterre, avec la devise : « *S'ils te mordent, mords-les* », allusion, tout à fait dans le goût de l'époque, au nom de la ville et à la revanche prise.

Malheureusement, un jeu de mots, pas plus qu'un support de blason, ne remettait en bon état le négoce de la pauvre ville. Plus de vingt années durant, la désolation y régna. Enfin, les habitants reprirent courage, lorsque François Ier leur permit (1542) de faire construire un fort à l'entrée de la rivière [2], sur un rocher nommer *le Taureau*. En 1544, le 3 janvier, cette construction étant terminée, Jean de Kermelec, seigneur de Kercoat,

---

1. Un navire au gréement doré, avec des voiles mouchetées d'hermines bretonnes, sur un fond bleu.

2. A cette époque, on nommait la rivière : « de *Milloan et Arlo* », aujourd'hui on appelle les deux cours d'eau qui la forment : Jarlot et Queffleut.

reçut le titre de gouverneur. Il prêta serment à la communauté de ville, entre les mains de Paul Pinard, sieur Duval, lieutenant de Morlaix, et l'épée lui fut donnée en grande cérémonie par Jacques Pencernou et Jean Rigolé, procureurs syndics et *miseurs* de Morlaix, qui lui confièrent les clefs du nouveau fort.

Le gouverneur devait recevoir « 200 livres monnaie de gages, par année, et les soldats 60 livres ».

Dom Maurice a donné le texte de la commission. Jean de Kermelec y est dénommé « *manant* de Morlaix », autrement dit homme à gages de la ville.

Ce fut le commencement du renouveau de la grande prospérité commerciale de Morlaix.

Le château, toujours armé avec soin, n'a pas fait grand bruit dans l'histoire, mais, par sa situation, il devenait une défense tellement efficace que les pillards de toute nation renoncèrent à entreprendre le siège.

Peu à peu, les négociants, abandonnant la ville fortifiée, où leurs magasins ne pouvaient s'étendre à l'aise, vinrent bâtir sur les quais futurs ces curieuses maisons, ornées de porches et appelées *Lances*, dont quelques-unes à peine ont survécu aux *embellissements* modernes.

Les étrangers, de leur côté, affluaient à Morlaix, qui ne se louait pas trop d'eux, semblent-ils, car une requête de 1543 porte cette menace : « Les négociants abandonneront la cité non encore réédifiée, et se retireront aux champs près d'icelle, détruisant leurs maisons, si on ne les protège. »

C'était déjà la grande guerre des *protectionnistes* et des *libres-échangistes* qui commençait. Toutefois, une partie des plaintes était fondée, car on signale que les Anglais, principalement, payaient leurs achats en monnaie de mauvais aloi et emportaient le « bon argent » du pays. Rusés et trompeurs, on ne les aimait pas.

Un arrêt, au milieu de ces préoccupations, vint donner quelque animation à la cité.

Marie Stuart, encore enfant, arrivait d'Écosse pour être élevée à la cour de Henri II, en attendant son mariage avec le dauphin François II. Une tempête fit dévier le vaisseau de sa route ; la jeune princesse aborda à Roscoff et, de cette ville, partit pour

Morlaix, où elle fut reçue avec enthousiasme. Les fêtes, toutefois, faillirent être troublées par un incident imprévu. La jeune reine d'Écosse avait été logée au couvent des Dominicains. En y retournant, après avoir assisté au *Te Deum* chanté en son honneur, le pont de la prison, sur lequel il lui fallait passer, se rompit, tellement il était chargé de monde. Presque toute la suite de la princesse tomba dans la rivière, mais, par bonheur, les eaux étaient basses.

« Trahison ! » s'écrièrent les Écossais, qui crurent à un piège ; une mêlée allait commencer, lorsque le sire de Rohan, « passé sans mal », se retourna avec vivacité :

« Jamais Breton ne fit trahison ! » s'écria-t-il de toutes ses forces. Nobles paroles que la nation bretonne, prise dans son ensemble, n'a démenties et ne démentira jamais...

Quatre ans plus tard, une forte alerte émut les Morlaisiens. Trois cents voiles, disait-on, croisaient au large, prêtes à fondre sur le château du Taureau. Vite, on renforça la garnison « d'un lieutenant, d'un enseigne, d'un portier consigne et... (à l'exemple de Saint-Malo) de *trois vigoureux dogues* ». Ces animaux étant lâchés, la nuit, sur les récifs, une surprise devenait impossible.

En outre, un détachement de la milice, armé de hallebardes et de *langues de bœuf*[1] ! ! fut organisé pour le cas d'alerte.

Les années suivantes, jusqu'à l'époque de la Ligue, furent consacrées à étendre le commerce et les privilèges municipaux de Morlaix.

En 1562, la ville obtint pouvoir de créer et élire un maire et des échevins. Le premier maire s'appela Auffray Coail.

En 1566, une cour et une juridiction consulaire étaient établies.

En 1568, la capitainerie morlaisienne prenait rang de gouvernement.

Le duc de Mercœur, gouverneur de Bretagne et prétendant avoué au titre de prince souverain de la province, confia la garde de Morlaix à Carné de Rosampoul, qui se montra digne du choix,

---

1. Cette milice comptait, peut-être, beaucoup de maçons dans ses rangs. Du moins, le nom de *langue de bœuf* est-il appliqué à un outil, taillé en forme de cœur, usité pour divers travaux de maçonnerie.

en soutenant avec courage un assez long siège contre les troupes du maréchal royaliste d'Aumont.

La disette devint affreuse dans la ville; mais la femme du gouverneur, Renée de Catelan, soutenait le courage des assiégés avec un tel héroïsme « qu'elle plantoit le cœur au ventre du plus lâche ».

Il fallut se rendre, néanmoins, et les habitants, qui avaient jugé à sa valeur Emmanuel de Lorraine, duc de Mercœur, se montrèrent empressés de traiter avec le roi.

La capitulation fut signée le 25 août 1594, et Pierre de Boiséon reçut du duc d'Aumont, commandant les troupes royales, le titre de gouverneur de Morlaix, où, semble-t-il, on l'aima tout de suite.

Depuis lors, la ville rentra dans l'ombre, quant à la politique, mais travailla à étendre son commerce.

Par malheur, les plaies de la guerre guérissent lentement; la pauvre cité, épuisée, se débattait au milieu d'alternatives de luxe et de misère, cette dernière augmentée par des épidémies pestilentielles (1623-1626-1640).

Un dernier coup frappa Morlaix en plein cœur. Le mois de février 1660 commençait, quand le capitaine de la garde royale Beaucorps, et le lieutenant-exempt Delanoë, vinrent simplement annoncer à la municipalité que le château du Taureau appartenait désormais au Roi-Soleil.

Sans protection, accablée par tant de revers, Morlaix n'essaya pas de résister pour sauvegarder le plus beau fleuron de son autorité. Il y avait cent vingt-huit ans que la forteresse, sa propriété, existait, et quatre-vingt-seize gouverneurs avaient reçu leurs pouvoirs de la seule municipalité... Mais à quoi eussent servi les protestations! Le Taureau devint prison d'État. Vauban le rendit plus fort et le classa au nombre des places frontières.

Cela n'empêche pas les Morlaisiens de se souvenir avec orgueil qu'ils eurent l'honneur *unique* de posséder longtemps une place de guerre et, non sans quelque raison, ils ajoutent :

« Si les Malouins avaient veillé sur leurs îles aussi vigoureusement que nous sur le Taureau, peut-être Jersey et Guernesey n'appartiendraient pas à l'Angleterre. »

L'avènement du petit-fils de Louis XIV au trône d'Espagne

vint, par bonheur, apporter un changement dans la situation de Morlaix, qui reprit une place brillante parmi les cités commerciales.

Les marchands envoyaient des toiles, des cuirs, des papiers en Espagne et en Portugal. Les plombs des mines de Huelgoat et de Poullaouen, le tabac, les fils blancs et teints, les beurres, prenaient la route de Rouen; les suifs, les graisses, les miels étaient expédiés à Hambourg ou en Hollande.

Cette prospérité appela l'attention de la puissante Compagnie des Indes, qui vint, en 1727, acheter les *Clos Marans* pour y édifier un entrepôt. Opération doublement avantageuse, car la ville gagnait un surcroît d'importance, en même temps que disparaissait un affreux cloaque, repaire de la lie de la cité.

Ces succès finirent par mériter à Morlaix quelques faveurs royales. Louis XV et les Etats donnèrent soixante mille livres pour la reconstruction de l'hôpital, dont le cardinal Fleury voulut poser la première pierre (1734).

En 1772, une innovation excellente rendit la ville très fière. Ses rues et ses places reçurent des « étiquettes », ainsi que des réverbères, chose urgente dans ces labyrinthes, généralement très escarpés.

Une autre innovation fut le fruit de la sagesse du duc de Fitz-James. Des dissentiments avaient éclaté entre les trois ordres des Etats de Bretagne, tenus à Morlaix en 1772. La noblesse voulait écarter des fêtes, données à cette occasion, les filles et les femmes des bourgeois, qui se fâchèrent, car ils payaient des frais de réjouissances, assez lourds, si l'on s'en rapporte aux chroniques : « vin de ville, payé pour les seigneurs; et, pour leurs dames, dragées, confitures sèches, gants, bougies, dans de superbes corbeilles *galantisées* de rubans ».

La rancune dura six années. Enfin, des hommes « de sens » appartenant à tous les « ordres » se rapprochèrent et fondèrent dans les appartements de la duchesse de Fitz-James *une chambre littéraire et politique*, approuvée par Louis XVI (1779), qui lui accorda des lettres patentes spéciales.

Peu après, l'obscurité planait de nouveau sur Morlaix; mais, grâce à elle, une période de paix relative empêchait la ville de subir trop violemment le contre-coup des événements qui changeaient la face du pays tout entier.

Quoique privée de la meilleure branche de son commerce : les exportations de toiles destinées à l'Espagne, Morlaix conserve l'un des premiers rangs parmi les ports bretons.

Ses grains, ses farines, ses légumes, ses beurres, son bétail,

La venelle au son.

ses chevaux, ses toiles, ses fils, ses chanvres, ses huiles, son poisson, le plomb, la litharge des mines, entretiennent un grand mouvement de navigation, en même temps que ses foires et ses courses attirent nombre de marchands et d'étrangers.

Le pays léonnais a toujours été renommé pour l'élève du cheval, depuis longtemps très amélioré. Bon nombre d'animaux, vainqueurs aux fêtes hippiques, et inscrits comme étant d'origine normande ou anglaise, sont nés dans les prairies du Finistère, où ils héritent, de la race locale, une rapidité, une sobriété, une résistance à la fatigue très précieuses.

La *Foire haute*, qui se tient du 15 au 25 octobre, est le grand marché annuel des chevaux. On y vend parfois plus de *quinze cents* de ces animaux.

Les courses ont lieu au mois de juin. Elles préparent les transactions entre marchands et éleveurs.

La jolie ville de Morlaix a donc le droit d'être fière de son actif et incessant labeur. Elle l'accroît par tous les moyens en son pouvoir. Ainsi, elle est devenue un centre important pour la mise en œuvre des tabacs. La manufacture n'occupe pas moins de *onze cents* ouvriers [1].

La pêche côtière et les autres pêches y entretiennent un marché assez suivi. En même temps, elle recueille, comme en un vaste entrepôt, tous les produits agricoles de l'arrondissement et une bonne partie de ceux de l'arrondissement de Châteaulin : sa situation lui créant un très réel avantage, soit pour les expéditions territoriales, soit pour les exportations maritimes.

Les améliorations réclamées en faveur du port sont donc des mieux justifiées, et la prospérité ascendante de la ville ne peut qu'exercer partout autour d'elle la plus heureuse influence.

Par son esprit commercial même, Morlaix devait accueillir avec faveur l'idée d'*embellir* ses vieilles rues, ses vieux quais, et regretter que le défaut d'espace empêchât de rendre la réforme plus complète.

Au fond, la pensée est louable ; mais, partout où on la met en œuvre, on pourrait, croyons-nous, respecter ce qui, des monuments du passé, possède une valeur propre, une physionomie véritablement originale, sinon artistique.

Le goût des générations, leur sens intellectuel, ne saurait se trouver à meilleure école.

Sous ce rapport, Morlaix a beaucoup perdu. Une circonstance heureuse : la configuration du sol, a toutefois empêché que la fièvre maligne gagnât la ville entière ; néanmoins, nous trouvons plus d'une trace fâcheuse de son intensité.

---

[1]. 400 hommes et 700 femmes.

Pendant longtemps, la ville avait appartenu, pour la juridiction spirituelle, à deux évêchés aujourd'hui supprimés. Saint-Pol-de-Léon étendait ses droits sur tout le côté gauche de la rivière, Tréguier sur le côté droit. De cette originalité, le quai le plus ancien a retenu le nom de Tréguier. Il fut, lors de sa construction, bordé de maisons à porches d'un aspect très pittoresque ; on les appelait *Lances*. Beaucoup d'entre elles remontaient au quinzième siècle. Elles paraissaient être devenues infiniment incommodes et sombres ; surtout, elles empiétaient trop sur la voie praticable pour le chargement des navires. Soit ! Cependant, n'eût-on pu en laisser subsister un plus grand nombre ? Même, n'eût-on pas pu, en démolissant les mieux conservées, agir comme on l'a fait pour d'autres édifices moins curieux : en numéroter toutes les parties et les reconstruire sur un emplacement où elles n'auraient pas été un embarras ?

Cette réflexion est d'autant plus fondée que, trop souvent, on a détruit sans achever l'œuvre ; autrement dit, des constructions originales ont disparu sans que les voies qu'elles *encombraient* y aient gagné en beauté. Telle la rue du *Pavé*, veuve de la *Tour d'argent* (Monnaie des ducs de Bretagne), de la *Porte Bourret* et de belles maisons du quinzième siècle. En revanche, elle est restée très sinueuse, très mal bâtie : absolument laide, pour tout dire.

Plusieurs rues voisines possèdent encore, mais pour peu de temps, sans doute, des maisons à *lanterne* et à pignon sur rue, avec étages surplombant les uns au-dessus des autres, tout ornés de statues de saints ou de figures satiriques parfois pleines de verve.

Deux rues seulement ont gardé la physionomie qu'elles devaient avoir, alors que les ducs faisaient leur « joyeuse entrée » dans « la bonne et riche ville » : la rue des Nobles et la Grand'Rue.

Les maisons y ont un style unique, agrémenté de mille détails, donnant à chacune d'entre elles son cachet particulier et prouvant la fortune du propriétaire, le goût de l'architecte.

Généralement, deux portes y donnent accès. La première permet de pénétrer dans une salle basse ou boutique, éclairée sur la rue par une fenêtre cintrée, écrasée en hauteur, mais occupant la presque totalité de la largeur de la façade : cette fenêtre est appelée *étal,* à cause de l'habitude où étaient, et sont encore, les négociants d'exposer devant elle, sur une plinthe fixée à ses boiseries, les échantillons de marchandises de leur négoce.

La seconde porte ouvre dans le vestibule, comme celle de la boutique, elle est toute recouverte de sculptures, de moulures compliquées.

Les étages, au nombre de deux ou trois, s'élèvent en saillies, rachetées par les ornements les plus riches et les plus délicats. Des consoles supportent des statues; des niches, avec dais, renferment des figures de saints; des animaux fantastiques ou des personnages grotesques, disposés en cariatides, dissimulent l'épaisseur des énormes poutres qui soutiennent chaque étage. Les fenêtres, nombreuses et presque toutes étroites, présentent leurs vitres solidement enchâssées dans le plomb. Chaque partie de la façade où le sculpteur n'a pas cru devoir semer la fantaisie de son ciseau, est revêtue d'ardoises soigneusement taillées en losanges. L'étage supérieur, en forme de pignon élevé, se termine par une crête de plomb historiée du plus heureux effet.

Du côté intérieur de la maison, le vestibule est fermé par une autre porte ouvrant sur une salle intérieure dite : *lanterne,* par la raison qu'un toit, vitré à son centre, la recouvre.

Une vaste cheminée sculptée occupe l'un des côtés et l'escalier vient y aboutir. Presque toujours cet escalier est superbe. La rampe, délicatement fouillée, abonde en détails ravissants; des piliers sculptés la soutiennent et lui permettent de se diviser pour conduire, à la fois, aux appartements ayant jour sur la rue et aux logements attenants. Les paliers sont dits *Pond-alez;* ils sont bien véritablement des ponts reliant entre elles les diverses parties de la construction.

La maison portant le numéro 21 de la rue des Nobles, et celle portant le numéro 22 de la Grand'Rue sont renommées entre toutes pour la beauté de leur escalier.

La façade donnant sur la rue est plus riche dans la première, où les facéties de la *fête des fous* se mêlent très curieusement aux sujets de piété et aux sujets fantastiques.

Même à une époque où la main-d'œuvre coûtait si peu de chose, où l'on trouvait à user pour rien du talent de grands artistes ignorés, il fallait posséder une grosse fortune pour donner à son logis une telle splendeur. Il fallait, surtout, avoir un goût très fin, très délicat.

Les édifices sont rares à Morlaix et leur valeur assez ordinaire. Pour expliquer ce fait dans une ville riche, bien habitée, il faut se souvenir que beaucoup de calamités l'assiégèrent, qu'elle fut victime de guerres, d'incendies, d'épidémies terribles (renaissant de nos jours, témoin les ravages du choléra [1]) ; enfin, que l'espace si restreint de l'enceinte ne permettait guère de songer à d'importantes constructions.

Saint-Matthieu, l'église principale, est fort laide, en dépit de sa tour du seizième siècle, ployant sous le poids des ornements. Elle dépendait autrefois, à titre de prieuré, de l'abbaye Saint-Matthieu de Fin de Terre dont nous retrouverons les belles ruines près du Conquet.

L'église *Saint-Melaine* date du douzième siècle, quant à sa fondation (due à Guyomarc'h, vicomte de Léon), et du quinzième siècle, quant à sa reconstruction. Ses portes, en bois sculpté, sont ce qu'elle possède de plus beau. C'est une *œuvre* dans toute la grande, la louangeuse acception du mot.

L'intérieur renferme des enfeus, ou sépultures seigneuriales, dont les détails ornementaux sont presque tous curieux. Quelques autres morceaux de sculptures sur bois ont un véritable mérite.

L'ancien couvent des *Dominicains* ou *Jacobins* fondé, en 1237, par le duc Pierre Mauclerc et Alix de Bretagne, sa femme, a conservé des enfeus, une verrière et des écussons méritant une meilleure destination [2].

La collégiale de *Notre-Dame des Murs* avait le titre de *ducale*. Le duc Jean II l'avait fondée pour huit chapelains chargés du service religieux de la chapelle du château (1295) ; c'était un fort beau monument dont le clocher, rival du merveilleux *Kreisker*, de Saint-Pol-de-Léon, avait obtenu de survivre à la démolition du reste de l'édifice, en 1805. Par malheur, cette démolition, conduite sans méthode, amena une ruine complète. En souvenir de la collégiale des ducs, une chapelle portant le même vocable

---

1. En 1832, il enlevait le *septième* de la population.
2. Transformé en caserne. (L'église est devenue une écurie.)

a été construite près de Saint-Matthieu, et on y a placé la seule relique échappée à la destruction : une statue de Notre-Dame, toujours très vénérée.

L'hôtel de ville est moderne. Il remplace, peu avantageusement, l'hôtel élevé par l'ingénieur royal Le Bricquir, en 1618. Les deux rivières réunies passent sous la voûte de l'édifice, et sous la place située devant sa façade. La marée, elle aussi, suit deux fois par jour ce chemin et, pendant les temps d'équinoxe, ou quand une tempête bouleverse la rade morlaisienne, il n'est pas rare de la voir, se répandant par tous les *regards,* envahir les maisons voisines, la place, les rues adjacentes.

La manufacture de tabac produit près de trois millions de kilogrammes par an, c'est l'essentiel... pour les coffres de l'État, et on ne peut, raisonnablement, reprocher au grand laboratoire de nicotine de manquer de cachet artistique.

A Morlaix, triomphe le génie de nos constructions modernes. Le viaduc est l'un des plus considérables ouvrages similaires exécutés en France. Malgré les difficultés offertes par le terrain, le travail n'a duré que deux ans. Il a été nécessaire de mettre les fondations à l'abri du mouvement des vases de la rivière et de l'effet des marées, parfois violentes.

Deux étages sont superposés. Le premier possède neuf arches ouvertes, chacune de treize mètres et demi. L'étage supérieur est formé de quatorze arcades, larges de quinze mètres.

Entre les deux, une voie a été ménagée pour les piétons.

Le granit cimenté est entré, seul, dans la construction du viaduc, dont le caractère monumental est aussi grandiose, soit qu'on le contemple de la place de l'Hôtel-de-Ville, soit qu'on le regarde de l'extrémité des quais.

Long de deux cent quatre-vingt-cinq mètres, il comble, à la façon d'un caprice de Titan, l'espace laissé libre par les collines encaissant le cours des deux rivières unies : le Jarlot et le Queffleut.

Sa hauteur donne à l'ensemble un aspect élancé que sa masse énorme paraissait peu susceptible de revêtir.

Loin de nuire au panorama de la ville, ainsi qu'on l'en a accusé, il concourt à frapper d'une empreinte inoubliable le souvenir laissé par Morlaix.

Plusieurs noms morlaisiens sont inscrits avec honneur parmi ceux des hommes célèbres de France.

L'un des plus anciens est, tour à tour, trop décrié ou trop exalté.

ALBERT LE GRAND est plus généralement appelé ALBERT DE MORLAIX, pour prévenir une confusion entre lui et le célèbre évêque de Ratisbonne, également religieux dominicain[1]. Né en 1600, Albert est surtout connu par sa *Vie des Saints de la Bretagne Armorique,* son *Catalogue des évêques de la province* et l'*Histoire des souverains de Bretagne.*

Dom Lobineau et Dom Morice ont très sévèrement jugé le premier de ces ouvrages, « bon à faire rire, disent-ils, et dénotant trop de crédulité ». L'abbé Travers ajoute qu'on « y trouve un grain d'or parmi beaucoup de sables ». L'arrêt est bien sévère... Du reste, Albert avait compulsé avec soin tous les anciens bréviaires, cartulaires et chroniques des couvents, des paroisses. Il était persuadé faire œuvre méritoire en ne se laissant arrêter par aucune étrangeté, si invraisemblable qu'elle fût.

Malgré ces défauts du travail, on s'aperçoit vite que les *grains d'or* n'y sont pas très rares, que l'histoire de la province y est exposée avec assez d'exactitude, et nul ouvrage du même genre ne possède à un tel degré le charme naïf, la grâce qui en font oublier les autres imperfections.

GUILLAUME DE LAUNAY, abbé de Saint-Maurice-de-Carnoët, près Quimperlé, naquit à Morlaix. C'est de lui que Henri IV disait : « Il nous fait plus de mal par ses presches, que notre cousin Mercœur par ses arquebusades. »

Guillaume de Launay avait la réplique vive, l'esprit prompt. Fait prisonnier par les troupes royales, on le conduisit devant le seigneur de Saint-Luc, qui déclara la prise bonne.

« Bonne, selon Saint-Luc, répondit l'abbé, mais non selon Saint-Jean[2]. » Après l'abjuration de Henri IV, l'abbé se rallia sincèrement à lui et recouvra le gouvernement de son abbaye.

Le contre-amiral CORNIC, si souvent vainqueur des Anglais, et le vice-amiral DE TROBRIANT, étaient Morlaisiens.

---

1. Né en 1193 à Lavingen (Souabe), surnommé le Grand à cause de son immense savoir. La place Maubert a retenu son nom, car il avait professé à Paris avec grand succès.

2. Trait conservé par le savant M. de Blois, un enfant de Morlaix.

Une foule de noms de publicistes apparaissent ensuite, parmi lesquels l'abbé de BOISBILLY, l'explicateur de l'histoire de sainte Ursule et de ses compagnes.

Soupçonnant les traducteurs d'avoir mal lu le texte primitif, il suppose que la suite de sainte Ursule se bornait à une seule compagne nommée, *Undecimille,* d'où la légende des onze mille vierges martyres ! ! !

Il est au moins impossible de refuser à cette manière de tourner une grande difficulté le bénéfice d'une originalité pittoresque.

Le général MOREAU fut, lui aussi, enfant de Morlaix, mais son nom est de ceux que le patriotisme de la province cherche à oublier et c'est avec soulagement que nous nous arrêtons à ÉMILE SOUVESTRE.

Aussi longtemps que la Bretagne se souviendra de ses origines, aussi longtemps qu'elle trouvera du bonheur à comprendre son antique langage, tout au moins à en garder une traduction fidèle : *Le Foyer Breton* et *les Derniers Bretons* seront par elle cités avec joie.

Le type morlaisien est à bon droit, surtout en ce qui concerne les femmes, renommé par l'élégance et la grâce des manières. Le vieux costume, simple, mais admirablement approprié, dégage la taille bien prise, laisse entrevoir la blancheur du cou et encadre, dans la plus seyante des coiffes de dentelle, un visage doux, fin, spirituel. Le langage breton prend, sur les lèvres fraîches des Morlaisiennes, une allure pimpante, aimable, qui le fait résonner en notes agréables aux oreilles des étrangers, et le français, bien que parlé avec un accent prononcé, ne semble vraiment pas trop dépaysé.

Les mœurs des anciens jours n'ont laissé aucune empreinte farouche. En souriant et pleine de bonne volonté, la jolie petite ville marche avec confiance vers l'avenir, car elle sait que le travail reste la meilleure garantie du bonheur des cités, comme de celui des individus.

CHAPITRE XXI

SAINT-JEAN-DU-DOIGT. — PLOUGASNOU. — LE CHATEAU DU TAUREAU

C'est en suivant le quai de Tréguier, sur le côté droit de la rivière de Morlaix, que nous reprendrons la route de la grève.

Le joli *cours Beaumont* continue le quai, et les châteaux entourés de parcs, embellis d'avenues, se présentent nombreux. *Kéranroux, Coatserho Sussinio*[1], *Trodibon* se sont emparés des plus gracieux emplacements ; mais il y aurait impossibilité à quitter les environs de la ville sans être allé visiter SAINT-JEAN-DU-DOIGT, pèlerinage réputé entre les plus célèbres *pardons* de Bretagne.

Si l'on ne craint pas la foule, ou, plutôt, si l'on veut avoir le spectacle d'une foule ultra-pittoresque, il faut assister à la fête annuelle et surtout à la procession qui, de fondation, se déroule, le 23 juin, de l'église à la colline la plus proche, dont le sommet reçoit le bûcher symbolique.

La Bretagne entière, c'est-à-dire la Bretagne encore fidèle à l'idiome des ancêtres, assiste à la cérémonie. Les pèlerins accourent du pays de Tréguier, de toutes les parties du Léonnais, des communes les plus reculées de la Cornouailles lointaine. Il en vient même du *Pays du Blé blanc*[2] pour vénérer des reliques insignes, parmi lesquelles : le *Bis sant Ian* (*doigt de saint Jean*), attire tous les regards. Après lui, viennent le *chef de saint Mériadec*, évêque de Vannes, et le *bras de saint Maudetz*.

Une si belle occasion de faire appel à la charité des pèlerins ne saurait être perdue, pensent les pauvres... faux ou vrais.

---

1. Il ne faut pas confondre ce manoir avec l'ancien château ducal de Sucinio, situé dans la presqu'île de Rhuys (Morbihan).
2. Pays de Vannes.

Partant de ce principe, tous les porteurs de « guenilles », tous les estropiés, tous les « affligés de plaies » horribles, s'abattent en nuées sur le bourg, criant à qui mieux mieux, gémissant, pleurant, hurlant (c'est le mot) des prières ; implorant de mille manières la compassion des « chrétiens ».

Ce serait à croire que le pays est à peu près tout entier peuplé de ces échappés de la cour de Miracles ; mais les « bons cœurs » doivent se rassurer.

Beaucoup, parmi ces fervents suppliants, ont, pour ce jour-là seulement, revêtu les haillons qui, le lendemain, seront jetés dans un coin, en attendant une autre occasion fructueuse.

Maint estropié, maint paralytique, maint « lépreux » recouvrera subitement la santé, dès la clôture de la fête, et cela, sans être allé requérir l'assistance du « cher monsieur saint Jean ».

Sous ce rapport, tout au moins, la Bretagne *bretonnante* n'a rien à envier aux pays « civilisés », même ces derniers pourraient-ils être jaloux de l'ingéniosité des « chercheurs de pain » celtiques.

Quels merveilleux sujets à la Callot un peintre trouve ici ! Tel grand vieillard, à la mine imposante, à la démarche fière, semble rendre un service quand il daigne recevoir l'obole du passant ! Telle vieille femme décharnée, tannée, aux yeux perçants, à la parole brève, aux gestes mystiques, figurerait avec avantage dans une scène de sabbat... Et, ainsi de suite, se succèdent dix, vingt types que non seulement n'eût pas désavoué, mais eût accepté avec enthousiasme un « Roi des Truands ».

Les marins assistent en grand nombre au pardon de Saint-Jean, car beaucoup ont fait des vœux au puissant patron et, dans l'église, on conserve un modèle plus ou moins authentique du vaisseau fameux, *la Cordelière*, construit par ordre d'Anne de Bretagne, au Dourduff, en Plouézoch, commune voisine (1500).

La *Cordelière* ne représente pas seule la construction maritime : nombre de petits navires de tout gabarit, depuis l'humble barque de pêche jusqu'à la frégate et au vaisseau l'accompagnant. Plusieurs sont chargés de canons en miniature, jouant un rôle pendant la procession.

Pour jouir de l'ensemble de la cérémonie, il ne faut pas redouter de se voir rudement coudoyer par la foule qui envahit l'église, le cimetière et la presque totalité du chemin, tout à l'heure abandonné au clergé. C'est à se demander comment on pourra fendre ces rangs pressés, d'où sort, à chaque seconde, un cri d'angoisse à peu près étouffé. Néanmoins, la houle humaine s'entr'ouvrira, respectueuse et infiniment plus recueillie que ne devait s'y attendre l'étranger. Mais, si l'on a eu la bonne fortune de gagner la protection des sacristains, il est plus sage d'aller se poster dans la galerie du clocher, d'où, sans risques, on domine le mouvant tableau.

Aux pieds du spectateur, se succèdent avec dévotion les pèlerins qui ont fait le voyage pour venir boire à la *Fontaine du Doigt*, s'y laver les paupières et en rapporter une fiole d'eau, précieux remède contre les ophtalmies et, en général, contre toutes les maladies des yeux.

Pendant ce temps, la procession s'est formée.

Les robustes jeunes gens se disputent l'honneur de porter des bannières massives, élevées, pesantes au possible, et c'est à qui, d'entre eux, soutiendra l'honneur de sa *paroisse*, en faisant flotter très longtemps les plis soyeux, gonflés par le vent, arrivant du large de la mer.

Même, il ne suffit pas aux concurrents de prouver leur force : l'adresse doit être de la partie.

Un arc de triomphe s'élève dans le cimetière de l'église : faire passer les bannières sous cette voûte surbaissée exige une souplesse, une vigueur de bras et de reins peu ordinaires.

Aussi, les jeunes athlètes se montrent-ils justement désireux de conquérir une telle gloire... après tout bien légitime. Plus d'un, hélas ! y perd le prestige chèrement acheté dans les luttes des *pardons;* mais, quand, sans encombre, le pas redoutable est franchi, les acclamations, les cris de joie, les applaudissements enthousiastes saluent l'heureux triomphateur, dès lors classé, sans contestation possible, au premier rang des « champions » bretons.

« Il a porté la bannière pendant plus d'une heure, et il l'a fait passer sous l'arc de Saint-Jean ! »

Cela répond à tout, satisfait à toutes les questions. Chacun s'incline devant cette supériorité.

Mêlés aux porteurs de bannières, se tiennent les *équipages* de la *Cordelière* et des autres navires, soutenus sur des brancards pavoisés. On a eu le scrupule d'attacher aux sabords de longs rubans dont l'extrémité, confiée à des mousses, servira à donner aux spectateurs l'illusion des mouvements d'un vaisseau ou d'une barque roulant à la crête des lames.

Un maître de cérémonies, pardon! un véritable maître d'équipage surveille cette partie du défilé. Il tient son sifflet en main et, à chaque station du clergé, il donne le signal, enjoignant aux canonniers de charger l'artillerie minuscule qui, bientôt, envoie un nuage de fumée se mêler aux vapeurs de l'encens.

Les oriflammes, les croix, les statues continuent le cortège, et les acclamations vont en croissant sur le passage des *Miraclous*. Ainsi nomme-t-on les miraculés dont la foi a été récompensée par la guérison, demandée à l'eau de la fontaine, à l'attouchement du doigt du Précurseur...

Parmi les miraculés figurent, naturellement, les petits enfants, redevables à « monsieur saint Jean » de la santé de leurs yeux. Si l'enfant est encore au maillot, il porte sur sa tête un bonnet à broderies d'or, qui le fera reconnaître pour un *miraclou*. Plusieurs autres bambins ont été revêtus du costume *classique* attribué à saint Jean, enfant, par les artistes, et ils s'avancent charmants, frais, roses, timides, étonnés, sous la peau de *bique*, leur unique vêtement, menant, d'une main, un jeune agneau enrubanné, pressant, de l'autre, une petite croix faite d'ajonc ou de genêt fleuri.

La procession est close par le clergé, portant les riches reliquaires; à la suite, vient la foule des pieux intercesseurs.

Les cantiques bretons, alternant avec les hymnes latines, vont, au loin, éveiller mille échos et, tout à l'heure, un *dragon*[1], envolé du clocher, va venir faire crépiter le *tantad*[2], monceau de lande, orné de petits drapeaux, couronné, au sommet, de fleurs naturelles mêlées à des fleurs artificielles.

Toute cette première partie de la fête est admirablement réglée et se passe en toute convenance; mais, si l'on ne veut courir un risque sérieux il faut renoncer à s'approcher de l'autel principal de l'église, lorsque les pèlerins s'y précipitent pour se faire

---

1. Pièce d'artifice. — 2. Feu de joie.

donner le doigt, c'est-à-dire pour recevoir sur les yeux l'application de la relique de saint Jean.

Alors, la mêlée est indescriptible et rappelle avec avantage ce qui se passe à Naples, le jour du « miracle de saint Janvier ». Chacun désire être parmi les premiers touchés. Remontrances, objurgations, rien n'y fait. Coudes et pieds frayent un passage, au grand détriment du décorum prescrit...

Tel nous vîmes le *Pardon*, en 1868. Sauf l'affluence, peut-être diminuée, tel il doit être encore.

N'existât-il plus, on irait toujours à Saint-Jean-du-Doigt, pour admirer l'église, d'un style gothique très pur, très élégant et rappelant la ravissante chapelle du Falgoët.

Portées sur d'élégantes colonnettes, les voûtes des trois nefs s'élancent, hardies, gracieuses. Les chapiteaux des piliers sont couverts de feuillages, et des pommes de pin, des grappes de raisin couvrent la ligne de retombée des arcades.

La grande verrière est divisée par une multitude de meneaux rayonnants. Elle était, autrefois, presque entièrement consacrée aux armoiries des familles nobles, bienfaitrices de l'église.

Le clocher, élancé, accompagné de quatre clochetons, porte trois charmantes galeries superposées, et sa plate-forme, à balustrade sculptée, soutient une fort belle pyramide.

On voit que l'on est entré en Léonnais, le pays des magnifiques églises et des clochers *à jour*.

L'architecte de ce beau monument s'appelait Chevallier. Peut-être fut-il aussi le créateur de la fontaine, quoique l'on en fasse honneur à un artiste italien, dont le nom, du reste, est inconnu.

Inspirée par les chefs-d'œuvre de la Renaissance, la fontaine se compose d'un vaste réservoir, dont le trop-plein s'écoule par des gueules de lions. Au centre, une colonne cannelée soutient trois vasques superposées ; entre la seconde et la troisième, des statuettes représentent la scène du baptême du Sauveur du monde. Une figure du Père Éternel domine le tout, et un groupe d'anges, se donnant la main, est placé au-dessous d'elle.

Un cordon de têtes d'anges, dentelant le rebord de chaque vasque, laisse échapper l'eau par une courbe des plus élégantes.

Un autre petit édifice, ouvert de trois côtés, et renfermant un autel en pierre, surmonté d'un toit en forme de clocher, se voit dans le cimetière. Les archéologues pensent que c'était une chapelle funéraire, et que, dans la lanterne ménagée au milieu du petit clocher, on plaçait, la nuit, un fanal destiné à rappeler aux vivants le souvenir des morts.

A l'entrée du cimetière s'élève l'arc de triomphe, fourches caudines de tant de porteurs de bannières.

Jadis, un autel en pierre se dressait à son centre, et le premier rayon de l'aurore du jour patronal y voyait célébrer une messe, dévotement entendue par les pèlerins, qui avaient, la nuit entière, veillé près du bûcher du feu de joie. On a supprimé cette solennité, et la physionomie du pardon en a été altérée.

Albert de Morlaix raconte avec un grand charme la légende du *Doigt*, index de la main droite du Précurseur, et d'autant vénéré qu'il avait été étendu par saint Jean-Baptiste pour désigner, dans la foule des catéchumènes accourus à ses prédications, Celui dont « il n'était pas digne de dénouer les cordons de la chaussure ».

Un archer de la suite du duc Jean V dota « sans le vouloir et sans le savoir » son pays natal, Plougasnou, de cette relique insigne, immédiatement célèbre en Bretagne.

D'abord déposée en la chapelle de Traon-Mériadec, elle attira un si grand concours de pèlerins que l'on dut songer à reconstruire l'édifice, devenu insuffisant. La première pierre fut posée le 1er août 1440, et la dédicace eut lieu en 1513.

Les récits merveilleux se multiplièrent autour de la relique. Saint Jean affectionnait particulièrement la nouvelle église, et le fit bien voir. Ainsi, les Anglais envoyés, en 1489, par Henri VII, au secours de la duchesse Anne, voulurent s'approprier le *Doigt*; mais leur confusion punit cette mauvaise action. Ils trouvèrent vide le reliquaire qu'ils venaient voler.

Une autre bonne leçon fut reçue par la reine Anne. Estimant qu'elle n'était pas une vulgaire pèlerine et que les reliques pouvaient bien se déranger pour sa plus grande commodité, la duchesse-reine, « ennuyée » par un mal d'yeux, au milieu des fêtes célébrées en son honneur par la ville de Morlaix, donna ordre de lui apporter le *Doigt de saint Jean*. Ordre vain : le brancard destiné au transport du reliquaire se brisait à la sortie de l'église, et le Doigt avait déjà repris sa place sur l'autel ! ! !

Force fut à Anne de Bretagne de s'incliner devant l'arrêt céleste ; elle se décida alors à visiter l'église de Saint-Jean. La relation de son voyage est pleine de détails charmants. Chez un de ses écuyers, elle accepta une collation, et la croix voisine du château porte, depuis, le nom de *croix du petit gâteau de beurre*, parce que des gâteaux *beurrés* avaient été le plat principal du repas. Une autre croix, à l'entrée de la lande qui conduit au village de Saint-Jean, est appelée : *de la Reine*, en souvenir du pas qu'elle y imprima sur le piédestal (!!!), en sortant de sa litière.

Embouchure du Louët ; rivière de Morlaix.

Le voyage fut favorable à la souveraine, qui manifesta sa reconnaissance par de riches dons : une splendide croix de procession, des ornements... on lui attribue même l'érection de la fontaine.

On reporte aussi à sa libéralité un superbe calice en argent doré, trésor de la sacristie du pèlerinage.

Le vallon de Saint-Jean-du-Doigt ou plutôt de Traon-Mériadec, son nom primitif, est un charmant petit coin de terre, borné à son extrémité septentrionale par la Manche, qui, dans une jolie baie sablonneuse, reçoit le ruisseau du *Dounant*, tout chargé des émanations des campagnes fleuries.

Sur la rive gauche du cours d'eau, une sorte de petite chapelle, bâtie au sommet de la colline, était autrefois le théâtre d'une naïve offrande [1].

Les jeunes filles désireuses de se marier promptement, heureusement, y venaient couper leur longue chevelure, et l'y suspendaient en l'honneur de la Vierge.

C'était, dans tous les cas, une manière originale de rassurer les futurs maris contre la coquetterie des postulantes à la dignité de ménagères...

Saint-Jean-du-Doigt était autrefois trêve de PLOUGASNOU, commune importante, riche et fertile dont il est fait mention dès le onzième siècle dans les titres. En 1039, la duchesse Berthe, veuve du duc Alain III, donnait le prieuré de Saint-Georges à la célèbre abbaye du même nom, fondée, à Rennes, par le grand-duc Alain-Fergent en faveur de sa sœur Adèle.

Plougasnou est depuis longtemps en possession d'une renommée de salubrité, qui fait de son territoire un lieu de plaisance très apprécié. Les habitants de Morlaix l'affectionnent particulièrement et y ont construit un grand nombre de maisons de campagne.

Les anciennes *terres nobles* étaient excessivement nombreuses dans cette commune ; une curieuse nomenclature, publiée par Marteville, d'après M. de Courcy, nomme *soixante-quinze* d'entre elles, dont les titres armoricains exigent une grande habitude du breton pour être bien prononcés.

En face de l'une des pointes de la presqu'île de Plougasnou, on trouve un cap rocheux, escarpé, environné de tous côtés par la mer, qui le bat avec violence, et séparé de la terre ferme, au moment du reflux, par une fosse profonde. Son nom est PRIMEL.

Un gentilhomme de la commune, François de Goësbriand, seigneur de la Noë-Verte et de l'Armorique, songea à se tailler, sur ces rochers, une principauté fructueuse. Voyant le pays dévasté par la Ligue, il prit le parti du roi et enrôla à ses frais une compagnie. On ne tarda guère à comprendre qu'il pensait, surtout, à ses intérêts, quand s'éleva la petite forteresse de Primel.

Les attentats devinrent si fréquents que le député de Morlaix

---

[1]. Cette construction est nommée l'*Oratoire,* quoique, d'ailleurs, elle ne soit pas affectée au culte.

aux Etats (1595) incrimina formellement Goësbriand et fit parvenir sa plainte au roi. Mais le roi n'était pas encore assez puissant pour rétablir l'ordre partout. Le mal s'aggrava en 1597, époque où Guy Eder de la Fontenelle, avec l'aide des Espagnols, enleva Primel à son fondateur.

« Les loups ne se mangent pas entre eux, » dit un proverbe. Les loups, peut-être, mais les hommes n'ont pas de ces sots scrupules. Bientôt les Espagnols dépossédèrent, à leur profit, l'allié de la veille. Ce fut l'occasion d'une terrible revanche du féroce Guy Eder. Cependant, les étrangers se maintinrent dans la forteresse, et le pays d'alentour souffrit des maux inouïs, jusqu'au moment où Boiséon, gouverneur de Morlaix pour Henri IV, parvint, soutenu par les milices morlaisiennes, à chasser les pirates espagnols (1598).

Toutefois, comme on négligea de raser le château, quelques échappés aux bandes de la Ligue s'y réfugièrent et commirent encore beaucoup de mal. De nouveau, Boiséon dut entrer en campagne; il investit Primel, punit les brigands qui s'en étaient emparés et rasa leur repaire (1616). En 1660, lorsque Vauban vint inspecter la côte, il restait à peine quelques pierres de la forteresse bâtie par Goësbriand. On en peut encore visiter l'emplacement, en passant sur le pont vermoulu qui a remplacé le pont-levis, jadis jeté au-dessus de la fosse séparant le rocher du continent.

Dans les champs de l'extrémité de la pointe voisine, on trouve des traces de fortifications militaires et, au centre d'une enceinte rocheuse, des ruines honorées du nom de Castel-ar-Sal. Très probablement, une partie des bandes de Goësbriand, de Fontenelle et des Espagnols y avait élu résidence, Primel n'offrant pas assez de place pour une forte garnison.

Le fondateur du château, François de Goësbriand, s'était libéré par quatre mille écus de rançon et obtint d'être incorporé dans l'armée royale. Son petit-fils, Yves, créé marquis par Louis XIII, puis capitaine de cent hommes d'armes d'ordonnance, puis maréchal de camp, fut, de 1663 à 1691, commandant du château du Taureau. Son fils lui succéda. Le nouveau gouverneur, vaillant homme de guerre, devint grand bailli de Verdun et s'illustra en résistant, à Toulon, contre le prince Eugène et contre le duc de

Savoie. Cette belle défense lui valut le rang de lieutenant général. Après lui, son fils Vincent, aussi maréchal de camp, commanda le château, de 1744 à 1752 ; mais un capitaine à sa solde le remplaçait, ainsi que déjà en avait usé son père.

Ces divers souvenirs de l'histoire locale ont fait trouver moins longue la distance de deux kilomètres qui sépare Primel du château fort, défenseur de la rade de Morlaix.

Les groupes de roches, occupant une partie de cette rade, laissent trois passages : celui de *Callot*, fréquenté seulement par les petits navires ; celui de *Tréguier* ; enfin le *grand chenal*, signalé par des balises et dans lequel un vaisseau peut toujours pénétrer.

La rivière de Morlaix s'ouvre au fond de la baie. Elle est défendue par trois îlots qui portent chacun un phare. Sur le rocher central, nommé le *Taureau*, s'élève la forteresse. Sa forme est irrégulière, à peu près oblongue et suivant la configuration du bloc granitique où s'enfoncent ses assises. Les murailles épaisses, hautes, flanquées de plusieurs tours et dominées par un donjon, sont armées d'une batterie basse, rasante, de canons de fort calibre, placés dans les casemates construites par Vauban.

Le Taureau contient des logements et une vaste citerne pour la garnison. Son entrée regarde la rade ; un pont-levis la ferme.

Sur la plate-forme du donjon sont placées des pièces d'artillerie, parmi lesquelles on remarque deux vieilles couleuvrines à huit pans, dont l'une porte le blason de Bretagne entouré de la Cordelière : épave, sans doute, du navire construit par ordre de la reine Anne.

Le château serait formidable pour un navire en bois, obligé de manœuvrer sous sa volée. Les passes sont étroites, les courants très violents, la mer déferle sur les rochers avec tant de furie qu'elle inonde souvent la plate-forme du bastion. La position est donc judicieusement choisie. Il suffirait de compléter les aménagements et l'armement pour rendre le Taureau capable de résister aux attaques de l'artillerie moderne.

Les Morlaisiens, nous le savons, se montraient fiers de leur citadelle et la défendirent longtemps contre tout empiétement illégitime. Ainsi, en 1560, le marquis de Mesgoués, nommé, par Catherine de Médicis, gouverneur de Morlaix, prétendant que le château devait dépendre de lui, les habitants n'hésitèrent pas à entamer une procédure longue et coûteuse, pour les frais de laquelle chacun souscrivit selon ses moyens.

On obtint gain de cause.

Lorsque Louis XIV déclara « royale » la vieille citadelle morlaisienne, Vauban, chargé de fortifier les côtes, rendit hommage à la perspicacité des ingénieurs municipaux et signala l'importance de la rade ainsi protégée.

Par malheur, l'illustre maréchal ne fut pas toujours écouté et

Tour de Duslen.

le littoral nord breton continua à offrir maints endroits propices à l'établissement d'un port militaire, sans que les ministres de la marine fissent rien pour procurer à nos flottes un abri nécessaire, au double point de vue de la défense et de la navigation.

Le dernier commandant du Taureau fut le lieutenant général duc DE SAULX-TAVANNES (1786) qui, bien entendu, ne prit pas la peine de se reléguer dans ce coin perdu et choisit pour représentant le capitaine HERSART. Ce digne capitaine, aussi fier ou aussi peu consciencieux que son maître, se préoccupait médiocrement des fonctions assumées ; il préférait habiter son manoir de Lanuguy.

La Révolution mit fin à cet état de choses, en substituant aux gouverneurs et à leurs capitaines, de l'artillerie et des gardes du génie détachés de la garnison de Brest.

A peu près dans le temps où le Roi-Soleil s'emparait du

château du Taureau, il décidait que des prisonniers d'Etat pourraient y être enfermés.

Le plus célèbre d'entre ces prisonniers fut le procureur général La Chalotais ; on l'y envoya, accompagné de ses fils (1765). Leurs plaintes éclatèrent aussitôt.

Le Taureau, suivant eux, était un « repaire où on ne reléguait que des gens de sac et de corde ». Ils s'étendaient également sur la peinture des « immondes cabanons » qui leur servaient de cachots.

Les amis des prisonniers agirent et obtinrent, au bout d'un mois, leur transfèrement à Saint-Malo. Les Morlaisiens n'en furent guère émus ; ils tenaient compte au duc d'Aiguillon, l'ennemi du procureur général, de tous ses efforts pour améliorer les voies de communication de la province. Au duc, en effet, revenait l'honneur du tracé des routes de Paris à Brest, de Lannion, de Carhaix, de Saint-Pol et de plusieurs autres.

Peut-être, même, faudrait-il voir dans cette circonstance le germe de la haine que lui avait vouée La Cholatais ; « car, dit un historien, le gouverneur, au reçu des communications réclamées par le tiers état, faisait des dépenses excessives et n'épargnait ni les terres *parlementaires* (c'est-à-dire appartenant aux membres du parlement), ni celles de la noblesse que les lignes traversaient ».

Quoi qu'il en soit, La Cholatais, après son procès, revint visiter le château du Taureau, en compagnie de l'évêque de Tréguier.

Aujourd'hui, les Morlaisiens s'occupent peu de l'antique château et beaucoup croiraient qu'il a depuis longtemps disparu, si, dans leurs excursions au bord de la mer, ils ne l'apercevaient debout, sur son roc, tout prêt encore à défendre l'entrée de la rivière.

Cette barrière franchie, la rade présente, sur une étendue de deux kilomètres et jusqu'à l'embouchure de la petite rivière du Dourdu, un magnifique mouillage où la mer est toujours calme. On a souvent eu le projet d'y créer des ports et des arsenaux ; les difficultés à vaincre seraient peu de chose, le fond étant surtout vaseux.

C'est dans l'anse du Dourdu, ou Dourduff, commune de Plouézoc'h, que fut construit, vers l'année 1500, le plus grand vaisseau lancé jusqu'alors : *la Cordelière*, ainsi nommé par Anne de Bretagne, aux frais de qui on l'arma[1] de 100 canons et de 1,200 hommes d'équipage.

Il y a bien longtemps que la rivière du Dourdu a été signalée pour les avantages qu'elle offrirait à la marine.

Dans les pleines mers ordinaires, le flot y monte de près de *dix* mètres et il n'y descend jamais à moins de *six* mètres. Les deux rives, éloignées d'une centaine de mètres, sont élevées et fournissent d'excellentes pierres de taille.

Continuant la rade, ce mouillage pourrait devenir très bon.

Les Morlaisiens firent, en 1767, dresser un plan ne comportant pas moins que la construction de quais sur les deux côtés de la baie, avec prolongement à l'embouchure du Dourdu.

Ce plan grandiose et patriotique sera peut-être repris.

En attendant, Plouézoc'h jouit, grâce à sa situation élevée, d'un panorama superbe sur la rade, sur le Taureau (qui fait partie de ses limites), sur Saint-Pol, Roscoff et l'île de Batz.

Le château de Kerjean (ancienne place forte et autrefois « la merveille du Léon »), situé sur son territoire, se glorifie d'avoir reçu la reine Anne, lorsqu'elle se décida à visiter Saint-Jean-du-Doigt.

Les habitants de Plouézoc'h vénèrent la mémoire d'un de leurs concitoyens : Louis Polart, dit Frère Louis de Morlaix. D'abord soldat, Polart se sentit porté vers la vie religieuse ; il fit profession dans l'ordre des capucins. Sa charité, ses vertus sont proverbiales, et sa mort fut digne de sa vie. Il périt victime de la peste, en soignant les malades de la cruelle épidémie de 1631. Son tombeau se voit dans l'église Saint-Matthieu de Morlaix. La voix publique le salue du titre de saint.

---

1. Brest revendique l'honneur de la construction de ce beau vaisseau, détruit treize ans plus tard, au combat de Saint-Mahé (Saint-Matthieu).

CHAPITRE XXII

SAINT-POL-DE-LÉON. — ROSCOFF. — L'ÎLE DE BATZ

A l'ouest de la rade morlaisienne, au fond d'une baie située entre l'île de Callot et la terre, s'ouvre la rivière de PENZÉ. Le petit port de PENPOUL occupe l'embouchure du cours d'eau, mais il disparaît, en quelque sorte, au milieu de l'éblouissant paysage dont la beauté s'imprime si fortement dans le souvenir du voyageur.

Soit que le soleil épande en nappe dorée ses rayons étincelants, soit que le crépuscule pourpré d'une chaude journée envahisse le ciel, soit que la brume blanche d'une nuit étoilée se dissémine dans l'atmosphère, soit que la tourmente annoncée par les vents d'ouest bouleverse la mer et la fasse hurler, menaçante, autour des écueils... toujours, sur sa modeste colline, la ville de Saint-Pol se présente majestueuse, belle, tranquille, regardant le large, d'un côté, et, de l'autre, terminant une plaine où les arbres verts des parcs des châteaux tranchent sur les champs cultivés, sur les haies d'ajoncs, en toute saison fleuries... Deux clochers jumeaux, sveltes quoique imposants, planent sur la ville et seraient longuement détaillés, si une flèche aiguë, prodige de hardiesse, de grâce sans seconde, ne jaillissait, légère, triomphante, incomparable sur le fond de l'horizon, refoulant tout autour d'elle, arrachant aux yeux les plus indifférents un regard de surprise charmée, à l'esprit le plus blasé, une exclamation admirative.

C'est la tour du KREISKER, la tour dont Vauban disait qu'aucun autre morceau d'architecture ne lui semblait « ni si beau, ni si hardi ». La tour dont Frédéric Ozanam a fait un complet, un merveilleux éloge, en écrivant : « Si un ange descendait du ciel, il poserait le pied sur le clocher du Kreisker avant de s'arrêter sur la terre d'Armorique ! »

Le « clocher à jour » est là devant nous ; le souffle impétueux de la mer semblerait devoir le forcer à incliner sa frêle aiguille de granit ; mais, combien de tourmentes n'a-t-il pas bravées ! Combien de fois le choc effrayant de la foudre ne l'a-t-il pas menacé ! Et il reste ferme sur sa base, en apparence si faible, et ses clochetons, ses quatre pans ajourés, continuent à refléter, entre leurs minces colonnettes, les nuances changeantes du ciel...

On peut au loin, en *France,* sourire de la chanson naïve du conscrit léonnais, exhalant ses regrets et glorifiant son cher clocher :

> Tous les jours que Dieu me donnera, je dirai :
> J'aime mon clocher à jour, ma tour de Kreisker !

Mais, quand on l'a vu, le clocher, le vrai « clocher à jour », on ne peut plus l'oublier, et ce qui semblait être une hyperbole, une exagération maladive de la *nationalité,* devient naturel, devient même un tribut tout légitime...

Nous prenons terre à Penpoul, faubourg et port de l'ancienne ville épiscopale. Son commerce maritime était, autrefois, assez florissant, mais la Penzé n'a pas une profondeur suffisante et le vaste estuaire qu'elle forme se trouve tout parsemé de roches, dont plusieurs constituent de véritables écueils.

La mer se retire très loin sur cette côte qu'elle a souvent bouleversée (notamment en 1699), y accumulant des sables et refoulant les vases charriées par les eaux douces. Cette rade ne peut être fréquentée que par des chasse-marées ou des trois-mâts de petites dimensions. Roscoff, à quatre kilomètres plus au nord, et situé dans une meilleure position, contribue encore au délaissement de Penpoul.

Une autre cause de décadence a pesé lourdement sur Saint-Pol. L'ancienneté de son évêché n'a pas trouvé grâce devant le Concordat. Quimper est devenu le chef-lieu, non seulement administratif, mais religieux du Finistère tout entier. Sans le séminaire, qui attire à elle un certain mouvement, la vieille cité, entourée d'un pays exclusivement agricole, paraîtrait pour jamais plongée dans une invincible torpeur.

L'origine de la ville n'est pas nettement définie. L'opinion la plus commune la donne pour capitale aux *Ossismii* et la fait dominer sur un vaste pays renfermant le territoire, non seulement du futur évêché de Léon, mais des évêchés de Tréguier et de Saint-Brieuc.

Aux Ossismiens, succédèrent les Romains, qui y résidèrent longtemps. On a trouvé dans la ville et les environs un très grand nombre de médailles. César ne l'aurait désignée que par ces mots « la ville des Ossismii ». Le savant M. de Blois donnait l'étymologie suivante : Léon viendrait de *Legionenses*, parce que les Romains avaient une légion tenant garnison dans ce lieu. De Legionenses serait venu Léonense, enfin Léon : étymologie commune à la ville espagnole du même nom.

Les anciens titres désignent Saint-Pol : Castellum Leonense, et le pays : Leonensis Pagus.

Les Bretons l'appellent simplement Château-de-Pol : *Castel-Pol*.

N'importe ce qu'il en puisse être, en franchissant les limites de la ville, on se trouve en plein pays de légendes chevaleresques, mêlées aux traditions religieuses les plus respectées.

Le roi Marc'h, monarque de la Cornouailles britannique ; son neveu Tristan le Léonais ; Yseult *la blonde*, fille du roi d'Irlande ; cent épisodes des réunions de *la Table Ronde* s'allient étroitement au récit de l'hospitalité accordée, dans l'île de Batz, à Pol-Aurélien, par le comte Guythur ou Withur.

Ce dernier gouvernait au nom de Judual [1], roi de la Domnonée, réfugié à la cour de Childebert, fils de Clovis, par crainte de Comorre, son oncle et son compétiteur.

Albert de Morlaix raconte longuement le départ de Pol-Aurélien qui, suivi d'un grand nombre de disciples, arrive de la Bretagne insulaire en Armorique, où il aborde en 530. Son vaisseau l'a conduit à l'île d'Ouessant, ensuite sur la « Grande Terre » ; en longeant la côte, il arrive au château dont le nom allait disparaître devant le sien.

---

1. Rigwal ou Riwal ; on lui donne aussi le nom d'Alain Iᵉʳ.

La forteresse tombait en ruines, des animaux sauvages y avaient établi leur asile : un ours (?), un taureau, une laie et ses petits, un essaim d'abeilles. Pol garde seulement la laie et les marcassins, délivre le château abandonné de ses autres hôtes, en prend possession pour le transformer en monastère, puis il va trouver Guythur, qui l'accueille fort bien, le protège et lui offre une cloche trouvée dans la gueule d'un poisson !...

Or, c'était justement une cloche appartenant au roi Marc'h, de qui Pol l'avait vainement sollicitée ! !

Et si quelques doutes résistaient dans les esprits trop incrédules, on leur montrera, à la sacristie de la cathédrale, l'objet vénéré. Il est en cuivre argentifère, battu au marteau et muni d'une anse à sa partie supérieure ; sa forme est celle d'un carré long, ou cône tronqué, ayant environ vingt centimètres sur une face et quinze sur l'autre. On l'agite au-dessus de la tête des malades ; le jour du *pardon*, on l'entend sonner presque sans interruption.

Nous retrouverons bientôt, à l'île de Batz, la légende obligée du dragon vaincu par le futur évêque, symbole adopté pour célébrer le triomphe de la religion chrétienne sur le paganisme.

Cependant, le peuple désirait vivement que saint Pol, dont il admirait la charité, devint son évêque. Guythur dut s'interposer ; il trouva le moyen de vaincre les refus du religieux en l'envoyant à Paris porter des lettres (de 525 à 535), négociant une prétendue affaire avec les rois Childebert et Judual : ce n'était autre chose que son élévation à l'épiscopat. Les deux rois approuvèrent la demande du comte, et Pol, malgré lui, revint investi de la dignité qu'il redoutait.

Son gouvernement fut si sage, si juste, que les habitants, par reconnaissance, donnèrent à la ville nouvelle le nom du saint.

Les chroniques locales se perdent, après cette époque, dans une foule de légendes, sauf en ce qui concerne le mariage d'Éléonore, fille de Hoël II, avec un vicomte de Léon (de 545 à 550), et il faut arriver aux premières années du neuvième siècle pour trouver une trace certaine : celle des guerres de Morvan, comte de Léon, contre Louis le Débonnaire, qui prétendait asseoir définitivement sa puissance en Bretagne.

Ermold Nigell, bénédictin d'Aquitaine, vivant au onzième siècle, a rimé une chronique conservant les traits principaux de la lutte ardente qui devait se terminer d'abord par la mort du comte; mais aussi, un peu plus tard, par la défaite des Francs.

L'envoyé de Louis, introduit, au début des hostilités, près de Morvan, reçut cette belle réponse :

« Va dire à ton maître que je ne lui suis pas soumis, que je ne cultive pas ses champs et ne veux pas de ses lois ! Il a ses Francs, cela doit lui suffire ; moi, Morvan, je gouverne en toute justice, et de par mon droit, les Bretons. Ainsi je refuse tout tribut. Si ton maître veut me déclarer la guerre, je l'attends, il verra si mon bras affaibli et si mon cri de guerre n'éveille pas un puissant écho ! »

Mais la lutte était trop inégale, surtout par cette raison que les principaux comtes souverains de Bretagne se jalousaient entre eux, alors que l'entente eût rendu impossible l'envahissement du pays. Toutefois, Morvan accomplit de tels prodiges de bravoure que les bardes entourèrent sa mort de circonstances surnaturelles. Il est devenu le héros de la célèbre chanson de Leiz-Breiz et, comme Merlin, il doit un jour sortir de sa tombe pour venir délivrer les Bretons !

Un demi-siècle plus tard, les Northmen, s'abattant sur la Bretagne, ravagèrent cruellement le Léonnais. La ville de Saint-Pol, prise d'assaut, eut sa cathédrale dévastée et fut mise à feu et à sang.

Henri, fils de Guyomarc'h II, suivit le duc Alain Fergent à la première croisade. Lors des guerres affreuses qui désolèrent le règne du duc de Conan IV, dit *le Petit* (à cause de sa fatale faiblesse). Guyomarc'h IV, comte de Léon, et son frère Hamon, évêque de Saint-Pol, prirent le parti d'Eudon de Porhoët, leur beau-frère, qui voulait disputer le pouvoir à Geoffroy, époux de Constance, fille et unique héritière de Conan.

La pensée était sans doute bonne, au point de vue patriotique breton ; mais Geoffroy, fils du roi d'Angleterre, Henri II, vit son père accourir pour lui prêter main-forte (1170). Le Léonnais, dévasté, se soumit ; le château fort de Saint-Pol pris, puis rasé, laissa la ville sans défense. Elle ne devait pas voir relever sa citadelle.

En 1172, le pauvre comté, si éprouvé, subit une invasion de la mer qui, sortant de ses limites, inonda les terres sur une grande étendue. Une peste terrible suivit, causée par le limon que déposèrent les eaux.

Les démêlés avec les ducs de Bretagne ou avec les rois d'Angleterre, enfin les expéditions contre des bandes organisées pour le vol et le pillage, remplirent près d'un siècle.

De 1250 à 1276, le comte Hervé IV, prodigue, joueur, mauvais administrateur de ses biens, essaya, mais en vain, de défendre ses droits contre les empiétements de la couronne ducale. Il tenait surtout extrêmement aux privilèges de donner des lettres de sûreté aux navires fréquentant cette partie du littoral, et au droit de *bris,* droit immoral qui devait engendrer les plus épouvantables crimes.

Nous en retrouverons la trace en continuant de longer la côte.

Hoël II avait donné ses droits en dot en sa fille Éléonore. Les mœurs du temps, d'ailleurs, n'y répugnaient pas et on trouvait très naturel que les comtes de Léon se vantassent de posséder une pierre, précieuse entre toutes, auprès de laquelle pâlissaient les pierreries ducales !

Hervé IV entendait parler d'un roc, cause de continuels naufrages ! ! !

Le duc Jean Ier, *le Roux,* après avoir renoncé à contester des titres formels, profita habilement des embarras financiers du comte. Il racheta diverses parties de ses domaines, la moitié de la ville de Morlaix qui lui appartenait, Brest, Saint-Renan, le Conquet ; enfin, il fit valoir les coutumes féodales et, en 1277, le comté de Léon, avec toutes ses possessions vastes, magnifiques, s'étendant jusqu'aux portes de Quimper, était définitivement réuni à la couronne ducale.

Hervé vendit même ce qui ne lui appartenait pas : les biens de son frère, biens dont il n'avait que l'usufruit...

Depuis lors, le titre de comte de Léon fut l'apanage d'un prince de la maison de Bretagne, sauf quelques parties des domaines qui échurent à un autre Hervé et formèrent le vicomté de Léon. Au quatorzième siècle, ce vicomté se trouva, par alliance, porté dans l'illustre famille de Rohan, qui, en 1572, obtenait son érection en principauté.

La servitude des vassaux propres des comtes de Léon était très rigoureuse[1]. Ils n'avaient pas le droit d'aller habiter ailleurs que sur les terres de leurs seigneurs, sous peine de se voir ramener *corde au cou,* à la *motte* féodale, sans préjudice de peines corporelles et pécuniaires.

Les enfants des serfs n'obtenaient d'instruction que sous le bon plaisir des comtes, qui pouvaient, à leur gré, donner ou refuser des lettres de franchise. En général, ils les faisaient acheter fort cher. La moindre infraction à ce mode draconien entraînait le bannissement et la perte de tous biens, tant présents que futurs.

Il n'y a donc pas lieu de s'étonner que les serfs secouèrent le joug avec transport.

Privée de fortifications, la ville de Saint-Pol s'abstint de prendre parti dans la lutte de Succession. Elle reçut pourtant Jean IV, quand, après la bataille d'Auray, ce prince vint s'y faire reconnaître (1365). Mais, peu après, la mauvaise politique du nouveau duc motiva l'entrée, en Bretagne, des troupes de Charles V, commandées par Du Guesclin. Le connétable vint mettre garnison dans Saint-Pol (1373). Les soldats français y résidèrent jusqu'au moment où Jean IV, rappelé par ses sujets, s'empara de la ville. Sa victoire fut déshonorée par la cruauté dont il usa envers les défenseurs, en les passant tous au fil de l'épée.

Saint-Pol rentra ensuite dans un calme profond, qui ne fut plus troublé qu'en 1590, par La Fontenelle ; mais l'invasion du hardi brigand n'eut pas de durée

La ville ne s'éveillait de sa paix que pour célébrer magnifiquement les « entrées » de ses prélats ; entrées signalées par les coutumes les plus bizarres où, tour à tour, on voit les seigneurs dépendant de l'évêque se disputer le « droit » de soutenir les « pieds de la chaise » sur laquelle on faisait asseoir le pasteur pour le porter en ville ; puis élever leurs prétentions pour le *« pantage de la batterie de cuisine, des brocs de vin entamés, de la vaisselle, des couteaux, tasses, aiguières en argent, du linge de table, voire des restes de pain du festin!! »*

---

[1]. C'est-à-dire les vassaux de leurs domaines particuliers et non ceux des seigneurs, moins puissants, qui relevaient du comte.

L'entrée des vicomtes dans leurs domaines donnait lieu à des cérémonies presque analogues ; mais l'évêque et son chapitre en supportaient les frais, par reconnaissance pour diverses libéralités faites à la cathédrale.

On pense bien que ces arrangements, ces libéralités n'étaient

Cathédrale de Saint-Pol-de-Léon.

pas sans engendrer des abus. Ainsi, au seizième siècle, un des chanoines, Hamon Barbier de Lescoat, laissa, à sa mort, tant de bénéfices vacants, que le pape Jules III, sollicité de répartir ces richesses, s'étonna et demanda « si tous les abbés de Bretagne étaient morts le même jour » !

Néanmoins, le plus grand nombre des évêques de Saint-Pol a laissé un souvenir estimable. Parmi eux, on remarque Philippe de

Coëtquis, plus tard archevêque de Tours. En cette qualité, il fut chargé d'interroger Jeanne d'Arc, au moment où elle sollicitait sa première entrevue avec Charles VII.

Jean Validire construisit, en 1431, le chœur de la cathédrale.

Rolland de Neufville occupa son siège pendant cinquante et un ans (1562-1613). Grâce à lui, les horreurs qui signalèrent les guerres de la Ligue n'atteignirent pas le diocèse.

Jean de Montigny fut membre de l'Académie française. Mme de Sévigné faisait son éloge et le considérait comme un esprit supérieur.

Jean François de la Marche, dernier évêque de Saint-Pol, avait paru avec éclat au combat de Plaisance (1747) comme capitaine des dragons de la reine.

La vie publique ne semble pas avoir jamais été très active à Saint-Pol. Un curieux travail de M. de Courcy prouve que les notables de la ville ne se montraient guère empressés à s'occuper des affaires municipales les plus importantes. Aussi le syndic adressa-t-il requête au parlement, pour exposer les faits suivants : « Quand la cloche sonne, afin d'appeler les habitants à délibérer sur les affaires du roy et aultres pour le bien public, les plus considérables ne s'y trouvent pas d'ordinaire ; mais seulement une multitude de peuple qui, au lieu de délibérer, n'apporte que confusion et désordre. »

En conséquence, le syndic demandait l'autorisation de convoquer « tous les habitants », qui « chaque année » éliraient vingt d'entre eux, chargés, dès lors, de délibérer sur les affaires de la commune, « sous peine de vingt livres d'amende contre les manquants ». Le parlement approuva, tout en réduisant l'amende à dix livres.

Cela se passait en 1648 et donne la preuve que le suffrage universel tenait lieu, de temps immémorial, de corps municipal à la ville. A partir de cette époque, une communauté fut instituée, et, en 1692, une mairie ayant été érigée, l'organisation administrative prit un cours régulier.

Par malheur, Saint-Pol ne se trouvait pas dans des conditions propres à lui rendre beaucoup d'importance. Une rivale plus jeune, mieux située, surtout très active, la ville de Roscoff, jadis sa vassale, grandissait, attirant à elle un sérieux commerce maritime.

Morlaix, de son côté, redoublait d'efforts pour étendre son négoce. La vieille cité devait succomber dans la lutte, ou, plutôt, elle n'essaya guère de lutter.

Peu à peu, sa somnolence augmenta, et devint de la torpeur lorsque l'évêché fut supprimé. L'herbe poussa dans ses rues, les représentants des vieilles familles se confinèrent chez eux; les belles promenades restèrent désertes... Si le Kreisker n'avait attiré un certain nombre de voyageurs et d'artistes, on eût pu croire Saint-Pol oublié du reste du monde.

Cette indolence va, très probablement, céder devant le grand courant d'activité moderne enfanté par la voie ferrée qui relie, maintenant, la ville à Morlaix.

L'agriculture, déjà si avancée dans la région entière, fera de nouveaux progrès, et la prospérité locale y gagnera encore.

Mais on continuera à visiter Saint-Pol, surtout pour ses splendides monuments ; car, après le clocher célèbre de la chapelle du séminaire, la cathédrale mérite d'être longuement examinée.

Pendant plus d'un demi-siècle, le noble édifice resta déshonoré par une couche épaisse d'horrible badigeon, destinée à voiler la dégradation des murs. L'abandon dégénérait en saleté complète, les tours commençaient à se déjoindre... Il était temps, grand temps de parer à une ruine imminente. La restauration, toutefois, date seulement de ces dernières années; mais elle a été complète.

L'antique église de Saint-Pol-Aurélien a recouvré toute sa beauté intérieure. Bientôt son extérieur sera, de même, redevenu ce qu'il était à l'époque où les prélats de Léon se montraient fiers de l'entretenir dans toute sa majesté.

La cathédrale actuelle ne remonte pas au delà du quatorzième siècle, bien que quelques-unes de ses parties puissent dater des constructions romanes, élevées, un siècle plus tôt, sur l'emplacement du monument primitif, détruit, en 875, par les Northmen.

On est frappé, dès les premiers pas, par l'élégance des arcades profilant une nef majestueuse, et présentant une riche ornementation où le règne végétal prodigue les plus gracieux contours. Chaque arcade est éclairée par une fenêtre, et deux galeries, l'une en ogive trilobée, l'autre obscure, règnent tout le long de la nef.

Le tuffeau a seul été employé ici et pour les collatéraux ; mais, partout ailleurs, le granit, la pierre bretonne par excellence, reprend la priorité.

Le chœur domine l'ensemble. L'évêque Jean Validire le construisit en 1431. Il est entouré par treize arcades ; ses galeries sont encore plus capricieusement fouillées que celles de la nef, et ses fenêtres présentent la particularité de se terminer en forme de mitre.

Derrière le chœur, on voit, comme à Dol, une grande crosse en bois doré, simulant un palmier, à l'extrémité de la volute duquel est suspendu le saint ciboire, surmonté d'un petit pavillon.

Soixante-huit stalles en chêne sculpté se rangent, superposées, autour du sanctuaire, et un très beau lutrin, également en chêne sculpté, complète cette magnifique décoration.

Au pied des marches du maître-autel, une dalle en marbre noir recouvre, selon la tradition, le tombeau de saint Pol, et le trésor de l'église garde son crâne, un os de ses bras, ainsi qu'un doigt. Cette dernière relique est placée dans un étui en argent portant l'inscription suivante :

« DOET DE M. SAINT POL ÉVÊQUE ET PATRON DE LÉON. »

Le tombeau de l'apôtre est entouré d'une foule d'autres dalles dont les caractères, à demi effacés, composent des noms célèbres dans les annales bretonnes.

Plusieurs des évêques de Léon ont été inhumés dans leur église cathédrale. Guillaume de Kersauson a sa sépulture dans la chapelle Saint-Martin, qu'il avait fait construire (1327). La chapelle Saint-André reçut les restes de Guy le Barbu, son fondateur.

Placé derrière le chœur et adossé à l'une de ses travées, un beau sarcophage en marbre blanc, œuvre du sculpteur DE LA COLONGE, soutient la statue, à demi couchée et en grand costume, d'un des prédicateurs de la reine Anne d'Autriche, François de Visdelou, évêque de Saint-Pol (1664-1671).

La cathédrale se vante aussi de posséder le cercueil de Conan Mériadec, premier roi, plus ou moins authentique, des Bretons. Ce cercueil a longtemps servi de bénitier à l'entrée du portail latéral. Sur ses deux faces, des moulures présentent de gros pilastres courts, soutenant des arcades en plein cintre, accompagnées d'un linteau roman se contournant en damiers, en losanges ou en chevrons.

Une croix ancrée orne la place de la tête ; un cep de vigne est sculpté à celle des pieds. Divers autres attributs sont encore très visibles ; mais, en admettant, chose problématique, que ce sarcophage ait reçu les restes de Conan, il faut en même temps se résigner à croire que le cercueil primitif fut remplacé, car le travail entier du monument ne doit pas remonter au delà du douzième siècle

Une autre tombe est fort vénérée. Elle contient le corps d'Amice Picard, pieuse fille ayant vécu et étant morte (1652), dit son historien, « en véritable sainte ».

Des rosaces en granit admirablement sculptées et une verrière de 1560, appellent encore l'attention. Quelques restes de vitraux sont attribués au célèbre peintre sur verre, ALAIN CAP, de Lesneven (seizième siècle).

L'une des chapelles porte à sa voûte une très curieuse peinture, représentant une figure emblématique de la sainte Trinité.

Trois faces, réunies par le front, offrent trois nez, trois bouches, trois mentons, mais ne possèdent que trois yeux, à l'aide desquels il est possible, en les prenant deux à deux, de reconstituer chaque face l'une après l'autre.

Un cartouche entoure cette peinture, jeu bizarre d'un artiste du seizième siècle, de caractères gothiques formant l'exclamation bretonne : *Ma Douez !* c'est-à-dire : Mon Dieu !

On termine la visite à la basilique en allant admirer ses tours, qui seraient plus renommées si elles ne subissaient un écrasant voisinage.

Les deux étages dont elles sont formées s'élèvent sur quatre faces, et les flèches ajourées qui les surmontent sont accostées de quatre clochetons découpés. La flèche de droite remonterait à la fin du treizième siècle.

A la base de sa tour, était pratiquée la porte des *Lépreux*, la seule dont les cordiers ou *caqueux*, ou *cacoux*, pouvaient user, car on les croyait descendants de lépreux juifs.

Le préjugé qui rangeait dans une classe, réputée déshonorée, les cordiers, les blanchisseurs et quelques autres petits industriels, n'est pas encore entièrement éteint en Basse-Bretagne, où les « réprouvés » continuent à être tenus en suspicion[1] !

L'extérieur du chevet est superbement ordonnancé. Les chapelles y viennent rayonner, séparées par des arcs-boutants et des contreforts à pinacles. La restauration, désormais complète, aura, nous l'espérons, supprimé les constructions parasites qui le défiguraient...

Les jours de misère sont loin. Le goût et l'art, maintenant maîtres de la situation, ne peuvent manquer de faire recouvrer au vénérable monument, la splendeur de ses jours heureux...

Il n'était pas possible que la vue du clocher de Notre-Dame de Kreisker ne tentât l'imagination des légendaires bretons.

Les architectes et les archéologues assignent la dernière moitié du quatorzième siècle comme date de l'érection de l'église et de sa tour ; mais interrogez les vieillards. Ils vous raconteront que saint Pol força le diable à travailler à la gloire de Dieu, en élevant la flèche merveilleuse. La légende est longue et toute remplie de *preuves* convaincantes !

Albert de Morlaix fixe la construction de l'église entre les années 1345 et 1399. Une opinion assez accréditée en attribue l'honneur à un architecte anglais, appelé en Bretagne par Marie d'Angleterre, première femme du duc Jean IV (1362). Nous ne saurions, sans preuves, nous inscrire en faux contre cette opinion ; mais nous ne voyons rien non plus qui puisse forcer personne à l'admettre, la corporation des « maîtres maçons », des « Lamballais » de l'époque, ayant produit assez de chefs-d'œuvre pour qu'on la croie volontiers capable d'avoir conçu le « clocher à jour ».

Les partisans de l'architecte insulaire trouvent un appui dans la circonstance que *plusieurs* meneaux de l'intérieur de l'église *rappellent* le style perpendiculaire anglais. C'est savoir se contenter de bien peu.

Le gothique fut le style adopté pour le monument, qui ne semble pas avoir pu être terminé : certaines de ses parties con-

---

1. Cette superstition n'était pas propre à la Bretagne, on la retrouve dans tout le sud-ouest de la France.

trastant trop fortement avec le reste de l'ensemble. Ainsi, la maîtresse vitre de la nef, avec ses meneaux épanouis en trèfles, en quintefeuilles, en roses, devait présenter un aspect éblouissant, quand les verres peints, artistiques, y étaient enchâssés.

Six autres fenêtres de la façade Sud sont également fort belles. Des trois porches, celui du Nord est vraiment splendide, avec son tympan en arcades, ses écussons, ses voussures profondément fouillées en feuilles de vigne, ses statuettes, ses personnages symboliques, ses niches couronnées de dais d'une incroyable délicatesse, ses colonnettes et ses ceps chargés de grappes de raisin.

Les portes, donnant accès dans l'église, sont séparées par un pilier qui devait être orné d'une statue protégée par un dais. Des animaux fantastiques et autres, des figures expressives occupent les voussures. En un mot, il est impossible de rêver une réalisation plus élégante du style gothique flamboyant.

Il faut, néanmoins, se hâter de l'admirer, car, après avoir vu le clocher, rien ne peut plus intéresser.

Quatre piliers quadrangulaires, ayant plus de trois mètres de côté, et composés de colonnettes en faisceaux soutenant quatre arcades aiguës, forment, entre la nef et le chœur, la base de la tour. C'est un premier étonnement de voir des assises si frêles supporter une masse de quatre-vingts mètres de hauteur totale...

Une seconde surprise attend le visiteur à son entrée dans la « chambre du clocher ».

La tour entière se dresse comme une poivrière gigantesque, laissant, de toutes parts, circuler l'air et la lumière.

Nul arc-boutant, nulle traverse, nul escalier ne s'appuient contre les parois polies. Le regard s'élance librement avec elles, jusqu'à l'extrême pointe de la flèche, planant fière, idéale au milieu des nuages...

Extérieurement comme intérieurement, rien ne brise les lignes si pures des quatre faces du clocher. Les escaliers sont ménagés dans l'épaisseur de la pierre de granit.

Chaque face, jusqu'à la plate-forme, se compose d'une baie ogivale, haute, superbe, à double arcature superposée.

La galerie porte, à chaque angle, un clocheton d'une légèreté exquise, entourant la flèche octogone, toute découpée et du dessin le plus suave.

Beaucoup de clochers peuvent avoir une élévation supérieure à celui du Kreisker; aucun ne l'égale en beauté... On voudrait trouver un mot unique caractérisant cette merveille de l'art religieux; mais tout est pâle auprès d'elle, et les expressions les plus hyperboliques deviendraient une profanation véritable.

Puisse la foudre qui, si souvent, l'a frappée sans la renverser, rester impuissante contre elle. La Bretagne y perdrait son plus précieux fleuron monumental.

Le Kreisker, après avoir été un bénéfice simple, devint la chapelle du séminaire; il est aujourd'hui la chapelle du collège. Une restauration minutieuse a fait disparaître les causes de ravage dont il commençait à souffrir, et l'expropriation de vieilles maisons ayant quelque caractère, mais touchant de trop près au splendide édifice, a été une mesure très utile.

Passons rapidement devant Saint-Pierre, l'une des sept paroisses du *Minihy* ou *asile* de Saint-Pol, qui ne comprenait pas moins que la commune actuelle entière, jointe au territoire de Roscoff.

Une enceinte d'ossuaires gothiques, datant des premières années du seizième siècle, ferme le cimetière.

Deux piliers récemment réparés sont les derniers restes de la porte Saint-Guillaume, ou plutôt en marquent l'emplacement, car ils datent de 1769. Les évêques faisaient, par cette porte, leur entrée solennelle. Il y en avait cinq autres dites : des Carmes, de Guingamp, du Trésor, de Batz, de Guénan. Elles survivaient à la vieille enceinte, et ne pouvaient guère contribuer à la défense de la cité. Menaçant ruine, elles furent démolies (sauf la porte des Carmes, donnée au couvent du même nom, qui l'érigea dans son cimetière) et leurs débris contribuèrent à la construction des halles.

La mairie occupe le palais épiscopal, rebâti (1712-1750) à la suite d'un incendie.

Le collège de Léon jouit d'une certaine réputation, et plusieurs de ses élèves ont marqué dans la politique contemporaine.

Deux maisons du seizième siècle, ayant appartenu à des chanoines prébendés, méritent d'être examinées à loisir.

La *ville sainte*, comme on appelle Saint-Pol bien loin à la ronde, a été souvent comparée à une immense église, et, en effet, elle donne, de loin, cette illusion ; la ville sainte a conservé plusieurs antiques usages. Nous n'affirmerions pourtant pas que la veille de l'Epiphanie on promène encore un cheval enrubanné, orné de gui, de feuilles de laurier, et chargé de deux mannequins destinés à recevoir les offrandes des bourgeois charitables. Un pauvre de l'hospice conduisait le coursier précédé par le « tambour de ville » flanqué de quatre notables habitants, dont la tâche était de stimuler la bienfaisance publique.

Le cortège, il va sans dire, se grossissait d'une foule d'enfants, de désœuvrés, criant à tue-tête : *Inguinané, inguinané !* corruption

Chapelle Sainte-Barbe, près Roscoff.

du mot *aguilaneuf !* ou plutôt *au gui, l'an neuf !* souvenir persistant des druides [1].

Les dons reçus permettaient aux pensionnaires de l'hospice de fêter joyeusement « les Rois ».

Il y avait encore la procession solennelle du jour de l'Ascension, instituée en mémoire de la cessation de la peste qui désola le Léon après la grande invasion de la mer. Le cortège parcourait l'enceinte primitive de Saint-Pol, ce que les paysans dénomment « le tour des cheminées », *tro ar chiminalon*, et qu'ils aiment toujours à faire quand une fête les amène dans la ville.

Si ces vieilles coutumes tombent en désuétude, on trouvera, cependant, plus d'un cultivateur qui ne voudrait pas manquer de *souper deux fois* le jeudi d'avant Noël, en l'honneur de la

---

[1]. Voir dans le *Barzaz Breiz*, de M. de la Villemarqué, la ravissante pièce de l'*Aguilaneuf* ou des *Étrennes* (dialecte de Cornouailles).

Sainte Vierge. Certainement, aussi, l'*agonie* est toujours tintée. D'après la lenteur, la prolongation, le nombre des sons de la cloche funèbre, chaque habitant peut dire le sexe et le rang du moribond pour qui on sollicite les prières. L'*agonie noble* égrène longtemps dans l'air sa lugubre mélopée, l'*agonie plébéienne* n'attriste que peu d'instants l'esprit des auditeurs !...

Ainsi se perpétuent les traditions. Elles gardent de profondes racines dans le Léonnais presque tout entier, et une promenade aux environs de Saint-Pol est pleine d'attraits sous ce rapport.

TAULÉ, commune voisine, celle dont le P. Grégoire de Rostrenen[1] trouve le langage « le plus gracieux du Finistère, car il exprime avec une douceur, une noblesse charmantes, les sentiments du cœur ».

Taulé renferme plusieurs villages. L'un d'eux, PENZÉ, est favorisé de six foires importantes, espacées de février à décembre. Le marché du printemps avait un grand renom, on l'appelait la *Foire aux Mariages* et, réellement, il s'y décidait beaucoup d'unions.

« Le jour arrivé, les *Pennèrez*[2] de tous les cantons voisins viennent, dans leurs plus beaux habits, s'asseoir sur les parapets du pont. Les jeunes gens arrivent ensuite, accompagnés de leurs parents, et passent gravement au milieu de cette double haie de jeunes filles souriantes, parées, dont les costumes aux brillantes couleurs sont encadrés dans la verdure de la jolie coulée de Penhoat. Quand l'une a touché le cœur d'un garçon, il s'avance vers elle, lui tend la main et l'aide à descendre du parapet. Les parents s'approchent, les pourparlers ont lieu et, si tout le monde est d'accord, on se frappe dans la main. Ces fiançailles sont rarement sans résultat définitif. Malheureusement, la plupart du temps, les jeunes gens, avant de venir à Penzé, se sont informés de la dot, et le pont n'est plus que le témoin d'un accord préparé de longue main. Jadis, il en était autrement, dit-on. »

Marteville, l'érudit continuateur d'Ogée, écrivait, en 1847, ce que nous venons de rapporter.

---

1. Capucin, auteur d'un dictionnaire français-celtique et d'une grammaire française-bretonne. Plusieurs savants bretons contestent les opinions du P. Grégoire, qui n'en garde pas moins un certain rang parmi les écrivains de la province.

2. Héritières plus ou moins riches.

Depuis, le *bon sens* a fait du chemin, et aucun des riches cultivateurs du pays ne se soucierait d'aller ébruiter ses projets au pont de Penzé ; encore moins, serait-il assez naïf pour écouter exclusivement les suggestions de ses yeux ou de son cœur.... Faut-il crier à la décadence des mœurs ? Est-il plus juste d'accuser les exigences de la vie moderne ?... Aux philosophes à décider.

Penpoul, le port de Saint-Pol, dont il est distant d'à peine un kilomètre, fut, pendant plusieurs siècles, un lieu important de commerce maritime. De sa richesse évanouie, il a gardé beaucoup de belles maisons, grandes, artistiquement bâties, dont quelques-unes remontent au quinzième siècle. Plusieurs d'entre elles sont fortifiées, et portent des meurtrières pour recevoir de l'artillerie. Les excès de La Fontenelle rendirent cependant ces précautions inutiles. Aujourd'hui, Penpoul ne compte plus pour ainsi dire au nombre des ports.

Roscoff, où nous arrivons après une promenade de cinq kilomètres, ne dépend plus de Saint-Pol, et son affranchissement a préparé sa prospérité toujours ascendante.

Le Roscovite allie, à l'énergie du travailleur, l'esprit entreprenant du commerçant perspicace.

Longtemps, bien longtemps avant que la voie ferrée lui apportât le secours de communications rapides, le Roscovite colportait les produits de ses champs, de ses jardins, non seulement dans la Bretagne entière, mais les expédiait, par bateau, au Havre, à destination de Paris.

On le voyait, intrépide, aller, de ville en ville, vendre ses récoltes, toujours gai, leste et sachant admirablement forcer la main des acheteurs. Le costume traditionnel : gilet vert sombre à manches bleu ciel ; veste et pantalon de toile blanche, serrés par une ceinture rouge ; vaste chapeau entouré de *chenilles* multicolores, cède le pas aux vêtements modernes ; mais, entre tous les paysans bretons, le Roscovite se reconnaît à son allure dégagée, à sa physionomie vive, à ses réflexions souvent sceptiques et railleuses.

« Ils sont trop souvent à *l'étranger*, » disent les cultivateurs attachés aux vieilles coutumes...

Beaucoup même iraient jusqu'à affirmer qu'ils ne sont pas Bretons.

Les Roscovites ne s'embarrassent guère de l'opinion de leurs compatriotes. Leur seule affaire est de tirer du sol tout ce qu'il peut produire et de vendre le plus cher possible leurs riches moissons de légumes.

Les terres s'achètent ou se louent à un prix fort élevé, non qu'elles soient, à proprement parler, d'une fertilité originelle très grande ; mais les engrais marins, joints aux modes divers de culture, les ont rendues excellentes.

Ce qu'on appelle des « jardins », à Roscoff, ne ressemble guère à l'idée éveillée par ce mot. Le moindre coin est utilisé en plantations d'asperges, d'artichauts, de choux-fleurs, d'oignons, de choux, de carottes, d'ail, d'échalotes : tous les végétaux potagers s'y rencontrent dans une précocité qui en favorise l'écoulement.

Paris est devenu le grand centre d'exportation de ces produits; depuis très longtemps, beaucoup d'habitants avaient des traités avec les grands restaurants. Leur commerce est allé en s'étendant toujours.

Le port de Roscoff est l'un des plus fréquentés de la région. D'un bon mouillage, sûr, abordable par tous les vents, il est destiné à croître encore en importance. Son plus grand inconvénient est d'assécher presque complètement à l'heure du reflux.

Les mois d'août et de septembre voient arriver des caboteurs pour charger des légumes. Comme lest, ils ont généralement du charbon. C'est l'époque d'une grande animation. Il n'est pas rare que vingt à vingt-cinq navires du port de 60 à 120 tonneaux soient chaque jour réunis.

La majorité du commerce maritime a lieu avec l'Angleterre, qui achète surtout des oignons. L'esprit d'association des Roscovites a rendu ces relations très fructueuses. Trois hommes du pays, presque toujours des jeunes gens, sont choisis pour recevoir, dans les ports anglais désignés, toutes les cargaisons, qu'ils vendent au mieux : les bénéfices sont ensuite distribués à proportion de ce que chaque cultivateur expédie.

Il en est encore ainsi pour la vente à Paris, où des consignataires roscovites surveillent l'écoulement des marchandises.

La campagne, peu accidentée, est très sablonneuse ; les

champs, entièrement divisés, sont entourés de murettes en pierres sèches, très solides. Un certain espace de terrain se trouve dès lors perdu ; mais, compensation immense, le vent du large ne peut ravager les plantations, ce qui arriverait infailliblement sans l'obstacle opposé. Les enclos n'ont guère plus de 20 à 25 mètres de côté, tous entretenus avec un soin minutieux ; de nombreux travailleurs y sont constamment occupés.

Il en résulte que les Roscovites sont, avant tout, maraîchers ; la navigation, pour eux, vient en seconde ligne, ce qui ne veut pas dire qu'ils soient mauvais marins. Leurs bâtiments, sans type caractérisé, vont chercher des bois en Norvège ; une trentaine de barques sont employées à la pêche côtière, assez fructueuse.

Le port est une anse d'un demi-mille[1] d'ouverture, abrité par une jetée de trois cents mètres environ, légèrement concave à l'intérieur. Quand les grands vents du nord-ouest soufflent, des effets de ressac y rendent parfois la mer très tourmentée. Des roches nombreuses l'entourent. Du côté du large, c'est l'île de Batz, les îlots Tisaoson et Pighet, ainsi qu'une multitude d'écueils, élevés ou découpés en formes bizarres, dont les plus exposés aux coups de mer s'arrondissent sous l'action des eaux. La roche Duslen, amas confus de blocs énormes, est surmontée d'une tourelle blanche et rouge.

La terre se présente basse, sans un arbre, *accostée* d'un lai de mer long de cinq cents mètres. Roscoff apparaît noir, sombre ; le clocher de son église paroissiale, aux coupoles superposées, semble être une construction scandinave, élevée par les anciens peuples du Nord qui, si souvent, visitèrent cette côte.

La ville doit dater du quinzième siècle, peut-être du treizième. On ne sait rien de précis sur sa fondation ; mais, très probablement, elle prit naissance au moment où la baie de Penpoul, formée par la rivière Penzé, commença à s'ensabler et où les navires prenant de plus grandes proportions, il leur fallut chercher un port mieux pourvu d'eau, d'une tenue meilleure, d'entrée plus facile.

Les négociants de Penpoul s'opposèrent autant qu'ils le purent

---

[1]. Le mille marin a une longueur de 1,859 mètres.

à l'établissement d'une cité rivale. Ce fut l'objet de contestations, d'interdictions sans nombre arrachées aux évêques, seigneurs du pays. Les ducs de Bretagne durent intervenir.

Les marins avaient depuis bien longtemps compris l'avantage de la situation, car c'est de Roscoff que l'amiral de Bretagne, JEAN DE PENHOËT, partit pour combattre la flotte anglaise, croisant devant la pointe Saint-Matthieu, près le Conquet, et ravageant le pays (1404).

Jean de Penhoët avait à son bord Tanneguy Duchâtel (de l'illustre famille de ce nom, branche de celle de Léon), qui tua le commandant anglais, comte de Beaumont.

La défaite de l'escadre britannique fut complète.

La rue conduisant du port à l'église est un peu tortueuse, mais bâtie sur un modèle presque uniforme. Les maisons, en granit noirci par les siècles, sont élevées sur un soubassement d'un mètre environ. Les portes des caves s'ouvrent obliquement sur le pavé. Les fenêtres, hautes, étroites, sont dominées par des mansardes que terminent de hauts pignons. Beaucoup d'entre elles sont, comme les portes, sculptées dans le goût du seizième siècle.

Les autres rues sont étroites, irrégulièrement pavées, mais propres.

L'église, appelée Notre-Dame de Croaz Batz, dépendait de la paroisse de Toussaints qui, elle-même, était un des sept refuges du *minihy* de Saint-Pol. Elle est construite sur une place assez spacieuse ; sa façade regarde l'Ile de Batz, qui lui a donné la moitié de son nom. Le clocher, fort élevé, date de 1550, il sert d'amers aux navigateurs. Ses dômes et ses galeries sont supportés par des colonnettes élancées. Le granit y a été seul employé, ainsi que pour le reste du monument.

Grande et, d'ailleurs, presque dénuée d'ornements, sauf de jolis bas-reliefs en albâtre, elle est bien tenue. L'ancien cimetière, exhaussé sur le reste de la place, l'entoure. On doit la visiter surtout pour les sculptures si curieuses qu'elle possède. Ces sculptures représentent des navires du commencement du seizième siècle. On a tout lieu de les croire très exacts ; d'abord, parce que ce sont des bâtiments *possibles* ; ensuite, à cette époque, si l'on défigurait souvent l'aspect général des objets, les détails étaient toujours exécutés avec une scrupuleuse exactitude. Le premier de ces navires pouvait être du port de 120 à 150 tonneaux ; le second, de 250 à 300 tonneaux, à en juger par la hauteur des logements et l'espacement des sabords, qui n'ont pas dû beaucoup varier. Plusieurs de leurs parties sont à peu près celles des chasse-marées actuels. Ils devaient bien tenir la mer et évoluer admirablement, conditions essentielles pour la navigation dans ces parages rocheux.

Les Dieppois employaient probablement des embarcations semblables pour aller trafiquer sur les côtes du Brésil et de la Guinée. Jacques Cartier n'en connut guère d'autres, non plus que les Bretons sillonnant la Manche.

La profession de marin n'était pas alors sans rudesse, et qui disait *navigateur*, disait aussi un peu *forban*. Un proverbe affirmait que : « au delà de la Ligne, il n'y a pas d'amis ! » et, plus d'un siècle après, ces paroles avaient encore force de loi !

Roscoff est entouré, du côté de la mer, par d'anciennes fortifications, qui présentent une série compliquée de petits angles, de redans, de bastions. En y plaçant quatre ou cinq pièces de canon, les différentes passes seraient protégées. Ces retranchements, bâtis en pierre de taille, s'effritent sous l'influence de l'air marin. De plus, quelques propriétaires y ont, sans façon, pratiqué des portes qui leur permettent d'accéder directement de chez eux vers la mer.

La chapelle *Saint-Ninien*[1] ou *Ninian*, le plus ancien monument de Roscoff, est située dans la principale rue. Marie Stuart, enfant, qui venait d'essuyer une violente tempête de vent d'ouest, aborda en cet endroit (1548). Pour satisfaire à un vœu, cette église fut bâtie sous le vocable d'un apôtre de la Calédonie, pays natal de la future reine de France. Un rocher, placé au-dessous de l'édifice, reçut l'empreinte du pied qu'y avait posé l'infortunée souveraine d'Écosse.

Dix ans plus tard, l'enfant, devenue la plus belle jeune fille de son temps, épousait le dauphin, depuis François II. En 1559, tous deux s'asseyaient sur le trône et, en 1560, Marie Stuart, devenue veuve, se voyait forcée de quitter le « *plaisant pays de France,*

---

1. Nommée aussi, par les habitants, Saint-Dreignon.

la patrie la plus chérie », pour aller reprendre une couronne dont la possession la conduisit, de malheurs en malheurs, jusqu'à la mort violente, satisfaction donnée à la haine implacable de sa rivale, Élisabeth d'Angleterre.

Un peu moins de deux cents ans après l'arrivée de Marie (1746), un prince, son descendant, Charles-Édouard, le vaincu de Culloden, était trop heureux de trouver asile sur un bâtiment corsaire malouin. Un caprice du sort amena le prétendant à Roscoff, et, agenouillé devant l'autel de Saint-Ninien, il put méditer sur la destinée implacable qui poursuivit presque toujours les Stuarts.

Une restauration peu coûteuse rendrait la chapelle digne de son origine. Elle n'a pas plus de quatorze mètres de longueur, sur moins de sept mètres de largeur. Une de ses portes forme une ogive à voussures, et l'une des fenêtres est encore garnie de ses beaux meneaux. L'autel, en pierre, possède deux crédences figurant des niches.

Les bourgeois s'assemblaient dans cette chapelle pour délibérer de leurs affaires ou des choses publiques.

Sceptique et un peu railleur, comme nous l'avons déjà dit, le Roscovite ne s'occupe guère de légendes ou de coutumes sentimentales. Cependant, les femmes des marins avaient une dévotion particulière pour saint Ninien et ne manquaient pas d'assister aux messes célébrées dans la chapelle. La cérémonie terminée, elles balayaient soigneusement le sol du sanctuaire, en recueillaient la poussière et la soufflaient, en se tournant du côté du port, afin d'obtenir un vent favorable pour le retour de leurs maris ou de leurs fiancés.

Les bains de mer sont de plus en plus fréquentés à Roscoff. Un aquarium, ou établissement de pisciculture, succursale du Collège de France, y a été fondé. Le savant M. Lacaze-Duthiers le dirige; nous trouverons une autre succursale à Concarneau et nous la visiterons en détail.

Une curiosité végétale existe dans le jardin de l'ancien couvent des Capucins. C'est le fameux figuier, couvrant un espace de plus de cent cinquante mètres carrés. Son tronc, noueux, composé de souches enchevêtrées, ressemble à un nid de monstrueux serpents enlaçant leurs anneaux écailleux.

Les branches, supportées par de solides poteaux en bois ou en maçonnerie, forment un vaste berceau, toujours prodigue de fruits. Les récoltes qu'elles donnent sont encore, en dépit des années accumulées sur arbre, extrêmement abondantes ; elles approvisionnent non seulement Roscoff, mais les localités voisines.

Plusieurs îles commandent la côte : Batz, Siec, l'île Verte, appelée ainsi par ironie, sans doute, car elle est parfaitement dénudée. A marée basse, elle est rattachée au continent, et ainsi que toutes les autres, elle doit son isolement aux empiétements de la mer.

Sur la côte, à l'ouest de cet îlot, s'ouvre un vaste enfoncement sablonneux parsemé de rochers, et protégé par une digue de cinq à six cents mètres. L'eau n'y pénètre qu'avec le flux : c'est l'*Aber-Santec*, que les traditions locales représentent comme ayant été très florissant, il y a plusieurs siècles. De nos jours, il reste abandonné.

Batz ou Baz est séparée par un chenal offrant, chaque année, dit-on, un gué praticable pendant un *quart d'heure*. A mer haute, il est accessible pour tous les navires ; lors du reflux, les petits caboteurs peuvent seuls y passer.

La configuration de l'île est assez uniforme, ses côtes très rocheuses ; son port s'ouvre au sud. C'est une baie de sable d'une bonne tenue, fermée depuis quelques années par une jetée. Elle pourrait servir de refuge.

La pointe occidentale de Batz se prolonge par des écueils sous-marins, et l'action des courants y rend la mer très dure ; le plus souvent elle déferle avec violence sur les brisants.

Les tourmentes d'ouest y sont redoutables ; elles ont marqué leur action sur le beau phare qui, de ce côté, est devenu tout noir.

Le célèbre pilote Trémintin, compagnon de l'héroïque Bisson[1], s'était retiré à Batz et y mourut.

Le nom de ce petit coin de terre joue un grand rôle dans les légendes bretonnes.

Saint Pol, qui y avait abordé à son arrivée en Bretagne, le

---

1. Nous trouverons à Lorient, sa ville natale, la statue de Bisson. On sait qu'attaqué par des pirates grecs, il se fit sauter avec le navire le *Panayoti*, qu'il était chargé de défendre.

prit en affection. Pendant longtemps, il refusa d'écouter les supplications du comte Guythur, qui voulait l'établir évêque de la cité voisine, et, même après que ses résistances eurent été vaincues, il habita généralement Batz. Il y mourut, dit-on.

Sa présence fut signalée par des bienfaits extraordinaires. L'île, disent les légendaires, était ravagée par « un dragon », dont saint Pol entreprit de la délivrer. Il se rendit à la caverne du monstre, suivi d'un jeune homme de Cléder, qui, seul, eut le courage de l'accompagner et, intrépide, ne craignit pas, après avoir reçu la bénédiction du saint, « de conduire comme un chien en laisse le dragon que saint Pol frappait de son baston ». Tous deux arrivèrent ainsi au nord de l'île, où le monstre fut précipité dans la mer. « Le lieu où il se jetta s'appelle *Toul-ar-Sarpant*, c'est-à-dire l'abysme du serpent, où la mer faict un roulement et bruit étrange en tout temps, sans cause apparente. »

Guythur, reconnaissant, protégea toujours saint Pol et voulut également récompenser le jeune guerrier de Cléder. Il lui fit don d'une *terre noble* dans sa paroisse, laquelle terre fut appelée : *Ker-gour-na-dec'h (La maison de l'homme qui ne fuit pas)*, nom porté, depuis, par ses descendants. En outre, et afin de perpétuer la mémoire du fait glorieux, privilège fut accordé au nouveau seigneur, pour lui comme pour tous les siens, d'entrer « le jour de la fête de la dédicace de l'église cathédrale de Léon, au chœur, en bottes avec éperons dorés, en ceinturon soutenant l'épée », puis, sous cette tenue guerrière, de « s'asseoir dans le fauteuil de l'évêque ». Ce privilège fut religieusement exercé jusqu'en 1790.

Après la défaite du dragon, saint Pol pourvut à un autre besoin pressant des habitants. L'eau douce manquait absolument dans l'île. Un coup du bâton de voyage de l'apôtre fit jaillir une source abondante. Elle est, dit-on, envahie à chaque marée par le flux; mais, à peine les vagues retirées, son eau coule, limpide, légère, ne conservant nul goût saumâtre.

Voilà pourquoi, dans leur gratitude, les habitants désirèrent que l'île s'appelât désormais : *Enez-Baz*, c'est-à-dire *île du bâton*…

Un fort protège maintenant cette position qui, en temps de guerre, serait d'une réelle importance. Quant aux traits de mœurs locaux, on doit surtout relever la fâcheuse épidémie procédurière frappant la presque totalité des gens.

Autrefois riche, Batz n'a pas su se pénétrer de l'esprit de conciliation. Peu ou point de familles qui n'aient à soutenir au moins un procès coûteux. Une ruine totale en est le plus clair produit...

Si les paysans normands, accusés (à tort ou à raison) d'adorer la chicane, voulaient émigrer, ils trouveraient dans l'île le paradis de leurs rêves.

Voisine de Batz, se trouve Siec, île à marée haute et à peu près presqu'île pendant le reflux ; une petite anse reçoit les embarcations. Depuis plusieurs années, des pêcheurs de sardines de Douarnenez s'étaient fixés à Siec avec leur famille. Ils n'avaient pas, naturellement, renoncé à l'emploi des longs bateaux à arrière pointu, qui leur sont particuliers, et le pays offrait de sérieuses ressources à leur énergie.

C'est peut-être à cette circonstance que l'île doit l'établissement d'une superbe usine pour les sardines en boîte, auxquelles viennent s'ajouter, chose tout indiquée, les conserves de légumes dont Roscoff est si riche et dont la consommation s'accroît rapidement chaque jour.

L'industrie commence ainsi à envahir cette partie du littoral breton. Elle ne s'arrêtera pas en si beau chemin et l'aisance, à défaut de richesse, pénétrera jusque dans des communes aujourd'hui bien arriérées, bien pauvres, quoiqu'elles offrent des éléments de prospérité.

CHAPITRE XXIII

LE PAYS DES PAIENS. — LES PILLEURS D'ÉPAVES. — PLOUESCAT
PLOUNÉOUR-TREZ. — PONTUSVAL. — KERLOUAN. — GUISSÉNY

La côte qui s'étend de l'île de Batz à l'Abervrac'h est l'une des plus mauvaises de la Bretagne. Pas un des mouillages que l'on y rencontre ne peut offrir de tenue à une barque de quelque dimension. Partout, des roches innombrables s'avancent à plus d'une lieue au large, sans laisser de coupure.

PONTUSVAL est le point unique où, d'après les instructions du *Pilote français* « l'équipage d'un navire battu en côte puisse espérer échapper à la mort ».

De Plouescat à Guisseny, la population n'était pas, jadis, beaucoup plus hospitalière que la côte : c'est le « pays des païens et des pilleurs d'épaves ».

Les gendarmes ni les commissaires de marine ne parcourent encore volontiers, aujourd'hui, cette bande du littoral et se mêlent peu des menus délits maritimes qui s'y commettent.

Plus d'un matelot, natif de ces parages, a grand'peine à se plier aux exigences de la discipline : tout ce qui lui tombe sous la main est de bonne prise.

Ici, on s'adonnerait toujours avec plaisir à la contrebande, car les douaniers sont si souvent tombés au bas des roches « *sans savoir comment*, qu'ils n'aiment guère à sortir la nuit; mais le métier ne rapporte plus assez » !

Peut-être, même, quelques-uns des habitants ne feraient-ils pas grande difficulté d'imiter leurs ancêtres, et placeraient-ils des lanternes aux cornes de leurs bœufs, afin que, trompés sur la direction à suivre, les navires vinssent donner sur les brisants.

Ainsi se trouverait réalisée la parole fameuse du comte de Léon, à propos de la roche qui lui valait un si beau revenu !!

Il y a quelques années, un naufrage eut lieu et plusieurs riverains furent soupçonnés fortement de l'avoir causé.

Les terres avoisinant la côte sont sablonneuses. Il n'y pousse qu'une herbe rare, paissée par des bandes de petits moutons noirs à la chair succulente. Tous les rochers sont couverts de goémon que l'on récolte, soit pour engrais, soit pour le brûler, afin de le convertir en soude.

Un peu plus avant dans la campagne, le sol redevient propre à une culture soignée.

Pas un habitant sur dix ne parle français. Leur physionomie rude, sombre, leurs longs cheveux embroussaillés, tombant parfois jusqu'au milieu du dos, contribuent à donner à tous les mouvements une apparence trop souvent sauvage.

Le costume habituel consiste en une calotte bleue, une veste et un pantalon court, en toile, serré au genou. A la mer et pendant les mauvais temps, un vaste bonnet ou plutôt une sorte de capeline en laine tricotée, pointue à son sommet, enveloppe la tête, le cou, les épaules, ne laissant absolument que le visage à découvert.

Beaucoup parmi ces gens ont dû servir, soit à bord de la flotte, soit dans l'armée. Ils se soumettent de mauvaise grâce et, revenus chez eux, s'efforcent d'oublier jusqu'au peu de français appris dans la période détestée.

Ce sont, d'ailleurs, des pêcheurs, des matelots d'une énergie sans égale. Au milieu des effrayants dangers d'une « côte qui se défend d'elle-même », selon la belle expression d'un officier de marine, ils sortent par tous les temps, passent des jours entiers, des nuits complètes, explorant dans de pauvres petits canots, en apparence insuffisants, les fonds où le poisson, les crustacés, les mollusques, trouvent mille abris favorables.

L'agriculture n'est pas, comme on pourrait s'y attendre, délaissée. L'élève des chevaux constitue la meilleure source de revenus du pays. Les rivages, en beaucoup de places, sont protégés contre les envahissements du flot, par des digues ou, plutôt, par de simples levées de terre, limitant d'assez grandes étendues, dont on tire un parti passable. La plus importante de ces digues et peut-être la plus remarquable, en ce genre, de la Bretagne entière, est construite à KEREMMA, au fond de l'anse de GOULVEN. Elle date d'une quarantaine d'années. L'ingénieur, M. Rousseau, dut vaincre de formidables difficultés. Combien de fois une violente marée emporta-t-elle le travail d'une année entière ! Maintenant, la digue semble être consolidée à jamais par les amas de sable que la mer accumule sans cesse à sa base.

Vis-à-vis PLOUESCAT, à travers les dangereux écueils autour desquels bouillonne la mer, vint mouiller, le 17 juin 1778, la frégate *la Belle-Poule*, sous les ordres de LA CLOCHETERIE. Elle avait livré un rude combat à la frégate anglaise *l'Aréthuse*, combat qui inaugura la guerre de l'Indépendance américaine.

La mâture du navire français était chancelante, son équipage comptait beaucoup de blessés... Heureusement, la mer resta calme, le vent inoffensif, et la *Belle-Poule* fut sauvée.

Ce n'est pas le seul fait important arrivé sur ce point du littoral. Les Roscovites, ainsi que leurs voisins, se montraient d'une hardiesse extrême, pendant toutes les guerres qui éclatèrent entre Français et Anglais. Montés sur de petits lougres, ils savaient se rendre redoutables, et plus d'une fois ils opérèrent des prises extraordinaires, témoin un magnifique bâtiment anglais, capturé, en 1814, au milieu d'un calme gênant sa manœuvre, par quelques hommes résolus, montés sur trois misérables petits canots.

Les *menhirs*[1] commencent à se montrer nombreux. Ils deviennent bientôt si familiers aux yeux du voyageur que l'on trouve tout simple, tout indiqué le nom donné par les premiers apôtres de Bretagne à la contrée : *Land-ar-Payan* (Terre des Païens).

PLOUNÉOUR-TREZ, dont les bornes s'étendent sur une petite presqu'île, renferme plusieurs dolmens[2] remarquables. Celui de *Kerroc'h* est énorme. Les vieillards aiment à en raconter l'origine à leurs enfants, car ce n'est pas, comme on pourrait le croire, un amas de pierres vulgaires. Non !... Il y a longtemps, bien longtemps, alors que l'Évangile était prêché dans le Léonnais par de saints apôtres, une procession passa devant des jeunes filles

---

1. Ainsi que nous l'avons expliqué dans notre premier volume, ce nom vient de deux mots bretons : *men*, pierre ; *hir*, longue.

2. *Dol*, table ; *men*, pierre.

païennes. Moqueuses et sacrilèges, ces misérables sottes imaginèrent de prouver leur mépris en exécutant une danse impie... Mais, tout à coup, leurs bras et leurs jambes se raidirent, les paroles expirèrent sur leurs lèvres... Depuis, les *Danseuses*

Menhir de Pontusval.

attendent, sous l'enveloppe de granit étreignant leurs corps, le jour du jugement où comparaîtra l'humanité entière ! !

PONTUSVAL, dépendant de Plounéour-Trez, est plus important que ce bourg même. Son petit port, centre d'exportations pour divers points du littoral breton, offre, sur une longue étendue de côte, nous venons de le dire, le seul refuge possible où un navire en danger puisse espérer échapper à une perte certaine.

Un beau menhir, haut d'une dizaine de mètres, a pris le nom du village; mais il a été *baptisé*, disent les habitants, qui font remarquer la croix dont a été surmonté le géant druidique.

KERLOUAN possède aussi un menhir élevé, et, de plus, une *pierre branlante* qui domine un rocher perçant le sol. Loin de reposer dans une position d'apparence tout au moins bien assise, la pointe extrême de la pierre vient toucher la partie la plus aiguë du roc. L'équilibre du monument tient du prodige et, peut-être, faut-il trouver la solution du problème dans l'inégale épaisseur de la masse entière, distribuant le poids de telle façon qu'une sorte d'adhérence, à peu près indestructible, en est le résultat.

Deux ou trois manoirs, situés en Kerlouan, portent des traces de fortifications : cela s'explique, le pays des *bonnets bleus* ne devant pas être des plus sûrs à une époque encore peu reculée.

Un des souvenirs persistants de notre enfance nous rappelle l'impression d'épouvante ressentie devant trois hommes et deux femmes, accusés d'avoir dépouillé des naufragés. Le ministère public entrait dans des détails horribles, écoutés avec une indifférence farouche, pour ne pas dire triomphante, par ces gens dont le regard disait clairement la volonté de recommencer à la première occasion favorable.

Nos vacances, passées à Brest, près de notre aïeule paternelle, furent gâtées cette année-là.

Évidemment, pourtant, les dernières traces des mœurs du passé tendent à disparaître, au grand profit de ces populations, jusqu'à présent bien éloignées de centres industrieux.

Accidenté, le territoire de Kerlouan contient plusieurs collines élevées, décorées du nom de montagnes, et plusieurs grands étangs alimentés par la mer, qui fournit en abondance des engrais recherchés : sable marneux, goémons, détritus de toute sorte; aussi l'agriculture fait-elle, d'année en année, de très sensibles progrès.

Elle progresse également à GUISSENY, où la routine cède devant les résultats obtenus par les communes voisines. Ici, peut-être encore plus que dans le reste « du pays des païens », la voix publique faisait une terrible réputation aux habitants.

Pour expliquer cette férocité, cette barbarie native, des historiens bretons prétendirent qu'une colonie étrangère s'était établie à Guisseny, et y avait implanté ses mœurs... Comme preuve, on faisait remarquer l'aspect général du costume, rappelant assez exactement le costume grec et le type presque hellénique des physionomies : front un peu fuyant, nez droit, yeux noirs... sans un langage mêlé de beaucoup d'idiotismes se rattachant d'une façon surprenante à la langue grecque ! !

Nous respectons toutes les opinions sincères, et celle qui veut faire de ces communes, jadis si inhospitalières, la conquête d'une colonie étrangère est au moins inoffensive ; mais nous ferons une légère remarque.

Les « pilleurs d'épaves » ne furent jamais uniquement concentrés à Kerlouan, pas plus qu'à Guisseny. Sur plus d'un autre point des rivages bretons, on les retrouvait, de même qu'ailleurs en Europe, et spécialement en Angleterre. Aux îles Shetland, par exemple, le préjugé qui empêchait de porter secours aux naufragés existe peut-être encore, quoique, d'ailleurs, les habitants soient d'une grande bonté, d'une générosité extrême.

Et ne serait-il pas possible d'ajouter que, souvent pillées, maltraitées avec une cruauté inouïe par des envahisseurs se succédant avec une désespérante continuité, les malheureux riverains du littoral cherchèrent à se préserver d'abord, à se venger, ensuite ?

Par les nuits sombres, brumeuses, des lumières étaient fixées aux cornes de bestiaux, entravés de manière à ce que les mouvements obtenus imitassent l'éclat, tour à tour voilé ou brillant, de la lentille d'un phare sauveur.

Mais, comme on se plie facilement, plus facilement, hélas ! au mal qu'au bien, l'habitude prise ne fit bientôt aucune différence entre ceux que la mer poussait vers ces côtes dangereuses.

« Le flot moissonne pour nous ! » disaient les naufrageurs, joyeux devant une *récolte* abondante...

Ce qui paraîtrait prouver que la détestable tendance avait cédé à des sentiments meilleurs, c'est la faveur accordée, en 1378, au bourg de Guisseny, d'un marché par semaine et de deux foires établies : la première, pour le jour du pardon de saint Seni, moine irlandais, apôtre et patron de la commune ; la seconde, pour le jour de la fête de sainte Catherine. Marchés et foires ont disparu. Cependant l'élève des chevaux donne toujours des produits remarquables.

Les voies de communication aidant, la révolution pacifique sera bientôt complète et la cause du progrès utile, fécond, généreux, aura gagné de nouveaux adeptes.

Charrette descendant une côte.

CHAPITRE XXIV

NOTRE-DAME DU FOLGOËT. — LESNEVEN

La plupart des légendes gravitent autour d'un certain nombre d'idées qui leur sont communes, et, selon le caprice des chroniqueurs, des poètes ou du goût populaire, elles peuvent être, dès les premières phrases, rangées à coup sûr dans un cadre supportant peu de variantes.

La légende du *Fou du bois* échappe à ce caractère général. Par certains détails, on la croirait née aux premiers temps du christianisme, époque de ferveur ardente. Par quelques traits, elle semble avoir retrouvé le secret de la douceur pénétrante des œuvres du séraphique François d'Assise, tout en gardant une originalité naïve, une grâce, une simplicité bien personnelles.

La version donnée, en 1634, par le P. Cyrille Pennec, dans son *Pèlerinage à Notre-Dame du Folgoat*[1], est la plus exquise de toutes. M. de la Villemarqué la rapporte dans le *Barzaz Breiz* et, si souvent qu'elle ait été reproduite depuis, on ne pourrait parler du monument qui a pris son nom sans la répéter encore.

En l'année 1315, florissait en Bretagne, en simplicité et sainteté de vie, un pauvre innocent nommé Salaün (Salomon), issu de parents pauvres, dont les noms nous sont inconnus, d'un village auprès de Lesneven.

Ce jeune enfant croissant en âge commença, après la mort de ses parents, à chérir les douceurs de la solitude, choisissant pour retraite ordinaire un bois, loin d'icelle ville d'une demi-lieue, orné d'une belle fontaine, bordée d'un très beau vert naissant. Là, comme un passereau solitaire, il solfiait à sa mode les louanges de la Vierge adorable, à laquelle, après Dieu, il avait consacré son cœur; et de nuit, comme le gracieux rossignol, perché sur l'épine de l'austérité, il chantait : *Ave Maria !*

Il était misérablement vêtu, toujours nu-pieds; n'avait pour lit, en ce bois, que la terre, pour chevet qu'une pierre, pour toit qu'un arbre tordu près

---

1. Le mot *Folgoët* a prévalu, mais la véritable orthographe devait être *Foll-Coat : fou, bois*.

de ladite fontaine. Il allait tous les jours mendier son pauvre pain par la ville de Lesneven ou ès environs; n'importunant personne aux portes que de deux ou trois petits mots; car il disait : *Ave Maria!* et puis en son langage breton : *Salaün a zebrè bara*, c'est-à-dire : « Salaün mangerait du pain. » Il prenait tout ce qu'on lui donnait, revenait bellement en son petit ermitage auprès de la fontaine, en laquelle il trempait ses croûtes, sans autre assaisonnement que le saint nom de Marie.

Au cœur de l'hiver, il se plongeait dans cette fontaine jusqu'au menton, comme un beau cygne en un étang, et répétait toujours et mille fois : *Ave Maria!* ou bien chantait quelque rythme breton en l'honneur de Marie.

On rapporte que lorsqu'il grouait (gelait) à pierre fendre, il montait en son arbre, et, prenant deux branches de chaque main, il se berçait et voltigeait en l'air en chantant : *O Maria!* En cette façon et non autrement, il échauffait son pauvre corps.

C'est pourquoi, à cause de cette sienne façon de faire, l'appelait-on *le Fou (Salaün ar Fol)*. Et pourtant est-il l'un des plus beaux mignons de la Reine des cieux.

Une fois, il fut rencontré par une bande de soldats qui couraient la campagne, lesquels lui demandèrent : *Qui vive?* Auxquels il répondit : *Je ne suis ni Blois, ni Montfort, je suis serviteur de madame Marie, et vive Marie!* A ces paroles, les soldats se prirent à rire et le laissèrent aller.

Il mena cette manière de vie trente-neuf ou quarante ans, sans avoir jamais offensé personne. Enfin, il tomba malade et ne voulut pas pour cela changer de demeure. L'on tient que la Sainte Vierge, qui ne manque jamais à ceux qui lui sont fidèles, le consola et récréa merveilleusement de ses aimables visites, apparaissant devant lui, environnée d'une grande clarté, et accompagnée d'une troupe d'anges.

Notre pauvre simplique, sentant bien que sa fin approchait, comme une tourterelle, fit résonner l'écho de sa voix pour marquer que l'hiver de sa vie était passé. Mourant, il répétait encore dévotement le doux nom de Marie; après cela, il rendit heureusement son âme pure et innocente à Dieu. Son visage qui, en sa vie, était tout défait par la pauvreté, parut si beau et si lumineux qu'il le disputait à la candeur du lis et au vermeil de la rose.

Il fut trouvé mort non loin de la fontaine, près du tronc d'arbre qui avait été sa retraite, et l'enterrèrent les voisins, sans bruit et sans parade, en ce même lieu.

Et l'on vit un beau lis frais et odorant miraculeusement poussé de son tombeau, portant écrits sur ses feuilles en lettres d'or ces deux mots : *Ave Maria!*

Le bruit de cette merveille courut en moins de rien dans toute la Bretagne, de sorte qu'il s'y transporta une infinité de monde pour voir cette fleur miraculeuse, laquelle dura en son entier plus de six semaines, puis commença à se flétrir. Et lors fut advisé par les ecclésiastiques, nobles et officiers du duc, qu'on fouirait tout à l'entour de sa tige, pour savoir d'où elle prenait racine, et trouva-t-on qu'elle procédait de la bouche du corps mort de Salaün, ce qui redoubla l'étonnement de tous les assistants, voyant un témoignage si grand de la sainteté et innocence de celui que, quelque temps auparavant, ils estimaient fol.

Le P. Pennec, et avec lui tous ceux qui ont donné la légende, l'ont écrite d'après la relation latine d'un abbé de Landevennec, Dom Jean de Langouëznou, un des « témoins » du miracle.

En fort peu de temps, l'histoire de Salaün devint populaire, et le duc Jean IV voulut en consacrer la mémoire par la fondation d'une église, vœu réalisé sous le règne de son fils Jean V qui, après une visite au tombeau du *Fou*, confirma les dons de son père, en ajouta de nouveaux, et institua un collège de chanoines pour desservir le nouveau pèlerinage.

Louis XII et Anne de Bretagne vinrent au Folgoët. Tous deux

Le jubé de l'église du Folgoët.

y firent des libéralités considérables. Le roi François Ier et sa femme Claude de France, duchesse de Bretagne (de par sa mère, la reine Anne), imitèrent leurs prédécesseurs. Henri II, Anne d'Autriche, Louis XIV, s'occupèrent également de l'église bretonne, et plusieurs papes lui accordèrent de grands privilèges.

Le monument n'eût-il pas pour lui ces souvenirs historiques, on irait encore le visiter pour son exquise beauté.

« Quel dommage de ne pouvoir enfermer ces merveilles dans un musée, à l'abri des intempéries et de nouvelles causes de destruction ! » disait devant nous un artiste, après une journée passée au Folgoët.

Oui, on éprouve une véritable tristesse en pensant que de pareilles œuvres n'échapperont pas à la destruction ; mais on souffre davantage encore en se souvenant du vandalisme avec lequel elles ont été généralement traitées. Rien n'a trouvé merci devant les barbares... Notre-Dame du Folgoët faillit y périr à jamais !

Trois choses éclatent dans ce monument que, sans exagération, on a pu appeler « un miracle de l'art ». La richesse de son ornementation, l'élégance des moindres détails, l'harmonie dont, tout entier, il est comme imprégné.

Deux tours ornent la façade occidentale, originairement précédée d'un porche magnifique. L'une d'elles, élevée de plus de cinquante mètres, se compose de deux étages séparés par une moulure et une ravissante corniche, qui soutient une arcature découpée en ogives. Une galerie, de style gothique flamboyant, s'appuie sur les ogives et sert de base à quatre charmants clochetons, du milieu desquels surgit une flèche élancée. La seconde tour possède un étage semblable à celui de la première, mais un dôme remplace la flèche. Il fut construit aux frais de la reine Anne.

Tous les contreforts s'évident vers leur base pour laisser place aux niches à dais, à pinacles et à consoles qui reçurent un peuple de statues.

Le portail sud a conservé l'effigie de son fondateur, Alain de la Rue, évêque de Saint-Pol-de-Léon, qui consacra, en 1419, la nouvelle église.

Notre-Dame du Folgoët n'a pas de transept; elle s'infléchit du côté sud, où sont situées la chapelle de la *Croix* et la *chambre du Trésor*. A l'angle de celle-ci, on trouve le *portique des douze apôtres*, splendide travail sculptural, où l'artiste s'est joué de toutes les difficultés, mêlant aux feuillages les plus délicats de suaves figures d'anges, des dragons menaçants, des oiseaux d'une légèreté *vivante*, des insectes frêles et gracieux...

Le linteau des portes a reçu les hermines et la devise des ducs de Bretagne : *A ma vie*. Une des clés de voûte présente les armes unies de Jean V et de sa femme, Jeanne de France, fille du roi Charles VI.

A droite du porche et placée sur un pinacle, la statue de Jean V se présente de grandeur naturelle, revêtue d'une armure de combat, la couronne ducale en tête, le sceptre dans une main et, dans l'autre, le livret prouvant son titre de fondateur de l'église.

Les fenêtres, fort nombreuses, sont à meneaux flamboyants, et plusieurs d'entre elles mériteraient une description spéciale.

Le chevet se termine par une rosace en plein cintre, chef-d'œuvre de grâce, où les meneaux se recourbent en ogives trilobées, en trèfles, en quatre-feuilles, encadrés d'une délicate moulure.

A sa base, les pèlerins viennent prier devant la fontaine de Salaün, dont les eaux sont reçues dans un bassin surmonté par un petit auvent en ogive, abritant la statue de la Vierge. La source de la fontaine est cachée sous le maître-autel de l'église.

Le Doyenné, résidence de la duchesse Anne au Folgoët.

Sur la partie orientale extérieure du monument, court une corniche de feuilles de mauve et une galerie à jour; cette dernière se retrouve en plusieurs autres parties.

L'œil bien préparé par toutes ces beautés, on entre dans le sanctuaire et l'admiration redouble. Les arcades de la nef retombent avec tant d'élégance sur des groupes de trois colonnettes en faisceaux, alternant avec une colonne isolée; les chapiteaux sont si largement, si gracieusement sculptés; les autels sont fouillés avec tant de finesse, et, surtout, le jubé étale une si grande profusion de trésors !

Entre plusieurs jubés célèbres, on cite celui de Saint-Étienne du Mont; mais, transporté au Folgoët, il descendrait à un rang beaucoup plus modeste. Nulle description ne saurait donner une idée de la poétique harmonie, de la fantaisie artistique dépensée dans cette œuvre, pour qui le mot « merveille » semble froid.

Trois arcades en plein cintre forment le jubé : celle du milieu donne passage vers le chœur, chacune des autres contient un autel avec retable, élevé devant des baies de style gothique flamboyant. Les ornements de toute sorte y sont prodigués, sans confusion et sans lourdeur : dentelles exquises, festons, colonnettes, rosaces, trèfles, sont sculptés dans le granit comme si la pierre impérissable avait été une substance molle, se prêtant aux exigences les plus extraordinaires du ciseau ou du burin.

Or, le jubé n'a pas moins de cinq mètres de hauteur et sept mètres de longueur... On s'arrache difficilement à sa contemplation, on n'en peut perdre le souvenir.

En sortant, après une visite toujours trop courte, on ne manque pas d'admirer encore le magnifique bas-relief du portail principal, représentant l'*Adoration des Mages*, en costumes du quinzième siècle. Puis, dans la cour dite *des Pèlerins*, on va voir la croix et la statue du cardinal Alain de Coëtivi, un des plus généreux bienfaiteurs du Folgoët.

Le prélat est représenté agenouillé sur le piédestal de la croix, son chapeau de cardinal est renversé sur ses épaules ; à la main, il tient le bourdon du pèlerin. Un évêque, probablement son saint patron, est derrière lui et le montre à la Vierge. On attribue ce bel ouvrage à Michel Colomb, l'illustre sculpteur du mausolée des parents de la reine Anne[1] et du tombeau de Philibert de Savoie, à Notre-Dame-de-Brou. Les qualités hors ligne de la croix du Folgoët rendent très vraisemblable l'opinion commune.

Les anciens bâtiments de la Collégiale n'existent plus. Leur reconstruction date du dix-septième siècle, époque où ils furent donnés, par Louis XIV, à la Compagnie de Jésus, sous la condition qu'elle fournirait des aumôniers pour les vaisseaux de la flotte royale. Diverses causes amenèrent les religieux à délaisser la superbe église ; puis un incendie, et, enfin, les ravages des bandes noires, faillirent en consommer la destruction. Il était réservé à la Commission des monuments historiques de l'arracher à une ruine imminente.

De même, elle a sauvé le *Doyenné*, ce ravissant petit castel à tourelles et à lucarnes garnies de crochets, aux murs tout bla-

---

1. Tombeau dit : des Carmes, parce qu'il était primitivement placé dans l'église du couvent de ces religieux. La cathédrale de Nantes le possède maintenant.

sonnés des armes de Bretagne, ainsi que de celles des dignitaires ecclésiastiques, jadis ses hôtes ou ses habitants.

Aujourd'hui, le Folgoët peut se rassurer : ses monuments ne périront pas ; mais nous ne voudrions point affirmer que les habitants s'en inquiètent beaucoup, du moins sous le rapport artistique. Ils sont heureux, certainement, de les voir recouvrer une partie de leur splendeur passée ; toutefois, ils pensent davantage aux marchés fructueux dont la commune est devenue le centre. Trois foires importantes y ont lieu pour les transactions relatives à l'élève du cheval. Celle du 29 août voit très souvent vendre jusqu'à cinq mille chevaux, recherchés principalement par la Normandie et par l'Angleterre.

On comprend dès lors les légitimes préoccupations provoquées par un commerce aussi considérable. C'est l'une des sources de la prospérité du Finistère. A ce titre, il mérite de plus en plus d'être encouragé.

Lesneven, distant du Folgoët d'environ un kilomètre, a vu des jours de splendeur : une juridiction souveraine y siégeait. C'était le siège ordinaire des juges royaux du Léon. Mais, peu à peu, l'oubli envahit la ville longtemps célèbre, grâce au nom de son fondateur : Even, comte de Léon, la terreur des Normands, qu'il avait si souvent défaits. En 1096, ce seigneur entoura la cité nouvelle d'une muraille et y bâtit un château ; puis, comme il y avait également établi une cour de justice, le nom de *Lez-an-Even* ou *Cour d'Even* prévalut.

Les antiquaires exigeaient davantage. Ils voulaient faire de Lesneven l'*Occismor* vainement cherchée. Puis ils retrouvèrent cette cité à une distance de six kilomètres, sur un plateau occupé par les villages de Kérilien, de Coatalec, de Kergroas... ; puis, finalement, on ne sut plus où elle pouvait être située, et, comme la ville d'Even, elle fut de nouveau oubliée.

Aucun des anciens monuments ne subsiste ici ; par bonheur, sans doute, puisque Cambry[1] signalait la prison, dernier vestige du château, comme un foyer d'infection.

---

1. Chargé d'une mission en Bretagne, Cambry écrivit l'intéressant travail intitulé : *Voyage dans le Finistère en 1794 et 1795*. Émile Souvestre revit ce livre tout rempli de faits aussi curieux qu'instructifs pour l'histoire des mœurs, les ressources naturelles et les trésors artistiques du département du Finistère.

Sous le rapport de la salubrité, Lesneven est, maintenant, irréprochable; et si sa physionomie générale garde toujours quelque tristesse, du moins les campagnes voisines offrent bon nombre d'excursions intéressantes.

Marteville rappelle les noms de plusieurs enfants de Lesneven :

Hugues de Kéroulai, évêque de Tréguier (1385), loué par d'Argentré, comme un fameux jurisconsulte, et le célèbre historien s'y connaissait !

Penfeunteniou, sénéchal de Saint-Pol vers la fin du seizième siècle, *homme de grand savoir*, au dire de Du Fail.

M. Miorcec de Kerdanet, notre contemporain, l'archéologue distingué, le savant auteur de divers ouvrages sur la Bretagne.

CHAPITRE XXV

LA COTE JUSQU'A L'ABER-ILDUT. — LES BATEAUX GOÉMONNIERS

Peu après avoir dépassé les rivages inhospitaliers de Guisseny, la falaise se modifie. Non qu'elle ne reste très dangereuse ; mais une petite rivière a trouvé moyen de s'y frayer un passage et elle vient former un havre profond au tournant ouest de la côte de Bretagne.

L'ABER-VRAC'H (*Havre de la Fée*)[1], par sa position, est le grand port de relâche des caboteurs qui veulent *emmancher*, c'est-à-dire entrer dans la Manche, ou en sortir. Ils peuvent y attendre en sûreté le premier vent favorable.

Toutes les traditions et chroniques représentent l'Aber-Vrac'h comme ayant été fréquenté longtemps avant Brest. Une opinion accréditée « veut, dit Pierre Le Baud[2], qu'au temps lointain on y immolât des enfants sur l'autel d'une idole, dans un lieu appelé *Porz-Keinan* (port des Lamentations), à cause des gémissements des mères des victimes ».

Le port a été creusé par la mer qui remonte, à chaque flux, très loin dans les terres. On dirait un *fiord* norvégien. Il est sûr, vaste, d'un très bon échouage et possède plusieurs sorties. Toutefois, si l'on y est fort bien, une fois entré, il est moins commode d'y pénétrer. Trop souvent, lors des longues et brumeuses nuits d'hiver, un pauvre chasse-marée, croyant donner dans le chenal, est venu s'enfoncer sur les plateaux du *Libenter*, s'ouvrant sur les pointes aiguës de la *Petite-Fourche* ou de la *Malouine*, ou bien, balayé par quelque énorme lame, s'est vu enlever la

---

1. Des deux mots, *aber*, havre ou grève, et *vrac'h*, altération probable du mot : *Groac'h*, fée ou sorcière.
2. Historiographe de la reine Anne.

presque totalité de son chétif équipage. Pendant quatre kilomètres, on navigue entre des roches, dont beaucoup sont sous l'eau et laissent seulement un passage d'une encâblure de large.

L'administration des ponts et chaussées a beaucoup fait pour l'Aber-Vrac'h. Outre le feu de l'île Vierge, intéressant la navigation générale, on a construit quatre phares de quatrième ordre, huit tourelles sur quelques-uns des écueils les plus à craindre, une grande bouée, un petit môle et un quai. Des trois entrées, celle de l'ouest, ou grand chenal, est la plus fréquentée, car elle seule suit une ligne droite et les courants n'y sont pas trop gênants. Dans les deux autres, au contraire, ces courants, d'une violence extrême et agissant différemment sur les diverses parties du navire, le rendent peu gouvernable.

Le village, situé près du port, est assez pauvre. La rivière s'enfonce entre des collines couvertes de joncs, laissant apercevoir l'ossature granitique du sol. Du côté du large, le havre semble fermé par des myriades de roches. Certains bâtiments restent mouillés dans la rivière, où un vaisseau pourrait flotter, en prenant quelques précautions pour restreindre son évitage. Il est possible, d'ailleurs, de remonter bien au delà du village.

Une frégate américaine en fit l'épreuve en 1812. Son équipage, peu jaloux sans doute de rivaliser d'héroïsme avec ceux des *Essex* et des *Constitution*[1], se trouva si loin du mouillage choisi à plus de deux kilomètres de la station habituelle des caboteurs, qu'il y resta trois ans... Certes, le moyen était excellent pour échapper à tous les dangers, car on ne serait jamais venu chercher une frégate dans cette retraite!

Contrairement à la position générale des rocs, les plus importants sont, ici, situés en dehors du port, et paraissent défendre les autres.

C'est au milieu de ces périls redoutables que les habitants des hameaux, dispersés dans les anses du voisinage, se livrent surtout à la pêche du goémon, pêche sagement réglementée, et donnant lieu, néanmoins, à des discussions sans fin. Les roches *marinées*, autrement dit : toujours séparées du continent, peuvent être exploitées en tout temps, mais les inscrits maritimes ont *seuls* le

---

1. Frégates portant ce nom.

droit d'y récolter. Les roches permettant d'accéder à pied sec, *ne fût-ce qu'une fois par année*, sont la propriété de tous les habitants de la commune riveraine ; cependant, afin d'éviter la destruction de la plante, on ne peut la couper qu'à certaines époques.

Les bateaux *goémonniers* de l'Aber-Vrac'h sont les plus grossiers qu'il soit possible de voir. Les couples sont à peine taillées[1] sur leur face de partage : le reste est encore recouvert de son écorce. Des *gournables* ou chevilles en bois, enduites de goudron, unissent le bord à ces côtes primitives. Il n'entre certainement pas un kilo de clous dans toute l'embarcation, bonne mesure, d'ailleurs, comme nous le verrons bientôt. Chacun fait faire son bateau par le charpentier du village, avec les petits chênes rabougris, poussant sur le remblai des fossés de son champ. Pour cent francs *au plus*, on a un esquif de quatre tonneaux, sommairement gréé en cotre[2]. Les bateaux destinés à la pêche du poisson se distinguent par une voilure plus soignée.

Ces pauvres cueilleurs de goémon chargent avec un tel excès leur chétive barque, qu'il arrive de les voir naviguer *sous* l'eau, et, infailliblement, ils chavireraient si le goémon, entassé au centre, n'empêchait la lame de pénétrer. On comprend alors l'utilité des gournables : les clous devraient être trop fréquemment remplacés.

Des femmes aident les marins dans ce rude métier. Parfois, les bateaux sont insuffisants, alors on amarre ensemble les tas de goémon coupé et, à marée haute, ces radeaux de nouveau genre, montés par un homme, sont dirigés vers le port... Mais, gare au vent! la moindre secousse dénoue les cordes, le plancher herbeux fond sous les pieds du pauvre patron, le laissant en grand péril... Les accidents sont malheureusement trop fréquents.

Les environs de l'Aber-Vrac'h sont dénudés par le vent de mer, qui ne laisse pas grandir d'arbres, sinon dans les vallées. A une demi-lieue de la côte, est le bourg de LANDEDA, sur le territoire duquel fut fondé, par Tanguy du Châtel, le couvent de Notre-Dame des Anges, maintenant détruit. L'église paroissiale

---

1. Pièces de construction à deux branches, s'élevant symétriquement, de chaque côté de la quille, jusqu'à la hauteur du plat bord.
2. Voir le premier volume : article *Havre.*

renferme le tombeau de Simon de Tromenec, hardi chef de bandes qui, profitant des troubles de la Ligue, ravagea les biens de l'évêque de Saint-Pol-de-Léon.

Le château de Tromenec, ou plutôt ses ruines, s'élèvent dans une jolie vallée boisée. Les murs épais, les fenêtres étroites et comme percées en meurtrières, deux tours, voilà ce qui reste de la forteresse. Un grand arbre pousse à la place des bâtiments disparus, ses branches, passant à travers les ouvertures, escaladent les murailles et donnent un air de gaieté au site pittoresque qu'il embellit encore.

Un peu plus loin de la mer, Lannilis (*Terre de l'Eglise*) possède deux tombeaux remarquables, celui de François de Com et celui d'Olivier, docteur en théologie du seizième siècle. Ce dernier est placé dans la chapelle de Saint-Tariec, tout ornée de jolis vitraux blasonnés.

La ravissante fontaine de Saint-Trouberou, dédiée à Notre-Dame, mais jadis consacrée au culte druidique, mérite une longue visite, comme, d'ailleurs, le pays entier, avec ses aspects frais, variés, gracieux, ses campagnes si fertiles, si bien cultivées.

A quatre kilomètres, dans le sud-ouest de l'Aber-Vrac'h, s'ouvre une autre embouchure de rivière, moins facile comme port, mais laissant pénétrer tout aussi bien la marée.

Des amas de rocs et une pointe sablonneuse, nommée l'*Armorique de Landeda*, la précèdent. Son chenal, obstrué d'écueils, est rendu plus difficile encore par une grosse roche, la *pierre du Chien*, qui s'élève juste au milieu.

Nous sommes à l'Aber-Benoît (*havre béni ou havre de la Bénédiction*[1]), dont les parages offrent beaucoup de dangers, causés par les écueils et les courants.

Le pays recommence à devenir agréable, même au bord du rivage. De petites vallées verdoyantes, plantées d'arbres, le sillonnent, et la population, très nombreuse, a un air d'aisance qui fait plaisir.

La récolte du goémon y est toujours la grande affaire des riverains.

Plusieurs îles sont situées en face de l'Aber-Benoît. A la pointe

---

1. En breton : *Aber-Binnigen* : havre de la Bénédiction.

sud de l'île Guennoc, se voit un roc suspendu, qui a bien une dizaine de mètres de long sur cinq de hauteur. Il paraît tenir à peine, et l'impression première est que le moindre choc peut le renverser. Cependant des pêcheurs, craignant sans doute les conséquences de sa chute pour leurs pauvres bateaux, ont essayé de le faire rouler en bas de son piédestal, et n'ont pu y réussir, malgré l'emploi de forts leviers. Seul, le temps, aidé de la mer, y parviendra.

L'Aber-Benoît s'enfonce sur le territoire de Ploudalmezeau, riche commune dont un des châteaux, celui de Kériber, appartenait à l'illustre maison de Sansai, alliée des familles royales de Navarre, d'Ecosse, d'Angleterre, de France.

A la limite ouest de la commune, l'anse sablonneuse de Porsal, ou Portzal, se termine par deux ravins profonds. Une multitude de roches s'étendent à plus d'une lieue au large. Parmi elles, on distingue un cône, laissant échapper de son sommet une fumée rougeâtre. Ne serait-ce pas un volcan? C'est, plus modestement, la *brûlerie* de goémon, installée sur l'îlot nommé *Fouru-Cros.*

Un roc tout droit, le *Penven*, se dresse au milieu de la baie; des anneaux y sont scellés pour le halage des embarcations. Mais Porsal a beaucoup perdu de son importance, comme point de relâche, la navigation y étant très dangereuse.

Au fond de la baie, le village de Kersaint, nom illustre de la marine française, se groupe dans une jolie position. Son église est placée sous le vocable de saint Tanguy et de sainte Eode ou Haude, sa sœur, nés tous deux au château de Trémazan. Cette vieille forteresse commande, au sud, l'entrée de la baie [1]. La signification de son nom est lugubre : *Les trois meurtres!!!*

Pour la justifier, les légendes ne manquent pas.

La plus ancienne concerne saint Tanguy. Avant d'avoir consacré son existence à Dieu, ce jeune gentilhomme [2] vivait fastueusement au château de son père. Des soupçons lui furent inspirés contre sa sœur Haude et, sans prendre souci de les éclaircir, fou de colère, il « décapita » la pauvre jeune fille.

---

1. Le village et le château sont situés dans la commune de Landunvez.
2. Il était de la célèbre famille du Chastel, qui n'a jamais manqué de donner son nom aux fils aînés et héritiers.

Un éclatant miracle vengea l'innocente Haude. A l'instant où son père se livrait au plus violent chagrin, elle apparut subitement, tenant sa tête dans ses mains, puis, devant l'assistance épouvantée, elle replaça son « chef » sur ses épaules !!!...

Tanguy, déplorant sa violence, fit vœu de « religion » et, ainsi que sa sœur ressuscitée, s'occupa uniquement de bonnes œuvres. Il fonda, entre autres, les abbayes de Relecq et de Saint-Matthieu de Fin de Terre. Mais la mémoire du crime est encore visible dans la couleur des fleurs sauvages poussant sur les murailles ruinées de Trémazan. Le sang de la jeune martyre les a teintes en rouge...

Après cet émouvant récit, les vieillards passent à un autre, où il est question d'une épouse persécutée par l'intendant déloyal d'un époux trop crédule. Bref, la complainte de Geneviève de Brabant y revit à peu près entière, sauf que le seigneur, après avoir « exterminé » Golo, finit lui-même d'une façon tragique.

Nous ne nous souvenons plus du « troisième meurtre », tellement la difficulté d'accès au château nous occupait. Il faut, pour y arriver, traverser des clôtures de champs marécageux ou labourés ; on est bien dédommagé, du reste, par une visite à ces belles ruines. Le donjon se présente noble, imposant. Ses grands murs, en granit grisâtre, d'une épaisseur de trois mètres à leur base, sont à peine percés de quelques lucarnes étroites. L'un des angles a croulé dans le fossé et laisse apercevoir l'intérieur.

Une foule de galeries voûtées, ainsi que des escaliers, sont pratiqués dans l'épaisseur même de la pierre. Le reste des constructions est en plus mauvais état, sauf deux tours et deux portes surmontées de corps de garde élevés.

Tour à tour, la fondation de Trémazan a été rapportée au neuvième siècle, puis au sixième. Le caractère de son architecture donne une date beaucoup plus moderne que celle du douzième siècle, car, avec quelque raison, on approche du style des fortifications mauresques, les quatre étages carrés du donjon, de moins en moins spacieux au fur et à mesure qu'ils vont toucher au sommet, c'est-à-dire à plus de quarante mètres de hauteur.

Un seigneur de Trémazan a dû vouloir édifier son château d'après le souvenir, vivace en lui, d'une croisade dont il avait fait partie.

La forteresse a successivement appartenu aux du Chastel, aux de Rieux, aux Scépaux, aux Gondy, aux Cossé-Brissac ; la duchesse de Portsmouth s'en rendit propriétaire, puis elle finit par passer dans la maison de Gontaut-Biron.

Un instant, on avait espéré faire prendre à la baie de Porsal une véritable importance ; mais il a fallu reconnaître le peu de sûreté de l'atterrage, rempli de courants et d'écueils. Le rocher du Four, surgissant des flots à une hauteur de soixante-dix mètres, est tout proche. Il sépare, idéalement, la Manche de l'Océan, et les dangers se multiplient, menaçants, à chaque point

Portzpoder.

de l'horizon. Néanmoins, les petites stations de cabotage sont nombreuses.

L'anse de Portzpoder a vu débarquer saint Budoc, naviguant vers les côtes de Bretagne dans une *auge de pierre*, esquif commun à plusieurs autres saints armoricains. Il venait évangéliser son pays d'origine, celui d'où la méchanceté l'avait chassé avant même l'heure de sa naissance [1].

Budoc bâtit un oratoire à une petite distance de la mer ; c'est, maintenant, l'emplacement de l'église de Plourin, commune illustrée par les du Chatel, ses seigneurs. Nous n'avons pas à rappeler le dévouement sans bornes de Tanguy ou Tanneguy du

---

1. A Brest, nous retrouverons la légende de saint Budoc.

Châtel envers Charles VII, ni la part terrible prise par lui dans l'assassinat de Jean sans Peur, duc de Bourgogne; mais, une circonstance moins connue[1] montre ce même Tanguy, pourvoyant à toutes les dépenses des fastueuses funérailles du roi, mort de douleur par suite de la révolte de son fils contre lui.

Aussi, plus tard, assure toujours Ogée, lors des obsèques de François II, accomplies sans la moindre pompe, les mots : *Tanguy du Châtel, où es-tu ?* furent-ils gravés sur le cercueil du pauvre jeune roi, inscription louangeuse pour le fidèle chevalier breton, mais sévère pour les Guises, ingrats envers le prince qui les avait comblés de tant de biens.

La contrée entière est intéressante, par les ruines qu'on y rencontre, les monuments druidiques et autres, les mœurs, les souvenirs.

L'église de Plourin doit dater, au plus tôt, du douzième siècle. Un bel arc triomphal est du style du quatorzième siècle. Son ancienne trêve, Brélès, possède de superbes ruines.

En traversant quelques champs, puis des avenues gazonnées, bordées de petits chênes rabougris, tordus de mille façons bizarres, on arrive au château de Kergroadès ou Kergroadez, construction du commencement du dix-septième siècle, avec réminiscences du siècle précédent.

Deux pavillons, aux combles très aigus, flanquent une galerie à mâchicoulis. Les murailles, énormes blocs de granit, sont à peu près complètes; mais les planchers et les toits gisent effondrés. Les hautes fenêtres, les immenses cheminées, rappellent le style Louis XIII. Une terrasse, supportée par une colonnade, règne le long du mur formant la façade. La chapelle, située à l'extrême gauche de l'édifice, fait corps avec lui. Elle est reconnaissable, de l'extérieur, à sa fenêtre ogivale dont les nervures et les dentelles de pierre sont presque intactes. Des arbres, du lierre les remplissent; des plantes parasites s'entortillent en foule autour des sculptures. Dans les autres parties du château, il ne reste que les murs nus, soutenant encore les grandes cheminées, échelonnées les unes au-dessus des autres. Non loin de la porte principale, deux escaliers en pierre, bien conservés, conduisent

---

1. Ogée.

presque sur les toits. Chaque étage possède un palier et un petit réduit pratiqué dans l'épaisseur de la muraille. Quelques-uns de ces débris sont utilisés par une ferme voisine.

Kergroadez est situé sur un plateau étendu, mais la vue est bornée de tous côtés par des chênes plantés sur les remblais des fossés. Un petit doué[1], profondément encaissé, servait peut-être à emplir les douves. En somme, l'habitation tout entière, quoique d'une vaste étendue, devait être un séjour assez maussade.

Vers 1857 ou 1858, elle fut, un beau matin, occupée par les élèves du Lycée de Brest. Révoltés pendant une promenade, ils cherchèrent un abri sûr, et vinrent se barricader au milieu des ruines où ils restèrent deux jours... Force fut bien de capituler devant la faim et la force armée, non sans avoir pris plaisir à renverser quelques-uns des créneaux de la façade. Comme cela, au moins, l'escapade ne fut pas complètement inutile !

La seigneurie, encore possédée, pendant la Ligue, par un gentilhomme du nom, devint, au siècle dernier, possession du duc de Roquelaure ; les habitants ne l'appellent pas autrement.

Les caboteurs fréquentent Portzpoder et Argenton, non seulement pour le goémon, dont on récolte des quantités considérables, mais pour le poisson, le congre spécialement, et pour le granit exploité, surtout à ARGENTON (petit port formé par l'île d'Iock). Ce dernier abri est vaste ; malheureusement l'accès n'en est possible qu'avec la mer très haute. Il est la retraite des bateaux employés pour le trafic de la pierre et du sable, qui, pendant la mauvaise saison, se voient obligés de désarmer.

Les femmes d'Argenton et des environs aident au chargement de ces bateaux, en général montés par trois hommes. Ce pénible travail les vieillit avant l'âge. Souvent, rencontrant quelques-unes de ces pauvres femmes près des monuments druidiques, si nombreux dans la contrée, nous les avons volontiers, l'imagination aidant, confondues avec les gardiennes de ces pierres mystérieuses ; mais, aucune transformation magique ne leur rendra la jeunesse évanouie si prématurément et aucun trésor caché ne les soustraira à leur labeur sans trêve.

En suivant le bord de la côte, on rencontre plusieurs villages,

---

1. Mare ou ruisselet.

où les anciennes maisons à un étage, bâties à gros blocs carrés de granit, ne sont pas rares. Presque toujours des restes de sculptures ornent la porte et montrent la date de construction. Il en est de très solides encore, qui peuvent remonter au commencement du seizième siècle. Elles promettent de ne pas tomber de sitôt.

L'aspect de la côte change peu à peu et l'anse de l'Aber-Ildut (ou *havre de Saint-Ildut*) ne tarde pas à présenter ses bords verdoyants, animés par de gracieuses habitations.

Profondément découpée, cette anse ne communique avec la mer que par un goulèt étroit, encore resserré par une grosse roche. Le mouvement maritime y est toujours actif. Une trentaine de bateaux entrent et sortent à chaque marée ; ils viennent charger du sable ou du beau granit gris, exploité en blocs immenses. Le socle de l'obélisque de la place de la Concorde provient des carrières de l'Aber-Ildut. Depuis quelques années, cette industrie a pris une grande extension. Les quais de la Tamise ont employé beaucoup de granit breton.

On choisit de préférence les roches baignées par la mer. Les ouvriers y circulent à l'aide de cordes attachées au sommet. Ils emploient la mine, ou détachent avec des coins de fer les blocs choisis et les envoient rouler dans les vagues. La côte retentit d'explosions et de coups de masse. Lors du reflux, on entoure les pierres, restées à sec, avec des chaînes ; puis, à marée haute, des petits canots semblables à ceux de l'Aber-Vrac'h, mais munis d'un vireveau, ou treuil transversal, viennent les enlever et les déposer le long des bâtiments caboteurs qui, par une manœuvre très simple de poulies, les rangent dans leur cale.

Le sable, aussi exploité, sert à faire du mortier estimé. De grandes chaloupes pontées le prennent, à marée basse, dans le fond du port. Elles se chargent souvent à l'excès, plus d'une a coulé sous le poids.

L'Aber-Ildut compte au nombre des plus jolis environs de Brest. Aussi possède-t-il quelques charmantes maisons de campagne. Son seul défaut, pour les *colons*, est de se trouver à vingt-huit kilomètres du chef-lieu de l'arrondissement.

Lanildut, le bourg principal de ce gracieux coin de terre, est sous le vocable de saint Ildut, représenté, par beaucoup d'hagiographes, comme un apôtre de Bretagne, opinion réfutée, mais à tort, croyons-nous, par plusieurs historiens.

Du reste, ce point des rivages bretons est célèbre dans toutes les légendes armoricaines. Ne trouve-t-on pas, à une faible distance de la mer, le cimetière *sacré* de LANRIVOARÉ ou sépulture des *Sept mille saints* et plus [1], mis à mort par des voisins païens, rebelles aux exhortations de saint Rivoaré (Riwal, Rigwal).

Ce lieu funéraire est encore l'objet d'une grande vénération. Quoique le *Pardon* n'y attire plus une aussi grande affluence de fidèles, il reste distinct du cimetière de la paroisse et l'un de ses côtés présente une suite d'arcades à peine dégrossies, avec un porche orné d'une statue de la Vierge.

La tradition exigeait que l'on ne pénétrât que pieds nus dans l'enclos, aucune chaussure ne devant fouler la cendre des saints, et, si l'on en voulait faire le tour, c'était seulement sur les genoux.

Mais les bons pèlerins bretons savaient (ils le savent encore) s'attribuer avec le moins de frais possible les bénéfices de la fatigue d'autrui.

Des nuées de mendiants ne manquaient pas d'arriver à Lanrivoaré, comme dans tous les pèlerinages semblables, offrant leurs services à haut prix d'abord; puis, abandonnant successivement leurs prétentions, selon le nombre des demandes. — Par procuration, chacun pouvait donc satisfaire aux exigences de la tradition !

Une croix en granit est placée à l'une des extrémités du sanctuaire; sept pierres rondes en couvrent presque les degrés. Interrogez les légendaires !

« Un fournier (boulanger) avait refusé l'aumône d'un pain à saint Hervé, neveu de saint Rivoaré. Le mauvais cœur trouva changées en pierres les miches contenues dans son four. Depuis lors, elles reposent, *en témoignage et en leçon* au pied de la croix !... »

Mais nous nous sommes beaucoup éloignés de la côte; il est temps d'y revenir pour essayer d'aborder à Ouessant, ensuite pour nous rendre au Conquet, puis à Saint-Matthieu et à Brest.

---

[1]. Le cantique breton dit : *seiz mil seiz cant ungent ha seiz* : 7847.

Nous venons de dire : « essayer d'aborder à Ouessant » ; c'est, qu'en effet, la mer, toujours agitée, incessamment déchirée par les écueils, rend trop souvent impossible ou extrêmement dangereux ce petit voyage de vingt-deux kilomètres.

Le passage du *Fromveur*, véritable torrent, plein de remous et d'inégalités, coulant avec un vitesse de sept à huit nœuds par marée *ordinaire*, toujours furieux, mais épouvantable au moindre souffle ; les chenaux de *la Helle* et du *Four*, détroits couvrant les vestiges de l'ancien relief du littoral, ne le cèdent point, en renommée sinistre, au raz de Sein, à la côte de Plogoff et de Penmarc'h. Partout le péril se présente, là même où il n'est pas soupçonné par des yeux inexpérimentés.

Témoin, la *Basse Biteps*[1], située au milieu du passage du Four. La mer la recouvre presque toujours d'une nappe d'environ quatorze mètres de hauteur. Si le temps est calme, cela suffit ; mais, avec un peu de vent, le flot, tout de suite, y devient horrible. Plus d'un naufrage complet ou partiel doivent lui être attribués.

Il faut encore y joindre les difficultés de la navigation dans le dédale des îlots semés en si grand nombre vis-à-vis ce point, appelé la *Fin de terre*.

Nous allons, pourtant, nous embarquer : Ouessant, sous le voile de brume dont elle est enveloppée, irritant notre curiosité et nous promettant que notre voyage ne sera pas infructueux.

---

1. Une *basse*, nous le répétons, est un écueil caché sous l'eau.

CHAPITRE XXVI

L'ILE D'OUESSANT. — L'ILE MOLÈNE. — LA ROCHE DE LA HELLE. — LES PIERRES-NOIRES

« Qui voit Ouessant voit son sang ! » affirme un dicton bien connu de tous les marins et pêcheurs armoricains.

C'est l'*Enez-heussa* (l'*île de l'Épouvante*), disent en tremblant les femmes anxieuses pour le retour de leurs pères, de leurs maris, de leurs enfants. Nom bien choisi, tellement les périls de tout genre environnent ce petit coin de terre, long de huit kilomètres, large de cinq et si âprement découpé par la vague que, vu à vol d'oiseau, il emprunte l'aspect de Célèbes (Océanie), figurant plusieurs presqu'îles unies par un centre commun.

Pline traduisait le nom breton par *Uxantos;* l'Itinéraire d'Antonin, par *Uxantisena*.

Le premier fait certain concernant Ouessant représente saint Pol-Aurélien, venant y aborder, suivi de douze disciples, et y bâtissant une chapelle ainsi qu'un monastère dont on retrouve encore l'existence au onzième siècle. Le bourg principal est, de cette circonstance, appelé Lanpol, Lambol[1] ou Lampoul. L'histoire de l'île se borne ensuite à une descente et à des ravages affreux de la part des Anglais (1388), qui détruisirent la totalité des habitations.

En mars 1597, René de Rieux de Sourdéac ayant obtenu Ouessant de l'évêque de Saint-Pol, Richard de Neuville, Henri IV érigea l'île en marquisat, afin de récompenser les services du gentilhomme, nommé en même temps gouverneur de Brest et lieutenant général de Bretagne. Moins de deux cents ans

---

1. Altération du mot primitif Lan-pol : *Terre de Pol*.

après (1764), Ouessant faisait retour à la couronne, par un contrat qui en fixait le prix à trente mille livres, plus une rente viagère de huit cents livres.

L'île devait être affectée tout entière au service de la marine, mais elle rentra dans l'obscurité jusqu'au jour où notre flotte, commandée par le comte d'Orvilliers, battit la flotte anglaise de Keppel. La journée prit le nom de *bataille d'Ouessant*; malheureusement, le commandant français ne sut pas tirer parti de la victoire.

Ouessant n'a pas davantage oublié la lutte héroïque de la *Surveillante*, montée par un équipage breton, sous les ordres de l'immortel Du Couedic de Kergoaler, contre le navire anglais *Québec* et son capitaine *Farmer*. C'est une des pages les plus belles de l'histoire de notre marine, qui en compte ainsi par milliers de trop peu connues.

L'île a servi de thème à une foule de récits, brillant trop souvent par l'inexactitude ; car, en aucun temps, les touristes ne se hasardent beaucoup dans une excursion qui peut se prolonger trop, grâce aux vents contraires.

C'était bien pis quand on devait se confier aux seuls bateaux à voile. Des semaines entières passaient sans qu'il fût possible de communiquer avec « la grande terre » !

Les Ouessantais prenaient et prennent encore admirablement leur parti de la situation. Ils savent se suffire à eux-mêmes. Les vieilles mœurs vont partout s'effaçant ; néanmoins, la douceur, la probité, l'hospitalité, la moralité forment le fond du caractère des habitants.

Autrefois, les coutumes générales offraient une véritable originalité, surtout en ce qui concernait les mariages. Une jeune fille désirait-elle changer de condition? On lui reconnaissait le droit de demander le jeune homme qu'elle aimait.

Beaucoup d'autres îles bretonnes, du reste, conféraient ce privilège à leurs jolies habitantes; mais nous ne sachons pas que nulle part, comme à Ouessant, une sorte de noviciat marital fût autorisé. Les paroles avaient-elles été échangées? La future épouse restait dans la maison de son fiancé, sous la protection de ses futurs beaux-parents. Elle travaillait avec eux, pour eux, donnant ainsi l'occasion de juger de ses qualités et de ses défauts. A l'expiration de l'épreuve, si les cœurs et les goûts sympathisaient, l'union avait lieu. En cas contraire, on se quittait sans aigreur, chacun restant libre de faire un meilleur choix.

Nous ajouterons que peu de pays pourraient, comme Ouessant, se glorifier d'avoir eu de telles mœurs, sans qu'aucun abus en soit jamais résulté.

Les hommes de l'île sont tous marins; beaucoup, hélas! ne reviennent pas mourir au lieu de naissance, mais leur famille pense à eux. On rendait (l'usage n'est peut-être pas complètement oublié) les honneurs funèbres à une petite croix de bois portée solennellement de la demeure du naufragé à l'église paroissiale, puis déposée dans un coffret aux pieds de la statue de saint Pol.

Les femmes restent presque exclusivement chargées de travaux agricoles. Leur coiffe pittoresque s'harmonise bien avec des traits souvent fort beaux.

L'orge est la meilleure des récoltes. La rareté du bois est si grande qu'Ouessant a longtemps passé pour être complètement dénudée.

Un *seul* arbre, vénéré à l'égal d'une merveille, se voyait dans l'île entière.... Exagération pure, puisque l'on rencontre plusieurs ormes et quelques pommiers courbés, il est vrai, par le vent du large soufflant si fréquemment « en foudre ».

Les mottes ou *glonats*, mélange de varechs et de détritus, sont encore un combustible très employé.

Aussitôt après la moisson, on laisse vaquer en liberté les animaux de ferme.

Tous sont d'une taille très petite. La chair du mouton possède une succulence renommée; les vaches produisent un lait délicieux. Quant aux chevaux, ils étaient remarquables par leur vivacité d'allures, l'élégance de leurs formes; mais cette jolie race naine disparaît, du moins dans sa pureté primitive.

Ouessant posséda un collège de druides, respectés, écoutés de la Gaule entière. Les étymologistes en ont conclu que le nom du pays signifierait : *île des très respectables*, ou, plus simplement, *île très élevée*, des deux mots *ushant-inis*, qui pouvaient être pris dans le sens littéral ou le sens figuré, tous deux parfaitement appropriés et au collège sacré et à la configuration du sol.

Les seules ruines attribuées au culte oublié ont été décrites par l'amiral Thévenard.

Le *temple des Païens* consiste en des murailles, hautes d'un mètre et demi, bordant la mer et formant un enclos long de cent mètres, sur trente mètres de largeur. Une rangée de pierres est visible aussi à la pointe appelée *Corne des Gaules*.

Les rochers à fleur d'eau, qui servent de ceinture à Ouessant, les îles et les îlots prolongeant son plateau jusque vers la pointe de Saint-Matthieu, produisent des courants très compliqués, dangereux pendant au moins les deux tiers de l'année. Les atterrages les plus fréquents, ou, à vrai dire, les seuls qui existent, sont la baie de LAMPAUL et l'anse du STIFF.

Cette dernière, très curieuse, s'enfonce assez avant dans la côte orientale. Elle n'a point de plage : des rochers noirs, élevés, tombent à pic sur la mer. Une petite cale en pierre grimpe le long de cette muraille, qui ne laisse pas même la place pour haler les bateaux de pêche. On ne peut mouiller facilement sur le fond, les grappins tenant mal à cause des roches. Il a fallu sceller des boucles à une grande hauteur dans le granit, en face de la cale. On y amarre des câblots, et une sabaye, ou cordage spécial, arrive sur le débarcadère, en sorte que, malgré la direction du vent, le bateau se trouve très bien maintenu. Le stiff n'est, du reste, tenable que par les vents d'ouest.

Le plus ancien des phares de l'île est situé près de cette anse. Il fut construit sous Louis XIV. Sa tour massive supporte une petite tourelle engagée, contenant l'escalier.

Ce phare éclaire le grand point d'atterrage des navires qui *emmanchent*. Durant les longues nuits d'hiver, quand le redoutable vent du sud-ouest soulève l'Atlantique, quand la crête des lames tourbillonne en mugissant, quand la voix sourde des récifs répond à leur clameur, quand une atmosphère opaque ou perfidement vitreuse enveloppe l'horizon, combien de capitaines ont cherché avec anxiété la lueur protectrice !... Depuis deux cents ans qu'elle brille, elle a successivement éclairé la route des flottes de Tourville, des escadres de Duguay-Trouin, des armées navales de d'Orvilliers, de Guichen.... et de tant de vaisseaux qui, à la fin du siècle dernier, allaient chercher l'ennemi avec une carène délabrée, des mâts tenant à peine, équipage novice, mais plein d'ardeur. La victoire récompensa souvent leur héroïque audace.

Ouessant reste un des points du globe qui ont vu le plus de combats, le plus de naufrages !...

Une île voisine, MOLÈNE, est, peut-être, encore plus éloignée moralement du continent. A peine si l'administration des finances elle-même songe à cette pauvre terre perdue dans les brumes et les rocs !

Toute la population masculine vit de la mer, par la mer. Il n'y a pas une douzaine d'hommes qui ne soient inscrits maritimes ou pensionnés. La pêche, avant et après le service, voilà leur existence. Dans les moments de repos, c'est-à-dire quand la mer n'est pas tenable, circonstance fréquente, ils essayent de faire pousser quelques récoltes sur l'étroit espace dont ils disposent. Les engrais marins les y aident. Ils ont défriché des îlots qu'au premier aspect on jugerait inaccessibles. Mais rien n'effraye ces hardis matelots, ces pilotes intrépides de l'*Iroise*, du *Four*, du *Fromveur*, qui, d'un regard, savent reconnaître la route à suivre et se dévouent sans réserve aux sauvetages les plus hasardeux. Leur histoire, sous ce rapport, est admirable.

Lorsque nous passâmes dans l'île (1869), un bateau-poste allait tous les huit jours au Conquet, chercher les lettres et faire les commissions, principalement acheter du tabac ; mais, en hiver, il fallait se résigner à rester isolés. L'année précédente, *sept semaines entières* s'étaient écoulées sans qu'il fût possible de sortir ! Un habitant de New-York eût pu être mieux renseigné sur les affaires de l'Europe qu'un homme de Molène.

Gresset se souvenait de cette île, ou de quelque autre placée dans des conditions semblables, quand il écrivit sa spirituelle fantaisie : *le Carême impromptu;* mais, de nos jours, la traversée se fait dans d'excellentes conditions. Un bateau à vapeur, très solide, fait le service entre le Conquet (son port d'attache), Molène et Ouessant, deux fois par semaine en hiver, et trois fois en été. Des bateaux à voiles transportent voyageurs et marchandises sur les divers autres îlots.

Molène est de forme assez régulière. Sur son point culminant, se trouve un vieux sémaphore qui signalait autrefois, à Saint-Matthieu, les mouvements des flottes anglaises ; aujourd'hui, un fil sous-marin réunit Ouessant à l'Aber-Ildut. A l'extrémité occidentale, plusieurs grosses *pierres levées* rappellent les druides. Le site était bien choisi, aussi bien que celui de Sein. Molène, perdue dans la mer, à demi noyée, gît semblable à un grand radeau échoué, au milieu des brisants.

Le plateau de LA HELLE est le seul point de repère existant entre Molène, la côte et les roches bordant le Fromveur. Sa situation est fort utile aux caboteurs, pendant la nuit ou par un temps brumeux. De loin, la roche présente l'aspect d'un cotre sous voiles.

Les pilotes du pays racontent en riant que, sous le premier Empire, une frégate anglaise la prit, un soir, pour un navire cherchant à forcer la croisière. Aussitôt, elle la canonna et prolongea ce glorieux exploit jusqu'au matin. Le jour lui apprit qu'elle avait tiré sa poudre, non aux moineaux, mais aux mouettes et aux goélands !

Une quantité de petits îlots, LYTIRY, QUÉMÉNÈS, BENIGUET, les PIERRES-NOIRES, brutalement arrachés au continent, se disséminent le long du chenal du Four, en face du Conquet, où nous reprenons terre, et de la pointe Saint-Matthieu.

Combien de naufrages ces pics n'ont-ils pas causés ! Combien, ainsi qu'à Plogoff, à Penmarc'h, à Perros et sur cent autres points, il faut être familiarisé avec ces périls pour ne pas redouter de poser le pied dans une barque !

Sur l'une des Pierres Noires, nommée le *Diamant,* est établi un phare de premier ordre, dont la construction a été très difficile. Le sommet de la roche reste toujours découvert de plusieurs mètres, mais son accostage périlleux, les courants excessivement violents qui l'entourent, et la mer, furieuse au premier souffle du vent du sud-ouest, entravaient à tel point tout effort, que pendant une année entière (1867), *douze jours seulement* purent être utilisés !

Il faut plus que de l'énergie pour ne pas se laisser décourager par des obstacles aussi redoutables, et c'est justice de rendre aux ingénieurs de notre marine, ainsi qu'aux humbles ouvriers placés sous leurs ordres, un hommage de reconnaissante admiration.

CHAPITRE XXVII

LE CONQUET. — LA POINTE SAINT-MATTHIEU
LES CUEILLEURS DE GOÉMON

Bâtie sur un terrain escarpé, à l'angle méridional de sa baie fortement entaillée, la petite ville du Conquet[1], étageant ses maisons vis-à-vis de la mer, garde un air d'importance plus en rapport avec son passé qu'avec le présent.

Les vieilles fortifications ont disparu. On suppose même que la cité s'élevait un peu plus au nord, sur le rivage de l'anse de Portz-Liogan, où vient se terminer une des voies romaines partant de Carhaix. Nul ne peut l'affirmer. Une chose trop certaine, c'est le pillage du Conquet, en 828, par les Normands. Dans les premières années du treizième siècle, une forteresse fut élevée près de la ville par les partisans de Jean sans Terre, qui voulaient y établir un lieu commode de débarquement pour les troupes anglaises ; mais leur audacieuse prétention ne tint pas devant la fermeté de Pierre de Dreux : ce duc fit raser la citadelle et chassa les Anglais (1218).

Le treizième et le quatorzième siècle pesèrent lourdement sur la pauvre petite cité. Les ravages exercés par les Anglais, par les Basques (à qui le duc Jean I*er* avait concédé des sécheries de poisson), par les troupes de Philippe VI et par les divers partis qui se disputaient la Bretagne, ruinèrent tour à tour cruellement le Conquet.

Le vaillant petit port se releva cependant de ces épreuves et redevint florissant... Un dernier malheur lui était réservé. En 1558, une flotte montée par des Anglais et des Flamands se pré-

---

[1]. Voir, à l'article CANCALE, l'étymologie du mot Conquet.

senta inopinément. Rien n'échappa à la rage des pillards, sauf *six ou huit maisons* sur les *cent cinquante* composant la ville !... Le dommage fut estimé à *deux cent mille livres*. Si l'on calcule la valeur de l'argent à cette époque, on voit quelle somme énorme fut perdue.

Les pillards, il est vrai, tombèrent sous les coups de Guillaume du Chastel, capitaine de l'arrière-ban du Léon; mais le Conquet ne recouvra plus sa place dans le commerce français, car les conditions de la marine marchande allaient changer et d'autres ports lui disputaient la préséance.

Très fréquenté pendant la saison des bains de mer, le Conquet se transforme. La pêche côtière, le cabotage, l'élevage du bétail et des chevaux, l'industrie de la soude et autres produits chimiques, tirées du goémon, y entretiennent une réelle aisance.

L'église, surmontée d'une fort belle flèche, avait été bâtie, au seizième siècle, sur la paroisse de Lochrist, dont la petite ville dépendait pour le culte.

Soigneusement démolie pierre à pierre et reconstruite au Conquet, où sa place est mieux marquée, elle renferme le tombeau d'un célèbre missionnaire du dix-septième siècle, Michel Le Nobletz, apôtre des îles de l'Iroise, encore à cette époque sous le joug de pratiques païennes.

Plougonvelen renferme les débris de la célèbre abbaye *Saint-Matthieu de Fin de terre* (*Loc-Mahé-Pen-ar-Bed* [1]). Ravagée à plusieurs reprises par les Saxons, les Normands, les Anglais, l'abbaye avait fini par perdre tous ses titres, en sorte que son histoire demeure incertaine.

Bâtie au sixième ou au septième siècle, on lui donne pour fondateur saint Tanguy, fils d'un seigneur du Chastel. Les parents du jeune religieux se plurent à doter son ministère et voulurent joindre son prénom à leur nom patronymique, d'où : Tanguy ou Tanneguy Du Châtel. L'opinion la plus commune veut que l'abbaye reçut les reliques de l'évangéliste saint Matthieu. On ajoute, chose invraisemblable, que la sépulture de saint Tanguy n'a point été troublée et se trouverait dans la chapelle faisant suite à un portail gothique assez bien conservé.

---

1. Cellule de Saint-Matthieu de la Tête, ou Fin de Terre.

Des ruines entières, les plus imposantes sont celles de l'église, bâtie au douzième siècle, la façade, les pignons triangulaires, percés de fenêtres ogivales, se présentent bien encore. De grosses

Église du Conquet.

colonnes rondes soutiennent les arceaux; les chapiteaux sont ornés de plantes aquatiques et de feuilles de trèfle. Les transepts sont plus élevés que la nef. Deux arcades, reposant sur un groupe de huit colonnes, forment les côtés du chœur, dont la voûte n'existe plus. Le chevet droit est soutenu par deux arcs-boutants extérieurs.

L'ensemble devait constituer un noble édifice, et il est à regretter que la fureur humaine de destruction, beaucoup plus que celle des éléments, ait causé un désastre irréparable.

Parmi les abbés de Saint-Matthieu, deux noms ressortent avec une fortune bien différente. Le premier, celui de Claude Dodieu, appartient à un prêtre respecté, évêque de Rennes, ambassadeur de France près du Saint-Siège et de Charles-Quint, orateur écouté au concile de Trente, témoin au couronnement de Catherine de Médicis, député aux États généraux de 1557.

Après la destruction du Conquet et de Saint-Matthieu par les Anglais, Claude Dodieu releva l'abbaye des décombres accumulés par l'incendie. L'année suivante, il mourait à Paris.

Le second nom est celui de Come Ruggieri, le célèbre Florentin, conseiller, puis aumônier de Henri III. Sa mort, arrivée en 1616, fut regardée comme une délivrance par les moines, qui n'avaient eu guère sujet de l'aimer.

L'abbaye de Saint-Matthieu entretenait avec soin un fanal, ou phare, dont les restes sont encore visibles. Mais, au commencement du dernier siècle, la pauvreté des moines étant devenue grande, l'administration de la marine établit ce feu, si utile aux marins, dans le clocher de l'église, maintenant tombé. Un superbe phare à feu tournant et éclipses l'a remplacé. Il projette sa lumière à vingt-quatre kilomètres.

En tout temps, le tableau découvert de la pointe de Saint-Matthieu est admirable.

Néanmoins, pour l'embrasser dans sa sublimité, c'est au crépuscule d'une soirée d'équinoxe qu'il faut venir le contempler.

Les flots écumants de l'Atlantique se tordent autour des récifs; les îles dominent la mer, ou paraissent s'engloutir sous les montagnes d'eau hurlantes qui les assiègent; la côte, déchiquetée, s'avance ou recule, minée en grottes, dressée en promontoires, creusée en baies, toute résonnante de la voix des écueils.

A droite, la route du nord, aux passages hérissés de roches; en face, le large, comme protégé par une ceinture de granit impénétrable; à gauche, les premiers contours des pointes de la baie de Douarnenez, l'entrée de la rade de Brest; derrière soi, le spectre de l'abbaye morte et, planant sereine au-dessus de l'Océan, la lumière du phare se reflète blanche, étincelante dans le tourbillon des vagues !...

La rade du Conquet est simplement foraine [1]. Plus au nord, touchant la pointe de Kermorvan, se trouve la grève des BLANCS-SABLONS, défendue par des batteries et des forts : cette anse

Phare de Saint-Matthieu.

est le lieu le plus favorable à un débarquement, entre la baie de Douarnenez et Saint-Brieuc.

Au sud de Saint-Matthieu, l'anse de BERTHEAUME commence, de ce côté, la défense de la rade de Brest.

Le fort, bâti sur un roc isolé, a longtemps été réuni au continent par un pont de cordages artistement entrelacés.

La côte entière est élevée et escarpée. De petits sentiers, à peine tracés, serpentent le long des falaises coupées, çà et là, d'entailles à pic où la mer vient gronder avec fureur, abandonnant, au moment du reflux, quantité d'herbes précieuses.

L'agriculture et l'industrie savent tirer parti de cette moisson

---

[1]. Trop ouverte, dépourvue d'abris suffisants.

marine, mais il faut aller la recueillir. Toute une population, parmi laquelle les femmes, les enfants, les vieillards sont en majorité, n'hésite pas devant la tâche si effrayante ou si cruellement pénible qu'elle puisse être.

Le soleil darde-t-il d'aplomb sur les rocs et les rend-il brûlants, comme les pierres d'un four, un froid pénétrant jette-t-il une eau glacée sur les crêtes devenues comme couvertes de givre, le *cueilleur* de goémon doit s'avancer jusqu'à l'extrême limite du rivage, recevoir le choc de la lame, escalader, pieds nus, les pointes déchirées, courir le risque d'être précipité de hauteurs prodigieuses... Ce n'est rien encore.

Dans les lieux les plus escarpés et où l'on ne saurait parvenir, les obstacles sont tournés. Les roches surplombant l'abîme ont été percées. A ces ouvertures ainsi obtenues, on fixe des poulies soutenant des cordes terminées par des crochets. Avec l'aide de ces appareils, il est possible de ramener une grande abondance de goémon qui, dans ces réserves naturelles, est toujours amoncelé en quantités immenses.

Mais, le plus souvent, ce sont des cueilleurs courageux qui, osant se confier à la solidité des cordages, descendent, ainsi suspendus, au fond des gouffres, forment de lourds paquets et les rapportent attachés à leur ceinture !!!...

C'est, à peu de chose près, imiter les chasseurs norvégiens, dénicheurs d'oiseaux marins. C'est encore, comme eux, risquer sa vie pour un bien mince salaire... Il ne faut cependant pas oublier que, depuis l'établissement des usines de produits chimiques, une certaine aisance s'est répandue dans le pays. Les habitants, accoutumés depuis l'enfance à une vie excessivement pénible, regardent comme un surcroît de fortune ce métier qui occupe tant de bras trop faibles pour la pêche.

Pour rendre le goémon propre aux transformations chimiques, il faut le brûler, opération accomplie sur des rochers isolés ou sur des emplacements du rivage impropres à toute autre chose. La combustion produit une fumée blanche, tellement abondante et opaque qu'elle peut, parfois, en masquant l'horizon, gêner l'étude des points de repère de la côte. Toute chargée d'exhalaisons marines, cette fumée est très désagréable et nuisible, par sa trop grande activité, à la végétation. S'il était toujours possible de la condenser et de la distiller, on en retirerait certainement des produits excellents.

Le *brûlage* s'opère, en général, dans des auges en pierres plates, de sept à huit mètres de longueur, sur quatre de largeur et trois de profondeur. On creuse un peu la terre au-dessous des dalles irrégulières formant le fond, afin qu'un courant d'air puisse s'établir.

L'incinération dure plusieurs heures. Lorsqu'elle touche à sa fin, on brasse la matière avec des barres de fer. Ce mode primitif gaspille beaucoup de matières ; car, pour obtenir un tonneau [1] de soude, il ne faut pas moins de douze tonneaux de goémon vert qui, une fois séchés, se trouvent réduits à six tonneaux.

L'agriculture employant de plus en plus les engrais de mer, les fabriques ont dû élever le prix payé par chaque batelée. En même temps, il a fallu chercher des moyens moins onéreux d'obtenir les cendres.

Cela, naturellement, ne va pas sans soulever des plaintes de part et d'autre... On oublie si volontiers que le progrès ne peut se plier aux convenances ou aux désirs de chacun. La science et l'industrie doivent toujours marcher en avant : c'est la loi inéluctable.

Qui reste stationnaire, s'endort dans la paresse. D'ailleurs l'étranger, jaloux de nos richesses naturelles, de notre commerce, de notre facilité de relèvement, de notre esprit d'épargne, cherche à nous vaincre sur tous les terrains.

Ne nous lassons pas de travailler à atteindre la première place et, une fois conquise, que nos efforts assidus nous empêchent de la perdre encore.

La France doit être au premier rang des nations. Elle le gardera si elle le veut fermement.

---

1. Tonneau marin : poids équivalant à 1000 kilogrammes.

CHAPITRE XXVIII

BREST. — LE PORT MILITAIRE

Une étroite fissure entre deux pointes avancées; des courants, souvent violents, brisant sur les écueils dont le milieu du chenal est obstrué et sur les rocs bordant ses parois : tel se présente le *Goulet*, large à peine de trois mille mètres, long de cinq mille [1].

Ne conduirait-il pas dans un insignifiant bassin, manquant de fond tenable, rocheux, sans avenir possible ?...

Doucement, les rives s'éloignent, leurs contours escarpés s'arrondissent, le canal devient une belle rivière, et la rivière se change en un lac majestueux où *cinq cents* navires de premier rang [2] peuvent tenir mouillés; où de profondes échancrures, à l'est-nord-est et au sud, forment deux rades dans la rade; où des baies sûres offrent des débarcadères commodes; où deux petits fleuves tributaires permettent de remonter bien loin au cœur du pays; où un humble ruisselet, long de moins de *onze* kilomètres, est devenu le centre d'un des plus beaux ports, d'un des plus magnifiques arsenaux du monde; où l'une de nos plus importantes villes maritimes, étouffant dans son enceinte de murailles battues par le flot, a peuplé deux autres villes contiguës et donné de nombreuses colonies à tous les bourgs voisins !!!...

La vie, le mouvement, s'accentuent. Les énormes vaisseaux cuirassés ont jeté l'ancre près des frégates, des corvettes, des

---

1. L'amiral Thévenard a constaté que la moindre largeur est de 1,623 mètres et demi.
2. Nous parlons des vaisseaux à trois ponts d'il y a vingt-cinq ou trente ans. Avec l'exagération actuelle des dimensions, le nombre que nous venons d'indiquer (autrefois généralement admis), subirait peut-être une réduction.

avisos; les petites barques, les yachts effilés, les canots tournent autour des longs steamers...

Sur la côte, les villas envahissent tous les points pittoresques... Recouvrance, l'ancien village Sainte-Catherine, avec ses ateliers, ses maisons étagées, couvre la rive droite de la Penfeld, reliée à l'autre rive par la masse prodigieuse d'un pont tournant de *cent six* mètres de longueur !...

Les navires, les embarcations de toute grandeur, entrent ou sortent. Un donjon féodal dresse sa tour noirâtre à l'entrée du port ; des maisons, pressées en amphithéâtre les unes contre les autres, le dominent.

De vieux arbres, courbés en une longue voûte, donnent aux remparts une cime de verdoyants créneaux ; sur la plage, embrassant le pied des rochers, base des vieilles murailles, des quais, des jetées s'allongent pour recevoir les cargaisons des navires marchands, pendant que l'arrivée ou le départ des trains du chemin de fer font résonner la voie ménagée au bord même de la rade...

Brest est là, devant nous, souriant ou terrible, prêt pour la guerre comme pour la paix... Si les attaches au passé ne sont pas encore complètement brisées, les aspirations vers l'avenir deviennent, à chaque heure, plus énergiques, plus vibrantes.

« Que dois-je faire encore pour qu'il soit désormais impossible de m'oublier ? » semble dire la vaillante ville.

Et, vraiment, quand on l'a vue, quand on s'est rendu compte des ressources innombrables offertes par son port, par sa rade ; quand on a vécu au milieu de sa mâle population, toujours docile à répondre au premier appel de la patrie, on se rassure pour l'avenir de notre marine : ni les hommes, ni les moyens d'action ne lui manqueront jamais, il suffit de les utiliser.

Brest n'a rien de l'aspect morne, du calme apathique envahissant un si grand nombre de nos villes. En dehors de la population flottante, fournie par l'armée et par la marine, les ouvriers du port constituent une véritable foule laborieuse, débordant sur tous les points avoisinant les ateliers où le travail ne manque jamais.

Recouvrance, Lambézellec sont, par eux, devenus de véritables villes, et nombre de localités, jadis petits hameaux, sont plus peuplées que beaucoup de nos chefs-lieux d'arrondissement. Aux heures d'entrée et de sortie réglementaires, c'est un bruit, un fourmillement des plus intéressants.

Partout l'activité est la même. Le port marchand deviendra, quand on le désirera, quand on aura trouvé un meilleur terme d'accommodement avec les indispensables servitudes militaires, le centre de transactions fructueuses. On objecte, il est vrai, l'éloignement de Paris ; mais on ne tient pas compte de la navigation, presque toujours si pénible dans la Manche, et on oublie que toute une importante région du pays n'a nullement besoin de voir son commerce assujetti au négoce parisien. Cela pouvait être bon lorsque Brest restait en dehors du grand réseau ferré ; maintenant, l'argument tombe et nous entrevoyons ce que sera ce merveilleux bassin naturel, au jour (bien éloigné!...) où la paix prévaudra dans les conseils des peuples civilisés.

Nous avons pu, à Cherbourg [1], admirer ce que l'énergie, le courage, la patience, le travail humain, ont produit. Un port artificiel a été créé de toutes pièces, malgré les obstacles les plus formidables. Il semble assuré, désormais, contre toutes les surprises.

A Brest, le spectacle change. C'est la nature elle-même qui a tout préparé : baie splendide, ancrages sûrs, rivières aux embouchures favorables. La moindre d'entre elles, la *Penfeld,* coulait au milieu de rochers élevés nécessitant un déblaiement très long, très coûteux ; on la choisit, néanmoins, de préférence à l'*Aulne* ou à l'*Elorn* qui, cette dernière surtout, eussent offert plus de facilités, sans forcer à un trajet de beaucoup prolongé. Mais le château avait été bâti à l'entrée de la Penfeld : cette circonstance décida les ingénieurs.

On reste étonné en apprenant qu'une position aussi importante n'ait été vraiment appréciée que fort tard : Brest, en réalité, datant seulement de Louis XIV. Richelieu, il est vrai, avait reçu de Le Roux d'Infreville, chargé par lui de visiter nos ports, la note la plus élogieuse sur la position et les avantages de la rade bretonne. Le grand ministre se rendit à l'opinion d'un homme aussi compétent. Dans l'ordonnance du 29 mars 1631, réglant

---

1. Voir, dans le premier volume, l'article portant ce nom.

BREST. ENTRÉE DU PORT MILITAIRE

les conditions d'entretien de nos vaisseaux, Brest, avec le Havre et Brouage, reçoit un commissaire général de la marine.

C'était bien, quoique loin d'être suffisant. La ville dut attendre qu'un marin illustre, secondé par un intendant capable, mît en relief sa valeur : Duquesne et M. de Seuil furent les continuateurs de Le Roux d'Infreville, les précurseurs du grand Vauban. Mais, dès lors, la transformation ne s'arrêta pas. Le port s'étendit sur une longueur de près de trois mille mètres et tous les éléments nécessaires à la marine s'y trouvèrent réunis.

Un premier bassin de radoub fut creusé, en 1681, dans la crique de Troulam, à l'entrée du port ; il a été, depuis, modifié par l'ingénieur Groignard. Des ateliers et des magasins pour l'artillerie, une corderie, une boulangerie, des magasins aux vins, une *garniture*... Plus tard, Choquet de Lindu attacha son nom aux réformes, aux améliorations et aux diverses constructions qui achevèrent de classer Brest au premier rang des ports militaires de l'Europe.

Ainsi, les trois bassins de Pontaniou furent achevés en 1757. L'atelier des toiles à voile fut établi en 1764 et, deux ans plus tard, les magasins de l'artillerie, doublés, se trouvaient complets. En 1770, la *machine à mâter*, conception de l'ingénieur Petit, était, pour la première fois, mise en usage.

Toutefois, au milieu de ces progrès heureux, un établissement, d'ailleurs irréprochable, quant à sa destination, faisait tache : c'était le bagne, qui, érigé en 1751, mêla pendant trop longtemps (1751-1858) sa triste population à celle des ouvriers employés aux travaux du port.

Elle passe, comme la suite d'un mauvais rêve, dans nos souvenirs d'enfance, la silhouette des forçats à bonnet vert ou à bonnet jaune (suivant la durée de la condamnation), balayant les rues de la ville ou remplissant toute autre corvée, sous la surveillance des gardes-chiourmes.

La lèpre hideuse a disparu. Les ateliers maritimes n'appartiennent plus qu'aux travailleurs honnêtes. Brest y a gagné, le séjour ou une visite dans le port n'étant plus troublés par cette promiscuité pénible, souvent même démoralisatrice : on n'en a eu que trop d'exemples !

Chaque pas, ici, cause une surprise nouvelle aux promeneurs

non familiarisés avec les choses de la mer. Le *pont tournant*, enjambant le bassin de l'avant-port militaire, attire d'abord le regard. Il met en communication l'une des principales voies de Brest : la rue de Siam, avec Recouvrance. Avant sa construction (1861), on franchissait la Penfeld dans des bacs, dont le service était coté à la somme énorme de deux... liards (deux centimes et demi), ce qui n'empêchait par l'adjudication de l'entreprise de produire un chiffre très élevé[1], car le passage est des plus fréquentés. L'affluence y causa souvent de fâcheuses péripéties, agravées par des abordages avec des navires entrant ou sortant. Le système était donc des plus défectueux, et le pont fut résolu.

M. Alphonse Oudry, ingénieur, en ordonna le plan, tellement audacieux, que la fortune se vit contrainte à le faire réussir.

Deux piles, en forme de tours, se dressèrent sur les quais de la rivière, continuées par deux culées voûtées, établissant les abords du pont. Les deux volées appuient leur axe de rotation sur les tours; chacune d'elles possède une longueur de près de cinquante-trois mètres[2], et pèse *sept cent cinquante mille* kilogrammes. Ce poids immense aide à la manœuvre, qui s'exécute par le moyen d'un cabestan et d'un tablier agissant sur des rouleaux d'engrenage placés au sommet des piles.

L'ensemble est si bien calculé, les pièces diverses si minutieusement comprises, que l'ouverture et la fermeture exigent à peine la présence de quatre hommes, et vingt minutes de travail.

L'élévation du pont dépasse de près de vingt-deux mètres le niveau des plus hautes mers. Il plane, géant aux proportions solides, quoique gracieuses, sur les flots turbulents, comme un dominateur orgueilleux... Puis, soudain, la masse prodigieuse s'ébranle, les deux volées se disjoignent. Doucement entr'ouvertes, semblables aux ailes de quelque oiseau fabuleux, et, bientôt repliées, afin de livrer passage à un navire, on les verra tout à l'heure reprendre sans secousse la place qui leur est assignée.

Un vaisseau cuirassé et le pont tournant constituent, à eux deux, l'une des plus puissantes manifestations du génie industriel de l'homme.

A l'entrée du port, on salue une pièce de canon, enlevée du

1. Près de 40 000 francs.
2. Exactement, $52^m,85$.

môle d'Alger, le 3 juillet 1830, jour où nos troupes entrèrent dans la ville principale des pirates barbaresques. La tradition assure que le consul français, le P. Le Vacher, fut attaché vivant à la bouche de ce canon, par ordre du Dey, et lancé sur nos vaisseaux, lors du bombardement de 1683. Le nom de *Consulaire*, donné à l'instrument du supplice, sauvera de l'oubli la mémoire de notre infortuné compatriote.

Suivons les quais, en apparence tout encombrés : canons, piles de boulets, ancres de toutes dimensions, chaînes, cordages, gueuses, grues, caisses, tonneaux, saumons de plomb, barres de fer, mâts neufs, ou brisés, ou vieillis, succèdent aux bassins, aux formes pour la réparation, et aux cales de construction, les unes voilées, les autres sans couvert, mais garnies, chacune, de bâtiments terminés ou à peine commencés.

Sur la rivière, des navires de genres les plus divers : vaisseaux, frégates, bricks, goélettes, avisos... Les uns vont prendre la mer; ils sont en armement. Les autres reviennent et doivent rendre à l'arsenal leur innombrable matériel.

Beaucoup d'entre eux sont abrités des intempéries par une toiture généralement rouge, qui leur donne comme un aspect nouveau; les mâtures et le gréement des partants s'harmonisent avec les lignes blanches des batteries, trouées de distance en distance par les sabords garnis de canons.

Une intensité, une surabondance de vie coule, incessante, le long des files continues des magasins, des ateliers : les feux des forges brillent, la fumée des hautes cheminées jaillit par nappes épaisses; les enclumes, les marteaux retentissent; les limes grincent de concert avec les poulies; les sifflets des maîtres résonnent impérieux; les mélopées caractéristiques des marins, dressant des apparaux, tranchent, monotones, sur ces bruits impatients qu'essaiera en vain d'étouffer la tempête.

Le·port suffit à tout. Il fournira le navire entièrement équipé : depuis le plus mince *bout* de cordage jusqu'au câble monstrueux; depuis la plus humble cheville jusqu'au mât le plus robuste; depuis le clou de ferraille jusqu'à l'angle gigantesque; depuis le couteau de poche jusqu'au sabre de combat; depuis le modeste hamac jusqu'à la voile immense, destinée à suppléer la machine à vapeur endommagée. Il fournira, de même, le biscuit et les tonnes de légumes secs, le lard, le poisson salé, aussi bien que les boîtes de conserve...

Les réserves sont inépuisables, témoin l'anse de KERHUON, à l'embouchure de l'Elorn, présentant une superficie de trente-six hectares. La marine en a fait un dépôt de bois de construction et de grosses mâtures. Elle n'y entasse pas moins, habituellement, que pour une valeur de dix millions de ces bois ! On peut se rassurer, quant à la conservation de telles richesses. Le taret, si férocement dévastateur sur les côtes sud-ouest françaises, est inconnu à Kerhuon.

Une semaine serait à peine suffisante si l'on voulait visiter le port en détail. En outre des ateliers et magasins, il renferme deux admirables musées, celui des armes et celui des modèles, un établissement de machines à vapeur, une bibliothèque. Au dernier siècle, il possédait une Académie de marine. Établie en 1752, et tout de suite célèbre, elle avait pris rang après l'Académie des sciences. Les officiers qui la fondaient projetèrent de la doter d'une sorte d'encyclopédie maritime des plus complètes. Un premier volume parut ; mais la suite de ce travail colossal resta en manuscrits, confinée dans la bibliothèque par les tourmentes politiques.

Si l'Académie de marine renaît jamais, un de ses premiers soins devra être de reprendre la publication interrompue et d'en produire une seconde, au point de vue des conditions de la navigation moderne. Le parallèle serait des plus curieux, des plus instructifs. Mais, ne donnerait-il pas, au moins tacitement, raison aux vieux officiers qui prétendent que la « grande marine » est morte, que nos flottes de jadis valaient mieux, offraient plus de résistance et pouvaient rendre plus de services effectifs ?

Preuve bien simple : un navire, alors, coûtait de quinze cent mille francs à trois millions ; il faut quadrupler, quintupler ces chiffres pour nos vaisseaux cuirassés... Conséquence inéluctable, moins d'équipages aguerris, les ressources budgétaires ne permettant pas de multiplier beaucoup les modèles nouveaux et, surtout, de leur faire entreprendre de bien longues campagnes : leur raison d'exister se bornant à la défense des côtes.

D'ailleurs, la vapeur n'a-t-elle pas à peu près annihilé la science des manœuvres ?

Mais nous entendrons encore ces doléances, quand nous explorerons la rade; terminons notre visite au port.

Nous avons vu, déjà, la scierie mécanique de l'anse de la Tonnellerie ou du *Moulin à Poudre*, les belles forges de la *Ville-Neuve* et de *Pontaniou,* les bassins de radoub du *Salou*, les cales de *Bordenave*. Parcourons l'ancien bagne, qui renfermait trois mille condamnés, et montons à la caserne de marine appelée la *Cayenne*. Très bien aménagée, elle peut recevoir une garnison de trois mille cinq cents hommes. L'hôpital Clermont-Tonnerre, admirablement situé, ne compte pas moins de douze cents lits, et passe, à très juste titre, pour le modèle du genre.

On voit que si la ville de Brest a dû attendre pendant de longs siècles le développement de ses ressources naturelles, elle est, aujourd'hui, en pleine possession de sa force, de son activité, de sa puissance.

Au pays, à en faire l'usage que peut réclamer le soin de sa prospérité, la sauvegarde de sa dignité, de son honneur...

Arrière de l'*Océan*, vaisseau à trois ponts, construit par Sané.

CHAPITRE XXIX

BREST. — LA VILLE

On ne se représente pas Brest comme une ville où la légende mystique ait jamais pu fleurir. Les conteurs, d'ordinaire, aiment à rêver dans la solitude, laissant aux bardes et aux chroniqueurs, affamés de bruits guerriers, les foules tumultueuses, les fêtes bruyantes. Tout au plus, si un crime féodal ne les fera pas reculer.

Brest, pourtant, possède sa légende poétique; mais en sourit et, volontiers, oublie que sa rade, que son port, joyaux incomparables, restèrent à peu près dédaignés jusqu'à l'avènement du duc François II, père de la reine Anne.

Sourire moqueur et oubli, cependant, n'ont pu prévaloir contre l'œuvre des poètes.

Le château de Brest présente sept tours, l'une est dite de *César*, une seconde des *Anglais*, ces insulaires l'ayant bâtie lors de leur fugitive domination. Une troisième porte le nom de la cité; mais, à l'ouest, vis-à-vis de la rade, et faisant saillie sur la façade des quais, la tour d'*Azénor* montre la fenêtre d'où l'infortunée princesse de Léon, si cruellement calomniée, contemplait tristement la mer.

« Qui d'entre vous, hommes de mer, a vu, au haut de la tour qui s'élève au bord du rivage, au haut de la tour ronde du château d'Armor, madame Azénor agenouillée [1]?

— Nous avons vu madame agenouillée, seigneur, à la fenêtre de la tour; ses joues étaient pâles, sa robe noire et son cœur calme, cependant.

. . . .

— Qu'as-tu vu, marin, sur la mer?

1. *La tour d'Armor : Barzaz Breiz*, page 490.

— Une barque sans rames et sans voiles, et, sur l'arrière, pour pilote, un ange debout, les ailes étendues.

« J'ai vu, seigneur, au loin, sur la mer, une barque, et, dans cette barque, une femme avec son enfant, son enfant nouveau-né suspendu à son sein blanc comme une colombe au bord d'une conque marine.

. . . .

« Si ton père te voyait, mon fils, comme il serait fier de toi! mais, hélas! il ne te verra jamais. Ton père, pauvre enfant, est perdu ! »

Un vent favorable pousse l'étrange esquif (un tonneau !) dans lequel a été jetée Azénor, sur les côtes d'Irlande, où, trois ans plus tard, le mari de la princesse aborde. Il retrouve sa femme et son fils. Ce dernier entonne un cantique de joie :

« Chère petite mère, lève-toi et regarde! Voici mon père! il est retrouvé! Voici mon père qui était perdu ; Dieu soit mille fois béni ! »

Et ils bénirent mille fois Dieu qui est si bon, qui rend le père à ses enfants ; et ils revinrent joyeux en Bretagne.

Que la Trinité protège les navigateurs !

Avec son bonheur constant d'expressions, Albert de Morlaix a rendu des plus touchantes la simple légende toujours populaire, toujours chantée aux *pardons* de la côte. Le pêcheur, le matelot, obligés de lutter avec la mer, ne croient pas avoir de meilleurs patrons que sainte Azénor « voguant sans voiles et sans rames » et son fils saint Beuzec, Buzec ou Budoc (littéralement le *noyé*, ou *sauvé des eaux*), nouveau Moïse, né et exposé sur les flots de l'Océan...

Ne méprisons pas ces mœurs naïves, les mêmes hommes qui, avec tant de confiance, avec tant de ferveur, chantent le vieux cantique, sont prêts à affronter la tempête, à sacrifier leur vie, non seulement pour la famille restée au pauvre foyer; mais pour le marin, pour le passager en danger mortel ; mais pour la PATRIE, dont la voix résonne toujours aimée, toujours respectée en leur cœur !...

Qui a fondé Brest ? D'où vient son nom ? Les explications ont été multipliées, et il serait oiseux de les rappeler. Toutefois, comme on ne parvient guère à laisser absolument de côté ces questions, nous copierons les lignes suivantes d'une petite brochure parue à Brest, en 1857[1]. Elles nous paraissent résumer avec vraisemblance la question :

---

1. *Brest*, par Daniel de Proxy (un pseudonyme).

« Ce *mungulus* (gueule de mer, goulet) ; ces terres qui se rapprochent et s'éloignent ensuite pour former ce *grand étang* (rade), qui se partage en plusieurs ports : est-il rien de plus précis, de plus clair ?

« Ces eaux de la rivière *Caprelle* (Penfeld), qui s'unissent à celles de la mer pour faire, au milieu de la ville [1], une station aux navires ; cette terre qui s'étend comme un bec (la pointe *La Rose*), jusqu'à l'autre rive du fleuve, en laissant, néanmoins, un passage suffisant pour que les nefs y entrent « comme par huis », et pour qu'elles n'y craignent plus ni les vents ni les flots, n'est-ce pas bien le port primitif ?

« Cette forteresse, enfin, qui domine un promontoire au-dessus de la rivière faisant face aux grandes eaux (la rade), et à la mer, dans le pays des Légionenses (Léonnais), autrefois *Occismiens*, n'est-ce pas le château ?

« La confusion est donc née de ce que les historiens ont, tour à tour, donné à la vieille cité armoricaine le nom d'une de ses trois parties composantes, au lieu de n'en faire usage que pour désigner chacune d'elles. Ainsi, *Occismor*, c'était la ville ; *Brivates Portus*, c'était le port ; *Gæsocribates*, c'était la citadelle.

« Le nom de Brest ne fut donné que plus tard à l'ensemble de la ville, du port et du château, par corruption du mot breton *Breis* ou *Breiz*, qui signifie Bretagne. »

Lorsque nous aurons ajouté que diverses découvertes, entre autres celles d'assises de fortifications, de vases, de médailles ont été faites à Brest et dans les environs, nous serons en règle avec les origines probables de la ville. On ne s'expliquerait pas, d'ailleurs, que les vainqueurs de la Gaule, si bons stratégistes, eussent négligé une pareille position militaire.

L'éloignement, toutefois, puis les interminables guerres dont la pauvre Bretagne fut le théâtre plus de dix siècles durant, enfin le peu de crédit accordé à la marine, regardée avant tout comme un moyen de transport, concoururent à laisser Brest dans l'obscurité.

Il faut arriver au huitième siècle pour trouver une mention positive du château. Les chroniques assurent que Méloir, fils de

---

1. Entre Brest et son faubourg *Recouvrance*.

MÉLIAU, comte de Cornouailles, trouva dans la citadelle un refuge temporaire contre son oncle RIVOD, assassin de son père.

La *Chronique de Nantes*, écrite au onzième siècle, place au château de Brest l'assassinat du roi breton Salomon.

En 1064, Conan II, reconnu duc de Bretagne, répara et agran-

Du Couëdic.

dit la vieille forteresse qui, selon une autre tradition, fut choisie par Alain de Dinan pour abriter le jeune prince Arthur, véritable duc de Bretagne, contre la haine de ses oncles, Richard Cœur de Lion et Jean sans Terre, successivement rois d'Angleterre.

La vie toujours menacée et traîtreusement terminée de cet infortuné Arthur (enfant de Constance, héritière du duché et de Geoffroy, fils de Henri Ier d'Angleterre), forme une des pages les plus attendrissantes de l'histoire de la province. Elle se place près de celle du prince Gilles, dont, au château du Guildo, nous avons suivi l'affreuse odyssée.

Hélas ! ils sont nombreux les épisodes sanglants ayant frappé la Bretagne toujours convoitée, toujours attaquée et se relevant toujours avec une énergie nouvelle des coups si terribles qui paraissaient devoir l'anéantir.

De temps immémorial, Brest appartenait aux comtes de Léon. Sa possession passa, le 17 mai 1239, au duc Jean Ier, *le Roux*, qui l'obtint, comme Morlaix et la presque totalité des autres domaines du comté, du prodigue Hervé IV.

Le cédant ne se montra pas trop exigeant. *Cent livres de rente, plus une haquenée blanche*, furent le prix stipulé affirment plusieurs auteurs. Quelques écrivains, il est vrai, portent ce prix à *douze cents livres annuelles;* mais le premier chiffre doit être le véritable.

Douze cents livres de l'époque eussent représenté une grosse somme et Jean le Roux savait mieux sauvegarder les intérêts de son trésor. Au besoin, du reste, la force les eût appuyés.

De cette époque date la réputation du château brestois.

« N'est pas duc de Bretagne qui n'est sire de Brest, » disait-on. La célèbre Jeanne de Montfort le comprit ainsi et choisit la forteresse pour y déposer ses effets les plus précieux et s'y réfugier momentanément elle-même après la mort de son mari.

Charles de Blois, prisonnier après le combat de la Roche-Derrien, y fut renfermé, puis transféré en Angleterre. Il dut, pendant son séjour à Brest, être accablé de cruels souvenirs et maudire la fortune des armes. Six ans auparavant, le château ne lui appartenait-il pas et un brave, un fidèle chevalier n'y commandait-il pas en son nom ? Hélas ! Gautier de Clisson était mort, enseveli dans son indomptable défense, et Charles n'espérait plus rien !...

Une période sombre suivit. Les Anglais, alliés de Montfort, prétendirent garder la place. Elle leur eût été si avantageuse ! Elle eût fait un si merveilleux pendant à Calais !

Jean IV, désespéré, voulut recouvrer Brest par la force, chose impossible alors ; les meilleurs gentilshommes bretons, après des prodiges de valeur, se virent obligés de renoncer à l'entreprise.

Du Guesclin lui-même y avait échoué. Ce fut seulement en 1397, que Richard II, roi d'Angleterre, consentit à rendre la ville et le château, moyennant paiement de douze mille écus d'or autrefois prêtés, par son aïeul Edouard III, au prince breton.

Un siècle s'écoula. Le duché agonisait sous la main du roi de France. Il ne restait plus au malheureux François II que quelques places. Parmi elles, Brest avait résisté à toutes les tentatives ou violentes ou corruptrices. La défaite mortelle de Saint-Aubin-du-Cormier n'abattit même pas son espoir. Elle ne succomba que sous la double trahison de Guyon de Quelennec, vicomte du Faou, son gouverneur, et du vicomte de Rohan, vendu à Charles VIII.

Mais les jours de la Bretagne, en tant que province indépendante, étaient comptés. L'union d'Anne avec le roi de France allait mettre un terme aux luttes toujours renouvelées entre Français et Bretons.

Sauf le combat dans lequel périrent *la Cordelière* et son illustre capitaine Portzmoguer, le nom de Brest n'est plus mentionné avant l'année 1592, où six mille ligueurs, ayant essayé d'assiéger le château, furent taillés en pièces par le marquis René de Rieux de Sourdéac, gouverneur tout dévoué à Henri IV. Le roi reconnut la fidélité des habitants en leur accordant le droit de bourgeoisie (1593).

Toutefois il fallait pour l'obtenir, ce droit, payer une somme de quarante écus destinée à la réparation et à l'agrandissement des fortifications.

La ville fut encore sérieusement menacée à deux ou trois reprises : nous en retrouverons la trace lorsque nous parcourrons la rade, mais le « vieux nid d'aigle », comme l'appelle dom Morice, tint bon et peut se glorifier de n'avoir jamais été forcé.

Cela serait-il possible de nos jours ?

Non, voulons-nous répondre, en souhaitant que rien ne soit négligé pour assurer à Brest le moyen de résister... En souhaitant de tout cœur que l'obligation de se défendre ne lui soit pas imposée !

La vaillante ville a prouvé son courage ; mais la guerre n'est-elle pas, en réalité, un retour vers la barbarie ?

Saint-Renan, distant de treize kilomètres, possédait la justice royale.

Les princes de la famille de Valois songèrent à Brest. Henri II (petit-fils d'Anne de Bretagne, par sa mère Claude) l'éleva au rang de ville du royaume. Son développement fut assez lent ; au commencement du dix-septième siècle, elle ne possédait encore que *sept rues*, sur la rive gauche de la Penfeld. La rive droite restait ce qu'elle était du temps de Jean de Montfort qui, dans le bourg Sainte-Catherine, avait fondé une chapelle appelée *Notre-Dame-de-Recouvrance* (1346). Les murs de cette chapelle disparaissaient sous les nombreux *ex-veto* apportés pour le *recouvrement* des navires et de leurs équipages ; aussi le nom primitif du bourg ne tarda guère à être oublié et celui de *Recouvrance* prévalut.

Fait bizarre, une sorte d'antagonisme naquit et grandit, divisant profondément les deux villes-sœurs. Un instant, on put croire que les rivalités s'éteindraient. Vauban venait de proposer à Louis XIV la réunion de Brest et de Recouvrance, qu'une nouvelle ligne de fortifications défendrait. Le roi approuva tout et transporta à Brest, dans la même année, 1681, le siège de la justice royale.

Les habitants de la rive gauche applaudirent, ceux de la rive droite essayèrent de dissimuler leur mécontentement, mais gardèrent leurs préjugés, en affectant une fidélité inébranlable aux usages anciens et en s'y cantonnant avec énergie. Il en résulta une démarcation très tranchée. Les Brestois proprement dits aimaient à cribler de quolibets les « gens de Recouvrance » qui s'efforçaient de le leur rendre avec usure.

Nous n'oserions répondre que la paix soit entièrement faite, que les rivalités soient pour toujours calmées. A coup sûr, cependant, l'établissement du pont tournant, facilitant les communications, a dû y contribuer beaucoup.

La population de Brest resta longtemps stationnaire et les mœurs s'imprégnèrent d'un caractère tout patriarcal. Beaucoup de coutumes offraient une originalité curieuse. C'est ainsi qu'entre autres conditions imposées aux hommes désireux de s'établir dans la ville figurait « une santé robuste et capable d'affronter les dangers de la mer ».

Un Brestois voulait-il se marier? Il devait plonger près du rocher nommé *la Rose*[1] et y arracher une poignée de goémon. Cela fait, un grave conseil d'*experts* prononçait si le candidat avait un bon tempérament, ainsi que les qualités morales nécessaires à un chef de famille !!

C'était faire preuve de sagacité profonde et les époux, en ce temps-là, ne devaient probablement connaître que le bonheur !!

Les demandes en mariage, les naissances, les morts étaient entourées de cérémonies ou touchantes ou originales. Chaque fête religieuse ou civile se doublait de réjouissances spéciales à la solennité. En un mot, si Brest ne comptait pas une grande agglomération d'habitants, ceux-ci, du moins, semblent avoir réalisé un idéal assez complet d'existence honnête et tranquille, encouragée par les moyens les plus propres à entretenir la bonne santé de l'âme et du corps.

Il fallut songer, pourtant, à stimuler le zèle, l'empressement des Brestois à développer l'importance que leur cité pouvait acquérir. Des règlements on ne peut plus adroits y pourvurent, et il est fâcheux que les noms des philosophes auxquels en revient la gloire ne soient pas parvenus à la postérité.

Comprenant l'immense empire exercé sur l'esprit humain par la soif des distinctions, l'amour des prérogatives, on décida trois choses principales :

1° A chaque installation nouvelle d'un maire, le cortège ne se composerait plus seulement des échevins en costume et des anciens notables, mais, aussi, des nouveaux mariés de l'année et de tous les propriétaires qui, depuis trois ans, avaient fait bâtir une maison.

2° Parmi ces nouveaux époux et ces propriétaires, on choisirait l'homme chargé de précéder, *une couronne dorée en tête*, le cortège du magistrat municipal. A la fin de la cérémonie, le maire faisait tomber cette couronne, en signe de l'hommage qu'il rendait au Roi.

3° La solennité à l'église qui accompagnait toujours cette installation et la visite au gouverneur du château, qui la terminait, avaient également pour témoins obligés les mêmes personnages. Plusieurs autres menus privilèges découlaient de ces usages. Ils

---

1. Encore existant à l'entrée du port.

exercèrent une très grande influence, car les demandes pour acquérir le droit d'habiter Brest se faisant de plus en plus nombreuses, la ville se trouva définitivement fondée.

Mais son importance née, avant tout, de sa belle situation maritime, concentra nécessairement sur le port la sollicitude de l'administration.

Autant les ateliers, les magasins, la caserne, l'hôpital des marins sont admirables en leur genre, autant la ville est pauvre sous le rapport architectural.

Pas un de ses édifices ne mérite un regard ; toutefois, c'est être excessif que de refuser à son ensemble le moindre imprévu pittoresque.

Bâtie sur trois collines à pente rapide, la ville offre de grandes différences de niveau, rachetées par des rampes ou des escaliers à plusieurs étages. La facilité des communications n'y gagne que médiocrement, c'est vrai, mais l'œil se trouve sollicité d'une manière agréable par les perspectives diverses groupées devant lui.

Autrefois, quand on arrivait au sommet de la dernière côte de la grande route, Brest semblait se tapir dans un ravin profond. Mais, l'enceinte fortifiée franchie, on s'apercevait que la vallée prétendue dominait l'Océan de plus de quatre-vingts mètres et qu'il fallait, pour accéder au port, descendre une longue file de paliers ménagés au flanc des collines. Peu à peu, néanmoins, les quartiers se sont efforcés de gagner en commodité, en élégance. La rue de *Siam*, ainsi nommée en souvenir de l'ambassade débarquée en 1684, fut, croyons-nous, une des premières à revêtir un air moderne. La jolie promenade du *Champ de Bataille*, placée vers son milieu, la compléta.

Les deux extrémités de la rue de la *Mairie* étaient encore, il y a cinquante ans à peine, réunies par une chaussée appelée le *Pont-de-Terre*, comblant à demi une énorme excavation. L'un des côtés du *pont* plongeait sur ce trou béant, occupé par de misérables huttes, refuges, ou plutôt repaires du rebut de la population.

L'invasion du choléra, en 1832, montra mieux que jamais le danger de l'horrible sentine et le beau quartier de la Tour-d'Auvergne la remplaça. Beaucoup de rues sont vraiment belles e·

on les remarquerait ailleurs; mais, après le port, il n'y a plus que trois choses susceptibles de captiver l'attention.

La première est le monument élevé dans l'église Saint-Louis, à la mémoire de Charles-Louis du Couëdic de Kergoualer, mort, le 7 janvier 1780, des suites des blessures reçues lors du combat de la frégate *la Surveillante*, qu'il commandait (octobre 1779), contre la frégate anglaise *le Québec*.

L'obélisque de marbre noir, scellé sur la muraille du chœur, porte cette inscription bien méritée :

« Jeunes élèves de la marine, admirez et imitez l'exemple du « brave du Couëdic, lieutenant en premier des gardes de la ma- « rine. »

Suivent quelques lignes, résumant la vie et la mort de l'héroïque commandant.

Après cet hommage rendu, on se dirige vers le Chateau, encore remarquable, malgré les mutilations dont les exigences du plan de Vauban l'ont marqué.

Il couronne un rocher à pic, situé à l'entrée du port : ses assises gardent la trace de constructions romaines, et l'ensemble figure un trapèze hérissé de sept tours, nommées d'*Azénor*, de *Brest*, de *César*, des *Anglais*, de la *Madeleine*. Les deux autres sont celles du donjon, qui pouvait, grâce aux fossés dont il est environné, se trouver isolé de la forteresse.

L'un des bastions porte le nom de *Sourdéac*, le brave gouverneur qui acheva de rendre, pour l'époque, le château imprenable.

Le donjon renfermait les appartements des capitaines. On y parcourt une salle d'honneur, la chapelle particulière des ducs de Bretagne, ménagée dans l'épaisseur des murailles ; la chambre où fut détenu Charles de Blois, une salle à manger, de vastes cuisines, ainsi qu'un grand nombre de corridors très étroits, très obscurs, reliant entre elles les différentes parties de l'édifice. Du milieu des fondations, plusieurs souterrains, à l'aspect sinistre, font rêver aux plus lugubres chroniques... ou légendes, comme on voudra.

Promptement on quitte la place, heureux de retrouver les marches de l'escalier qui permet de revenir à l'air libre, de revoir la lumière.

La vaste cour du château possédait une seconde chapelle qui, longtemps avant la construction de l'église des *Sept-Saints* (démolie en 1844), servait de paroisse aux habitants de la bourgade protégée par la forteresse. Ce premier monument religieux de Brest fut détruit en 1819. Le brave et malheureux Gauthier de Clisson, défenseur de la place, pour Charles de Blois, y avait été enterré.

Le château pouvait recevoir une garnison de quinze à dix-huit cents hommes ; mais il n'est plus guère de nos jours qu'un souvenir : les ouvrages construits pour la défense de la ville et du port, lui ayant enlevé la plus grande partie de sa raison d'être. Les fossés sont à demi comblés, ses poternes depuis longtemps murées, ses fenêtres, ses meurtrières presque toutes modifiées, ses toitures rasées, son esplanade (*le Parc au Duc*), entaillée afin de livrer un passage vers le port. Malgré ces changements, fâcheux au point de vue archéologique, on aime à visiter le témoin de tant de luttes.

Des assises gallo-romaines, aux murs grossiers du douzième siècle, et à l'appareil plus symétrique des treizième et quatorzième, la pensée, rapidement, se reporte vers les époques si nombreuses où l'Armoricain, toujours énergique, combattit pour l'indépendance de son pays bien-aimé.

Chaque période a laissé son cachet distinct sur ces murailles toujours menaçantes ; mais le génie moderne sait porter plus loin, plus sûrement la destruction... Combien de temps encore respectera-t-il le berceau de la cité ?

Lorsque les yeux et le cerveau ont été saturés d'images, de pensées guerrières, un peu de calme semble doux... Le *cours d'Ajot* offre ses ombrages et le tableau nouveau a bien vite dissipé les réflexions trop philosophiques.

Rapprochement plein de contrastes, c'est à un officier du génie, M. D'AJOT, directeur des fortifications, que Brest doit la magnifique promenade conquise sur les remparts faisant face à la rade (1769).

Le cours n'a pas moins de six cent vingt mètres de long sur environ vingt-huit de largeur. Ses grands ormes ont subi l'effort des plus furieux vents d'ouest, et arrondissent, superbes, leur voûte centenaire à cent pieds au-dessus des flots. En 1801, Napoléon, quoiqu'il n'aimât pas Brest, fit don à la ville de deux œuvres importantes de Coysevox, si bien nommé le Van Dyck de la sculpture ; on plaça les groupes, représentant *Neptune* et l'*Abondance*, aux deux extrémités du cours. C'était orner dignement une promenade rangée avec justice parmi les plus célèbres de France.

Planté, nous venons de le dire, sur les remparts, le cours, jadis, surplombait directement la mer, qui venait battre la plage de Porstrein[1] et brisait sur les roches soutenant la ceinture fortifiée. Mais le port de commerce fut décidé en même temps que le chemin de fer, étendant ses rails, allait sillonner les points extrêmes de la péninsule celtique.

Nécessairement, la gare ne pouvait être établie à une trop grande distance des futurs bassins, des quais projetés. La passe de *Pollic-Allor* et la grève de *Porstrein* parurent offrir un emplacement favorable. Deux môles fermèrent l'étendue réservée, laissant entre eux une passe suffisante, et la gare y fut reliée.

Brest n'aurait plus besoin d'entasser les navires marchands près des vaisseaux de guerre : gêne mutuelle pour tous et source permanente de conflits. En même temps, l'essor serait donné aux éléments de prospérité de la contrée, jusqu'alors trop oubliés...

Des résistances se firent jour, résistances vaines : le port commercial est créé, il prospérera, sinon tout de suite, mais, à coup sûr, dans l'avenir.

Depuis ce temps, le cours d'Ajot, au lieu de dominer simplement la mer, au lieu d'offrir le continuel spectacle des évolutions de la marine militaire, permet à ses promeneurs d'envelopper, dans un cercle d'horizon peut-être sans rival, Recouvrance, le port de guerre, les bassins du commerce, les constructions de la voie ferrée, les mille accidents de terrain des côtes bornant la rade immense...

Une journée entière pourrait passer ici sans amener l'ennui, sans que le regard fût rassasié des aspects si variés de la scène toujours mouvante.

A gauche, le sifflet des locomotives annonce l'arrivée des trains à Brest ; ils s'allongent sur la voie tracée à quelques pas des flots.

---

1. On devrait écrire *Porztrein*.

En continuant de suivre la file des wagons noirâtres, les quais de Porstrein se présentent, bien aménagés et disposés à s'animer chaque jour davantage.

L'immense steamer transatlantique peut s'y amarrer avec la même sécurité que le petit bateau de pêche et il faut espérer qu'une station sera rétablie. Nulle baie n'est plus hospitalière, nul fond meilleur. Les tempêtes d'équinoxe doivent avoir atteint le dernier degré de violence pour que les bâtiments à l'ancre en ressentent les effets.

Après le port de commerce, c'est le château, c'est l'entrée du port militaire, le pont tournant; c'est la rive droite de la Penfeld, couverte de maisons, le village de LANNINON, les premières habitations de SAINT-PIERRE-QUILBIGNON. Vers le milieu de la rade, c'est l'île *Ronde*, c'est l'île *Longue*[1], avec son mât à signaux où flotte trop souvent le pavillon en berne. Plus loin, en face, les falaises se redressent brusquement pour former les hauteurs de PLOUGASTEL, le grand jardin fruitier brestois, et celles de LANVÉOC, débarcadère de CROZON. Entre ces montagnes, l'*Aulne* a creusé son large estuaire, route directe vers le cœur de la province, et continuation du beau canal de Nantes à Brest.

Tout au fond de la rade, les pointes rocheuses courent l'une vers l'autre : ROSCANVEL, au sud, toute dénudée, à peine sablonneuse ; PORTZIC, au nord, ombragée par son bois de sapins, à travers les branches duquel se montre le petit clocher de la chapelle Sainte-Anne, si chère aux marins.

Tel se présente le cadre du tableau ; mais que de détails il renferme en sa vaste étendue !

Un navire, nouvellement lancé, fera des expériences de marche. Une flottille de bâtiments de commerce arrivera des points les plus opposés.

Les lourds vaisseaux cuirassés se mettront en mouvement à grand'peine, suivis par les monstres marins appelés *monitors*, mais devancés par les agiles *torpilleurs*.

Une escadre revient au port d'attache ou se dispose à reprendre la mer.

---

1. Dite aussi : des *Morts*, parce que les bâtiments suspects y font leur quarantaine. (Voir notre premier volume, article HAVRE.)

Une fête se prépare : toutes les mâtures sont pavoisées, le canon éveille les échos des falaises granitiques, les hourrahs des marins répondent aux acclamations des spectateurs...

Nous l'avons dit : Brest, souriant à la paix, ne redoute pas la guerre, et quand, de sa merveilleuse promenade du cours d'Ajot, on a pu contempler, énumérer ses richesses, il faut bien se rassurer, il faut bien croire à l'avenir de notre marine. Rien ne lui manque, rien... sinon notre entière confiance, notre entière bonne volonté !

Le Mousse.

CHAPITRE XXX

BREST. — LA RADE

Vaste bassin naturel, la rade n'a pas un circuit moindre de trente-six kilomètres. Certaines appréciations lui donnent même quarante kilomètres. Si l'on veut une comparaison, c'est donc, au moins, l'étendue de Paris, enserrée par les fortifications, que la mer recouvre d'une nappe d'eau ne descendant jamais au-dessous de quatorze brasses de profondeur (vingt-deux mètres soixante-huit) et pouvant, par conséquent, recevoir les plus forts vaisseaux.

Environnée par des terres élevées, elle est abritée des vents, sauf de celui de l'Ouest, pénétrant sans obstacle par le Goulet. Aussi les navires à voiles devaient-ils, parfois, attendre assez longtemps la brise qui leur ferait franchir l'étroit passage. Puis, s'agissait-il de lever l'ancre, on ne pouvait d'avance fixer l'heure du départ, à moins que, tout à coup, les vents du nord-est et de l'est ne se décidassent à souffler.

L'emploi de la vapeur supprime, maintenant, cette subordination aux forces naturelles. Les départs ont lieu régulièrement ; l'arrivée est escomptée presque à coup sûr.

La facilité nouvelle des manœuvres a fait craindre que la rade brestoise pût être visitée et le port menacé par une flotte ennemie. Craintes vaines, croyons-nous : les forts, les batteries étant suffisamment multipliés et assez savamment disposés pour parer au danger. Mais, si cette appréhension n'a pas de fondement, on reste en face de l'opinion de plusieurs marins distingués, tels les amiraux Duperré, de Mackau, Thévenard, qui prévoyaient l'encombrement du port militaire et estimaient que la position du château avait dû influer sur l'emplacement choisi ; l'estuaire de l'Aulne présentant une situation des plus avantageuses à tous les points de vue.

Heureusement, le port marchand a été une première, une très sérieuse amélioration, et, sur la liste des grands travaux projetés, Brest voit ses intérêts, intérêts hors ligne, sauvegardés.

Trois principaux cours d'eau tombent directement dans la rade (nous les avons déjà nommés) : l'*Elorn*, ou rivière de Landerneau ; l'*Aulne*, ou rivière de Châteaulin ; la *Penfeld*, beaucoup plus modeste en longueur, mais placée au premier rang, puisqu'elle a suivi la fortune de la ville.

Les embouchures de ces rivières ne sont pas les seules échancrures de la baie dont, au contraire, les bords se dentellent pittoresquement sous le double effort de la mer et de gros ruisseaux remontés par le flux. Telle l'*anse de Daoulas*, pénétrant fort loin et recevant le *Cosquer*, le *Pont-Mein*, le *Tréhou* ; telle l'*anse de l'hôpital Camfront*, qui reçoit le *Roudouhir*.

Plusieurs autres petits havres s'ouvrent dans les écartements des pointes rongées par la vague. Les moindres écueils sont indiqués avec soin. Du reste, la rade est très sûre, quoique l'on y ait vu d'étranges naufrages : témoin celui du *Du Guesclin*, beau vaisseau mixte, perdu[1] sur les roches continuant la pointe de l'île Longue. On faisait les expériences de la machine de ce navire, lorsque le pilote, ne se défiant pas assez de la distance à tenir, par rapport aux récifs, vint y échouer.

L'équipage était à bord depuis la veille seulement et ne comptait, d'ailleurs, que quatre cents hommes trop peu rompus à des manœuvres difficiles. L'irrésolution s'en mêla, un conflit éclata entre le capitaine et le président de la commission chargée de recevoir la machine... la mer n'attendit pas, elle continua de baisser ; le *Du Guesclin* donna du flanc sur les roches : dès lors, il fut condamné. Six mois après, on en transporta, avec des pontons, la carcasse à Lannion, où elle fut dépecée. Ainsi se justifiait, une fois de plus, le dicton des pilotes expérimentés. « Pour devenir vieux sur mer, il faut savoir saluer les grains et arrondir les pointes, » autrement dit, veiller avec soin au vent et aux écueils.

---

1. Il y a plus de trente ans.

Un péril sérieux existe dans le Goulet : *la Roche-Mengam* ou *Mingant* y rétrécit le passage et a causé nombre de sinistres. Vauban essaya de construire un fort sur l'écueil, mais la mer ruina le projet; tout ce que l'on a pu faire depuis (1860-1867) consiste en une petite tourelle de maçonnerie portant le nom lugubre. Elle remplace la simple balise en fer signalant le lieu où tant de navires ont terminé leurs campagnes, avant de sortir du port.

Le 24 décembre 1794, une flotte de trente-cinq vaisseaux appareillait à Brest sous les ordres de Villaret-Joyeuse. La plupart de ces navires avaient combattu au mois de juin précédent; ils embarquaient encore de l'eau par les blessures reçues ; leurs mâts à demi brisés, leurs manœuvres coupées étaient réparés vaille que vaille. Bien plus, cet immense armement partait avec quinze jours de vivres ! Les matelots voyaient la mer pour la première fois, les officiers n'avaient pas encore navigué sur des vaisseaux et faisaient leurs premières études de tactique. A peine les ancres levées, le désordre se montrait. La flotte, poussée par une bonne brise, descendait le Goulet, menacée, à chaque seconde, des abordages les plus dangereux. Le *Républicain*, de cent dix canons, tomba sur la roche Mengam ; il coula presque à pic.

La nuit vient de bonne heure en décembre, la confusion s'accroissait par l'obscurité. Villaret, afin que son escadre ne se détruisît pas elle-même, fit mouiller. Il repartit sept jours après.

En 1853, on voyait, sur les quais brestois, des canons tout corrodés de rouille que l'on retirait de la carcasse du *Républicain*. Les scaphandres étaient alors nouveaux, et c'était le premier emploi sérieux qu'on en faisait au port de Brest. L'opération, très difficile, réussissait. Elle causait une vive émotion, une légitime curiosité...

Mais, hâtons-nous d'échapper à des souvenirs pénibles, et puisque, déjà, nous avons assisté aux principales phases de la carrière d'un vaisseau[1], complétons notre étude en vivant, pendant quelques moments, de l'existence d'un marin à bord.

Dans une substantielle communication à l'Académie des

---

1. Voir notre premier volume : article CHERBOURG.

sciences, M. le vice-amiral Pâris, le dévoué, l'infatigable, le généreux Conservateur du Musée naval parisien, vient, avec juste raison, d'appeler la sollicitude de ses savants collègues sur les conditions actuelles de la navigation.

« Avant peu, dit-il, si l'on n'y prend garde, on aura oublié ce
« qu'a été notre marine, on ignorera même ce que pouvait être
« un vaisseau à trois ponts. Et pourtant, combien de faits glo-
« rieux répondent aux anciennes dénominations ! »

Le vaillant amiral terminait en annonçant qu'il venait d'acquérir (de ses propres deniers, peut-être, il est coutumier du fait !) une précieuse collection réunie par un de ses amis, M. Olivier.

Malheureusement oui, on oublie vite ; l'époque actuelle est toute aux découvertes destinées à révolutionner la marine. Révolutionner, est bien le mot ; reste à savoir si le but sera atteint, si on ne s'expose pas à des mécomptes cruels.

Nous pensons que la force ne sera pas toujours souveraine maîtresse dans les conseils de notre Amirauté et que, de nouveau, on voudra tirer parti des admirables qualités de nos marins.

A ce but, auquel nous devons tendre sans relâche, Brest est en mesure de nous donner une aide efficace. L'École navale, cette pépinière de vaillants officiers, installée sur le vaisseau *le Borda*, fait l'honneur de sa rade.

Un autre vaisseau-école *l'Austerlitz* est spécialement affecté à l'instruction des *mousses*, recrues précieuses pour nos équipages futurs.

Cependant, un préjugé bizarre, né de l'ignorance où nous restons, si volontiers, à l'égard de la marine, fait encore considérer cette dernière école comme une sorte de prison, où des jeunes gens aux instincts mauvais *peuvent* et *doivent* être reçus. Les demandes d'admission continuant malgré tous les avertissements, M. l'amiral Peyron s'est vu obligé d'adresser à M. le Préfet de police la lettre suivante :

« Monsieur le préfet,

« Des habitants du département de la Seine m'adressent fréquemment des demandes d'admission à l'École des mousses de la flotte, en faveur d'enfants ayant une très mauvaise conduite et même ayant déjà été dans des maisons de correction ; le plus souvent, les pétitionnaires prétendent que les commissaires de police, qu'ils ont consultés sur les moyens de répression à employer pour venir à bout de leurs enfants, leur ont donné le conseil de les mettre dans la marine comme mousses.

« L'École des mousses de la flotte est, comme vous le savez, pour la marine, ce que les écoles d'enfants de troupes sont pour l'armée de terre ; les enfants qui y sont élevés gratuitement par l'État, et qui sont, du reste, presque tous fils d'anciens serviteurs de l'État, sont destinés à fournir plus tard les éléments du recrutement d'un personnel d'élite : celui des officiers mariniers de la flotte.

« Il est donc du plus haut intérêt pour mon Département que les enfants admis à cette École présentent des garanties de conduite, de moralité et de docilité ; il est, par suite, nécessaire que les autorités qui ont mission de me renseigner sur les candidats, n'encouragent pas les parents des mauvais sujets ou des indociles à faire des démarches pour les faire admettre à l'École des mousses de la flotte, et, au contraire, s'enquièrent aussi exactement que possible des antécédents des enfants, avant de leur donner le certificat de bonne conduite exigé pour l'admission comme mousse.

« Je vous serai tout particulièrement obligé de vouloir bien donner des instructions dans ce sens à MM. les commissaires de police sous vos ordres, et je vous remercie d'avance de ce que vous ferez pour m'aider à déraciner l'opinion regrettable que beaucoup d'habitants de l'intérieur de la France ont de l'École des mousses, qu'ils considèrent comme un véritable établissement de correction.

« Agréez, etc.

« A. PEYRON. »

On ne pouvait en moins de mots, et plus noblement, venger nos honnêtes petits mousses de l'injuste, de l'odieux discrédit jeté sur eux et sur la carrière toute de dévouement, de périls qu'ils ont embrassée.

Au point de vue matériel, l'existence est devenue moins rude à bord. Les interminables voyages de jadis ne se renouvellent plus. Par suite, l'ordinaire du marin comprend plus de viande et de légumes frais, ce dont sa santé se ressent favorablement.

La discipline, si rigoureuse qu'elle soit, et doive être, comporte plus d'un adoucissement. Le *capitaine d'armes*, par exemple, ce cauchemar des vieux matelots, a vu diminuer beaucoup de ses attributions. Il était, autrefois, la terreur du bord. Partout on le retrouvait, son livre de punition sous le bras ou à la main, examinant hommes et choses de l'œil le plus sévère...

Mais, sur ce sujet à la fois intéressant et original : la vie du marin embarqué, nous nous permettrons, lorsque nous serons arrivés à Lorient, le joli port militaire moderne, de reproduire la plus grande partie d'une série de dessins, œuvre de M. le lieutenant de vaisseau Armand Pâris, dont le père, M. l'amiral Pâris, a bien voulu nous faire connaître cette publication humoristique.

Nous sommes obligé de nous borner à visiter la rade de Brest, tout au moins les lieux les plus célèbres renfermés dans ses limites. Cependant, nous ne les explorerons qu'après avoir salué les noms dont la ville est fière.

Dans une cité où, pour obtenir permission de résider, il fallait faire preuve de toutes les qualités indispensables à.l'homme de mer ; où l'on allait jusqu'à imposer ce tour de force de la poignée de goémon arrachée à un écueil... dans un telle ville, on s'étonnerait de ne pas rencontrer des noms de marins illustres, mais ils y sont nombreux :

KERSAINT, le vainqueur de Demerary ; LA MOTTE-PIQUET, signalé par cent actions d'éclat ; COSMAO, NIELLY, d'ORVILIERS, BRUIX, VERDUN DE LA CRENNE, collaborateur de BORDA ; la PRÉVALAYE, TREDERN-LEZUREC, HUON DE KERMADEC, l'un des commandants de l'expédition de d'Entrecasteaux ; le vice-amiral LINOIS, le héros de tant de combats, et bien d'autres... Tous ne sont pas nés à Brest ; mais tous se rattachent étroitement au grand port breton, qui vit le départ de leurs escadres, ou qui en applaudit le retour glorieux...

Le baron SANÉ, le *Vauban de la marine*, le constructeur du meilleur voilier de l'époque : *l'Océan*, était Brestois, et sa ville natale, orgueilleuse de lui, revendique encore l'honneur d'avoir mis au premier rang SOURDÉAC, un autre vaillant défenseur ; CHOQUET DE LINDU qui, pendant cinquante années, se consacra tout entier au port militaire ; les frères OZANNE, dessinateurs des *Vues des ports de France*, travail excellent et artistique.

Non loin d'eux se placent : ROCHON, savant astronome, voyageur intrépide ; l'abbé BÉCHENNEC, bibliographe et naturaliste distingué.

Nous en oublions, certainement, quoique nous n'aurons garde de manquer de mémoire pour la duchesse de DURAS, fille du vice-amiral de Kersaint, et auteur de ces petits romans exquis : *Édouard, Calixte, Ourika*; enfin, HIPPOLYTE VIOLEAU a su mettre dans des tableaux très simples, dans des scènes familières, la douceur, la grâce, le sentiment, le charme d'une poésie vraie.

Ces dernières lignes semblent s'écarter beaucoup du titre de notre chapitre; mais, sur la vieille terre bretonne, tout n'est-il pas contraste?

Les paysages les plus sévères n'y succèdent-ils pas aux sites bucoliques? L'opiniâtre attachement au passé n'y tranche-t-il pas sur les impatientes aspirations vers l'avenir? L'amour des travaux agricoles ne s'y rencontre-t-il point aussi passionné que l'amour des choses de la mer s'y montre exclusivement jaloux de toute influence étrangère?

Avant d'un cuirassé.

CHAPITRE XXXI

LA RADE DE BREST. — EXCURSION SUR L'ÉLORN

N'importe le point où, en sortant de Brest, on veuille se diriger, les excursions intéressantes s'offrent nombreuses.

A elle seule, la rade permet de se rendre compte des ressources comme de la beauté du pays : les rivières qui s'y jettent peuvent, quoique moins généralement connues, être citées près des noms fameux de la Rance, de l'Erdre, de la Sèvre.

Ces commodes voies fluviales entreront, dès qu'on le voudra, plus largement encore dans la transformation industrielle et commerciale du Finistère, car (nous ne nous lasserons pas de le répéter), les routes d'eau sont le complément indispensable des lignes ferrées. Plus les moyens de communication, de transports sont multipliés, plus un désir salutaire de sortir de l'inaction, de l'apathie, se développe, entraînant à sa suite les améliorations utiles, premiers jalons de l'avenir prospère.

L'*Elorn* déverse en quelque sorte ses eaux sous les murs de Brest. On l'appelle plus ordinairement : *rivière de Landerneau,* du nom de la ville dont elle forme le port et qui est situé à vingt-deux kilomètres de son embouchure.

Très sinueuse, l'Elorn reçoit beaucoup de ruisseaux et ce n'est pas le moindre attrait de ses bords que la vue de nombreux affluents, ou tranquilles ou rapides, légèrement refoulés par la marée montante entre leurs rives accidentées. L'aspect de LANDERNEAU double le plaisir du voyage.

Il est assez ordinaire qu'en entendant le nom de cette petite ville un sourire vienne aux lèvres.

Une ignorance sotte, une vanité plus sotte encore, servies, toutes deux par la facilité avec laquelle s'implantent les mauvaises plaisanteries, ont attaché à plusieurs localités un renom, en somme, peu enviable. Brives et Carpentras, pour ne citer qu'elles, partagent le triste sort de Landerneau. Leurs habitants seraient de vrais *Béotiens!*

La jolie cité bretonne s'en console facilement, et se dit, qu'après tout, peut-être, les Béotiens ont été, eux aussi, calomniés par leurs voisins.

Elle ne s'inquiète guère des anecdotes plus ou moins authentiques courant sur son compte, mais s'occupe avec ardeur d'étendre son commerce, d'améliorer sa position déjà si avantageuse.

Le chemin de fer dépendant de la compagnie d'Orléans et desservant le sud de la Bretagne, vient, à Landerneau, se raccorder avec le réseau de l'Ouest, prolongé jusqu'à Brest. Le mouvement de transit y est donc assez important; il le deviendra beaucoup plus encore au fur et à mesure de l'extension des fabriques nombreuses. La vieille industrie bretonne des toiles renaît, florissante, à Landerneau. Après elle, viennent les ateliers d'équipements militaires, les tanneries, les corroiries, les fabriques de chapeaux, de chandelles, de savons ; une autre industrie, jadis très prospère en Bretagne, la papeterie, y est fort bien représentée. En même temps, abondent les produits naturels à la contrée : le lin, le chanvre, le miel, très délicat, la cire, les fruits, le poisson frais ou séché...

Les quais ne sont jamais déserts, les navires en charge ou arrivant, toujours nombreux, leur donnent au contraire une vive animation. Soit qu'on les parcourt, soit que l'on gravisse les collines sur lesquelles la ville est bâtie, la vue dont on jouit reste charmante.

L'Elorn coule entre des berges élevées et sa rive droite, bordée par une promenade, mêlée de beaux arbres aux jardins de la rive gauche, tout entrecoupés par les maisons, jetées en amphithéâtre sur le flanc de la montagne. Les mâtures des navires couronnent les quais, et les cheminées d'usines émergent de bosquets touffus. La tour de l'église Saint-Thomas, la tour et le dôme de l'église Saint-Houardon, ajoutent une note grave à la riche couleur du paysage.

Landerneau est d'origine assez ancienne. Sa fondation remonterait au septième siècle et serait due à *Ernec, Ernoc,* ou *Thernoc,* fils de Judicaël, roi de la Domnonée[1]. Le nom breton garde le souvenir du fait : *Lanterné* ou *Landerné,* c'est-à-dire *pays d'Erné.* Les légendaires représentent le fondateur comme ayant été prélat du canton d'Illy, évêché renfermant, à cette époque lointaine, une centaine d'ouailles !!!

La situation de la ville lui créa bientôt une importance plus réelle. Les vicomtes de Léon la choisirent, comme chef-lieu de leur seigneurie, après le démembrement des propriétés de la famille, et, jusqu'à la fin du dix-huitième siècle, elle conserva ce titre. Sans doute ne lui fut-il pas onéreux, comme à tant d'autres cités, sous le rapport militaire. Du moins, ne trouve-t-on mentionné que deux fois le nom de Landerneau pendant les cruelles guerres souffertes par la Bretagne. En 1374, Jean IV assiégea son château et en passa la garnison au fil de l'épée ! En 1592, Guy Eder surprit la forteresse et pilla complètement la ville.

Très longtemps, la proximité de Landerneau avec Brest fut utilisée par la marine militaire, qui y concentrait plusieurs de ses services.

L'achèvement du port militaire a supprimé cette source de revenus ; mais une prospérité nouvelle va de plus en plus croissant, favorisée par l'activité des habitants qui comptent, avec raison, la développer encore.

Les monuments de Landerneau se réduisent aux deux églises paroissiales : celle de Saint-Houardon, sous l'invocation d'un évêque de Léon, fut reconstruite vers la fin du seizième siècle et réédifiée, il y a peu d'années, sur un autre emplacement. Sa tour, son dôme et son riche portail corinthien, avec un beau bénitier aux armes de Rohan, ont été restaurés avec soin. Un tableau peint par un artiste du pays représente la légende du saint patron ; mais la fameuse girouette en cuivre figurant, disent des chroniques, peut-être apocryphes, une pleine lune superbe, ne brille plus au sommet du clocher, adieu donc au quolibet railleur !...

L'église primitive de Saint-Thomas fut placée sous le vocable

---

1. On comprenait, sous ce nom, la partie nord-ouest de l'Armorique. Elle porta pendant plus de deux cents ans le titre de *royaume.*

de l'archevêque de Cantorbéry, par le vicomte de Léon, en haine de son ennemi, le roi Henri II d'Angleterre, assassin du prélat (1170). L'édifice actuel date du quinzième et du seizième siècle et n'a rien de très remarquable.

Les vieilles maisons disparaissent peu à peu. Il est regrettable que le siège de la sénéchaussée, ainsi que le moulin féodal, aient perdu une grande partie de leur caractère. Les alignements modernes peuvent produire d'excellents résultats, nous n'y contredisons point; mais il devrait exister des lois sévères protégeant les témoignages du passé contre l'ignorance et la rage de détruire trop naturelle à l'homme, malheureusement.

Si la ville se dégage de ses « antiquités », il n'en est pas de même des localités qui l'entourent.

Partout, les réminiscences poétiques se mêlent aux souvenirs guerriers de l'histoire bretonne, les légendes pieuses aux romans profanes.

Interrogeons les conteurs. Ils nous apprendront que le petit fleuve s'appelait autrefois *Dourdun* ou *Dourdu* (*Eau profonde* ou *Eau noire*); mais un dragon s'établit sur ses bords et, bientôt, comme au Minotaure, il fallut lui payer un tribut de créatures humaines.

Le sort frappa si souvent sur un seigneur, nommé Elhorn ou Elorn, qu'il perdit tous les siens, à l'exception d'un dernier fils, bientôt également désigné. Fou de désespoir, le seigneur se précipita dans la rivière baignant son château, car il ne voulait pas livrer le pauvre enfant. Des pèlerins chrétiens sauvèrent le seigneur et son fils Rioc, qui tous deux se convertirent. La rivière fut, depuis, appelée Elorn, comme l'Archipel se nomma mer Égée, en souvenir du père de Thésée... plus infortuné encore, puisqu'on ne le préserva pas des suites de sa méprise.

Voilà la fable; mais l'histoire nous apprend que le château de *la Roche,* habité ou non par Elorn, le fut certainement par Morvan, comte de Léon, rival de Louis le Débonnaire, qui n'avait ni le prestige, ni l'habileté, ni la puissance de son père Charlemagne.

En 818, Morvan prit le titre de roi et souleva les Bretons. Nous savons sa fin malheureuse, causée par un courage trop impétueux. La chronique du bénédictin Ermond Nigell (onzième siècle) fait du comte de Léon la plus noble incarnation du guerrier intrépide, résolu à conquérir la liberté de sa patrie ou à mourir avant de se soumettre aux lois de l'oppresseur.

Les ruines du château de la *Roche-Maurice* (traduction *libre* du breton *Roc'h Morvan*), s'éparpillent sur des rochers entassés à soixante-dix mètres au-dessus de la rivière : un bourg a pris le

Ruines du château de la *Roche Maurice*, près Landerneau.

nom de la demeure féodale. La haute flèche de l'église apparaît, svelte, sur un fond de verdure ; si l'on n'est pressé par le temps, une visite à l'ossuaire, très vaste et richement décoré d'une façade sculptée, sera tout indiquée.

En revenant vers Brest, par la rive droite de l'Elorn, et après avoir franchi le ruisseau de la Palue, on trouve la forêt de Landerneau, abritant encore les restes du château, tour à tour théâtre des exploits des chevaliers de la Table ronde, de la résistance des Bretons aux Français, aux Saxons, aux Danois ; enfin, des vives compétitions de Blois et de Montfort.

Qui ne se souvient du château de *Douloureuse Garde,* défendu par quarante géants, enlevé par Lancelot du Lac *tout seul,* qui transforme le nom primitif en celui de *Joyeuse Garde :* les paladins y étant convoqués aux fêtes les plus merveilleuses !

Dans le cadre ravissant de la fantaisie poétique des bardes, passent les figures, tour à tour chevaleresques et brillantes, du roi Arthur, de Tristan du Léonais, de Lancelot du Lac, de la reine Genièvre, d'Yseult *la Blonde* et de son homonyme, Yseult *aux Blanches Mains.*

Mais les poètes s'effacent, les incursions barbares font entendre leurs bruits farouches. Le château est devenu le gardien de la Forêt (*Gouëlet-Forest*), les habitants s'y réfugient en foule pour échapper au pillage, au massacre...

Un peu plus tard, les prétendants au trône ducal s'en emparent les uns après les autres et quand, enfin, le *grand et honorable édifice,* comme une pièce de 1479 l'appelle, a recouvré le calme, il est bien près de sa ruine, déjà à demi accomplie en 1695, puis achevée vers la fin du dix-huitième siècle. On n'en retrouve plus, de nos jours, qu'une arcade et un souterrain à la voûte croulante... Qu'importe ! Il revit dans l'œuvre de ceux qui lui imposèrent son nom d'heureux augure et vivra autant qu'elle : toujours...

C'est sur la rive droite de l'Elorn que se creuse l'anse de Kerhuon, dépôt des bois de la marine militaire.

C'est aussi ce joli cours d'eau que l'on remonte pour aller danser au *Pardon de Saint-Jean-de-Dieu,* l'un des plus renommés des environs, et l'un des plus suivis.

Sur la rive gauche, le bourg de Dirinon, admirablement situé, étend son regard jusqu'à la rivière du Faou et aux montagnes d'Arrhez. Ce superbe horizon est cependant surpassé par le panorama que l'on découvre des roches voisines de Quillien et qui embrasse Landerneau, le cours de l'Elorn, la rade de Brest, le Goulet, borné par la pleine mer.

Dirinon possède une chapelle dédiée à sainte Nonne et le tombeau de cette pénitente, remarquable travail gothique, exécuté tout en granit. Pendant longtemps, on conserva, à la sacristie, un manuscrit breton du onzième siècle, intitulé : *Vie de sainte Nonne*, légende extrêmement curieuse que Le Gonidec a traduite en 1837.

Si l'on continue la route par terre, on arrive bientôt à Plougastel-Daoulas, le jardin fruitier de Brest, oasis parfumée autour de laquelle la mer, se recourbant en ondulations multiples, creuse des criques charmantes au milieu des terres fécondes, des rochers abrupts. Cerisiers, framboisiers, fraisiers, y paraissent être indigènes, comme les petits pois délicats, les melons savoureux. C'était, nous nous en souvenons, une des *parties de campagne* préférées des habitants de Brest qu'une promenade à Plougastel. Une fois arrivé, on s'installait dans un champ de fraises et, moyennant la somme d'un *sou* par personne, on croquait à belles dents le fruit délicieux, n'ayant d'autres bornes à respecter que celles de la raison... ou de la capacité de l'estomac.

Pour varier le plaisir, on allait, à la marée *montante*, voir *baisser* le niveau du puits du *cosquer* ou, à l'heure du *reflux*, épier la *montée* de l'eau, affleurant bientôt la margelle [1]. On se résignait aussi, très facilement, à affronter l'escalade du clocher, car, de son sommet, les yeux éblouis peuvent errer sur le plus vaste, le plus merveilleux horizon.

Vers l'est, la montagne de la Roche-Maurice et les bords de l'Elorn se font verdoyants ; vers le sud, les derniers contreforts de l'Arrhez se montrent nus, désolés ; vers l'ouest et le nord, Brest, Recouvrance, la rade, ses îlots, ses villages, ses forts ; plus loin, l'Océan brisant, calme ou emporté, sur les rivages qu'il assiège sans relâche.

Enfin, ébloui, enivré par ces splendeurs, voulait-on terminer dignement la journée ? Le *Calvaire* ravivait encore l'attention.

Mais, ce serait méconnaître l'un des côtés de la vie intime du Breton que de ne pas consacrer quelques lignes spéciales à ce genre de monuments, si nombreux dans les trois départements les plus fidèles aux mœurs antiques.

---

1. On peut voir encore ce curieux phénomène. Sans doute, la marée montante intercepte le libre épanchement de la source qui alimente le puits. Le contraire, par suite, se produit à marée basse.

CHAPITRE XXXII

LA RADE DE BREST. — LE CALVAIRE DE PLOUGASTEL ET LES CALVAIRES BRETONS

On ne trouvait guère autrefois, en Bretagne, de carrefour qui ne fût orné d'une croix. Ce n'était pas toujours une simple marque de foi, mais le témoignage d'événements ayant, ou effrayé les habitants : un meurtre, par exemple, ou leur ayant causé une certaine joie : le voyage d'un souverain.

Mais, près des croix, on trouve, assez nombreux, surtout dans le Finistère, de véritables monuments, presque toujours élevés en commémoration de vœux formés au cours des famines et des maladies épidémiques dont, si souvent, la Bretagne fut frappée.

Au neuvième siècle, une sorte de peste; au onzième et au douzième, le *charbon* ou *mal des ardents*.

Au quatorzième siècle, la *bosse*, véritable fléau asiatique, ainsi appelé de la grosseur des bubons mortels qu'il produisait; au seizième siècle, la *coqueluche* ou *grippe*; puis, les horribles suites des guerres de la Ligue décimèrent le pays.

Il faut lire le récit du chanoine Moreau pour comprendre à quel excès de misère la Bretagne se trouvait réduite.

> Ceux qui avaient échappé à la cruauté des soldats étaient exposés à la faim qu'ils ne pouvaient éviter, car personne n'avait la liberté d'aller à sa maison où il n'aurait trouvé que les murailles, le tout étant emporté par les gens de guerre; si bien que les pauvres gens n'avaient pour retraite que les buissons, où ils mangeaient de l'oseille sauvage et autres herbages, et même n'avaient aucun moyen de faire du feu, de crainte d'être découverts. Ainsi mouraient ces malheureux, dans les parcs et dans les fossés, et les loups, les trouvant morts, s'accoutumèrent si bien à la chair humaine que, dans la suite, *pendant l'espace de sept à huit ans*, ils attaquèrent les hommes, même armés, et personne n'osait aller seul.

.... Il ne restait aucun bétail, soit de labour ou autres.... Les pauvres se jetaient en si grand nombre dans les villes qu'on ne pouvait les soulager. Ils n'avaient que quelques drapeaux pour se couvrir les reins. Sans logement, ils couchaient dans les étables, comme les pourceaux, s'y enterraient dans le fumier, ne tardaient pas à enfler, devenaient jaunes et mouraient incontinent.

.... La peste commença un an après la paix conclue. Elle sévit depuis le

Porche de l'église de Guimiliau.

mois de mai jusqu'en décembre, en faisant un effroyable ravage, car il en resta peu qui n'en fussent atteints ou n'en mourussent....

Accablé par tant de calamités, le peuple, en dépit de son extrême misère, multiplia les vœux. Quelques années après, les *calvaires* faisaient l'orgueil des bourgs assez heureux pour les posséder.

Entre tous, on connaît le calvaire de Plougastel-Daoulas, parce que, voisin de Brest, il est plus souvent, plus facilement visité.

Le monument se compose d'un vaste piédestal ou, plutôt, d'un soubassement percé à la manière des arcs de triomphe romains. Trois croix le surmontent : celle du Sauveur, au milieu, est plus élevée que celle des Larrons ; un monde de statuettes couvre le tout. Les scènes de la Passion y sont représentées sans beaucoup de délicatesse de ciseau, mais avec une verve, un bonheur d'imagination, un esprit rares. Si le métier y semble faire défaut, l'art, c'est-à-dire la vie elle-même, y est triomphant : Callot eût sculpté ainsi, s'il avait tenu l'ébauchoir.

Chaque figurine possède justement l'expression, l'attitude qui lui conviennent. Les juges ont une physionomie à la fois hautaine et rusée ; les soldats sont d'allure provocante et brutale.

La faiblesse aveugle suinte sur les traits de Pilate, la douleur héroïque sur le visage de la Vierge ; la peur fait trembler les apôtres ; et Jésus, après avoir subi avec une tristesse calme les différentes phases de son martyre, penche sa tête vibrante encore du dernier cri exhalé par son cœur...

Deux inscriptions donnent les dates de 1602-1604, pour l'érection du monument. Tout d'abord, comme un très grand nombre d'édifices bretons, il est d'aspect plus ancien ; cela tient à ce que le granit de Kersanton y a seul été employé... ce beau granit, si aisément *taillable* à la sortie de la carrière, mais acquérant vite, avec la dureté, une harmonieuse couleur bronzée.

Le calvaire de Plougastel est à bon droit réputé en Bretagne. Plusieurs autres, cependant, ne lui cèdent en rien sous tous les rapports, et même le surpassent en beauté, tel est le calvaire de Guimiliau [1] ; les proportions en sont très vastes.

Cinq grandes arcades permettent d'en faire le tour et, par leur escalier commode on accède à la plate-forme, supportant les trois croix. L'artiste, ou les artistes, ne se sont pas bornés aux scènes des derniers instants du Sauveur, plusieurs épisodes de sa vie, telle que l'*Adoration des Mages*, y sont retracés. Les quatre évangélistes, reconnaissables à leurs attributs, forment

---

1. Canton de Landivisiau, arrondissement de Morlaix.

les quatre angles, et plusieurs légendes locales terminent la décoration : *Catel gollet* (Catherine perdue), l'héroïne d'un cantique populaire, va devenir la proie de l'enfer, représenté par un dragon, peut-être en souvenir du *basilic,* ou dragon, vaincu par saint Pol dans le *Coët ar sarpent,* le bois du serpent.

Le calvaire fut érigé de 1581 à 1588, ainsi qu'en témoignent les deux dates sculptées ; mais, à défaut des dates, le costume

Arc de triomphe de Saint-Thégonnec.

adopté indiquerait l'époque. Tous les personnages sont vêtus comme on l'était vers le milieu du seizième siècle. Les soldats, coiffés du casque à visière, se couvrent de leur rondache, brandissent les lourdes arquebuses, les longues hallebardes, laissent bouffer leurs larges culottes, et ne semblent pas empêchés pour se servir de l'olifant légué par les chevaliers errants.

L'humour se dépense en mille traits imprévus dans cette

œuvre capitale, que l'on ne quitte pas avant de l'avoir étudiée avec soin.

Guimiliau possède aussi un ossuaire et un arc de triomphe, mais d'un moins bon travail que ceux dont s'enorgueillit le bourg voisin de Saint-Thégonnec. L'église, assez belle, offre un curieux baptistère et un magnifique buffet d'orgues.

Il est possible, entre deux trains, de visiter Saint-Thégonnec, beau et riche chef-lieu de canton de l'arrondissement de Morlaix, placé sous le vocable d'un évêque dont les *guerz*[1] bretons sont à peu près les seuls historiens. Nous retrouverons à Trefentec ou Tréfeuntec, le village où il naquit, une très originale prophétie mise dans sa bouche par le poète.

Le bourg qui porte son nom mérite d'être plus connu.

L'église possède d'admirables sculptures sur bois; par malheur, une ostentation du plus mauvais goût les a fait peindre ou dorer!

Une belle *Mise au tombeau* occupe une crypte située sous un superbe ossuaire de 1677, touchant un arc triomphal de style Renaissance assez pur. Le calvaire, chargé de statuettes, est de 1610. Il ne le cède à aucun autre, pour la variété et la verve d'exécution des sculptures.

Néanmoins, on remarque un goût plus sobre d'ornementation, une grâce plus réelle dans le calvaire de Pleyben[2] et, peut-être, ce dernier mérite-t-il plus complètement de passer pour le meilleur spécimen de ce genre d'édifices; mais il a contre lui de se trouver dans une localité située au centre du Finistère, par cela même peu connue, peu fréquentée des étrangers, et c'est dommage.

Une inscription apprend que l'œuvre fut exécutée à Brest, en 1650, par un artiste nommé Ozanne.

Pleyben n'a pas que son calvaire d'aspect si noble, d'ensemble si religieusement imposant. Il a une très belle, très remarquable église, placée sous la protection de la commission des monuments historiques.

Quoique bâtie au seizième siècle, elle présente un mélange de style gothique et de style Renaissance, assez agréable, d'ailleurs, en dépit de l'hérésie architecturale.

1. Chant, cantique.
2. Important et riche chef-lieu de canton de l'arrondissement de Châteaulin.

Trois clochers surmontent la toiture. Le principal, haute tour carrée, se termine par une galerie ajourée, recouverte par un dôme flanqué de quatre clochetons qui s'arrondissent également en coupole. Un ravissant portail profile sa voûte élégante au-dessus des statues des douze apôtres.

Les deux autres clochers sont unis par des arcades et complètent l'ornementation de la façade.

L'ossuaire du cimetière, un des plus curieux, passe pour le plus ancien de tous ceux du département. Il faut, croyons-nous, se défier de cette origine reculée. Trop souvent, en Bretagne, le style adopté pour les monuments n'a pas été celui de l'époque où on les construisait : témoin l'église même de Pleyben. Le granit de Kersanton, la matière obligée des édifices bretons, contribue aussi beaucoup à les revêtir de cette apparence vénérable.

Un autre calvaire, celui de Runan, près de Pontrieux, beaucoup moins élégant que la magnifique église du quinzième siècle, sa voisine, est, lui aussi, composé de trois croix. Seulement, sa base offre la particularité d'être disposée en chaire à prêcher.

Et de combien de noms ne pourrions-nous enrichir ce chapitre : Guéhenno, Saint-Venec, Le Menez-hom, tous remarquables, le premier par sa richesse sculpturale, le dernier par sa simplicité sévère.

Mais nous ne pousserons pas plus loin la revue que nous avons voulu faire des calvaires. Si rapide, si sommaire qu'elle soit, elle suffit pour fixer d'un trait caractéristique ces monuments légués par le passé croyant à l'avenir troublé.

Seulement, après les avoir vus isolés et comme oubliés sous le mince manteau verdâtre dont les revêt la poussière de près de trois siècles, il faut revenir les contempler aux jours de *Pardons*, aux jours où, semblables à de vieux amis retrouvés, les pensées, les événements de jadis reprennent une influence momentanée...

Alors, les fils s'agenouillent à la place foulée par les pères, par les ancêtres. Alors, les cantiques, joie du berceau, éclatent dans l'air, résonnent sous l'effort de milliers de voix frémissantes ; alors, les légendes refleurissent, apportant avec elles le parfum des choses aimées ; alors « le souffle qui ne s'éteint jamais au cœur de la Bretagne » remplit les poitrines, fait briller les yeux.

« Oui, nous sommes encore les fils de l'Armorique ! » s'écrient ces hommes, fiers et ardents sous leur gravité ; ces femmes au bon sourire, au regard tendre, bien que chaste ; ces enfants effleurant à peine la vie précaire.

Ils ne se trompent pas. Ce sont bien les fils de la terre armoricaine, simples, doux, forts, pénétrés d'un vif sentiment d'indépendance, mais cherchant, désormais, cette indépendance ailleurs que dans la réalisation de chimères...

Et le jour s'écoule, et, la nuit venue, les *feux de joie* lancent vers le ciel leurs flammes brillantes... chacun se hâte de conquérir un brandon, talisman de bonheur !

Les bûchers sont consumés, les pèlerins reprennent la route, souvent bien longue, de leur habitation.

Adieu ! Non, au revoir...

Les bonnes coutumes sont tenaces sur « la terre de granit ». On reviendra !...

Calvaire de Pleyben.

CHAPITRE XXXIII

LA RADE DE BREST : LES RIVIÈRES DE DAOULAS, DE L'HOPITAL CAMFRONT, DU FAOU L'AULNE, OU RIVIÈRE DE CHATEAULIN

Les baies, grandes ou petites, dont est dentelée la rade de Brest, pénètrent presque toutes assez avant dans les terres et prennent le nom de la commune la plus importante baignée par leurs eaux. Généralement, encore, elles sont désignées, sur les cartes, comme étant des rivières, pour cette raison que les marées, ayant creusé le lit de divers ruisseaux, ont fini par former de commodes estuaires, ressemblant plus à une rivière qu'à une baie.

Le nom de DAOULAS, gros chef-lieu de canton, a ainsi été donné au lit commun de plusieurs cours d'eau. Ce nom a exercé, il exerce encore la science des étymologistes, car il signifie *Double meurtre*. Mais, du reste, le bourg ne serait guère connu sans le voisinage de Plougastel, qui dépend de la circonscription cantonale. Autrefois, pourtant, Daoulas possédait une abbaye célèbre, maintenant en ruines ; ces débris, le cloître surtout, méritent bien un moment d'attention.

L'HOPITAL CAMFRONT, ancienne commanderie de Templiers, a également donné son nom à la jolie anse qui baigne son territoire.

La *rivière du Faou* est le bras de mer qui vient former au FAOU (*ville du Hêtre*), en suivant l'embouchure de l'*Ellez*, affluent de l'Aulne, un petit port assez fréquenté. Presque toutes les maisons de ce chef-lieu avaient, jadis, une physionomie artistique très originale, mais peu en rapport avec les mœurs modernes. Le Faou appartenait à une branche cadette de la famille de Léon, très puissante en Bretagne, et avait titre de vicomté.

Il doit son nom à un groupe célèbre de *trois hêtres,* croissant sur un monticule élevé qui domine la contrée et lui donnant un aspect des plus pittoresques.

Ogée a relaté que le vicomte Jacques du Faou, sénéchal du Poitou (1472), *avait une vénération singulière pour les gens de lettres.* Son fils, Yves, fut gouverneur du roi François I*er*. En 1486, un vicomte du Faou était amiral de Bretagne.

Le bétail, les céréales, le bois, très abondant, car une forêt est proche, assurent au port un fructueux trafic ; l'industrie commence à y prendre droit de cité, augure favorable pour l'avenir.

A moins d'une lieue du Faou, se trouve Rumengol, dont le *Pardon Notre-Dame* est l'un des plus célèbres de la Bretagne entière. Suivant les archéologues, le nom de cette commune viendrait de *Rù-men-goll (pierre rouge de la Lumière),* parce qu'un sanctuaire druidique aurait occupé l'emplacement de l'église. Les Bretons disent qu'il vient de *Remed-Oll* (tous remèdes), et c'est, en effet, sous ce vocable que l'on invoque la Vierge, patronne du lieu.

Il n'y a pas moins de *quatre pardons* chaque année, tous fort intéressants, au point de vue des antiques usages. Là, également, on retrouve beaucoup des costumes trop abandonnés de nos jours, car la foule arrive du Finistère entier, des communes limitrophes du Morbihan, des Côtes-du-Nord.

Les processions de Rumengol n'ont rien à envier à Saint-Jean-du-Doigt, à Sainte-Anne-de-la-Palud, ou à plusieurs autres très suivies, et c'est un spectacle étrange d'assister, le soir de la fête, aux campements organisés, sur la lande, par les mendiants, vrais ou faux, accourus de tous côtés.

L'église de Rumengol possède une belle flèche dentelée et des statues en bois sculpté, qui seraient d'un meilleur aspect si l'on n'avait eu la malencontreuse idée de les dorer ! d'où l'expression usitée : les *statues d'or* de Notre-Dame. Un reliquaire en bois d'acajou, chef-d'œuvre d'art et de patience, de Pierre Pondaven (de Saint-Pol, mort en 1861), représente le clocher du Kreisker.

La petite forêt du Crannon, reste des importantes futaies couvrant autrefois le pays, offre des paysages du charme le plus exquis ; si son nom était plus connu, que de visites elle recevrait !

La rivière l'Aulne, la plus importante du Finistère, présente, largement ouverte, son embouchure sur la rade de Brest. L'effet du flux se propage jusqu'à une très grande distance et donne à Port-Launay (trente-deux kilomètres de la mer), détaché depuis moins d'un demi-siècle de Châteaulin, toute son importance. Le chef-lieu d'arrondissement, situé à trois kilomètres au delà, a perdu quelque peu de son animation; mais il n'en reste pas moins en possession du privilège d'imposer son nom à l'Aulne qui, dans cette dernière partie de son cours, s'appelle *rivière de Châteaulin.*

Une excursion sur l'Aulne est bien faite pour le plaisir des yeux. De hautes collines vertes, boisées ou arides, alternent avec de riches prairies, des champs bien cultivés ou des lambeaux de bruyères. Les clochers des villages se dressent sur les rideaux d'arbres. Les flots, d'une admirable limpidité, revêtent tour à tour les couleurs les plus variées et glissent, à peine murmurants, entre les berges onduleuses qui s'éloignent ou se rapprochent sur une largeur variant de cent à quatre cents mètres; les barques, les navires caboteurs montent ou descendent, suivant l'heure propice de la marée.

Le viaduc de Port-Launay laisse passer, sous son arche superbe, hardiment jetée d'une rive à l'autre, la mâture des plus grands bâtiments fréquentant ces parages. Il a été fort difficile à construire, car le chemin de fer sillonne la crête des montagnes et les nécessités de la navigation apportaient un obstacle nouveau, heureusement vaincu.

Le colosse est là, campé sur ses flancs de granit, mais non lourd et disgracieux : il semble garder l'accès de paysages plus ravissants encore.

Après Port-Launay, Chateaulin (fondé soit par Alain Iᵉʳ, petit-fils de *Salomon*, roi de Bretagne, soit par *Budic-Castellin*, comte de Cornouailles (dixième siècle), entasse ses maisons sur les bords de l'Aulne, et leur fait escalader les pentes roides des collines qui l'enserrent de toutes parts. Panorama charmant, animé, quoique un peu trompeur, sous ce dernier rapport, Châteaulin secouant lentement l'apathie du passé. Tout le pays placé sous la juridiction de sa sous-préfecture aurait, cependant, grand besoin d'être transformé. Les montagnes, il est vrai, rendent difficiles les améliorations *souhaitables*. La *chaîne d'Arrhez*, au nord, les *montagnes Noires,* au sud, couvrent le sol de leurs ramifications, abondant en landes et bruyères où on élève des moutons renommés.

Les produits naturels et agricoles n'y manquent pas, du reste : bétail, poisson, chevaux, beurre, grains, volailles, lin, chanvre, légumes, fournissent un fret suffisant, mais qui pourrait être considérablement augmenté.

L'Aulne a été longtemps réputée pour la pêche du saumon, qui y durait de novembre à avril, et donnait ce poisson par milliers ; elle appartenait au roi. Les bandes de saumon remontent encore la rivière, mais elles sont loin de produire les bénéfices de jadis.

Châteaulin n'a gardé du passé qu'une tour et deux pans des murailles de sa forteresse. La chapelle du château est devenue l'église Notre-Dame. La ville s'honore d'avoir vu naître le P. ANDRÉ, auteur de l'*Essai sur le Beau*, œuvre d'un style exquis, et le brave contre-amiral COSMAO.

On peut suivre l'Aulne sur la plus grande partie de son cours, puisque, nous l'avons déjà dit, elle termine, à l'ouest de la Bretagne, la magnifique artère fluviale appelée le *canal de Nantes à Brest*. Elle reçoit, entre autres affluents, la jolie rivière d'Hyère et le trop-plein de l'étang de POULIAOUEN. Cet étang dessert les travaux de la mine de plomb argentifère qui, avec celle de HUELGOAT (*Le Haut-Bois*), produit une exploitation prospère, durant depuis près de deux siècles.

Rien de plus tranché que l'aspect des deux mines. Huelgoat (sur la rive droite) est dans une position aussi pittoresque que riante, entourée de bois, débris de la vaste forêt qui la couvrait ; les eaux y forment de belles cascades et les ruines curieuses, les monuments druidiques y sont nombreux. La plus belle des *pierres branlantes* de Bretagne se voit à peu de distance. Mais, Poullaouen (sur la rive gauche), centre de l'exploitation du minerai, gît au milieu d'un cirque de hautes collines dénudées, tristes, empruntant à l'amoncellement des débris abandonnés un reflet sombre et morne...

Il ne faut pas oublier que les gisements ardoisiers sont nombreux le long des bords de l'Aulne et dans la contrée entière.

On peut donc regretter qu'une impulsion énergique, donnée à l'industrie, au commerce, à l'agriculture, ne tire pas un meilleur parti de la belle route d'eau traversant l'arrondissement.

Cela viendra, espérons-le. Au seizième siècle, le pays était beaucoup plus opulent qu'il ne l'est de nos jours, car on trouve, dans les récits des malheurs causés par la Ligue, que le comte de Magnane, capitaine de Mercœur, vint piller les habitants « tous très riches, possédant des meubles de prix, et des tasses d'argent du poids de trois à quatre marcs [1] ».

La prospérité peut renaître complète. Il suffit d'y appliquer tous les soins, tout le travail possible.

1. De une livre et demie à deux livres.

Chef de pièce à bord d'un cuirassé.

CHAPITRE XXXIV

LA RADE DE BREST : LANDEVENNEC
LA CÔTE NORD DE LA PRESQU'ILE DE CROZON. — CAMARET

Sur le promontoire commandant la rive gauche de l'embouchure de l'Aulne et à l'entrée de la vaste presqu'île de Crozon, le port de Landevennec anime le bourg, né sous la protection de la plus ancienne, de l'une des plus célèbres abbayes bretonnes.

Saint Wingalois ou Guénolé, fils de Fragan, en fut le fondateur, grâce à la protection, à l'amitié de Grallon. Ce même Grallon est dénommé *comte de Cornouailles,* par les cartulaires de Landevennec et de Sainte-Croix de Quimperlé ; mais les légendaires le gratifient du titre de *Roi...* roi d'Is, la ville semi-fabuleuse dont, tout à l'heure, le fantôme surgira des eaux de la baie de Douarnenez !

Le protecteur de Guénolé étant mort, en 445, après un règne de onze ans, l'origine de l'abbaye remonterait donc à la première partie du cinquième siècle, origine controversée, mais que rien n'affirme absolument. Par malheur, ses très curieuses et considérables archives ont été détruites en 1793. Elles servirent, paraît-il, à confectionner des gargousses pour le port de Brest où on les avait expédiées dans des futailles ! ! L'histoire bretonne y a certainement perdu beaucoup de documents précieux. Le cartulaire, toutefois, a échappé aux Vandales. La bibliothèque de Quimper le possède.

A peine reste-t-il quelques débris du chœur et de l'abside de la riche église abbatiale et une partie du logement des moines ; mais ces dernières constructions, sans intérêt, ne remontent guère au delà d'un siècle. Le cloître, démoli en 1790, a été employé, comme matériaux à bâtir, pour un quartier de Brest !

Landevennec, d'ailleurs, se console fort bien de la perte de sa grandeur passée, car l'avenir lui apparaît plein de promesses. Son excellente situation a depuis longtemps préoccupé l'administration maritime, qui finira par faire de cette anse, si admirablement disposée, ce que le port de la Spezzia est devenu à l'égard de Gênes.

Le pays est tout transformé depuis l'établissement du chemin de fer et du port de commerce. Il continuera ces utiles réformes qui font tomber les dernières résistances de la routine et créent des ressources appréciables, là, surtout, où régnait la pauvreté.

Il y a moins de cinquante ans, des fermes de trente à quarante hectares n'étaient pas louées plus de *trois cents* francs ! Les races d'animaux domestiques restaient faibles, presque mauvaises. Les cultivateurs comprennent mieux aujourd'hui leur intérêt et marchent d'un pas rapide vers l'aisance.

Plusieurs bois taillis couvrent le territoire et, en dépit du vent de mer, le figuier y atteint de grandes proportions.

Une exploration minutieuse de la presqu'île de Crozon est bien faite pour récompenser pleinement le voyageur de la fatigue de la route.

Rien ne manque pour soutenir l'attention. Souvenirs historiques, accidents du sol, témoignages celtiques et panoramas sans rivaux.

Les dernières ondulations des montagnes Noires qui, sous différents noms, traversent la Bretagne sur une longueur de cent quatre-vingts kilomètres environ, se terminent ici, formant des rivages élevés, crevassés sous l'action toujours renouvelée de la vague.

La côte septentrionale de la presqu'île regarde le sud de la rade de Brest. Elle s'avance jusqu'au passage du TOUL-INGUET ou TOULINGUET (entrée du Goulet), et possède trois ports : LANVÉOC, LE FRET, CAMARET. Plusieurs pointes la découpent : la plus importante est celle de ROSCANVEL, allongée vers le débouché du Goulet.

LANVOC ou LANVÉOC est le point d'atterrage, quand on traverse la rade pour venir à Crozon, dont il est plus voisin que le Fret. Si l'on voulait y arriver par terre, il faudrait se résigner à un immense détour et prendre la voie ferrée jusqu'à Châteaulin.

Les produits agricoles et de la pêche, très active, forment le commerce du petit port de Lanvéoc.

Les monuments druidiques sont très nombreux.

Par un étrange oubli, que l'éloignement explique peut-être, on les connaît à peine et beaucoup sont célèbres bien qu'offrant moins d'intérêt.

Une tombelle porte, dans le pays, le nom de *tombeau du roi Arthus*, ou *Arthur*, et le savant M. de Fréminville a décrit la *Maison du curé*, vaste enceinte reconnue comme monument historique et appelée SANCTUAIRE DE KERKOLCOLL ou de KERCOLLÉOC'H.

« Le principal de ces alignements a mille cent pieds d'étendue vers l'ouest ; il forme un angle obtus, et aboutit à une enceinte trapéziforme, ayant une avenue de pierres. Tout à côté, et hors du rang, est une autre enceinte carrée, formée d'un double rang de pierres plantées, très serrées les unes contre les autres, et assez élevées. Cette enceinte, la seule que nous connaissions à double rang, porte dans la contrée le nom vulgaire de *Maison du curé*. Ce nom est-il dû à une ancienne tradition ? Un druide aurait-il habité ce lieu, et les premiers chrétiens auraient-ils substitué le mot *curé* à celui de *druide*, pour qualifier le pontife de l'ancienne religion ? »

La presqu'île de ROSCANVEL joue un grand rôle dans la défense de Brest, dont elle n'est guère éloignée de plus de huit kilomètres.

Lors de la Ligue, les Espagnols résolurent de profiter de la situation. Au mois de mars 1594, don Praxède, avec cinq mille hommes d'infanterie, cent vingt cavaliers et deux pièces de canon, marcha sur Brest, s'empara de la presqu'île et y fit construire un fort, destiné à protéger le mouillage de la flotte espagnole, prochainement attendue. De plan triangulaire, la forteresse nouvelle comptait deux bastions, et, sauf à l'entrée, était entourée de précipices. Ces obstacles n'empêchèrent pas le brave SOURDÉAC, gouverneur de Brest, de livrer trois assauts successifs. Le dernier triompha (18 novembre 1594). La garnison fut anéantie et les gens du pays détruisirent eux-mêmes, avec enthousiasme, ce repaire qui leur avait été si nuisible.

Le baron de Molac, Bertrand de Rosmadec, La Tremblaye, Kerjean, Romégou, de Kérallain et plusieurs autres seigneurs bretons de grande renommée, périrent dans le combat, mais le sol de la patrie n'était plus souillé par l'occupation étrangère.

Depuis l'événement, cet endroit a pris le nom de *Pointe des Espagnols*.

Vauban a fait de la presqu'île entière un vaste camp retranché, soutenu par plusieurs forts, appelés : des Espagnols, de Cornouailles, de Kervignac, des Capucins, de la Fraternité... sans compter des batteries. L'ensemble est connu sous la dénomination de *Lignes de Quelern*, place de guerre de première classe, sévèrement gardée ; ne défend-elle pas l'entrée de Brest, notre admirable port militaire ?...

Tout près de ce camp retranché, se trouve l'industrieux petit port du Fret, choisi, en 1403, comme lieu d'embarquement, par Jeanne de Navarre, veuve du duc de Bretagne Jean IV. La duchesse douairière allait épouser, en secondes noces, le roi d'Angleterre, Henri IV de Lancastre.

Vers l'ouest, et faisant face à l'anse de Bertheaume, s'ouvre la baie de Camaret.

Le port intérieur est protégé par un sillon de galets et une jetée que termine une batterie circulaire, avec une tour en briques. La baie, sablonneuse, est battue en plein par le vent de nord-ouest. Trop souvent, les *sautes*, c'est-à-dire les changements de brises, s'y font sentir avec brusquerie, et comme le fond offre peu de résistance, les ancres, tenant mal, sont arrachées violemment. Chaque année voit plusieurs sinistres. Cependant, la baie étant facile à atteindre, les caboteurs y relâchent en grand nombre. Il n'est pas rare de les voir s'y réfugier, guettant le moment propice avant de s'engager dans le redoutable détroit du Raz.

Les mauvais plaisants de bord prétendent que, journellement, un miracle à l'inverse de celui des noces de Cana s'opère à Camaret. Les équipages des navires venant de Bordeaux trouveraient, paraît-il, toute facilité pour vendre dans le bourg le vin soutiré au chargement et remplacé, avec un soin religieux, par une égale quantité d'eau.

« Dans le bon temps, » on tirait un baril de galère par pièce bordelaise ; mais des savants « gêneurs », ayant inventé le pèse-liqueurs, il faut « se borner » à un simple seau. « Le commerce devient dur ! »

Camaret se souvient avec reconnaissance qu'en 1694, Vauban,

alors à Brest, accourut, secondé par les capitaines marquis de Langeron et Benoisse, pour tenir tête à une escadre anglo-hollandaise, forte de vingt-cinq vaisseaux, portant dix mille hommes de troupes de débarquement. Lord Barklay commandait l'escadre.

Vauban exalta le courage des habitants et, remarquant que la mer était basse, ne laissa pas aux ennemis le loisir d'attendre le flux. Les Anglo-Hollandais, attaqués de toutes parts, furent massacrés, et les femmes de la côte se jetèrent au plus fort de la mêlée, avec une intrépidité extraordinaire.

Lord Barklay et le général anglais Talmach périrent; la grève où ils avaient abordé s'appelle, depuis : *Anse de la mort à l'Anglais*.

Chaque station nouvelle nous a de plus en plus convaincu de la valeur militaire et commerciale de la rade de Brest.

Elle n'a contre elle que son éloignement de Paris; mais les plus graves objections tombent devant une étude sérieuse. L'unique, la grande difficulté dont peut souffrir longtemps encore le commerce brestois provient des servitudes obligatoires résultant des besoins de la marine militaire. Toutefois, ces servitudes ne seront pas sans admettre des adoucissements de plus en plus grands, et le temps viendra, nous le croyons fermement, où la marine marchande prospérera côte à côte de sa puissante sœur.

Alors, notre chère ville natale sera en possession de la prépondérance qui lui est due. Protectrice de la Bretagne, elle en deviendra, également, le vaste et riche entrepôt. Sous son active impulsion, l'industrie et le commerce bretons retrouveront une vigueur, une force nouvelles.

La splendide surface de la rade sera incessamment sillonnée d'autant de navires qu'elle en peut recevoir, et, comme un sang généreux destiné à vivifier les moindres artères de la province armoricaine, toutes ses rivières, tous ses bras de mer rivaliseront de trafic avec les deux voies ferrées[1].

C'est un rêve, dira-t-on. C'est, du moins, notre vœu le plus ardent, vœu qui s'accomplira, nous n'en voulons pas douter!...

---

[1]. On sait que Landerneau, situé sur l'Elorn, au fond de la rade, est le point de jonction de deux Compagnies de chemin de fer : Ouest et Orléans.

CHAPITRE XXXV

TOULINGUET. — LE CHATEAU DE DINANT. — LE CAP DE LA CHÈVRE
LES GROTTES DE MORGAT. — LE CLOCHER DE CROZON
LA VILLE D'IS

A l'Ouest de Camaret et formant l'extrémité de la presqu'île de Crozon, en face du beau golfe de l'Iroise, se prolonge la pointe de Toull-Inguet ou Toulinguet, trop peu connue, trop peu visitée, car elle renferme un monument druidique aussi remarquable par sa forme que par son étendue.

Ce monument consiste en une sorte d'allée de quarante et une pierres espacées sur une langue de terre d'environ six cents mètres de long. Deux autres alignements semblables coupent le premier à angle droit. Celui-ci est, de plus, flanqué, *hors rang*, d'un menhir et d'un dolmen regardant sa partie orientale. On croirait voir un carré de soldats commandés par deux chefs, que le caprice d'un génie ou d'une fée aurait enfermés sous la froide rigidité du granit.

Le Finistère renferme beaucoup d'autres témoins des temps druidiques. La lande de Kerloas, près Saint-Renan, possède le menhir le plus élevé du département (douze mètres[1]). Tout proche Pont-Aven, on visite le plus grand dolmen connu. Entre Concarneau et Trégunc, d'immenses espaces sont entièrement couverts de pierres mystérieuses; mais nulle part, non pas même à Carnac, elles n'offrent plus d'intérêt que les alignements de Toulinguet.

C'est bien dans ce pays à l'aspect farouche, en face d'une mer

---

[1]. Sur ses deux faces, il présente une bosse ronde assez volumineuse, objet de curieuses superstitions.

dont les violences redoutables sont presque de chaque jour ; c'est bien là que les druides, que les druidesses pouvaient évoquer leur Dieu, et dicter les arrêts attendus par le peuple avec un respect mêlé de terreur.

Sur ces rivages abrupts, sur ces grèves aux rochers bizarrement découpés, aux cavernes retentissantes, la voix des prêtres de Teutatès devenait plus solennelle pour bénir, plus terrible pour prononcer les malédictions...

Après avoir tant de fois traversé la Bretagne dans tous les sens, nous restons persuadé que les environs de Crozon offrent les points les plus curieux, les plus complets, les plus remarquables, sous le double rapport archéologique et pittoresque, du département, sinon de la province entière.

Les falaises se maintiennent à une grande élévation. Le beau promontoire de la Chèvre n'a pas moins de cent mètres.

Sa partie occidentale abrite la baie de Dinant, pauvre atterrage dont on ne s'occuperait pas, si sa côte Ouest ne présentait une véritable merveille : *le Château de Dinant,* majestueux pont naturel, offrant deux ouvertures à piliers en granit, affectant : l'une, la ressemblance d'une arche en ogive ; l'autre, celle d'une voûte en plein cintre, dressée à près de vingt mètres au-dessus des flots.

A l'heure de la marée, elle livre passage aux barques de pêche, toujours nombreuses : l'actif petit port de Morgat étant voisin.

Sous ses voûtes, des grottes profondes sont creusées par le flux ; mais il est bien difficile de les visiter, l'action incessante de l'eau ayant poli les roches comme un beau marbre statuaire. La marée s'y engouffre avec un bruit lugubre et, sous l'influence de la moindre brise, se jette furieuse contre le *château,* qu'elle semble vouloir renverser, après l'avoir couvert de sa blanche écume. Spectacle saisissant, inoubliable, de sauvage beauté.

Plus loin, la grotte du *Charivari* ou des *Oiseaux,* occupe une partie du cap de la Chèvre. Son double nom lui vient des échos extraordinaires produits par le moindre bruit frappant ses parois rocheuses, échos centuplés, aux oreilles assourdies du voyageur, par les cris d'effroi des bandes d'oiseaux marins, nichés dans toutes les anfractuosités.

La belle et vaste plage sablonneuse de MORGAT se présente, limitée par des falaises fort élevées, que déchirent de vastes cavernes. La plus belle, et en même temps la plus curieuse, porte le nom de grotte de *l'Autel*. On l'appelle aussi grotte de *la Fée*. Généralement, il faut s'y rendre en bateau. Ce n'est que dans le temps des grandes marées qu'on y peut aller à pied.

L'entrée, assez basse et presque demi-circulaire, semble conduire au milieu de ténèbres épaisses... Un moment encore, et l'œil, habitué au clair-obscur dont on se trouve environné, peut distinguer la brillante parure de ces roches qui, les premières, surgirent du chaos pour former la base de la terre bretonne.

Haute d'environ dix mètres, la voûte s'arrondit sur une largeur de quinze mètres et une profondeur de quarante.

Les marbres divers, les jaspes, les granits, les porphyres aux mille couleurs, sont revêtus de l'éclat des pierres les plus précieuses. La topaze, le saphir, l'émeraude, le rubis, l'améthyste, mêlés au diamant, prodiguent leurs feux avivés par le poli ou, plutôt, l'espèce de vitrification due, probablement, à la nature des eaux marines.

Les pêcheurs, transformés en ciceroni, qui conduisent les touristes, ne manquent pas d'allumer des torches et le tableau devient magique. Chaque aspérité semble un point lumineux à facettes brillantes ; la voûte, les parois rayonnent, simulant l'intérieur d'une chapelle, avec leurs petites niches gothiques entourant un rocher en forme de table : c'est *l'Autel*.

Des fugitifs, rapporte une tradition, vinrent, au temps des persécutions, s'agenouiller devant lui. D'antiques légendes le représentent comme choisi par la belle fée Morgat[1], qui vient s'y asseoir pour tresser, en chantant, son opulente chevelure. Malheur aux sceptiques !... Malheur, surtout, aux imprudents qui s'obstinent à visiter la grotte par un temps peu favorable.

On en a vu y passer de longues heures, transis de froid, à demi asphyxiés ou risquant d'être entraînés dans le sombre couloir, ouvert au côté droit[2] de la grotte, couloir se prolongeant

---

[1]. C'est peut-être l'Ahès de la légende d'Is, la fille de Grallon, que nous retrouverons tout à l'heure.
[2]. A la gauche du visiteur.

très loin, car on entend à de grandes distances, vers Crozon, le choc des flots engouffrés sous sa voûte déchirée.

L'un des objets les plus curieux d'aspect, c'est un bloc de marbre blanchâtre situé à l'entrée. Il représente presque fidèlement le torse d'un homme décapité, surmonté d'une partie du cou gardant des tronçons d'épaules.

Des veines roses courent le long de la pierre ; incessamment ruisselantes d'eau, elles imitent, à s'y méprendre, des filets de sang frais, en même temps que l'ondulation de la vague autour du bloc paraît lui imprimer un lent mouvement d'avant en arrière... L'impression première est saisissante ; plusieurs secondes sont nécessaires pour la comprendre et la maîtriser.

La visite paraît toujours trop courte. Un sentiment de grandeur, de charme poétique pénètre l'âme et le cœur. Volontiers, on souhaiterait voir la fée souveraine de ce palais merveilleux ou entendre sa voix cristalline ; mais, Morgat se cache jalousement, indignée, sans nul doute, de l'oubli qui pèse sur les fables légendaires.

Par bonheur, la mer, autre fée capricieuse, se charge de jeter aux échos de la grotte le grondement terrible de sa colère, ou le murmure délicieux de sa plainte rythmique... Rêve ou réalité, la pensée a vécu quelques moments bien doux, elle a pu s'élancer vers le beau, vers l'infini, et, rassérénée, recouvrer une force, une jeunesse nouvelles...

La grotte *Sainte-Marine* et la chaussée naturelle de la *Pointe de la Chaise* (Beg-ar-Gador) fournissent également plus d'un sujet d'étude, ainsi que le sanctuaire druidique de RAGUINEZ, village situé près de l'embouchure de la petite rivière de l'*Aber*, à *Saint-Laurent*. Dans le voisinage, les ruines d'une très ancienne forteresse, appelée *Château du Mur*, derniers débris de la domination féodale.

Sur la côte entière, la récolte des varechs ou goémons, la pêche des madrépores, des mollusques, des zoophytes employés par l'agriculture, occupent beaucoup les gens du pays. La pêche du poisson frais, des crustacés est toujours abondante ; il en résulte une grande activité, aucune des heures propices n'étant perdue pour le travail.

CROZON, situé à quatre-vingts mètres au-dessus de la mer, forme l'une des plus vastes communes du Finistère. Sa position offre beaucoup de facilités pour rayonner dans les différentes directions de la presqu'île. Comme bourg, on n'y trouve rien de remarquable ; mais, du haut de son clocher, le paysage est éblouissant, quand le soleil frappe les deux beaux lacs bleus de la rade brestoise et de la baie de Douarnenez. Il devient sublime, à force d'horreur, si la tempête, bouleversant ces masses profondes, les force à se ruer sur la côte, à se déchirer sous les cavernes retentissantes...

Dans un jour de colère, un jour marqué par la malédiction divine, l'effort, plus gigantesque, causa l'engloutissement d'une ville entière ; Is, la cité fastueuse ; Is, renommée pour ses fêtes, pour ses plaisirs, disparut à jamais. Retrouve-t-on même sa trace au fond de la mer ?

Depuis si longtemps les vagues l'ont recouverte !... Si longtemps, qu'il faut demander aux poètes la cause de la catastrophe.

Les légendaires fixent au large du cap de la Chèvre l'emplacement de la ville, et la voix populaire nomme *Poul-Dahut* (*abîme Dahut*) le précipice où la princesse, fille de Grallon, roi d'Is, fut jetée.

Dans quel pays ne retrouve-t-on pas la tradition d'une ville engloutie par l'eau ou détruite par le feu, à cause des crimes de ses habitants ? Il ne faut pas, toutefois, rejeter entièrement les traditions, et, sur les rivages maritimes, moins que partout ailleurs, le scepticisme est de mise. Sans remonter bien loin, sans même citer des noms très connus, ne peut-on faire remarquer les bouleversements subis d'une façon presque permanente par les îles de l'Archipel ? Plusieurs sont apparues depuis le commencement du siècle, qui se sont affaissées peu après ; et l'année 1883 n'a-t-elle pas été témoin de l'horrible catastrophe de l'île Krakatoa, voisine de Java ?

L'étude patiente a conduit beaucoup de savants à regarder la Méditerranée comme le produit d'un affaissement du sol ou des empiétements de la mer. Partout, les flots avancent ou reculent selon des lois encore mal définies. Mais une chose reste très certaine : c'est la quantité de baies formées au-dessus d'espaces naguère habités.

Les côtes bretonnes en présentent des témoignages irréfutables.

La baie du Mont Saint-Michel, l'estuaire de la Rance, la baie de Saint-Brieuc, une encore entre Launion et Roscoff... Pourquoi une ville importante n'aurait-elle pas existé là même où il arrive d'en retrouver des ruines ?

Plusieurs chroniqueurs veulent placer Is à la pointe de la Chèvre ; quelques autres lui assignent la baie des Trépassés, près Plogoff ; enfin, on a soutenu que Douarnenez avait remplacé les dernières ruines de la capitale de Grallon. On rappelle l'Anonyme de Ravenne, parlant d'une cité appelée *Chris* ou *Kerhis* (en breton, ville d'Is), et le grand nombre d'œuvres inspirées par l'événement.

Qu'une ville ait occupé un des points de la baie, cela reste très vraisemblable : une voie romaine, venant de Carhaix, aboutit brusquement vers la pointe du Raz.

Le chanoine Moreau l'a signalée le premier ; après lui, le savant marquis de Robien en a donné cette description :

« Le chemin qui va de Carhaix jusqu'à Poul-Davy [1] est appelé *Hent-Ahès* [2]. De là, il s'étend jusqu'à la baie des Trépassés, entre Saint-Tary et la pointe du Raz. Dans les lieux où le chemin se fait encore voir en entier, surtout vers la baie des Trépassés, où il aboutit jusque sur le bord d'une rive escarpée au-dessus de la mer, on découvre la largeur de ce chemin, qui est d'environ soixante-dix pieds. Il est pavé de grandes pierres de taille. »

Ainsi, comme pour la voie aboutissant au rivage de Plérin, le chemin d'Ahès se termine, maintenant morcelé, sur une rive escarpée de la baie funèbre... Or, l'on sait que les Romains n'avaient pas l'habitude d'entreprendre des travaux inutiles. Le nom de la baie ne serait-il pas le ressouvenir d'une catastrophe lointaine, plutôt que de la découverte de cadavres amenés par les courants ?

Le voile ne sera, probablement, jamais soulevé. Is, en admettant qu'Is ou toute autre ville se soit réfléchie dans les eaux de la baie, Is ne passionne plus, par malheur, les archéologues. Les

---

1. Voisin de Douarnenez.
2. *Chemin d'Ahès.*

murailles, vues encore, à marée basse, par le chanoine Moreau (seizième siècle), les maisons, dont la sonde rapportait des débris, reposent sur leur lit de sable et de vase où nul ne viendra les bouleverser, où l'impétueux vent d'équinoxe ne peut plus les atteindre... Avec elles, leur secret est entré dans l'oubli éternel!

M...., capitaine de frégate.

CHAPITRE XXXVI

LA BAIE ET LA VILLE DE DOUARNENEZ
LA PÊCHE DE LA SARDINE. — LA PÊCHE DU MAQUEREAU

Des rivages harmonieusement étendus sur une courbure de plus de cinquante kilomètres; des collines, tour à tour boisées ou arides; des montagnes élevées, écrasant des amphithéâtres de blocs amoncelés; des criques de sable fin, touchant à des falaises rocheuses, entr'ouvertes par des cavernes profondes; des villages sans nombre, tout pleins d'appels de pêcheurs, se disposant au départ, ou de femmes et d'enfants courant au-devant des barques; des côtes désertes, troublées seulement par le passage rapide, le cri rauque des oiseaux de mer; des îles, des îlots teintant la surface des vagues; des clochers, orgueilleuses pyramides dentelées, défiant le souffle emporté de la tempête d'équinoxe; une ville souriante, coquette, recevant, à la fois, les embruns de l'Océan et la douce fraîcheur de la petite rivière qui forme son port; des centaines de barques disséminées sur la vaste étendue des eaux tranquilles!...

Telle se montre *la baie de Douarnenez*, souvent comparée à la baie de Naples par des voyageurs que n'aveuglait pas un enthousiasme rejetant de leurs admirations les sites merveilleux et dédaignés de la patrie.

Il faut suivre à pied les contours de la baie, si l'on veut en apprécier les beautés et les développements prospères qu'elle peut encore attendre de l'avenir.

On traverse les territoires de plusieurs communes importantes : Telgruc, Saint-Nic, dominé par une montagne au triple sommet. La cime occidentale est couronnée par une sorte de dolmen, la cime méridionale, par quelques débris attribués à une enceinte druidique, chose vraisemblable, mais non démontrée : les habitants voyant partout, sans hésitation, la trace du culte mystérieux de leurs ancêtres.

Plomodiern, au pied du *Menez-Hom,* livre une partie de son sol à la vieille route de Quimper : c'est ce que l'on nomme *la lieue de Grève*, appellation exagérée, la route côtoyant, sur moins de trois kilomètres, la baie de Douarnenez.

Plounévez ou Plonévez-Portzai est une grande et belle commune, comptant trois petits ports sur la baie : *Tréguer, Rohardou, Trefentec* ou *Trefeuntec*. L'anse de ce dernier nom offre de grands espaces sablonneux, appelés *palues* ou *paluds*, aussi la chapelle de Sainte-Anne, située sur sa côte Nord, n'est-elle pas autrement désignée que : *Sainte-Anne de la Palue.*

Un très célèbre *pardon*, comptant au nombre des pèlerinages les plus suivis en Bretagne, y est établi.

Les mois de juillet et d'août voient défiler des *paroisses* entières, venant saluer une antique statue de la patronne du vieux duché, statue, dit la légende, trouvée sous les sables de la crique.

Peu de paysages prêtent autant à la célébration de ces fêtes que celui dont est environnée l'église moderne. Les montagnes druidiques forment un des côtés du tableau, la splendide baie de Douarnenez donne à l'autre extrémité un horizon pour ainsi dire sans limites.

Les palues, comme les moindres points de la falaise escarpée, sont couverts de pèlerins ; le bruit de la chute d'eau du gros ruisseau, se perdant sur les sables, se mêle au choc du flux et du reflux, pendant que, sur le sommet de la côte, les chants graves des cantiques alternent avec le son du *biniou*... Du moins on la retrouvait encore là, il y a quelques années, la cornemuse nationale, avec les derniers costumes fidèles aux traditions. Puisse-t-on les y retrouver longtemps ! « L'utile (selon la parole énergique de Brizeux) n'ayant rien à craindre de la beauté. »

Plonévez-Portzai est une commune fort curieuse à explorer. La chapelle de *Kerlas* possède un beau clocher, de plus de quarante mètres de hauteur. Les vieux châteaux, *les maisons ou manoirs nobles*, comme on continue à dire, sont nombreux et intéressants. Le manoir de *Nevet* ou Nevez appartenait à une famille célèbre en Bretagne, dont la dernière descendante épousa le général Sébastiani. Les ruines de *Lez argant* remontent à une époque très éloignée, ainsi que celles du *Vieux-Châtel*, englobées dans une superbe propriété moderne.

Plusieurs autres sont également détruits, ainsi le manoir primitif de *Lez arscoët* (la *Cour du bois*); mais, dans l'habitation plus moderne, ont été reconnues des inscriptions, ou plutôt des caractères provenant d'inscriptions maintenant disparues, quant à leur assemblage originel.

Les archéologues ont beaucoup discuté sur ces signes très curieux, sans formuler une explication tout à fait satisfaisante. Le Champollion de Lezarscoët est encore à trouver. Peut-être, après tout, s'apercevra-t-il que les signes controversés sont des altérations d'alphabets observés sur des titres ou des monuments extrêmement anciens, sans, pour cela, remonter aux druides, ainsi que le voulait Guillaume de Rostrenen.

Un vieux *guerz*, dont nous avons dit un mot, fait naître saint Thégonnec à Tréfentec, et donne, pour lieu de sa mort, Plogonnec, où il s'était bâti un ermitage, après avoir eu lieu de se plaindre gravement de ses compatriotes. Voici le plus curieux des couplets du cantique :

Quand saint Thégonnec, né à Tréfentec, partit pour Plogonnec, il fit ses adieux en s'écriant avec enthousiasme :

— Tréfentésiens, gens insensibles, vous serez toujours à court ; avec deux ou trois récoltes par an, vous serez toujours dans le besoin : tout chien enragé qui viendra au pays descendra à Tréfentec[1] ! »

Cette malédiction (si tant est qu'elle fut jamais prononcée !) pesa longtemps sur le pays ; heureusement, les Tréfentésiens, comme tous leurs concitoyens, ont accompli pas mal de progrès, et Plonévez-Portzai, d'où ils dépendent, devient de plus en plus prospère. Les céréales, le bétail, les œufs, les volailles sont expédiés en quantités considérables, ce qui n'empêche nullement bon nombre d'habitants d'être des pêcheurs intrépides.

Nous arrivons à Ploaré, belle et grande commune, qui portait jadis le nom de Ploaré-Douarnenez (et vice versa). Mais, peu à peu, cette dernière localité, mieux située, s'agrandit.

Immédiatement assise sur la baie et sur la petite rivière de *Poul-David* ou *Pouldavy*, elle s'affranchit de toute allégeance

---

1. A. Marteville (d'après M. l'abbé Pinchon).

TYPE BRETON
(Environs de Quimper.)

envers Ploaré, bâti au sommet d'une colline de plus de soixante-dix mètres d'élévation (exactement 72^m,47), puis finit par prendre le titre de ville.

Si Ploaré a diminué en importance, il lui reste un monument remarquable : l'église, construction du quinzième siècle, qu'aucune addition ne dépare. Çà et là, des détails d'ornementation : navires, canots, poissons, rappellent la profession des fondateurs, marins et pêcheurs pour la plupart.

Le clocher, superbe, monte vers le ciel, à une hauteur de *cinquante-cinq* mètres. Il sert d'amer, non seulement à toute la baie sur laquelle il plane, mais, au loin, dans l'Océan, on l'observe pour reconnaître la route à suivre.

Aucune description ne saurait donner une idée de la magnificence du panorama qu'il permet de découvrir. Et si l'on veut en garder une inaltérable impression, on doit le gravir de juin à octobre, alors que les barques *sardinières* explorent les moindres points de la baie, à la recherche des *bancs* du précieux petit poisson.

Une semblable scène, encadrée par des rivages merveilleux, retiendrait, pendant des journées entières, les yeux que sollicitent sans cesse mille détails attachants, imprévus.

Le décor ne perd rien de sa complète beauté, quand la baie, soulevée par un violent orage, entend mugir les profonds échos de ses falaises.

Rarement, elle devient la proie des affreuses tempêtes qui désolent Penmarc'h, Ouessant et tant d'autres côtes bretonnes; cependant, le vent d'hiver couvre soudain, de nuées mornes, son ciel d'un bleu si doux, charge de teintes plombées ses longues vagues de turquoise... Mais il est impuissant à altérer sa majesté souveraine, et le tableau enchanté reste presque sans rival dans son immuable splendeur...

Ploaré dispute à Quimper l'honneur de compter l'illustre LAENNEC[1] au nombre de ses enfants. Ce ne serait pas la première fois qu'un chef-lieu de département s'emparerait des gloires revendiquées par des communes plus humbles...

Un adage hollandais bien connu affirme que : *la ville d'Amsterdam est bâtie sur des têtes de harengs.*

---

1. Nous verrons à Quimper la statue du célèbre médecin.

Appliquant à la ville de Douarnenez cette parole humoristique et vraie, on peut dire qu'elle *est bâtie sur des têtes de sardines*.

Tout s'y rapporte à la sardine : passé, présent, avenir. Tout a grandi par elle, et peu d'événements auraient le pouvoir de contre-balancer l'effet des simples mots suivants : « Quelle sera l'issue de la campagne, cette année ? »

Préoccupation bien naturelle : Douarnenez devant sa fortune à la pêche et aux industries qui en ont été la conséquence immédiate.

Située, nous venons de le dire, dans une position extrêmement commode, sur la baie qui a pris son nom et à l'embouchure du petit cours d'eau appelé *Pouldavy*[1], elle ne tarda guère à devenir le grand centre du trafic des nombreux villages et communes disséminés sur les côtes voisines.

Extrêmement poissonneuse, la baie fournit les variétés les plus estimées. On y trouve aussi bien le bar, le turbot, la sole que la raie et le merlan. L'anchois y émigre assez souvent et le thon n'y est pas inconnu. Les crustacés sont abondants ; mais le passage des sardines a une importance capitale.

Le nom de l'excellent petit poisson lui avait été donné par les Romains, pour cette raison que les pêcheurs de la Méditerranée le trouvaient en abondance et, surtout, aux abords des côtes de la Sardaigne. On a contesté la réalité de l'abondance, mais cela importe peu. N'est-il pas prouvé que les migrations des harengs, des saumons, par exemple, ont changé de direction ?

Et, malheureusement, ne sommes-nous pas peut-être destinés à voir un de ces cas ruineux pour les localités délaissées ? Une chose très certaine, c'est que, depuis plusieurs années, la pêche des sardines a été moins fructueuse.

Tour à tour, on a attribué le fait à des dragages qui détruiraient les herbes marines dont le poisson est friand ; puis à une déviation sensible des courants tièdes du *Gulf-Stream*, courants toujours suivis par les bancs sardiniers. Rien de tout cela n'est peut-être absolument exact, et, comme par le passé, espérons-le, les barques bretonnes retrouveront la pêche rémunératrice.

Ainsi que le hareng, la sardine appartient au genre *clupe*. Sui-

---

1. Il est encore appelé *Port-Rhu* et descend des dernières ramifications des *Montagnes Noires*.

vant les localités, elle porte plusieurs noms. Les habitants du Nord l'appellent *cradeau*; à Bordeaux, elle est dite : *royan*, sans doute parce que le petit port de ROYAN en fournit beaucoup à la belle cité vinicole ; les Gascons l'appellent encore *galice*.

La sardine arrive en bandes pressées, immenses, ou remonte simplement des profondeurs sous-marines pour venir déposer ses œufs dans un milieu plus à sa convenance.

Entre toutes les contrées recevant cette visite annuelle, la Bretagne est la plus favorisée, et Douarnenez, grâce à sa situation, grâce aux abris offerts par sa baie, reste le premier des ports sardiniers.

La pêche dure près de cinq mois, du commencement de juin à la fin d'octobre. Elle est annoncée par des troupes d'oiseaux de mer, s'élançant avidement au-devant des malheureuses sardines, menacées de tous côtés, car elles n'ont pas seulement à craindre les goélands et la foule de leurs congénères, mais des poissons plus forts qui commenceront l'œuvre achevée par l'homme. Il faut que leur multiplication dépasse de beaucoup tous les calculs tentés sur leur nombre ; autrement, pas un échantillon de l'espèce ne serait encore vivant.

Les barques, cela va sans dire, ont été préparées ; l'équipage de chacune d'elles se compose, en général, de cinq hommes, le patron compris. Les engins nécessaires : filets, barils, paniers, sel, *rogue*[1] sont en bon état, plus un canot destiné au service des filets.

Les bateaux de Douarnenez sont de fins et bons marcheurs, très robustes ; avec cela, un coup de mer ne les effraye pas. Ils se voilent d'une grande misaine[2], qui leur permet une facile allure *au plus près* (c'est-à-dire de marcher contre le vent), manœuvre indispensable dans ce genre de pêche.

Des embarcations sont chargées d'aller reconnaître exactement la direction et l'arrivée des bancs. Les premiers poissons sont inférieurs en qualité à la sardine véritable, c'est-à-dire, selon toute apparence, à la sardine plus jeune, mais de chair infiniment délicate, quoique moins forte et moins grasse.

Bien certains de la route, les bateaux, une fois en vue de la

1. Voir notre premier volume : *Pêche de la morue*.
2. Voir notre premier volume : article HAVRE.

troupe succulente, ralentissent leur marche, s'orientant « vent debout » afin de se trouver prêts à reprendre toute la vitesse nécessaire, sans le secours de l'équipage autrement occupé.

En effet, le petit canot appartenant à chaque bateau est, maintenant, employé pour le transport des pêcheurs et des filets.

Le patron reste à bord avec le mousse, auquel il confie la barre du gouvernail, et se charge seul de « semer » la rogue, appât coûtant fort cher, car on doit le faire venir de Norvège ; la rogue ou les rogues préparées dans le pays, avec des débris de maquereau, ne donnant pas d'aussi bons résultats.

Ces derniers préparatifs ont permis au canot de s'éloigner, en développant, après lui, un premier filet, chargé de plomb à sa base et soutenu verticalement dans l'eau par de larges morceaux de liège flottant sur les vagues. Un cordage le maintient attaché à une bouée. Quand il est bien tendu, le bateau vire de bord et vient se poster du côté *opposé* au banc de poissons. Immédiatement, le patron se hâte d'éparpiller près du filet une certaine quantité d'appât, dont l'odeur attire les sardines... mais, entre lui et elles, se dresse l'obstacle des mailles serrées.

Bientôt, la surface de l'eau étincelle du reflet des écailles argentées détachées du poisson par ses efforts inutiles et les soubresauts de l'agonie.

Le patron doit avoir un coup d'œil expérimenté pour juger du degré de charge du filet et ordonner, assez à temps, qu'un second, un troisième..., soient réunis au premier : c'est l'affaire du canot. Toujours ramant, toujours suivant une ligne déterminée, de manière à ce que la muraille mobile soit bien maintenue et ne puisse s'emmêler, l'équipage parcourt souvent, ainsi, une distance de plusieurs centaines de mètres, serré de près par le patron, fort attentif à user habilement de l'appât.

Tous les filets se trouvant pleins, les pêcheurs du canot fixent une seconde bouée à la longue rangée de mailles et regagnent le bateau dans lequel ils vont haler la précieuse récolte. Un par un et d'après l'ordre de leur mise à l'eau, chaque engin, relevé, laisse tomber sa proie sous les chocs réitérés que le mousse leur imprime. Cela fait, on doit, sans retard, procéder à un premier arrangement. Les sardines, disposées en lits recouverts de sel fin, remplissent les paniers, les barils et, si les bancs donnent, on recommence la pêche aussitôt.

Certaines années sont restées célèbres par les prodigieuses quantités de sardines capturées. Plusieurs ont dépassé un total de *cent millions* de poissons.

Les dragages sont défendus dans la baie, où ils détruisaient des mousses marines recherchées par les sardines ; mais, les règlements sont-ils bien observés ? Et la pêche n'a-t-elle pas lieu un peu à l'aveugle ? Si, partout, elle était moins acharnée, si on laissait plus de chances au poisson d'échapper à la mort, les *bancs* ne se représenteraient-ils pas nombreux ?

La sardine, il ne faut pas l'oublier, vient déposer ses œufs aux endroits que son instinct lui représente comme propices. Détruite avant d'avoir accompli sa tâche, elle ne peut aider à la conservation de l'espèce.

Cette vérité est un peu renouvelée de celles que l'on attribue à l'illustre La Palisse ; mais, en tout pour tout, l'homme ne se montre-t-il pas le premier agent des misères qu'il déplore ensuite amèrement, sans pouvoir les conjurer ?

Revenus à terre, les bateaux déposent leur cargaison dans les nombreux ateliers établis sur le rivage. Il y a plusieurs manières de préparer le poisson.

Autrefois, on le conservait de la même façon, à peu de chose près, que l'on faisait pour le hareng. L'industrie du *salage* et du *saurissage* aurait été introduite en Bretagne par Fouquet, le célèbre surintendant, au moment où, confiant en sa puissance, il achetait Belle-Ile, pour relever, par l'acquisition de cet antique fief, devenu marquisat, le prestige de sa famille.

De nos jours, on ne prépare guère que les sardines *pressées*, *anchoisées*, *en daube* et à *l'huile*.

Les sardines *pressées* sont, tout de suite, rangées dans des barils, appelés *manestrands*, remplis de saumure, où elles restent le temps nécessaire pour se bien imprégner de sel. Cela fait, on les retire, on les place dans de nouveaux barils et on les soumet à l'action d'une presse spéciale, afin d'en extraire le trop-plein de saumure et une certaine partie de leur huile naturelle, puis on les expédie à destination. Ces sardines sont encore recherchées dans beaucoup de communes de 'intérieur de la Bretagne et dans plusieurs ports, où elles servent à l'approvisionnement des navires ; néanmoins, leur consommation diminue.

Les sardines *anchoisées* sont ainsi appelées parce qu'elles reçoivent, comme les *anchois,* leurs congénères, une coloration rouge, due à l'ocre, mêlée au sel, dont on les recouvre.

Les sardines *en daube* sont placées, légèrement salées, dans des pots en grès, que l'on prend garde de ne pas trop remplir. Tous les interstices sont comblés avec du beurre fondu, versé sur le poisson, de manière à le préserver, par une couche suffisante, du contact de l'air. Ainsi préparé, il peut être gardé pendant une année.

Mais, de toutes les façons de conserver la sardine, la plus répandue, de nos jours, est la *conserve à l'huile*. Invention bien simple, qui n'en a pas moins été une idée de génie, car elle offre le meilleur moyen d'utiliser sans perte tout le produit d'une pêche abondante.

La description du procédé n'a rien de particulier. Les sardines, nettoyées, sont passées dans de l'huile bouillante, puis rangées dans des boîtes métalliques, que l'on remplit d'une huile nouvelle et que l'on soude, ensuite, bien hermétiquement. Pour s'assurer si l'opération a été bien faite, les boîtes sont soumises à l'épreuve de la vapeur, car une mauvaise soudure amènerait la perte du contenu.

En Bretagne, l'industrie des conserves de sardines à l'huile a pris un très grand développement. Partout où les bancs font leur apparition, on trouve une ou plusieurs « fricasseries », c'est ainsi que, familièrement, dans beaucoup de localités, on appelle les usines. Le produit de la transformation opérée se chiffre par plusieurs millions, si la pêche est abondante, et l'alimentation publique y gagne un excellent appoint : la sardine à l'huile étant un mets très sain, tout préparé et, malgré une élévation de prix assez sensible depuis plusieurs années, abordable aux plus petites bourses.

Rien, pourtant, à qui n'a jamais goûté une « vraie sardine fraîche », c'est-à-dire *sortant de l'eau*, ne peut donner une idée de la délicatesse de chair, du parfum exquis de ce petit poisson, si humble de taille et de forme. Nul ne perd aussi promptement ces qualités, tout en restant un très bon manger.

Cuit « à la bretonne » sur le gril ou passé dans du beurre frais bouillant, il s'impose à la reconnaissance de l'estomac, et, suivant l'expression même du *Jeune Anacharsis*, « mériterait d'être servi à la table des Dieux ! »

Aucun autre poisson n'est doué, pendant la vie, d'une parure plus riche, plus éclatante. Chaque écaille semble un prisme d'argent pur, reflétant des rayons de diamant. Sous les feux du soleil, un banc de sardines chatoie, éblouit comme des vagues de pierreries. Le soir, à la lueur du fanal des bateaux, chaque petit point brillant laisse une traînée fulgurante d'un effet merveilleux. Si la traînée persiste sur une large étendue, c'est le bien-être pour les nombreuses familles de pêcheurs ; si elle est faible, si elle est trouée de grands espaces, les pauvres chaumières, où elle était attendue comme une manne bienfaisante, connaîtront la misère, le chagrin... Aussi faut-il souhaiter que la sardine abonde.

Le maquereau fournit, lui aussi, des pêches fructueuses aux matelots bretons. Il fait partie des *acanthoptérygiens*, poissons pourvus d'une nageoire dorsale *épineuse*, et il est le type des *scombéroïdes*, nageurs merveilleux, possédant une queue et une nageoire *caudales* exceptionnellement vigoureuses.

Le nom du maquereau vient du latin et signifie qu'il semble être *maculé*[1], chose facile à observer sur la peau brillante, dépourvue d'écailles, de l'animal. Dans les pays du Nord, un usage assez répandu mêle des grosses groseilles vertes à la préparation culinaire de ce poisson, d'où l'appellation : *groseilles à maquereau*.

Il y a deux sortes de pêches pour ce scombre : la grande et la petite.

La première se fait du commencement de mars au milieu de juin, et s'étend des côtes de l'Ecosse à celles de l'archipel des Sorlingues.

Plus de deux cents navires, de cinquante à soixante tonneaux, montés par deux mille cinq cents à trois mille hommes, y sont occupés. Elle est pénible, car les parages fréquentés sont dangereux.

---

1. De *macula*, tache.

On y emploie les mêmes moyens que pour la pêche du hareng, et le maquereau capturé reçoit les mêmes préparations ; mais ce poisson, en dépit, ou à cause de sa grande taille, n'a pas la finesse de chair de celle de ses congénères des côtes françaises.

La *petite pêche* commence plusieurs semaines après la grande. Les bateaux employés ne dépassent guère dix tonneaux et sont au nombre de quelques centaines, montés par plus de deux mille hommes.

Les études réunies de patients observateurs ont amené à croire que le maquereau n'émigre pas. Il remonterait des fonds, où il vit pendant huit mois de l'année, pour trouver une température plus favorable à l'éclosion de ses œufs.

Les résultats si imprévus des campagnes du *Travailleur* et du *Talisman* donneront, il faut l'espérer, le désir de continuer ces expériences, qui finiront peut-être par donner le dernier mot de l'énigme des migrations des poissons.

La *petite pêche* du maquereau ressemble à celle de tous les poissons de nos côtes. Si le bateau « travaille » seul, les filets *dormants* sont employés. Si plusieurs bateaux se réunissent, afin d'accroître leurs chances de butin, ils se servent de filets *dérivants*[1].

Pendant la saison, il n'est pas rare que des petits bateaux pêcheurs, montés par un seul homme, prennent, aux lignes amorcées par les congres, de jolis maquereaux, victimes de leur avidité.

En somme, à Paris surtout, on apprécie plus le maquereau frais, dont il est consommé de grandes quantités, que le maquereau salé ou *sauré*. Mais l'usage de ce dernier commence à se répandre et il finira par former un appoint précieux à l'alimentation publique. En attendant, il figure pour un gros chiffre sur le budget des recettes de nos infatigables pêcheurs du Nord-Ouest.

Douarnenez doit son nom à la petite île Tristan, située tout proche du rivage et élevée de trente-cinq mètres au-dessus de la mer. Un prieuré, avec seigneurie, appartenant aux évêques de Quimper, y était établi et étendait sa juridiction sur le pays

---

[1]. Voir premier volume : *Pêche côtière* et *Pêche du hareng*.

environnant, d'où l'appellation *Terre de l'île*, en breton, Douarnenez, pour désigner les biens vassaux.

Plusieurs historiens et chroniqueurs voulaient que la ville fût
bâtie sur la limite de l'ancien emplacement d'Is ; on en donnait
pour preuve des restes de murailles, visibles à marée basse, et
auxquelles la mer arrachait des débris remarquables par leur
dureté ; on faisait aussi remarquer les différentes traces de voie
pavée, aboutissant à la baie dans des endroits où elle eût été
inutile, si une grande cité ne l'avait terminée.

La question restant insoluble, on parlait seulement du grand
commerce de poisson frais, sec ou salé, que faisait Douarnenez
avec le midi de l'Europe.

Mais, en 1595, un abominable bandit, fléau de la basse Bretagne, Guy Eder de Beaumanoir, dit La Fontenelle, profitant du
malheureux état du pays, ravagé par la Ligue, dont il se prétendait partisan, résolut de s'emparer de la ville, où s'étaient retirés
un grand nombre de riches habitants attachés au duc de Mercœur.
Toutefois, cela ne lui eût pas suffi, car, rejeté par les deux
partis, il sentait le besoin de posséder un lieu d'asile sûr.

Très habile homme de guerre, Fontenelle jugea que l'île
Tristan lui offrirait cet avantage et réussit à s'en emparer sur le
capitaine royaliste Guengat. Tout aussitôt, les alentours furent
mis à feu et à sang. Les maisons de Douarnenez, démolies,
servirent à la construction du fort destiné à défendre l'île,
devenue le repaire du misérable. La liste des crimes de Fontenelle dépasse en horreur ce que l'époque, fertile cependant sous
ce rapport, peut offrir.

Villes saccagées et brûlées : comme Penmarc'h, Pont-Croix,
Penpoul, Corlay... Campagnes terrorisées : comme Plougastel-
Saint-Germain, où plus de *treize cents* paysans furent massacrés
en un jour ; châteaux détruits et leurs propriétaires assassinés...
sans compter des raffinements de cruauté inouïe. « En plein
hiver, il faisait plonger ses prisonniers dans des pipes d'eau
glacée... Il fit périr deux malheureux, l'un par excès de nourriture, l'autre par la faim... Après avoir fait maltraiter la femme
du gouverneur de Pont-Croix, il ordonna qu'elle assistât au
supplice de son époux !!!... »

Le nom de Fontenelle, descendant de l'une des plus illustres familles bretonnes, était exécré d'un bout de la Bretagne à l'autre, et ce fut une grande déception, quand on apprit qu'il avait obtenu son pardon de Henri IV.

Heureusement, il trempa dans la conspiration de Biron ; pour ce dernier crime, qui raviva le souvenir de tous les autres : il fut condamné à être rompu vif et traîné sur la claie.

L'exécution eut lieu en 1603, à Paris, sur la place de Grève.

Douarnenez poussa un cri de soulagement. Le maître odieux qu'il lui avait fallu supporter n'était plus, et elle pouvait, en paix, reprendre son existence laborieuse.

De nos jours, elle est devenue une ville de plus de cinq mille habitants. Toujours très commerçante, elle compte plusieurs usines et s'applique à améliorer ses quais, son port, ses bas quartiers, siège de l'industrie sardinière. Elle y réussit pleinement et on la parcourt avec plaisir, quoiqu'elle ne possède aucun édifice remarquable.

La vieille chapelle Sainte-Hélène offre, cependant, un certain intérêt ; elle était, pour les habitants, la succursale de l'église paroissiale de Ploaré. Une nouvelle église, très laide celle-ci, a été bâtie dans une position pittoresque près du port.

Ce dont il est impossible de se fatiguer, à Douarnenez, c'est de la beauté du paysage.

L'anse formée par la petite rivière de Pouldavy est ravissante de fraîcheur et d'ombrage. Le petit port de TRÉBOUL, distant d'environ quinze cents mètres, reçoit, à l'aide des marées, les bateaux qui viennent y chercher des bois de chauffage et de construction.

Ploaré semble couronner, de son clocher, un immense amphithéâtre de montagnes couvertes par la ville et les villages dont elle est entourée.

La baie ferme l'horizon...

La circonférence de ce magnifique bassin est, nous le savons, de cinquante-quatre kilomètres, et son étendue, en longueur, de vingt-sept kilomètres.

Son chenal apparent laisse une distance de douze kilomètres, de la pointe de *Luguené* au *cap de la Chèvre ;* mais ce dernier promontoire est continué par une ligne de rochers qui laissent seulement, en réalité, un passage de quatre à cinq kilomètres d'ouverture. La hauteur d'eau n'est jamais moindre de vingt-sept brasses (43^m,74), avec un beau fond de sable.

L'hiver, néanmoins, la baie n'est pas absolument sûre, et les navires à voiles n'en peuvent sortir que par les vents d'est et de nord-est.

Le chemin de fer va donner une impulsion nouvelle au commerce de Douarnenez. Ce sera une compensation à l'établissement d'un pont sur l'anse de Pouldavy, qui y perd beaucoup de son calme romantique et de son aspect ombreux. Mais, si la ville y gagne un accroissement de prospérité, les choses se trouveront pour le mieux : cette prospérité ne pouvant que rejaillir de la manière la plus heureuse sur sa nombreuse population de pêcheurs.

Chasse-marée.

CHAPITRE XXXVII

LE PASSAGE DU RAZ. — L'ENFER DE PLOGOFF.
L'ILE DE SEIN

Nous entrons dans la presqu'île du cap de Cornouailles, située entre la baie de Douarnenez, au nord, et la baie d'Audierne, au sud-ouest. La partie septentrionale est la plus fertile, quoique, du reste, le cap et ses abords rênferment de belles communes très peuplées.

Ainsi, POULDERGAT, à sept kilomètres de Douarnenez, est renommé pour ses foires de bestiaux. Les vestiges de la voie romaine, nommée en breton *Hent Ahès*, ou *chemin d'Ahès*, y sont encore reconnaissables, et le manoir de KERGUÉLENEN s'honore d'avoir vu naître l'héroïque Du Couëdic (1740).

POULLAN, favorisé par le petit port de Tréboul, situé sur son territoire, fait un assez grand commerce de bois et de pierres à bâtir. Trois beaux menhirs, soustraits à la ruine par la Commission des monuments historiques, se dressent entre le port et le bourg.

Dans le château de KERVÉNERGAN, plusieurs des conventionnels proscrits trouvèrent un asile (1793)...

Mais, à mesure que l'on avance, le pays devient de plus en plus sévère d'aspect, jusqu'à son extrémité occidentale, terminée par des écueils trop justement redoutés des marins. Les engrais de mer sont la grande ressource des habitants, très laborieux, malgré un sol peu propre à la culture, et intrépides pêcheurs, malgré les périls de toute sorte défendant l'approche de leurs rivages.

Où conduisaient les voies pavées dont parle le chanoine Moreau, dans son *Histoire de la Ligue en Bretagne?*

L'écrivain avait-il visité « la ville de *Roc'h-Guen-Cap-Sizun*, défendue, du côté de la terre, par une triple enceinte de murailles et, du côté de la mer, par un précipice, le long duquel était pratiqué un étroit escalier serpentant jusqu'au rivage » ?

Avait-il vu cet autre « cité assise entre Cléden et Plogoff », et la « grande muraille carrée, faite de cailloux noyés dans le ciment, près de laquelle se trouvaient des cercueils en pierre appartenant au quatrième siècle » ?

Que le docte chanoine ait vu ou non ces antiquités, elles n'existent plus, et, du passé reculé, on ne retrouve qu'un menhir... La mer gagne chaque jour sur ces rochers qu'elle ébranle sans relâche, qu'elle frappe avec une fureur inouïe.

Cambry, le consciencieux observateur, avouait que rien, dans ses nombreux voyages, ne l'avait impressionné à un si haut degré.

Les rudes pêcheurs bretons, ces hommes énergiques, pliés, depuis l'enfance, à toutes les trahisons de l'Océan, sentent leur cœur troublé quand ils doivent traverser le chenal du Raz et, tête nue, implorant la miséricorde divine :

« Mon Dieu ! secourez-moi ! ma barque est si petite et la mer est si grande ! »

« Va Doué ! va sicouret da tremen ar raz,
Rac valestr a zo bihan hac ar mor a zo bras ! »

Touchante prière souvent exaucée, et que les plus sceptiques répéteraient, même pendant la plus belle traversée : l'impression éprouvée restant saisissante.

Le *Bec du Raz*, ainsi appelé à cause des formidables raz de marée qui le frappent, est formé de falaises granitiques, hautes d'environ cent mètres, déchirées par le vent et par la mer ; celle-ci a coupé un étroit passage entre le promontoire et la chaussée de Sein.

Les courants tourbillonnent le long des roches innombrables, et le peu de largeur laissé entre des écueils, dont beaucoup sont invisibles, uni à une mer presque constamment agitée par les brises variables, venant toujours des hautes mers, font de cette sorte d'entonnoir un chenal des plus difficiles pour les navires à voiles. Les bateaux à vapeur eux-mêmes doivent apporter une extrême attention à la route. D'ordinaire, on gouverne de manière à laisser un peu au large le roc nommé *la Vieille,* occupant le milieu du passage. Néanmoins, presque tout le cabotage entre la Manche et l'Océan passe par là.

Pendant les guerres contre les Anglais, nos escadres ont souvent franchi le Raz, soit pour donner le change sur leur destination, soit pour échapper aux poursuites. Rarement, l'ennemi osait les y suivre.

Une foule de combats ont été livrés à ses abords, entre des convoyeurs et des vaisseaux anglais, que l'on empêchait, ainsi, de courir sus aux navires protégés.

Le 16 décembre 1797, une expédition partit de Brest, destinée à envahir l'Irlande.

Pour échapper à l'escadre de lord Bridport, elle prit par le Raz, et la manœuvre réussit. Mais, à la nuit, l'amiral donna ordre de suivre la route de l'Iroise. Quelques-uns des navires, seulement, aperçurent les signaux et obéirent. Il en résulta une confusion affreuse, encore augmentée par les signaux que se faisaient les bâtiments entre eux, et que multipliait à dessein le vaisseau rasé anglais, *l'Indéfatigable,* mêlé incognito à la flotte. La plupart, cependant, continuèrent à passer le Raz ; mais *le Séduisant,* de 74 canons, portant treize cents marins et soldats, alla se perdre sur *le Stevenec,* plateau étendu, au centre duquel se dresse une roche conique fort élevée ; plus de la moitié des passagers périrent.

Combien d'autres catastrophes pourrait-on signaler dans ces parages! Vers les premiers jours d'octobre 1859, par un temps brumeux, la frégate à roues *le Sané* vint se perdre sur le bout de la chaussée. Elle se trouva tout à coup au milieu des brisants et toucha presque aussitôt. On reconnu que le navire était perdu ; mais comme la mer se montrait, chose rare, assez tranquille, l'équipage put descendre, avec tous ses effets, dans les embarcations et atteignit la côte. Dès que le sinistre fut connu, on expédia, de Brest, plusieurs avisos pour essayer de sauver les épaves.

Les naufrages de caboteurs ou de barques de pêche se chiffrent, ici, par milliers. Pas une année ne s'écoule sans compter quelque sinistre ! ! !

La mer brise à des profondeurs considérables, et le courant de flot passe comme une cascade entre les roches. Aussi, lorsque le temps est trop mauvais, les caboteurs qui viennent de la Manche relâchent-ils à Camaret, prêts à profiter de la première « embellie ».

Beaucoup de pilotes ne se guident que par l'aspect du remous autour des roches. Nous en avons fait l'expérience, non, à la vérité, sans blâmer un peu notre petit voyage. Ils nous a laissé, en compensation, un de nos meilleurs souvenirs.

C'est au lever ou au coucher du soleil que le Raz apparaît dans sa magnificence sauvage. A droite, la vue se profile jusque vers Ouessant, et la côte se dessine, tantôt fière, droite, tantôt recourbée, tantôt soulevée par des promontoires de couleur éclatante comme le cap de la Chèvre.

En face, l'horizon fuit à une distance de plus de trente kilomètres, coupé par l'île de Sein et les récifs, derniers débris des rivages engloutis.

A gauche, la ligne désolée de la baie d'Audierne rejoint les roches de Penmarc'h, si lugubrement renommées.

Tout cela, pourtant, le cède en sublimité effrayante à l'aspect d'une tempête s'abattant sur ces gouffres où les Anciens avaient placé les bouches du Ténare.

La pointe tremble, secouée par les soubresauts de la vague heurtant les cavernes des falaises. L'*enfer de Plogoff*, abîme aux parois de granit rouge, semble vouloir rejeter, avec le flot qui s'y engloutit, d'énormes blocs enflammés.

La *Baie des Trépassés* hurle lamentablement et, sur le sommet des ondes couvertes d'écume, l'imagination entrevoit les âmes des naufragés, que la croyance bretonne y fait apparaître aux jours de malheur, comme à l'époque anniversaire où l'Église prie pour les morts.

A marée basse, les écueils du passage du Raz, en partie découverts, sont une preuve des bouleversements subis par cette pointe extrême de la terre armoricaine. Selon toute évidence, la puissante houle de l'Atlantique a effondré les caps, a dispersé les sables, a englouti les roches amoncelées dans le canal. De tous côtés, les crêtes surgissent, envahissantes et rétrécissant le passage sur une largeur de moins de trois mille mètres. En certains endroits, on estime cette largeur à deux mille mètres.

Vienne l'heure du flux : les bas-fonds disparaissent et les hauts plateaux, gênant le mouvement des vagues, causent ces « perfides courants brillant comme de l'huile » et aux remous meurtriers.

L'île de Sein, arrachée au continent par un caprice de l'Océan, se présente bien, en effet, semblable à « un radeau », tellement elle est basse, sauf au nord, sur toutes ses parties, presque submergées quand se produisent les grandes marées.

Nulle végétation arborescente ne peut prendre racine dans ce sol constamment balayé, brûlé au souffle des vents du « grand large ». Un buisson de ronces y serait presque merveilleux et l'orge, seulement, la plus résistante des céréales, trouve à implanter, au milieu des engrais marins, de chétifs épis, rendant moins de cinq fois la semence !

Le gibier fuit une terre si désolée, le bétail n'y saurait prospérer ; en revanche, la mer se montre bonne nourricière. Le poisson (surtout le congre) abonde, et nuls pêcheurs, mieux que ceux de Sein, ne savent braver les périls dont ils sont entourés.

CHAPITRE XXXVIII

LA BAIE D'AUDIERNE. — PENMARC'H

La baie dite d'*Audierne* se développe de la pointe du *Raz* jusqu'à la pointe de *Penmarc'h*, sur une longueur d'environ quarante kilomètres. Elle a pris le nom du centre habité le plus important de ses rivages.

Très peu enfoncée, sans caps protecteurs à son entrée, et, par conséquent, largement ouverte aux vents d'ouest et du sud-ouest, ses falaises granitiques se prolongent de toutes parts en écueils redoutables. Les marins savent de combien de naufrages a été témoin cette côte inhospitalière, pendant longtemps habitée par des pilleurs d'épaves.

En hiver, peu de semaines se passent sans que la cloche d'alarme des navires en détresse, les signaux des sémaphores ou les grèves, ne fassent connaître des sinistres.

Mais, pour l'artiste, pour le voyageur, le pays continue à être admirable.

Tout de suite après Plogoff, on trouve PRIMELIN, dont les habitants ont gardé le souvenir de l'échouage de quarante énormes cachalots jetés sur leurs récifs, pendant une tempête (1784). Ils montrent avec respect une sorte de dolmen de plus de deux mètres de long, recouvrant une autre pierre creusée et enfoncée en terre ; sous celle-ci jaillit une fontaine. Encadré dans un site pittoresque, ce petit monument druidique arrête longtemps le regard.

Le sol est accidenté ; vers le nord-ouest, il tend à s'élever ; vers le sud, la côte s'affaisse. AUDIERNE en est l'*unique refuge possible*. Aussi, l'amélioration de son port s'impose-t-elle avec force.

Très sûr, mais insuffisant, il appelle la sollicitude constante de l'administration maritime, car s'il offrait les facilités nécessaires aux navires d'un certain tonnage, on le verrait devenir très fréquenté, comme lieu de relâche.

Son commerce actuel provient surtout de la pêche, très active.

Menhir, près Penmarc'h.

Le congre, la merluche, sorte de morue, le maquereau sont les espèces les plus abondantes ; on les sale, on les sèche pour l'exploitation ; le poisson frais, les crustacés s'expédient également par quantités considérables.

Les engrais marins, principalement la soude, obtenue de varech, ainsi que les céréales contribuent à entretenir les transactions.

Une école d'hydrographie est établie à Audierne. Elle trouve, à coup sûr, les éléments les plus variés d'observation sur des rivages si constamment battus par les vents et les flots.

Entre tous les naufrages qui ont fait le fatal renom de la baie, celui du vaisseau : *Les droits de l'Homme*, marque une page cruelle pour la marine française.

Après avoir soutenu un combat meurtrier contre deux navires anglais de forces bien supérieures aux siennes, ce vaisseau, *rasé de ses mâts et coulant bas*, vint, poussé par la tempête, échouer sur les sables de PLOUHINEC. Son artillerie était épuisée, une centaine de ses marins morts, *tous* ses officiers blessés ; il resta quatre jours sans vivres, à la merci des vagues furieuses qui défoncèrent son arrière et remplirent sa cale. Les embarcations, avec les hommes qui essayèrent de les monter, furent englouties...

Quarante-trois ans plus tard, un Anglais, le major PIPON, de Jersey, témoin du combat ainsi que du désastre, vint à Plouhinec et sur une pierre druidique, autour de laquelle avaient été inhumés nos malheureux marins, fit graver une touchante inscription.

C'est l'embouchure de la petite rivière appelée *Goyazen* ou *Goayen* qui forme le port d'Audierne et même donne son nom à la ville ; les Bretons ne la désignent pas autrement.

Ce cours d'eau permet aux grosses barques de pêche de remonter jusqu'à PONT-CROIX, ancienne petite ville bâtie sur un plateau élevé, dominé par le beau clocher à jour d'une église remarquable. Pont-Croix était un marquisat appartenant à la famille de ROSMADEC, l'une des plus honorablement connues et des plus illustres de Bretagne.

Dans la ville, nous sommes, quoique bien près de la pointe extrême du cap de Cornouailles, en communication facile avec Quimper ; mais, si nous reprenons la route du littoral, une solitude complète, une sorte de désert nous entourera. Pas un abri, plus un village. Tous se sont éloignés au moins à quelques centaines de mètres de la côte de granit, trop souvent balayée par la mer démontée.

Des bruits sourds, semblables à des détonations d'artillerie, à des crépitements de pièces d'artifice, ne cessent de retentir.

Au nord, l'*Enfer de Plogoff* et le *Bec du Raz* remplissent l'air de leurs rugissements. Au sud, la *Torche* et les *Roches de Penmarc'h* exhalent leurs plaintes lugubres.

Les gouffres, les rocs brisés se succèdent. Le flot, accourant sans obstacle des rivages américains, fond de toute sa pesanteur, de toute sa force, centuplées par la distance, sur la barrière trop faible qu'il ronge à chaque heure, qu'il détache par blocs immenses.

On eût cru que les terreurs entrevues ne pouvaient être dépassées... La stupeur s'accroît quand on entend le récit de catastrophes effroyables survenues pendant des journées en apparence très calmes [1].

Les *lames de fond* causent le péril. Elles se dressent, soudain, et se retirent, sournoises, presque invisibles, mais non sans avoir accompli leur œuvre de mort!

Il ne faut pas s'aventurer sans guide sur les rares grèves de Penmarc'h!

A quelles révolutions physiques n'a pas été soumise cette côte, autrefois riche, florissante... Les pêcheries y donnaient des résultats extraordinaires; un banc de merluche y était la source de revenus énormes...

La ville, industrieuse et prospère, constituait une sorte de petite principauté à peu près indépendante, sauf les droits à payer au trésor ducal...

La mer ou plutôt la main de l'homme a fait la ruine, a porté la dévastation sur la cité.

« Les vents d'ouest et de sud-ouest, si terribles dans nos parages, ont détruit nos pêcheries et éloigné le banc de merluches, » disent parfois les vieillards.

Cela peut y avoir contribué, de même que la découverte des bancs de morue de Terre-Neuve; mais le grand destructeur fut La Fontenelle.

Jusqu'à lui, Penmarc'h avait repoussé toutes les attaques. Le bandit, plus habile, écrasa la pauvre ville une fois, deux fois, dix fois... emmenant, *d'un seul coup, trois cents barques* de pêche et faisant couler des blocs de roche dans le port ! ! !

---

[1]. L'épouvantable événement qui priva M. Levainville (ancien préfet du Finistère) de toute sa famille est de ce nombre.

Le pillage des maisons, des manoirs, le massacre des gens accompagnaient ces excès de vandalisme... Le pays ne s'en releva jamais. Il faut le parcourir pour comprendre à quel point sa misère fut absolue !...

Sept églises, dispersées au milieu de ruines de tout genre, formant maintenant autant de villages, prouvent que la population était très nombreuse. De beaux débris sculptés, des maisons fortifiées prouvent que seigneurs et bourgeois avaient de riches logis.

L'église paroissiale, grand et beau monument du quatorzième siècle, aux riches vitraux, surmonté d'une grosse tour accostée de contreforts, n'abrite plus qu'un petit peuple de fidèles.

Kérouille-Saint-Guénolé ne possède plus que la majestueuse tour et le gracieux portail de son église.

Kérity voit s'effriter sa chapelle, œuvre du treizième siècle, d'un goût exquis, et les dernières dalles funéraires de sa commanderie de Templiers vont former les murailles ou les chambranles des portes des chaumières, quand elles ne servent pas de seuil à une étable !...

Les pierres druidiques, surgissant un peu partout, augmentent encore cette impression de tristesse. Ne semble-t-il pas qu'elles viennent, triomphantes, reprendre possession du sol pour jamais frappé de stérilité !... Et les *tumuli* ne livrent-ils, en partie, leurs secrets, que pour affirmer le néant de toute richesse, de toute puissance !

Ceux dont la main les éleva avaient été forts, courageux, persévérants. Leur souvenir est effacé ; leurs mœurs, leur culte à peine connus.

Ils reçoivent, près d'eux, les enfants de « la terre de granit », tombés de la prospérité dans une existence rude, précaire, à laquelle l'avenir ne peut apporter beaucoup de changements !...

Mais, nous nous trompons, souhaitons-le. Il ne faut jamais désespérer de l'avenir. Le chemin de fer aidant, Penmarc'h reprendra quelque activité.

Un dernier regard à ces rivages redoutables :

Où est-il, le rocher dont la configuration bizarre leur imposa le nom de *Tête de Cheval ?* (Pen Marc'h.)

Où, la fameuse « *Torche* » dont l'écho trouble souvent Quimper !

Les voici tous, gris, rouges, noirs, aigus, roulés, éclatés en mille facettes dentelées... Ils se poussent, se heurtent jusqu'aux dernières limites de l'horizon... Des nuées d'écume s'élèvent de leurs flancs et vont se mêler à l'atmosphère sombre, ou bien se déchirent avec un fracas retentissant !...

Une voile, pourtant, plusieurs voiles teintent de blanc le brouillard ! Un soupir d'effroi gonfle le cœur.

L'homme ose se mesurer dans une lutte aussi affreuse !

Ne l'oublions pas, nous, habitants de villes privilégiées... Et quand le retentissement d'un naufrage viendra jusqu'à nous, ouvrons la main, ouvrons-la généreusement.

Soulager de telles misères, c'est faire deux fois acte d'humanité ; tant de foyers restent déserts après la tempête !...

CHAPITRE XXXIX

QUIMPER. — LOCTUDY ET L'ILE TUDY. — PONT-L'ABBÉ

Si nous continuons notre route par le rivage, nous passerons à une assez grande distance de Quimper, situé un peu au-dessous du point où la marée s'arrête, après avoir remonté le cours de son petit fleuve.

Or, de tout temps, la vieille capitale de la Cornouailles armoricaine, aujourd'hui chef-lieu du département du Finistère, a su profiter de son heureuse situation pour le commerce maritime. Nous ne pouvons pas n'y point faire au moins une courte station, et nous nous y rendrons par terre, sans nous arrêter aux localités que, bientôt, nous retrouverons en descendant les rives de l'Odet.

QUIMPER, ainsi que bon nombre d'autres villes bretonnes, n'est pas en possession d'un état civil bien établi ; c'est-à-dire que les archéologues et les étymologistes, aidés par les historiens, n'ont pu encore définir exactement à quelle origine appartient son ancien nom de *Corisopitum*. Par bonheur, la vieille langue celtique lui en a donné un facile à élucider : Quimper, de *Kemper, confluent*, la ville étant située à la jonction du Steïr et de l'Odet.

La même incertitude règne quant à la puissance des princes qui la gouvernèrent et aux époques où ils vécurent. La fureur de détruire, pour le triste, l'unique plaisir de détruire, a anéanti une énorme quantité de titres historiques, ce qui rend les documents sauvés, ou incomplets ou contradictoires en apparence.

Il faut arriver au dixième siècle pour acquérir une certitude. A cette époque, le *comté de Poher*, ou *haute Cornouailles* (capitale CARHAIX) est réuni à la couronne ducale. Un siècle plus tard, la *basse Cornouailles* (capitale QUIMPER) faisait également retour au domaine souverain, par le mariage du comte Hoël avec Havoise de Bretagne.

Les cartulaires des vieilles abbayes ont sauvé de l'oubli quelques-uns des noms des comtes cornouaillais, tiges des ducs bretons ; parmi eux, *Gradlon-Mur*, le *grand Grallon*, est le plus connu. Il vivait dans la première moitié du cinquième siècle et a conquis la popularité, grâce aux bardes et aux romanciers du moyen âge. On lui attribue la fondation de l'évêché de Quimper, en faveur de *Corentin*, ermite établi au pied de la montagne du *Menez-Hom* et dont il avait pu admirer la sainteté. Sur l'invitation du roi [1], Corentin se fit ordonner prêtre et fut l'apôtre du sud de la Cornouailles, ainsi que le premier *évêque-seigneur* de Quimper. Sa légende, très poétique, très naïve, est tout au long dans Albert de Morlaix.

La voix reconnaissante du peuple ne sépara pas, désormais, le nom du prélat de celui de sa ville épiscopale. Quimper est resté et restera bien longtemps encore : Quimper-Corentin, n'en déplaise aux railleurs, dont l'ignorance fait trop souvent le plus clair de l'esprit.

Notre intention n'est pas de suivre longuement les chroniques de la ville ; mais deux époques ne sauraient être passées sous silence. La guerre de Succession, entre Charles de Blois et Jean de Montfort, vit, tour à tour, la pauvre cité passer sous le joug de l'un et de l'autre de ces princes, qui l'inondèrent du sang des habitants.

Les guerres de la Ligue ne furent pas moins funestes à Quimper. Le pays entier supporta une misère atroce, augmentée par des maladies pestilentielles, les attaques de nombreuses bandes de loups et les incursions du comte de Magnane, un de ces capitaines sans scrupule, comme il s'en trouva tant à l'époque. Tout cela n'empêcha pas les bourgeois ligueurs de se battre si résolument que le maréchal d'Aumont, lieutenant de Henri IV, ne pouvait s'imaginer avoir affaire à de simples citadins. Peu après, le vieux guerrier, continuant le cours de ses exploits, quittait Quimper, pacifié, mais accablé de contributions de guerre. Ce

---

[1]. Il faut remarquer que les légendaires et les chroniqueurs du temps emploient volontiers le mot *roi*, dès qu'il s'agit d'un grand personnage.

fut le moment choisi par La Fontenelle pour essayer, à deux reprises différentes, de ravager la ville, attaques funestes qui causèrent le plus grand mal aux faubourgs.

Avec un gouvernement régulier, Quimper essaya, enfin, de se donner aux seuls travaux de la paix, et de tirer tout le parti possible de son heureuse situation. Ses tanneries ne tardèrent pas à acquérir du renom. Ses fabriques de chandelle, de toiles de lin et de chanvre, furent avantageusement connues. Son port expédia ces produits, ainsi que du blé, du miel, de la cire, du beurre, du suif, du poisson frais, sec ou salé. L'élève du cheval reçut une certaine impulsion ; en même temps, l'industrie des faïences et des poteries progressa.

Beaucoup de très jolies pièces quimpéroises ont circulé sous le couvert de Rouen ; mais, c'était faire tort à la ville bretonne, tort aujourd'hui réparé, sur titres indiscutables à l'appui.

Quimper est bien loin encore d'avoir pris une physionomie toute moderne, autrement dit, ses rues laissent beaucoup à désirer pour la régularité mathémathique. Cependant, les souvenirs du passé y sont peu nombreux. Le plus imposant et en même temps le plus intéressant : la cathédrale, date de 1239.

On reproche à ce noble édifice de présenter des lignes un peu trop massives, il n'en reste pas moins un de ceux dont la Bretagne est fière. Le chevet et quelques parties voisines sont les plus anciennes du monument. La voûte du chœur fut élevée dans la première année du quinzième siècle, et celles de la nef et des bas côtés, quatre-vingts ans plus tard.

Les deux tours carrées portèrent leurs flèches inachevées jusqu'à notre époque, où la souscription au *sou de Saint-Corentin* fit appel à tous les souvenirs historiques et religieux du pays. On engageait les familles à donner, pendant cinq ans, *un sou par tête et par année*. Le total des sommes recueillies dépassa cent cinquante mille francs, et les deux tours jumelles montent, aujourd'hui, vers le ciel, à une hauteur de soixante-quinze mètres.

Le tympan du portail Sud possède un beau relief, représentant la Vierge encensée par des anges. La balustrade de la plate-forme, qui relie les deux tours, est ornée d'une statue du roi Grallon.

Malheureusement, ce n'est pas la très vieille statue en croupe de cheval sur laquelle, annuellement, le jour de la Sainte-Cécile, montait l'un des sonneurs de cloche de la cathédrale. Le brave homme était muni d'une bouteille de vin, d'un verre et d'une serviette. Il avalait une bonne rasade, en ayant soin de se dissi-

Une rue de Quimper.

muler derrière le corps de la statue, puis il présentait le verre vide au digne roi de pierre, dont il essuyait la bouche avec sa serviette, aux applaudissements du peuple massé sur la place. Cela fait, il jetait le verre au milieu de la foule et c'était à qui s'efforcerait de se l'approprier, intact, car la belle prime d'un *louis d'or* récompensait l'adresse du gagnant.

La cathédrale a conservé quelques beaux vitraux, et les tombeaux sculptés de trois de ses évêques, Bertrand de Rosmadec, Alain Le Maout et Raoul Le Noël, qui se signalèrent, le premier surtout, par leur sollicitude pour l'achèvement de l'église.

Une visite aussi sommaire ne peut donner même l'idée de l'impression produite par ce vaste vaisseau de quatre-vingt-douze mètres de longueur, à l'arc si fortement infléchi que le regard en est sur le champ frappé. Faut-il admettre que le terrain nécessita cette déviation, ou faut-il croire que, comme plusieurs églises du treizième siècle, Saint-Corentin garde le souvenir de l'attitude de Jésus-Christ mourant sur la croix? Les deux opinions sont vraisemblables; mais la seconde s'accorde mieux avec le caractère religieux de l'époque où la cathédrale fut fondée.

Une restauration intelligente achève de mettre le monument dans un état digne de lui. Toutefois, pour le dire en passant, nous voudrions bien voir supprimer de ces édifices d'une beauté grave, imposante, des ornementations vraiment fâcheuses, malgré leur richesse. Ainsi, le grand autel de la cathédrale quimpéroise, tout ruisselant de dorures et d'émaux, mais de si mesquine apparence, sous les voûtes séculaires qui l'écrasent de leur majestueuse simplicité.

La belle chapelle épiscopale a été placée sous la protection de la Commission des monuments historiques.

Saint-Matthieu, édifice du seizième siècle, a eu le bonheur de garder les jolies verrières contemporaines de sa fondation.

Après une visite à ces deux églises, il ne reste plus à voir que les ruines des murailles et une porte assez bien conservée. Quant aux anciennes maisons, elles ont disparu, croyons-nous, sauf une ou deux, abominablement barbouillées de badigeon. Quelques-unes des vieilles tanneries, encombrant si pittoresquement les rives du Steïr, sont encore debout.

Quimper a élevé une statue à l'un des plus illustres parmi ses enfants : Laennec, qui découvrit le procédé médical de l'auscultation et fit faire un grand pas au diagnostic des maladies du cœur et du poumon. Fréron, qui ne voulut pas s'incliner platement devant Voltaire et soutint, sans faiblir, le droit de critiquer les choses critiquables, était Quimpérois.

Il ne faut pas oublier le chanoine Moreau, auteur de cette si curieuse et tragique *Histoire de la Ligue dans le diocèse de Cornouailles*, ni le P. Hardouin, inventeur du bizarre paradoxe qui attribuait aux moines du moyen âge les ouvrages de Platon, d'Aristote, d'Homère. Ces noms merveilleux auraient été les simples pseudonymes de religieux trop modestes ! ! !

Si la ville n'a pas gardé beaucoup de choses du passé, elle n'en est pas moins curieuse à étudier, surtout aux époques des foires, toujours importantes et suivies, et aux époques des courses, fort appréciées.

L'animation devient grande et les vieux costumes apparaissent au milieu de la foule sympathique. On les accommode, il est vrai, un peu au goût du jour ; la soie et le satin remplacent le drap et le simple ruban de velours, mais la forme, la couleur sont encore respectées. Entre tous les Bretons, ceux de Cornouailles se sont toujours distingués par la richesse et l'élégance de leurs vêtements.

Il n'est pas rare de voir une jeune mariée, grassement dotée, s'agenouiller devant l'autel, sous la parure imitée de la toilette de noces de l'aïeule.

Puis, la cérémonie religieuse terminée, si les époux appartiennent à la classe des artisans, on organise sous les Halles, désertes à cette heure, ou simplement sur une place, des danses auxquelles les spectateurs sont libres de se mêler ; auxquelles, poliment, on vient leur demander de prendre part. Le biniou s'y fait quelquefois entendre ; le plus souvent, par malheur, le violon le remplace et altère le cachet primitif de la fête. Car, tout va s'effaçant, peu à peu, de ce qui était le souffle spécial à la contrée.

Le niveau moderne, néanmoins, n'a pas modifié le souriant paysage dont Quimper s'environne. Les grands jardins préparent à la vue de belles promenades du *Mont-Frugly* et des *Allées de Locmaria*. Le climat, comme le sol, devient plus doux ; on s'aperçoit que l'on touche à cette partie de la Bretagne, souvent surnommée l'Arcadie, tant la grâce, l'harmonie, la beauté y deviennent les éléments naturels des gens et des choses.

Pour nous en convaincre, descendons l'Odet. Quoique le port soit situé à dix-sept kilomètres de l'Océan, la marée lui donne un sérieux mouvement, qui peut augmenter de beaucoup, si l'anse de Benodet reçoit les améliorations nécessaires.

Nous passons devant Locmaria, dont l'église fut fondée en 1030, par Alain CANIHART ou CAIGNARD, comte de Cornouailles, en faveur de sa fille Hodierne, qui en devint la première abbesse ou prieure. Probablement en souvenir de cette origine, les prieures portaient une croix d'or et étaient investies de plusieurs droits ou honorifiques ou fructueux.

Lorsque les évêques de Quimper arrivaient pour la première fois dans leur diocèse, ils allaient coucher à Locmaria; mais, en retour, devaient y laisser leurs gants, leur bonnet, leur bourse.

L'église porte bien le cachet de l'époque de sa fondation, dans ses gros piliers carrés, ses arcades cintrées, ses fenêtres en entonnoir et le petit appareil de ses murailles; mais le porche, ainsi que le chœur, ont été rebâtis au quinzième et au dix-septième siècle.

On ne se lasse pas de la navigation sur le petit fleuve, qui traverse de fort belles communes et s'approfondit de plus en plus pour finir par former le large estuaire connu sous le nom de BENODET. (*Pen-Odet*, tête de l'Odet.)

Ce n'est pas d'aujourd'hui que les avantages de cette station maritime ont été signalés. Plusieurs mémoires furent, coup sur coup, adressés à l'amirauté, il y a un siècle; tous faisaient l'éloge du port qui, facilement, pouvait être créé dans l'anse. On énumérait la bonté du mouillage, la possibilité de faire remonter la rivière aux vaisseaux de l'époque (moindres en dimensions que les nôtres), sur une longueur de plus de huit kilomètres; et les défenses naturelles de la position, protégée, à l'ouest, par les *roches de Penmarc'h*; au sud, par les *îles Glenans*; à l'est, par différentes pointes.

L'auteur de l'un des mémoires insistait par cette raison que le port de Brest pouvait être bloqué et, alors, Benodet l'eût ravitaillé en munitions de guerre.

A l'embouchure de l'Odet, et à l'extrémité du petit bras de mer qui porte le nom de *rivière de Pont-l'Abbé*, on trouve l'*île Tudy*, retraite du moine de ce nom; elle est située en face de *Loctudy*, bourg né du monastère, fondé par son patron vers la fin du cinquième siècle.

L'église de Loctudy est l'un des plus anciens monuments de la Bretagne; il remonte en partie au sixième siècle. Les arcades en plein cintre et ses chapelles, rondes tant à l'intérieur qu'à l'extérieur, ne laissent aucun doute sur son antiquité. De loin, on croirait voir des tourelles ajoutées les unes aux autres.

Pendant environ deux siècles (1127-1308), l'ordre du Temple posséda cette abbaye, ou plutôt les biens qui en dépendaient, car les Normands l'avaient détruite. Deux figures : l'une de chevalier, l'autre de frère servant, et la croix pattée du Temple, sont sculptées sur des chapiteaux.

Le bourg et surtout l'île Tudy sont peuplés de marins excellents, de pêcheurs énergiques, connaissant à fond les moindres dangers de la côte et sachant braver les roches de Penmarc'h, leurs redoutables voisines au sud-ouest.

Le poisson, les crevettes, les huîtres, les moules, les homards estimés de leurs rivages les trouvent toujours prêts au travail ; trop empressés peut-être ! puisque les espèces vont s'appauvrissant... Mais il faut vivre, et des pêcheurs ne sauraient s'astreindre à aucun autre travail que celui de la mer.

Pont-l'Abbé dépendait autrefois de l'abbaye de Saint-Tudy, ce qui explique son nom : le pont jeté sur sa petite rivière appartenant à l'abbé.

Lorsque le monastère fut détruit, la future ville était partagée entre les communes de Loctudy et de Plobannalec ; elle-même ne prit existence indépendante qu'en 1790, époque du remaniement des circonscriptions territoriales de France.

Pont-l'Abbé comptait au nombre des onze baronnies les plus importantes de Bretagne, et ses seigneurs jouissaient de droits féodaux assez lourds, produisant un gros revenu.

Les troubles, dont divers impôts établis après la réunion de la Bretagne à la France, devinrent le sujet, pesèrent beaucoup sur cette contrée. Une révolte générale des paysans de la Cornouailles fut écrasée à la Boixière, non loin de Pont-l'Abbé. Les malheureux, massacrés, tombèrent si nombreux que le lieu de leur défaite reçut l'appellation de *Prad-ar-mil-gof*, *pré de mille ventres*. Le chanoine Moreau a donné le récit de cette révolte de la « paysantaille », comme il l'appelle avec ressentiment, car l'insurrection avait fait beaucoup de tort à Quimper, sa ville natale.

Une complainte populaire : *Les jeunes hommes du Plouyé*,

recueillie par M. de la Villemarqué, a pris pour sujet le cruel événement.

La Ligue fut encore une époque de calamités. Depuis longtemps, par bonheur, la petite ville respire en paix. Elle a gardé, plus que beaucoup d'autres, les mœurs du passé, et la majorité de ses habitants, comme les cultivateurs des campagnes voisines, sont restés fidèles au costume des ancêtres.

Les *Bigoudenn* de Pont-l'Abbé, dit-on familièrement, en parlant des femmes, faisant ainsi allusion à leur bizarre petit bonnet.

Les restes du vieux château, situé vis-à-vis de la rivière, ont conservé un certain air de noblesse, bien que la plus notable portion de l'enceinte ait été détruite.

L'église paroissiale, ancienne chapelle gothique des Carmes, offre quelques détails remarquables. Elle possède encore son cloître, fort beau et soigneusement conservé.

Dans la rue Kéréon, c'est-à-dire des cordonniers, existe toujours un puits curieux, que l'on suppose avoir été aménagé au quatorzième siècle.

L'établissement de la ligne stratégique ferrée, entre Pont-l'Abbé et Quimper, va donner une impulsion nouvelle à la petite ville. Car son port, établi à l'embouchure d'un gros ruisseau, élargi et approfondi par la marée, est la route naturelle d'une grande partie du commerce du cap de Cornouailles. Déjà assez fréquenté, il ne peut manquer de l'être davantage. L'intéressante population y gagnera un surcroît d'aisance bien mérité par son travail.

CHAPITRE XL

LES ILES GLENANS. — LA BAIE DE LA FORÊT. — CONCARNEAU

On pourrait supposer que l'on parcourt un autre pays, tellement, depuis l'extrême pointe sud du cap de Cornouailles, la côte a changé d'aspect. Verdoyante, les arbres la couvrent souvent jusqu'à la ligne de flot, baignant leurs racines et leur feuillage dans l'eau de chaque marée. Ils sont parfois si touffus, que l'on croirait voir les abords d'une forêt, et plusieurs baies en ont retenu le nom sous lequel on les désigne. Telle la jolie baie défendue par la ville de Concarneau.

Les îles de GLÉNAN, ou, plus simplement, LES GLÉNANS, commandent à la fois l'entrée de Concarneau et l'anse de Benodet, Elles dépendent de la commune de Fouesnant et gisent à une distance de douze à quatorze kilomètres au large. C'est un petit archipel composé de six grands îlots et de plusieurs masses rocheuses, asiles des lapins et des oiseaux de mer.

L'île *Penfret*, la plus considérable, est située en face de la baie de la Forest, au sud-ouest de la pointe de *Trévignon*. Sa côte nord supporte, depuis un demi-siècle, un phare de troisième ordre à éclats. L'anse de *Porniqueul* assure un bon mouillage et un bon abri aux petits navires; un puits d'eau douce en est tout proche.

Le mouillage de l'île de la *Cigogne* (placée au centre de l'archipel) est très bon, un petit fort en défend l'accès.

L'île *Saint-Nicolas* possède d'excellentes terres bien cultivées et de l'eau douce; mais *Guyoteck*, le *Drenec* et *Cuineneck* ne donnent guère asile qu'à des bestiaux envoyés pour paître leur herbe succulente.

L'île du *Lock* tire son nom d'un grand étang saumâtre occupant le milieu de la superficie[1] : le mot *lock* signifiant littéralement : étang.

La position des Glénans peut être importante en temps de guerre, puisqu'elle entraverait les opérations d'un débarquement ennemi sur cette partie du littoral breton. Il y a donc lieu de supposer que ces îles ne seront pas oubliées dans le plan général adopté pour la défense de nos rivages.

La baie de la *Forest* fournit les plus charmants points d'excursion. L'église du bourg de Fouesnant date, au plus tard, du dixième siècle. Les beaux sites et les riches manoirs sont nombreux aux environs. La population, les femmes surtout, présente des types ravissants.

Sous leur si gracieux costume, qu'elles ont le bon sens de conserver, avec leur blanche carnation, leurs grands yeux d'un bleu foncé, leur opulente et fine chevelure noire, un artiste ne saurait rêver modèle plus idéal.

Sur la côte orientale, et à l'entrée de la baie de la Forest, s'ouvre une anse profonde, occupée, à peu près à son centre, par un îlot sur lequel une petite cité a trouvé moyen de développer sa ceinture de murailles.

Concarneau, ainsi se nomme-t-elle, doit être d'origine fort ancienne ; mais les premiers faits dont ses chroniqueurs aient gardé le souvenir ne vont pas au delà du septième siècle. Sa situation lui a toujours valu un rang honorable parmi les places de guerre bretonnes, et lorsque Henri II lui accorda, en 1557, le droit envié d'établir un *Papegault*[2], les lettres patentes la désignèrent comme « la quatrième ville forte de Bretagne ».

De nos jours, Concarneau est place de guerre de troisième classe, et ses fortications sont soigneusement entretenues. L'un des bastions passe pour avoir été construit par la reine Anne, chose très possible, « la bonne duchesse » ayant toujours veillé jalousement sur son domaine particulier.

Du Guesclin assiégea sans succès la petite ville, que la mer protégeait.

---

1. Les lecteurs du *Foyer Breton* se souviendront qu'Émile Souvestre y a placé la scène de l'un de ses plus charmants récits populaires : *la Groac'h* de l'île du Lock.

2. Tir à l'arc et à l'arquebuse.

Plus tard, au temps de la Ligue, Concarneau devint, affirme le chanoine Moreau, « un repaire de bandits de sac et de corde, capables de tous les crimes ».

Quoi qu'il en soit, depuis longtemps Concarneau ne songe plus aux expéditions guerrières et déploie toute son activité pour la pêche de la sardine.

Les bancs de ce poisson arrivent dans la baie quelques semaines plus tard qu'à Douarnenez. Vers la mi-juin, la pêche commence et finit vers la mi-novembre. La population à peu près entière y est employée. Toutes les industries qui en sont la conséquence ont, dans les faubourgs, des établissements florissants.

Mais, cela va sans dire, leur prospérité est subordonnée à l'abondance du poisson. Comme à Douarnenez, si la sardine « donne », c'est l'aisance pour le pays. Le contraire amène une misère presque complète, car les habitants se livrent peu à la culture de leurs terres, excellentes de qualité, cependant.

La pêche du poisson frais, des huîtres et des crustacés, est aussi pratiquée. Les pêcheurs ne craignent pas d'affronter les parages d'Audierne et de Penmarc'h.

L'*aquarium* de Concarneau est célèbre. Sa réputation, justement méritée, vient des études consciencieuses et suivies qui y sont faites. Elles ont donné beaucoup de résultats curieux et peuvent finir par combattre les préjugés, ainsi que la routine, seuls guides volontiers écoutés des pêcheurs et des riverains, inconscients destructeurs des ressources fournies par la mer.

Pour voir Concarneau dans son ensemble, il faut se rendre à la « ville close » et obtenir la permission de faire le tour des murailles.

Excursion très facile, réclamant au plus dix minutes ; mais la beauté du spectacle allongerait indéfiniment, si cela était possible, le temps qu'on lui consacre.

Resserré en une rue unique, traversée par de petites *venelles*, le vieux Concarneau a perdu presque toutes ses antiques maisons, et son église gothique a fait place à une affreuse bâtisse.

Il n'importe ! la ceinture murale est toujours debout. D'un gris blanchâtre, elle se reflète, presque brillante, dans les vagues de la marée haute ; immuable, vis-à-vis des longs faubourgs qui se recourbent autour du petit golfe, en essayant d'étendre de plus en plus leur ligne animée.

Vers le sud, l'Océan fait résonner sa voix. Des trois autres côtés, les amphithéâtres de verdure escaladent les croupes des collines. Des clochers de village, des tourelles de châteaux a demi enfouis sous les arbres, pointent, çà et là, leurs girouettes dans l'azur. Une petite rivière, des ruisseaux coulent, jaseurs, entre leurs berges fleuries. Tout est fraîcheur, harmonie, grâce aimable, et l'on souhaiterait visiter jusqu'en ses points les plus reculés le charmant Éden verdoyant sous nos yeux.

Les surprises imprévues se mêleraient aux sensations poétiques. Là-bas, derrière les rideaux d'arbres, se déroulent de vastes landes, toutes parsemées de pierres druidiques. Une fois entré dans ces espaces solitaires, le voyageur chemine au milieu d'un véritable océan de blocs levés, couchés, alignés, amoncelés, solidement enfoncés ou se balançant sous la pression de la main, qui ne peut, toutefois, chose mille fois tentée, déplacer l'axe invisible.

Le sol disparaît sous sa végétation rocheuse, étouffant même les buissons. De temps en temps, un goéland égaré traverse le ciel d'une aile rapide. Les oiseaux chanteurs fuient ces déserts, et si, parfois, le grossier ciseau d'un tailleur de pierres n'avait façonné, en croix, le sommet d'un menhir, on pourrait supposer que l'homme n'approche plus de ces ruines gigantesques.

Voilà ce que les campagnes des environs de Concarneau, principalement celle de Trégunc, gardent parmi des champs riches, bien cultivés, des jolies prairies couvertes de bestiaux de la race bretonne, race patiente et sobre par excellence, s'accommodant aussi bien de l'ajonc des landes que de l'herbe grasse.

Et nous quittons les murailles de la petite place forte en nous répétant combien les préjugés sont difficiles à vaincre ; combien longtemps encore, et pour un grand nombre de gens, instruits cependant, la Bretagne restera un pays pauvre, sans ressources, sans avenir !

CHAPITRE XLI

PONT-AVEN. — QUIMPERLÉ. — LE PARDON DES OISEAUX

Lorsque l'on a dépassé la pointe de *Trévignon*, une petite échancrure se présente ; elle est formée par l'*Aven*.

En remontant le cours de cette rivière, on arrive à PONT-AVEN, laborieuse et charmante localité, aujourd'hui peuplée par toute une colonie d'artistes.

Son excellente situation et l'état relativement avancé de la culture dans les communes voisines lui assurent un certain trafic, en cidre, bois, pierre, grains, beurre, légumes, farines. Pour ce dernier article, Pont-Aven a toujours été renommé. On y trouvait, affirmaient les plaisants, « quatorze moulins, deux maisons », chose toute naturelle dans une « ville de meuniers ».

De nos jours, les moulins sont nombreux encore : leur fonctionnement économique se trouvant favorisé par les eaux du petit fleuve qui baigne le ravissant paysage.

Mais, peut-être, nous est-il permis de nous citer nous-même, quand nous estimons ne pouvoir mieux rendre notre pensée [1].

« La Bretagne est le pays des rivières poétiques aux noms plus poétiques encore. Lorsque, se fondant sur certaines particularités de type, de mœurs, de costumes, des historiens ont avancé que les Bretons descendent de colonies grecques ou phéniciennes, ils auraient pu, également, prendre texte de la plupart des noms des cours d'eau pour étayer leur système.

« Ne les dirait-on pas empruntés à la langue harmonieuse de la Grèce, ces noms de l'Aulne, de l'Elorn, de l'Odet, du Steïr, de l'Ellé, de l'Isole, de la Laita, de l'Etel ? Et si ces noms sont déjà une séduction, quel poète décrira dignement les contrées

---

[1]. Nous empruntons la page suivante à celui de nos ouvrages intitulé : *le Bouquet de Lin*.

baignées par ces eaux, tantôt lentes, muettes, et se déroulant sans secousses au milieu des prairies ; tantôt torrentueuses et irritées par les obstacles qui parsèment leur lit de granit ?...

« Seuls, les vers de Brizeux, le plus breton des poètes bretons, ont su conserver leur caractère à ces paysages, où chaque pas amène un contraste, où chaque regard rencontre l'imprévu.

« Entre toutes, la jolie rivière d'*Aven* justifierait ce que nous venons de dire. Elle coule dans une vallée sinueuse, resserrée entre deux chaînes de collines, dont les pentes offrent les aspects les plus divers.

« Les bruyères roses ou violettes, perçant à grand'peine un sol aride, alternent avec de gras pâturages ; les landes mornes avec les riches cultures.

« Tous les tons de verdure se groupent dans un pittoresque désordre. Les troncs noueux des chênes s'inclinent vers la tige élancée des sapins ; les mélèzes étendent çà et là leurs élégants et flexibles rameaux. Les coudriers surmontent le moindre talus et l'aubépine pousse en fourrés épais.

« Les ajoncs et les genêts couvrent de leurs fleurs d'or les pointes de granit qui, de toute part, surgissent, tandis que l'herbe et la mousse disputent au roc la place nécessaire à leurs fines et multiples ramifications.

« Puis, du milieu des bois, s'élèvent les tourelles de quelque vieux manoir ou les cloîtres ruinés de quelque antique abbaye ; un menhir se dresse à côté d'une croix ; les peulvens et les dolmens sont nombreux.

« L'Aven participe, pour ainsi dire, à toutes ces transitions. Après avoir pris naissance dans le canton de Scaër, chanté par Brizeux, elle traverse l'étang de Rosporden, autrefois si beau et maintenant sillonné par une voie de chemin de fer ; puis, après avoir, pendant une dizaine de lieues, coulé tantôt calme, entre deux rives herbues et fleuries, tantôt tapageuse et tourmentée par le travail que réclament de ses eaux une trentaine d'usines, elle anime la gracieuse petite ville de Pont-Aven qui lui a emprunté son nom, et retrouve enfin son cours, tel que la nature l'a tracé, à une demi-lieue de la mer, à *Roz-Brass* (la *grande lande*), où son lit est frayé au fond d'un entassement granitique bien fait pour frapper l'imagination.

« Ici, les collines se sont rapprochées et cèdent à peine une modeste place à la rivière qui, profitant des moindres anfractuosités pour s'épancher, forme de petites criques où, à la marée montante, il fait bon prendre un bain sur le sable fin et brillant de parcelles de mica.

« A Roz-Brass, les rocs règnent en maîtres et affectent toutes les formes : voici des piliers, des disques, des escaliers ruinés... Dans ce repli de la grève, une sorte de baleine échouée qui, à vingt pas, fait illusion, et là-bas, sur la hauteur, une masse colossale : c'est le plus grand dolmen connu, mesurant six mètres en hauteur, quinze mètres en longueur et neuf en largeur ; pendant longtemps, la chambre souterraine qu'il recouvre a été utilisée en forge.

« A droite et à gauche du géant, les châteaux du Poulgwen et de Hénant, ce dernier datant du treizième siècle, apparaissent au milieu de massifs de figuiers et de coudriers qui prennent pied sur la grève même.

« A l'horizon, une échancrure de granit se dessine sur une ligne bleue, que sillonnent de petits nuages gris ou blancs : c'est la mer et les barques de pêcheurs voguant sous leurs ailes de toile...

« Vue de Roz-Brass, par un beau soleil, cette nature se revêt d'un incomparable éclat. Vue à la clarté de la lune, elle prend un aspect fantastique. Il semble que tout un peuple de fantômes se soit réveillé de son sommeil séculaire, et on conçoit mieux la créance accordée aux légendes que les habitants du pays ne racontent encore qu'en tremblant. »

Nous irons par terre à Quimperlé, afin de nous donner le plaisir de visiter les ruines du château de *Rustéphan* (d'Étienne le Rouge), bâti, au douzième siècle, par Étienne, comte de Penthièvre, petit-fils d'Alain Caignard, comte de Cornouailles. Le château fut reconstruit trois siècles plus tard.

Ses restes sont encore imposants, quoique, comme Sucinio, il ait été victime des dévastations aveugles des paysans. Nombre de ses belles pierres taillées forment les murailles des chaumières voisines ; aussi, malgré la dureté du ciment qui lie ses jointures, succombant sous le poids de ses hautes cheminées et de ses dernières tourelles, il achève de *mourir* debout.

Au point de jonction de l'*Isole* et de l'*Ellé*, qui lui a donné son nom, QUIMPERLÉ (*confluent de l'Ellé*) s'étend au bord de riantes prairies et sur les pentes de collines ombreuses. Plusieurs de ses rues, très rapides, sont bordées de magnifiques jardins. Il semble, d'ailleurs, que la verdure, les fleurs, les eaux gazouillantes, soient inséparables de la petite ville, si gracieuse, en dépit de son ancienneté.

Elle était place forte et, selon toutes probabilités, elle dut son existence à GUNTHIERN, roi cambrien, retiré du monde, que Grallon prit en amitié (cinquième siècle).

Alain Caignard possédait un château près du vieux monastère de Gunthiern. Après une grave maladie, la pensée lui vint de remplacer le modeste couvent par une riche abbaye; SAINTE-CROIX fut ainsi fondée, et son premier abbé, GURLOES, venait de Redon (onzième siècle).

Cette maison nouvelle acquit, tout de suite, une grande célébrité et forma nombre de prieurés connus, en même temps qu'elle compta plusieurs religieux très distingués.

Cependant, le duc Jean Ier, trouvant « avantageuse et agréable » la situation de Quimperlé, résolut d'ajouter une ville à la ville née autour de l'abbaye de Sainte-Croix. Il traita avec les moines et le Bourg-Neuf s'éleva bientôt. Blanche de Champagne, épouse du prince, y voulut fonder un couvent qui, de son nom, fut appelé l'Abbaye-Blanche.

Lors de la guerre de Succession, Louis d'Espagne, allié de Charles de Blois, remonta la rivière de Laita (formée par la réunion de l'Isole et de l'Ellé) et débarqua six mille hommes dont la venue fut une calamité pour le pays. Mais les partisans de Montfort défirent ces soldats et s'emparèrent de leur flotte; un peu plus, ils faisaient le chef prisonnier.

Depuis lors, la ville subit des fortunes diverses, selon les secousses qui agitèrent la Bretagne. La renommée lui vint par son abbaye et s'éteignit avec elle. Toutefois, du temps de sa plus grande prospérité, Quimperlé a conservé un admirable monument : Sainte-Croix. Pour être plus exact, nous devrions dire que ce monument a été reconstruit sur le plan primitif, en 1866; car, menaçant ruine depuis de longues années, il s'était écroulé, en partie, peu avant cette époque.

De style roman primitif, la vieille église abbatiale se rapproche, néanmoins, du caractère architectural des édifices byzantins, et, sur une plus vaste étendue, rappelle, comme le *Temple de Lanleff*, l'imitation de l'église du Saint-Sépulcre à Jérusalem.

Quimperlé. Vue générale prise de la rivière.

Nous n'entreprendrons pas une description de ce monument : tant par lui-même que par son histoire, il mériterait une très longue notice ; nous dirons, seulement, combien il est intéressant à visiter et combien sa crypte est encore vénérée.

On y voit le tombeau de saint Gurloës, premier abbé de Sainte-Croix, et celui de l'abbé H. de Lesperver, mort en 1434. Le comte Jean de Montfort y avait été inhumé.

Moins généralement connue, l'église Saint-Michel, ancienne paroisse Notre-Dame, est un charmant édifice gothique, dont le porche Nord, tout dentelé, tout gracieux, a conservé quelques-unes des statues qui l'ornaient.

Le port de Quimperlé, situé à seize kilomètres de la mer, s'encombre des sables charriés par ses deux rivières.

L'obstacle n'est pas insurmontable ; la ville gagnerait beaucoup à empêcher qu'il pût se reproduire, car sa situation est très bonne, et il lui serait possible d'augmenter, dans de larges proportions, son mouvement de cabotage. Les grains, les fécules, les bestiaux, le beurre, les cuirs, les farines, les sabots, le papier, alimentent son commerce.

Autrefois, surtout, les tanneries y étaient extrêmement nombreuses et, avant qu'Angoulême eût établi une si redoutable concurrence, les papeteries quimperloises prospéraient à merveille. Elles peuvent lutter encore, nous l'espérons, à condition qu'elles ne se laissent pas distancer dans l'amélioration des procédés de fabrication.

Quimperlé est la patrie de Dom Morice, le savant historien bénédictin, et de M. le comte Hersart de la Ville-Marqué, l'illustre écrivain dont le *Barzas-Breiz* rendra le nom impérissable.

La ville entière est intéressante à parcourir ; sa position sur une presqu'île formée par les deux rivières, et sur les bords de ces cours d'eau, lui donnant des aspects extrêmement pittoresques. Nous nous souvenons toujours avec plaisir de l'impression douce causée par la vue des jardins fleuris des vieilles tanneries, laissant pendre, jusque dans les petites vagues argentines, les lianes de leurs vertes tonnelles.

Avec non moins de charme, notre pensée retourne vers ces campagnes si fraîches, si accidentées, si *reposantes* dans leur parure variée de toutes les nuances d'ombrages : chênes, sapins, mélèzes, ormes, châtaigniers.

Les manoirs se pressent au milieu de ces sites délicieux et il suffit de descendre la rivière de Laïta pour jouir pleinement de la beauté du pays.

Les prairies succèdent aux collines; les bois, les forêts, aux bruyères.

L'abbaye, c'est-à-dire les ruines de l'abbaye de Saint-Maurice de Carnoët, fondée en 1170, se trouvent sur la rive droite à l'entrée de la forêt de Carnoët, qui renfermait encore, d'après les

Quimperlé. La rivière.

traditions, le château de *Canao* ou *Comorre*, le cruel époux de sainte Tryphine, le type breton de Barbe-Bleue[1].

Ne quittons pas la forêt sans aller voir la chapelle de *Lothéa*, bâtie au milieu d'un admirable carrefour formé d'arbres centenaires. Chaque année, le dimanche de la Pentecôte, il s'y tenait un *pardon* renommé, où l'on accourait de bien loin pour acheter... des *oiseaux!*

L'usage le voulait ainsi. La vieille forêt se voyait privée de

---

1. Nul poète, mieux qu'Émile Souvestre, dans le *Foyer Breton*, n'a donné une meilleure version de la légende de sainte Tryphine qui, comme sainte Eode, à Trémazan, fut ressuscitée (par saint Gildas) et porta sa tête dans ses mains pour « témoigner » contre son cruel meurtrier ! !

ses plus gais chanteurs à qui, heureusement, beaucoup d'acheteurs rendaient peu après la liberté.

L'animation, la gaieté de ce *pardon* lui ont conservé une vogue, aidée, il est vrai, par l'attrait des promenades sous ces magnifiques futaies. Tout s'y rencontre : la population des campagnes coudoie les riches Lorientais et les bourgeois de Quimperlé; les cultivateurs donnent la main aux soldats et aux marins.

Jadis, le biniou y retentissait, *sonnant* les plus joyeux *jabadaos;* nous craignons bien que des violons criards aient remplacé la cornemuse nationale.

Avant peu même, qui sait? le *Pardon des oiseaux* sera-t-il un simple souvenir !

Nous ne regretterons rien si, dans cette transformation de plus en plus accentuée, la Bretagne se trouve, enfin, conquérir la place qu'elle mérite d'occuper.

Mal connue encore, elle doit triompher des préjugés vivaces qui la représentent comme un pays pauvre, sans activité, sans ressources, sans élan vers l'avenir, toujours replié sur lui-même, pour songer au passé regretté.

Non! ce n'est pas ainsi qu'il faut peindre la Bretagne.

Défiante, car elle connaît la valeur de certaines promesses, sa prudence n'exclut pas l'énergie, et, si elle n'a pas complètement oublié son ancienne grandeur, elle sait bien que l'avenir lui tient en réserve la récompense de son travail, de sa volonté tenace pour mettre en œuvre ses richesses ignorées.

Comment ne serions-nous pas persuadé de cet avenir, après avoir parcouru la longue suite de rivages qui, de la baie du Mont Saint-Michel, nous a conduit près du second port militaire breton ?

Lorient est là, nous voyons les feux de sa rade. Bientôt, une nouvelle étude nous fera entrer dans cette jeune ville pleine du bruit d'un arsenal florissant et d'un commerce actif.

Bientôt, nous entrerons dans un autre port, de naissance toute moderne : Saint-Nazaire, qui nous donnera une preuve nouvelle de la vitalité du sol armoricain.

Non! répéterons-nous, en empruntant le refrain d'un chant populaire;

« Non, la Bretagne n'est pas morte ! » Elle n'était pas même endormie.

Elle souhaite pouvoir offrir à la France une aide plus puissante, un cœur plus dévoué...

Ce vœu, la majorité des Bretons le renouvelle; et ce n'est pas d'eux que pourrait venir l'obstacle à une triomphante réalité.

Ancienne caronade.

TABLE DES MATIÈRES

I.	La côte, depuis la rive gauche du Couësnon jusqu'à Saint-Malo. — Dol. — Cancale.	1
II.	Saint-Malo.	24
III.	Saint-Malo. — Revue rapide à travers l'histoire.	35
IV.	Saint-Malo moderne.	52
V.	Saint-Servan.	62
VI.	Aspect des rivages. — Châteauneuf-en-Bretagne ou de la Noë. — Les bords de la Rance	69
VII.	Dinan	73
VIII.	La traversée de la Rance. — Dinard et Saint-Énogat. — Saint-Lunaire. — Saint-Briac.	91
IX.	La côte. — L'Arguenon. — Les ruines du Guildo.	99
X.	Un poète breton. — Saint-Cast. — Plébeulle. — Le château de la Latte. — Le cap Fréhel.	112
XI.	Erquy. — Dahouët. — L'anse de Morieux. — L'anse d'Yffiniac. — La tour de Cesson. — Un nouveau Parmentier.	123
XII.	Saint-Brieuc. — La vallée du Gouët. — Le Légué.	133
XIII.	Le camp de Péran. — Ploufragan. — La fête Saint-Eloi, à Plérin.	149
XIV.	La côte, de Saint-Brieuc à Paimpol. — Le monument submergé de Binic. — Le départ des terre-neuviers. — Le Portrieux. — Ruines de l'abbaye de Beauport.	156
XV.	De Paimpol à Portrieux. — L'île de Bréhat. — Lézardrieux. — Lanleff.	162
XVI.	Pêcheurs côtiers et bateaux de pêche.	178
XVII.	Tréguier et sa rivière. — La Roche-Derrien. — Les Sept-Iles. — Le phare des Triagoz.	184
XVIII.	Le Port-Blanc. — Perros-Guirec. — Ploumanac'h. — Lannion. — Brélevenez. — Tonquédec. — La lieue de grève.	197
XIX.	Le Finistère.	214
XX.	Morlaix.	221
XXI.	Saint-Jean du Doigt. — Plougasnou. — Le château du Taureau.	239
XXII.	Saint-Pol de Léon. — Roscoff. — L'île de Batz.	252
XXIII.	Le pays des païens. — Les pilleurs d'épaves. — Plouescat. — Plounéour-Trez. — Pontusval. — Kerlouan. — Guisseny.	278
XXIV.	Notre-Dame du Folgoët. — Lesneven.	285
XXV.	La côte, jusqu'à l'Aber-Ildut. — Les bateaux goémonniers.	293
XXVI.	L'île d'Ouessant. — L'île Molène. — La roche de la Helle. — Les Pierres-Noires.	305
XXVII.	Le Conquet. — La pointe Saint-Mathieu. — Les cueilleurs de goémon.	311
XXVIII.	Brest. — Le port militaire.	318
XXIX.	Brest. — La ville.	328
XXX.	Brest. — La rade.	342
XXXI.	La rade de Brest. — Excursion sur l'Elorn.	349
XXXII.	La rade de Brest. — Le calvaire de Plougastel et les calvaires bretons.	356
XXXIII.	La rade de Brest : les rivières de Daoulas, de l'Hôpital-Camfront, du Faou. — L'Aulne ou rivière de Châteaulin.	363
XXXIV.	La rade de Brest. — Landevennec. — La côte nord de la presqu'île de Crozon. — Camaret...	368
XXXV.	Toulinguet. — Le Château de Dinant. — Le cap de la Chèvre. — Les grottes de Morgat. — Le clocher de Crozon. — La ville d'Is.	373
XXXVI.	La baie et la ville de Douarnenez. — La pêche de la sardine. — La pêche du maquereau.	380
XXXVII.	Le passage du Raz. — La baie des Trépassés. — L'enfer de Plogoff. — L'île de Sein.	395
XXXVIII.	La baie d'Audierne. — Penmarc'h.	400
XXXIX.	Quimper. — Loctudy et l'île Tudy. — Pont-l'Abbé	406
XL.	Les îles Glénans. — La baie de la Forêt. — Concarneau.	415
XLI.	Pont-Aven. — Quimperlé. — Le Pardon des Oiseaux.	419

ÉVREUX, IMPRIMERIE DE CHARLES HÉRISSEY

SANARD & DERANGEON, Éditeurs, 174, rue Saint-Jacques, PARIS

LE LITTORAL DE LA FRANCE

PAR

V. VATTIER D'AMBROYSE

OFFICIER DE L'INSTRUCTION PUBLIQUE

Ouvrage **Deux fois** couronné par l'Académie française (Prix Montyon et Marcelin Guérin)

MÉDAILLE D'HONNEUR DE PREMIÈRE CLASSE (SOCIÉTÉ LIBRE D'INSTRUCTION ET D'ÉDUCATION

ILLUSTRATIONS

PAR SCOTT, BRUN, LALANNE, TOUSSAINT, FRAIPONT, CIAPPORI, CAUSSIN, DUPRÉ, CHAPON, KARL, SAINT-ELME-GAUTIER, ETC.

OUVRAGE COMPLET

Honoré d'une souscription du Ministère de l'Instruction publique

---

COTES NORMANDES	COTES GASCONNES
DE DUNKERQUE AU MONT SAINT-MICHEL	DE LA ROCHELLE A HENDAYE
COTES BRETONNES	COTES LANGUEDOCIENNES
DU MONT SAINT-MICHEL A LORIENT	DU CAP CERBÈRE A MARSEILLE
COTES VENDÉENNES	COTES PROVENÇALES
DE LORIENT A LA ROCHELLE	DE MARSEILLE A LA FRONTIÈRE D'ITALIE

CHAQUE PARTIE SE VEND SÉPARÉMENT

Chaque volume est orné de très nombreuses gravures dans le texte et hors texte.

ÉVREUX, IMPRIMERIE DE CHARLES HÉRISSEY

www.ingramcontent.com/pod-product-compliance
Lightning Source LLC
Chambersburg PA
CBHW050909230426
43666CB00010B/2082